中文社会科学引文索引(CSSCI)来源集刊

Renmin University Law Review

人大法律评论

2017年卷第3辑 · 总第25辑

《人大法律评论》编辑委员会组编

法律出版社
LAW PRESS·CHINA

目　录

2017年卷第3辑总第25辑

卷首语

经过半年时间的组稿,《人大法律评论》(以下简称《评论》)2017 年第 3 辑终于和大家见面了！在本辑的组稿、编印、出版过程中,收到了广大学人的踊跃投稿,得到了法学院王轶院长、指导老师张志铭教授、外审专家学者的大力支持,也得到了法学院诸多师长及历届编辑的不断激励。此外,人大法学院优秀校友、法律出版社汤子君编辑一如既往的辛勤付出,编辑部成员以及毕安迪、刘连炻、刘继烨、朱靥紫、李天骄、李泽宇、李焕集、张文轲、张卓、周雷、贺瑞、唐少敏、扈艳、梁譞、潘泽钧等实习编辑的共同努力,使本书的出版成为可能。我们在此向诸位表示衷心感谢!

《评论》成为 CSSCI 来源集刊以来,来稿数量颇多,其中不乏高质量的稿件,由于版面所限,我们不得不在众多来稿里优中选优。在本辑《评论》中,我们精选了十四篇文章,作者分别来自中国人民大学、日内瓦大学、清华大学、武汉大学、山东大学、厦门大学、台湾高雄大学、台湾公正学会、华东师范大学、华东政法大学、首都经济贸易大学、广东外语外贸大学、安徽大学、北京城市学院众城智库、武警北京总队政治工作部等。本辑《评论》,我们继续落实双向匿名评审制度,并实行专家外审制度,最终完成组稿。我们对向本刊投稿的诸位作者表示衷心感谢,对稿件被本刊采用的作者表示诚挚祝贺!

在"专题研讨"栏目中,我们收录了不动产登记研究领域的佳作六篇。吴春岐教授的作品《论我国不动产登记机构登记错误赔偿责任制度要点和机制完善——以我国不动产统一登记工作实践为研究基础和视角》从实践的视角,结合法解释学和比较法研究,逐一检讨了不动产登记机构登记错误赔偿制度的要点。其认为:不动产登记错误的定义应该采用折中论,即基于有效的登记原因而为的登记因错误或遗漏所致的登记簿上的内容与登记原因证明文件所记载的内容不符。不动产机构登记错误赔偿责任的性质兼具民事责任属性和行政责任属性,但以民事责任属性为主。其归责原则应当采过错责任说。其构成要件应当包含侵害行为、损害结果、因果关系及主观过错四个方面。不动产登记机构登记错误承担赔偿责任的范围包括:主权利的损害赔偿,利息,为主张权利所支出之费用。不动产登记机构登记错误赔偿责任的承担分为两种情况:一是不动产登记机构独自承担,二是登记机构与其他人混合侵权下的共同承担。经过实践的探索和总结,不动产登记错误赔偿机制可通过责任保险等方式不断完善。王荣珍教授在《依嘱托转移登记实践中的两个问题及其解决建议》一文中提出,依法院嘱托转移登记实践中存在是否需要当事人再提交登记申请和材料问题、依嘱托登记能否直接适用以解决离婚判决所涉房屋转移登记的特别问题。依法院嘱托转移登记中要求提交不动产登记申请书混淆了依嘱托转移登记和依申请转移登记,应予取消,但要求提交不动产转移登记相关材料则合法合理。由于依嘱托登记不能直接适用以解决离婚判决所涉房屋转移登记特别问题,王荣珍教授建议当事人利用不动产登记代理制度或者向法院提起排除妨碍诉讼,根据生效法律文书直接申请办理转移登记,或者申请强制执行,由法院嘱托登记。李磊先生在《不动产登记立法体系检讨及完善建议》一文中,以效力级别为标准,梳理了近年来我国从中央到地方在不动产登记领域中出台的各项法律规范,评析了各层级法律规范推动不动产统一登记的制度保障功能,以及其普遍存在的位阶较低、内容欠缺科学性与体系性、缺乏长远立法规划三方面的问题,并结合不动产登记规范化进程中的两大动向,从不动产登记错误赔偿机制、权利制度供给、历史遗留问题、配套制度保障四个角度指出了不动产统一登记施行中的困境。该文认为,民法典物权编为不动产登记提供制度框架和价值导向、以高位阶的法律规范不动产统一登记、清理目前繁冗的规范性文件并尽快建立不动产登记标准化体系,乃我国未来不动产登记完善立法之必要步骤。张毅先生的《不动产统一登记背景下宅基地确权登记思路创新探析》一文以当前宅基地确权登记发证面临的突出问题为导向,在坚持国家现行法律法规、政策框架和深度参考学术界相关理论研究的基础上,结合了全国多个地区实践调研经验和认识,得出国家有关宅基地确权登记发证的历次规定,主要涵盖"宅基地面积""一户一宅""一户多宅""非本集体成员在本集体的宅基地""城镇户籍人员在本集体的宅基地"五个方面的确权登记问题的结论。该文还强调应当遵循中央全面深化改革的有关要求,以国土资源部(现已被撤销)农村不动产登记示范点建设为平台，坚持“个别安排、依法授权、明确底线、封闭运行”的原则，防止地方各行其是对国家整体制度造成冲击，并将探索失败的风险降至最小。

“论文”栏目选取了基础法学、宪法、刑法、经济法、国际法领域的佳作八篇。

在基础法学领域，魏磊杰先生的《“旧邦新造”的国际之维：重思中国与“一战”的关系》一文提出，通说受传统革命史观与西方中心论影响，对中国参与第一次世界大战给予负面解读与否定评价，这未曾深入考量中国参战所谋求的战略意图，也未能长远评估其对晚清以降民族国家建设议程的深远影响。中国通过参战谋求的主权外交，不仅实现了成为国际社会平等一员的潜在预期，而且经过“一战”的教育与洗礼，渐趋完成了从接纳列国体系到批判列国体系，进而走向通过重构国际秩序谋求新国际化与国际认同的民族国家建设之路。此等“从威尔逊转向列宁”的历史位移，不仅深刻影响了中国未来政治演进的轨迹与政制模式的选择，更直接形塑了中华人民共和国成立初期一边倒的“东方外交”格局。在这种长远意义上，中国的“入世”与崛起实与“一战”存在紧密的历史关联。

在宪法领域，胡大路先生的《论宪法上军事权的范畴、制度与原理》一文从宪法上的军事权出发，讨论了军事权这一宪法制度的重要组成部分。宪法上的军事权规范是军事法治的基石，深层次反映出宪法价值、军事规律二者的结合。军事权的研究与军事暴力和意志、主权之间具有特别关联，宪法上的军事权具有判定政治存在、维护立宪价值的两方面要素。文章从军事功能、法律关系出发，将相关规范归入武力启动权、最高统率权、军队指挥命令权、国防建设权四个范畴。胡博士通过比较分析，发现在制度层面，可以归纳为议会中心主义、文官治军和过程性控制三项原则。结合宪法原理，可以挖掘其背后的主权构造、理性预设和价值来源等。

在刑法领域，周啸天先生的《广义抑或狭义：身份犯中身份概念的再界定——以身份的本质为中心》一文通过讨论广义和狭义的身份概念，对身份犯进行了本质上的界定。文章经过探讨，发现以特别义务限定身份的狭义的身份概念不应当被采纳；相反，联系法益与期待可能性、预防必要性，即违法与可罚的责任来实质性地看待身份的理论路径是合理的。身份的本质或者是法益侵害的事实前提，或者是与期待可能性、预防必要性有关的事实前提。周老师指出,这一关于身份的本质观,能够清晰界定身份的概念、身份犯的范围,以及解决身份犯的共犯问题。在《唆使有犯意者的行为的一致性——基于德日理论对我国问题适用的探讨》一文中,储陈城先生提出传统教唆犯的观点没有很好地梳理唆使已有犯意者的行为之定性的问题,其回归我国刑法文本,将这一问题细化为改变行为的教唆、加重的教唆(结果加重的教唆、转化的教唆)和减轻的教唆四种具体问题类型。作者结合我国的刑法规范和实际问题,在借鉴德国和日本对这一问题研究的成果基础上,将构成要件的同一性和保护法益的同一性作为判断标准,将改变行为的教唆、结果加重的教唆、转化的教唆以及减轻的教唆之具体定性进行梳理,得出符合同一性则不构成教唆犯,不符合同一性则构成教唆犯的结论。

在经济法领域,刘迎霜教授之《论我国彩票公益金法律监管的完善》一文,立足于彩票公益金作为政府非税收收入、社会公益事业资金来源的本质,通过审视我国彩票公益金运作模式和法律监管现状,指出了现今彩票公益金的来源、使用、管理环节中亟待解决之问题。该文倡导完善彩票公益金法律监管的社会公益公开、公平公正、法治与诚信原则,于发行环节降低彩票发行费、强化彩票发行和销售机构及人员违法行为的法律责任;于使用环节明确并细化彩票公益金的使用方向,强化公益金使用的信息公开制度;于管理环节成立专门的监管机构,明确彩票公益金使用和政府其他公共财政支出的界限,积极引入听证及公益诉讼等监督和救济制度,最大限度地扩大彩票公益金的筹集规模,令彩票公益金为社会公益事业奉献应有之功。在《后危机时代评级机构的监管改革、评价与未来趋势——兼对我国评级监管的启示与借鉴》一文中,窦鹏娟女士通过介绍次贷危机之后,世界范围内以欧美为代表的各国评级机构监管改革的过程、现状、成果和不足,为我国完善评级机构监管制度提出建议。作者认为,各国评级机构监管改革通过加强对评级机构的法律监督,促进评级机构竞争等措施,打破了评级世界的旧秩序,建立了新的评级规则和制度,具有重要的借鉴价值。然而,这场改革过于温和,效果不够突出,未来的改革应进一步变革评级机构的收费模式,改善评级行业高度垄断的市场属性。对于评级机构监管体制尚不健全的中国而言,应吸取后危机时代评级机构监管改革的经验教训,完善关于评级监管的法律制度,致力于改进评级质量,改革评级监管格局和健全监管机制。高桂林教授的《绿色发展背景下雄安新区的定位及法律保障》一文阐释了当前绿色发展的背景下雄安新区结合自身的产业、环境、生态特征实现其在我国经济布局和变革中的地位确认,并探讨了采取何种革新方式来实现法律保障。他认为,绿色发展是我国经济发展所追求的目标,相应地也是京津冀一体化未来发展的趋势,基于绿色发展的要求,京津冀协同发展需要在理念、经济制度、发展路径等方面寻求新的转变。而雄安新区的成立正是京津冀一体化在绿色发展背景下的一个突破口,通过引入绿色发展的政策理念构建生态城市,将雄安新区建立示范窗口,从而为京津冀一体化开辟出一条生态发展之路,最终实现京津冀协同发展的新飞跃。因此,在绿色发展的背景之下,雄安新区应定位为以生态经济为核心的生态服务功能区,同时应当针对雄安新区的这一特点提供相应的生态法律服务保障。

在国际法领域,《网络空间规则博弈中的"软实力"——近年来国内外网络空间国际法研究综述》一文中黄志雄教授以根据国内外有关网络空间国际法研究的学术史梳理而来的网络空间国际法研究经历的"荒芜期"、"萌芽期"和"快速成长期"三个阶段开篇,提出国内外学者主要围绕网络空间国际法的一般性问题、网络主权、网络战、网络犯罪、网络间谍和网络恐怖主义等多个领域展开了研究,但现有研究还存在若干薄弱之处,特别是存在"中国元素"缺失、研究方法单一和研究内容单薄等方面的问题。中国政府应当加强研究队伍建设和人才储备、培养,并通过政学结合的方式充分发挥学者的作用。

"评论"栏目选登了两篇文章。其中,在《我们需要的是有中国特色的社会主义经济法学——读新出版的〈经济法学〉后的思考与感言》一文中,作者刘文华教授通过阅读新出版的《经济法学》教材,提出有关中国经济法命运前途的一些观点。本文以"中国经济法何因产生、何时产生"开篇,认为我们需要的是有中国特色的社会主义经济法学,其后分别从"干预概念"、政府的治理范围目标、政府治理经济的方式手段、改革历史全过程四个层面检视"国家干预"概念,提出我们应该在公法与私法之间开辟第三法域——社会法,确立以"公私结合,以公为主"的具体制度,深入认识中国语境下经济法的性质、地位和功能。作者最后对"法律调整方法和法律规则在本质上都是否定性的"这一论题提出质疑,倡导创建既有世界经济法共性,又有中国特色的社会主义经济法学。托马斯·卡德纳·格拉齐亚诺教授在《无须一再重复发明车轮:比较法作为发展的途径》一文中指出,在法律发展中比较方法是一个主要的工具,其研究对象不能仅限于以传统法系为代表的欧美国家,而应当扩展到近期进行了法律现代化的国家,这样才能从法律多样性之中汲取有益的经验。对此,托马斯教授提出的比较法的建议是:通过指引学生寻找与案例相关的规定及解决方案,并通过对这些解决方法进行分类整理,来鉴别不同的法律制度针对特定问题的解决方法、不同法律制度中的不同规则和原则或者不同解决方法中依据的不同原理;同时,教授学生基本法律文化的课程。这种教授方法,具有帮助学生掌握主动运用比较方法论的能力,帮助他们从土生土长的法律环境中解脱出来、克服阅读外国文献的“不适”心理等优点。

专题研讨

论我国不动产登记机构登记错误赔偿责任制度要点和机制完善

——以我国不动产统一登记工作实践为研究基础和视角

吴春岐*

内容摘要：

不动产登记机构登记错误赔偿责任制度的以往研究主要侧重于法理方面，而较少关注不动产登记实践。我国自2013年年底启动不动产统一登记，其工作实践为这一课题的研究提出了新的要求，也提供了坚实的基础。笔者从实践的视角，结合法解释学和比较法研究，逐一检讨不动产登记机构登记错误赔偿制度要点后认为：不动产登记错误是指基于有效的登记原因而为的登记因错误或遗漏所致的登记簿上的内容与登记原因证明文件所记载的内容不符。导致不动产登记机构登记错误的原因和表现形式可分为两类。不动产错误登记赔偿性质兼具民事责任属性和行政责任属性，但以民事责任属性为主。其归责原则应当采过错责任说。其构成要件应当包含侵害行为、损害结果、因果关系以及主观过错四个方面。不动产登记机构登记错误承担赔偿责任的范围包括：主权利的损害赔偿，利息，为主张权利所支出之费用。经过实践的探索和总结，不动产登记错误赔偿机制可通过责任保险等方式不断完善。构建不动产登记错误赔偿保险制度的要点包括：不动产登记错误赔偿保险的模式选择，赔偿数额，免赔数额，保险追溯期，保险责任及除外责任，保险费用及来源。

---

* 吴春岐，北京城市学院众城智库（中国不动产、自然资源确权登记研究院）院长，教授。中国不动产（自然资源）确权登记协同创新中心秘书长，兼任中国人民大学土地政策与制度研究中心副主任。主要研究领域为物权法、土地管理与法律制度、不动产（自然资源）登记制度、自然资源产权与监管制度。

关键词:
不动产登记　登记错误　侵权责任　归责原则　责任保险

不动产登记机构登记错误赔偿制度是不动产登记制度体系的重要一环,其对于不动产登记权利人因登记错误造成损害的救济至关重要。从立法上分析,关于不动产登记机构登记错误赔偿制度主要规定于《物权法》第 21 条第 2 款:"因登记错误,给他人造成损害的,登记机构应当承担赔偿。登记机构赔偿后,可以向造成登记错误的人追偿。"从解释论上分析,囿于特定的历史原因,这一条文规定得比较模糊,以至于司法实践中对登记机构因登记错误承担损害赔偿责任的构成要件、归责原则、赔偿范围以及责任承担方式等方面颇多争议。之前关于此问题的研究大多采用学理分析的方式,莫衷一是。而我国自 2013 年年底启动不动产统一登记以来,截至目前已达 4 年的工作实践为这一课题的研究提供了新的视角,也提供了坚实的基础。特别是不动产登记机构大胆探索、通过责任保险的方式来拓展赔偿资金来源、完善赔偿机制的实践更为相关研究打开了一个新的视窗。本文从实践的视角,结合法解释学和比较法研究,将逐一探讨并阐述不动产登记机构登记错误赔偿制度要点,并研究以不动产登记责任保险的方式完善不动产登记机构登记错误赔偿责任制度的难点和创新要点。

一、不动产登记错误的含义、原因和表现形式

(一)不动产登记错误的含义

不动产登记错误的含义,即不动产登记错误涵盖哪些范围,是本文研究的逻辑起点。这一问题在各国理论界和实务界尚存在一些不同的观点。目前主要存在以下几种不同的观点:

第一种观点可概括为广义的不动产登记错误,以《德国民法典》为代表。该观点认为,只要不动产登记簿上记载的不动产物权归属与物权的真实归属不一致,即法律物权和事实物权不符,就应该属于不动产登记错误。造成不动产登记错误的原因主要有:当事人之间关于不动产权利归属的合意存在瑕疵;登记机构的工作人员主观上或行为上有故意或者过失,从而导致不动产登记簿遗漏应该记载的相关事项或者误载事项;登记时不存在错误,但是由于继承或者法人合并等情形,致使客观条件发生了变化,从而导致事实上的不动产权利的主

体、内容等事实状况与不动产登记簿登记的状况不符。

第二种观点可概括为折中的不动产登记错误，以《瑞士民法典》为代表。该观点认为登记错误是指基于有效的登记原因而为的登记因错误或遗漏所致的登记簿上的内容与登记原因证明文件所记载的内容不符。基于这种理解，登记原因行为的瑕疵以及有效登记完成后发生的事由所致登记簿记载状态与真实权利状态不符的情形不在登记错误的范围。[1]

第三种观点可概括为狭义的不动产登记错误。以我国台湾地区"土地登记规则"为代表。该观点认为只有因为登记机构自身的原因，遗漏了登记事项或者错误记载了登记事项，从而使不动产登记簿上的权利内容和当事人之间真实的权利状况不一致，才属于真正的不动产登记错误。该观点把由于当事人的原因引起的不动产登记错误和由于登记后客观情况发生变化导致的不动产登记簿记载状况与事实状况不符的情况排除在外。

上述三种学说逐步限缩不动产登记错误的涵盖范围，笔者赞同折中的不动产登记错误含义。就广义的不动产登记错误而言，其涵盖的范围过于宽泛，使得登记机构负担较多的义务。从当事人达成物权变动合意到不动产物权发生变动，其中必然存在一定的时间间隔，登记机构在此期间进行合理的审查，只要能够保证登记的物权归属与登记之时的真实权利状态相符即可，对于登记后新出现事项导致的事实物权和登记物权不一致的，并不在登记机构的可控范围之内，因此不能算作登记错误，并且各国法律都规定了不动产的变更登记，当事人可根据嗣后事项的具体内容向登记机构提出申请，从而维护自己的合法权益，而不必借助错误登记赔偿机制进行救济。就狭义的不动产登记错误而言，其将登记错误的原因只局限于登记机构自身的故意或者过失，而未将原因行为的瑕疵作为登记错误的范畴，那么如果当事人达成存在瑕疵的物权合意或者提供虚假的原因文件，登记机构据此进行登记而导致错误的，真正权利人受到损害后并不能得到救济，将会极大地动摇不动产登记的公示公信力。而折中的不动产登记错误，摒弃上述两种学说存在的问题，合理的构建了不动产登记错误的概念体系，既保护了不动产权利人的合法财产权利，又不会使登记机构承担较多的审查义务以至于降低行政效率。从解释论角度分析，我国《物权法》第 21 条

〔1〕 参见朱晓将：《不动产登记机构赔偿责任若干问题探讨——析〈物权法〉第 21 条第 2 款》，载《法治研究》2011 年第 1 期。

第 1 款、第 2 款分别规定了“当事人提供虚假材料申请登记,给他人造成损害的,应当承担赔偿责任;因登记错误,给他人造成损害的,登记机构应当承担赔偿责任。登记机构赔偿后,可以向造成登记错误的人追偿”。这个规定显示,我国立法是采用了折中的不动产登记错误的含义。当然,由于篇幅所限,本文仅讨论不动产登记机构自身原因造成登记错误的赔偿原理和实践机制问题,而对于当事人提供虚假申请材料进而给他人造成损害时如何承担赔偿责任的问题不在本文讨论之列。

(二)不动产登记机构登记错误的原因和表现形式

导致不动产登记机构登记错误的原因和表现形式可分为以下两类:

1. 由于直接原因而发生的不动产错误登记及其表现形式

一是由于登记机构工作人员的原因形成的不动产登记错误。其表现形式为不动产登记机构工作人员的疏忽大意、主观故意或是怠于行使登记职责从而出现错误登记的结果。

二是由于第三方的原因形成的不动产登记错误。在进行不动产物权登记时,通常情况下只有登记申请人和登记机构参与其中。但由于不动产登记的复杂性,包括土地、房屋、林权和海域使用权等管理机关、测绘机构、公证机构、中介服务机构等第三方也会参与和涉及其中。因此,因为第三方的过失、疏忽大意或故意而造成的不动产登记错误的情形也十分常见。

三是由于多方主体共同造成的不动产登记错误。其主要是指当多个主体如不动产登记机构、不动产登记申请人、不动产实际权利人、管理机关或中介服务机构等第三人都不同程度地存在过失、疏忽大意或故意,即复合原因造成了不动产登记错误的发生。其典型表现形式是申请不动产物权登记的一方申请人与不动产登记机构工作人员、管理部门、中介机构通过里应外合、相互串谋欺诈的形式而使不动产登记出现错误的情形。

2. 由于间接原因而发生的不动产错误登记及其表现

所谓间接原因导致不动产登记错误,主要是指由于我国不动产统一登记尚在推进过程中,相关制度尚有许多空白和漏洞,土地、房屋、林权、海域使用权的数据一体化也尚在整合之中,而由此造成的不动产登记错误也大量出现。其具体原因和表现形式如下:

一是法律法规尚不完善而造成的不动产登记错误。我国当前的很多法律法规都对不动产登记有相应的规定,除《物权法》外,还涉及《土地管理法》《房地产管理法》《城市私有房屋管理条例》《森林法》《草原法》等,这些法律对于不动产登记机构、登记内容、登记程序等方面的规定都不尽相同,甚至还存在一些盲区和冲突。《不动产登记暂行条例》《不动产登记暂行条例实施细则》《不动产登记操作规范》等虽然最大限度地兼顾了上述法律法规关于不动产登记的差异性,但由于相关立法和规范性文件制定的时间紧、任务重,而快速推进的不动产统一登记工作又迫切要求尽快出台相关法律法规和规范性文件,所以上述法律法规和规范性文件对某些明显存在争议的内容仍然采取回避态度。而在具体的登记工作中,由于缺乏明确的指引,加之登记机构工作人员专业水平参差不齐,在面对法律漏洞或者法律空白时,极有可能作出不同的处理决定,不动产登记错误也常常发生。

二是各地参差不齐的不动产登记系统平台和历史数据整合不到位而造成的不动产登记错误。截至目前,全国仍有部分地区尚未建立房地真正完全融合的不动产登记信息系统,许多地方还是土地登记、房屋登记两个系统在分别运行。有的地方虽然新建了不动产登记信息系统,但没有完成对历史数据的清理、录入和关联工作,只有新登记的不动产信息可以准确查询,以往的不动产信息尚存在许多空白,甚至错误;个别地方还存在登记档案遗失、登记信息存在矛盾、登记数据无法核实等历史遗留情况。如果不动产登记信息系统登记的数据不准确、不全面、更新不及时,将会给不动产登记机构的后续登记工作带来严重的负面影响,登记错误的发生也就在所难免。

二、不动产登记机构登记错误赔偿责任的性质及归责原则

(一)不动产登记的性质

关于登记的性质在理论上存在争议:一种观点认为,登记为行政机关的职能行为,其依照法定职权对当事人提出的物权登记申请进行审查,符合法定条件的,予以登记,故该行为具有行政行为属性。这种观点主要盛行于行政法学界,[2]但

〔2〕 参见马怀德、张红:《行政争议与民事争议的交织与处理》,载《法商研究》2003年第4期;章剑生:《行政行为对法院的拘束效力——基于民事、行政诉讼的交叉视角》,载姜明安主编:《行政法论丛》(第13卷),法律出版社2011年版。

也有少数民法学者赞成此说。[3] 另一种观点认为,登记不是公法行为,而是私法上的程序性行为,是由当事人申请所引起的,是完成不动产物权变动的必经程序。不动产登记行为与动产交付在法律效果上是等同的,只不过因为不动产一般具有较高的价值,对于当事人的利益影响较大,所以引入登记机构这一中立的第三方对于其变动状态予以审查登记,并赋予登记以公示公信效力。这种观点盛行于民法学界[4],但也有部分行政法学者予以支持。[5] 还有一种观点认为不动产物权登记兼具公法行为与私法行为的属性,在登记的不同阶段,登记行为具有不同的属性。如在申请登记环节,申请人行使请求权系纯粹私法性质的行为;在登记机构审查登记阶段,国家公权力的介入就使得登记行为明显具有了行政管理性质。

笔者认为,不动产登记行为是一种混合行为,既有公法行为的属性,也有私法行为的属性,但本质上是私法行为。

第一,不动产登记包括两方面的内容:一是当事人向登记机构提出申请,二是登记机构对当事人的申请进行审查。单从当事人提出不动产登记申请来看,登记具有私法属性无疑。理由在于:首先,在因法律行为而发生不动产物权变动时,登记机构进行登记是双方当事人的意思共同推动的结果,即双方当事人在此之前已经达成物权变动合意,共同向登记机构提出登记申请,登记机构只能基于当事人的申请进行审查,既不能依职权进行登记,也不能随意变更审查或者登记的内容。在此种意义上,登记请求权属于私法上的请求权。其次,登记的法律效果是发生私法意义上的不动产物权变动,而与公法无涉。当事人欲通过法律行为设立、变更、转移和消灭法律关系,涉及不动产的,非经登记,法律行为不生效力。登记簿上记载的内容即为不动产物权变动的过程,登记的目的就

---

[3] 支持不动产登记为公权力行为或者行政行为的民法学者观点,可参见常鹏翱:《不动产登记法》,社会科学文献出版社 2011 年版,第 11 页;龙卫球:《不动产登记性质及其纠处理机制问题研究——兼评〈物权法司法解释(一)〉第 1 条》,载《法律科学》(西北政法大学学报)2017 年第 1 期。

[4] 参见王利明:《物权法研究》(上卷),中国人民大学出版社 2013 年版,第 305 页;孙宪忠:《中国物权法总论》(第 3 版),法律出版社 2014 年版,第 354 页。

[5] 参见张步峰、熊文钊:《行政法视野下的不动产物权登记行为》,载《行政法学研究》2009 年第 1 期。

在于通过登记机构的官方权威身份确认不动产物权变动的结果,并将不动产物权变动的结果向社会公开,以保障后续不动产交易的安全。最后,就登记的救济程序而言,真正权利人需要向法院提起确权之诉来重新确认权利的归属,而确权之诉属于民事诉讼程序。在登记制度上,预告登记、异议登记、撤销登记在性质上均为向法院提起的私法上之诉权,并且登记机构应负登记错误之赔偿责任。〔6〕

第二,单从登记机构审查的角度来看,其依据法定职权对于当事人提出的申请进行审查,无论是实质审查,抑或形式审查,都是国家公权力介入私人之间法律关系的行为,其依职权作出的具体行政行为对于不动产法律关系的设立、变更、转移和消灭发挥着决定性的影响。从表面上看,登记审查似乎属于公法行为,但这只是恰好由于国家机关以其公权力产生的信誉可以担当不动产登记公示公信的任务,而社会抛开现成的国家机构另行组建一套具有高度信誉的专事不动产登记的社会组织的成本过高,不动产登记才成为国家机关的事务,从而进入了公法的领域。〔7〕 因此,不能因为不动产登记借助了公权力机关职能的发挥,就忽视了其私法行为的本质属性。

第三,在整个不动产物权变动登记的过程中,登记机构的行为与申请人的行为相辅相成。无论是缺少当事人达成物权变动的合意或申请不动产登记的行为,还是缺少登记机构的登记行为,均不能发生物权变动的效果。因此,不能孤立地看待登记机构的登记行为,而要将申请人的行为与之结合起来,统一分析。在这一过程中,登记机构依据《物权法》和《不动产登记暂行条例》的规定对申请人的申请进行审查,符合规定条件的,登记机构必须予以登记,而没有自由裁量的权力,这就与以行政机关的意思表示占主导地位的公权力行为区别开来。

第四,登记机构的行为与申请人的行为之间存在一定的逻辑顺序。在不动产物权变动程序中,当事人需首先达成物权变动合意,然后由登记机构进行审查、登记,进而完成不动产公示,实现不动产物权变动。〔8〕 众多的民法学者对于彼此关联的不同民事法律行为,依据其是否具有独立的实质内容划分为独立行

〔6〕 参见王洪亮:《不动产物权登记立法研究》,载《法律科学》(西北政法大学学报)2000 年第 2 期。

〔7〕 参见朱晓将:《不动产登记机构赔偿责任若干问题探讨——析〈物权法〉第 21 条第 2 款》,载《法治研究》2011 年第 1 期。

〔8〕 参见孙洁:《不动产登记错误责任问题研究》,天津财经大学 2013 年硕士学位论文。

为和补助行为两类。前者指关联行为中具备独立的实质内容的行为,后者指关联行为中不具备独立的实质内容的行为。补助行为是独立行为生效的条件,其自身并没有实质的内容,而独立行为在欠缺补助行为之前不发生法律效力。[9]在不动产物权变动的登记过程中,当事人达成物权变动的合意及向登记机构提出登记申请是独立行为,登记机构的审查登记行为只是辅助独立行为发生效力的补助行为,其本身不能创设新的物权关系。

综上所述,在现阶段,虽然我国不动产登记机构多为地方政府国土资源管理部门主管的事业单位;但从法理上看,不动产登记行为兼具公法行为与私法行为的属性、以私法属性为主的本质特点是非常清楚的。

(二)不动产登记机构登记错误赔偿责任的性质

1. 不动产登记机构赔偿责任的性质

关于不动产登记机构就登记错误所承担的赔偿责任的性质,在理论上存在以下三种学说:

(1)不动产登记机构登记错误之"国家赔偿责任说"。持此观点的学者多数为行政法学者,其中也包括一些民法学者。[10] 此种观点认为,由于我国办理不动产登记事务的机构属于行政管理机关,其以国家公信力为当事人提供不动产交易的安全保障,所以由于其行使职权而给当事人造成损害的应承担国家赔偿责任。如果将不动产登记机构登记错误作为国家赔偿责任予以定性的话,那么登记行为就要被视为行政机构的具体行政行为,登记错误就是具体行政行为发生错误。由于具体行政行为造成他人损害的,行政机关自然要承担行政赔偿责任,如此就要适用《国家赔偿法》,而赔偿费用应由国家统一支出。[11]

尽管在《国家赔偿法》第 4 条[12]所列造成财产损害应予"行政赔偿"的数项

---

[9] 参见梁慧星:《民法总论》,法律出版社 2001 年版,第 184 页。

[10] 参见程啸:《不动产登记法研究》,法律出版社 2011 年版,第 596 页。

[11] 参见罗文燕、徐亮亮:《论对不动产登记行为的司法审查——兼评〈中华人民共和国物权法〉的有关规定》,载《中国法学会行政法学研究会 2007 年年会论文集》。

[12] 《国家赔偿法》第 4 条规定:"行政机关及其工作人员在行使行政职权时有下列侵犯财产权情形之一的,受害人有取得赔偿的权利:(一)违法实施罚款、吊销许可证和执照、责令停产停业、没收财物等行政处罚的;(二)违法对财产采取查封、扣押、冻结等行政强制措施的;(三)违法征收、征用财产的;(四)造成财产损害的其他违法行为。"

规定中,并未明确规定不动产登记机构的登记错误造成损害的情形,但是第4项"造成财产损害的其他违法行为"这一兜底性条款可以被解释为包括"登记机构错误登记行为"在内。此外,《行政诉讼法》第12条第1款规定的行政诉讼受案范围,[13]虽未明确规定不动产登记机构的赔偿责任,但是第12项"认为行政机关侵犯其他人身权、财产权等合法权益"和第2款"除前款规定外,人民法院受理法律、法规规定可以提起诉讼的其他行政案件"的规定为当事人请求登记机构承担赔偿责任提供了一定的法律依据。

(2)不动产登记机构登记错误之"民事赔偿责任说"。该说认为,《国家赔偿法》对于国家赔偿责任有严格的限制,不利于保护受害人的合法权益;此外,登记机构登记错误而给当事人造成损害的行为侵犯的是当事人的民事权利,因而应当属于民事领域中的侵权行为;并且民事赔偿责任较之国家赔偿责任而言,当事人可以获得比国家赔偿更多的金额来填补损害,更有利于保护当事人。同时,不动产登记机构依据民事程序有更多的抗辩事由,可以更好地实现责任的公平分担。

登记在性质上不是纯粹的行政行为,只不过是不动产物权变动的公示方法。登记机构没有通过登记创设新的物权,故不产生行政法上的效果。立法

---

〔13〕《行政诉讼法》第12条规定:"人民法院受理公民、法人或者其他组织提起的下列诉讼:(一)对行政拘留、暂扣或者吊销许可证和执照、责令停产停业、没收违法所得、没收非法财物、罚款、警告等行政处罚不服的;(二)对限制人身自由或者对财产的查封、扣押、冻结等行政强制措施和行政强制执行不服的;(三)申请行政许可,行政机关拒绝或者在法定期限内不予答复,或者对行政机关作出的有关行政许可的其他决定不服的;(四)对行政机关作出的关于确认土地、矿藏、水流、森林、山岭、草原、荒地、滩涂、海域等自然资源的所有权或者使用权的决定不服的;(五)对征收、征用决定及其补偿决定不服的;(六)申请行政机关履行保护人身权、财产权等合法权益的法定职责,行政机关拒绝履行或者不予答复的;(七)认为行政机关侵犯其经营自主权或者农村土地承包经营权、农村土地经营权的;(八)认为行政机关滥用行政权力排除或者限制竞争的;(九)认为行政机关违法集资、摊派费用或者违法要求履行其他义务的;(十)认为行政机关没有依法支付抚恤金、最低生活保障待遇或者社会保险待遇的;(十一)认为行政机关不依法履行、未按照约定履行或者违法变更、解除政府特许经营协议、土地房屋征收补偿协议等协议的;(十二)认为行政机关侵犯其他人身权、财产权等合法权益的。

"除前款规定外,人民法院受理法律、法规规定可以提起诉讼的其他行政案件。"

者将登记错误的赔偿责任规定在《物权法》第 21 条,本身也表明了其民事责任的属性。

(3)责任性质不明说。全国人大常委会法制工作委员会民法室认为,对于不动产登记机构应当具有什么性质的不同意见,有待行政管理体制改革的进一步明确,目前不宜规定登记机构的国家赔偿责任。有学者将民法室的上述观点归纳为"责任性质不明说"。[14] 持此种观点的学者充分认识到不动产登记错误赔偿责任的法制现状与法律发展之间矛盾,并以法律发展的不确定性为基础,归纳出不动产登记错误赔偿责任性质不明的观点。[15]

但是,法制现状与法律发展方向之间的偏差是由经济基础和上层建筑的辩证关系决定的,是固有的,不能因此就对其性质的认定采取回避态度。再者,如若不动产登记错误损害赔偿责任的性质不明,就难以对其构成要件、归责原则和责任承担等问题达成统一的认识,所以理论界应尽快对其性质进行有意义的讨论,而不应局限于立法的现状。从此种意义上讲,"责任不明说"忽略了解释论的重要价值,其指导实践的作用是有限的。

笔者认为,不动产登记错误赔偿责任兼具民事责任属性和行政责任属性,但应该以民事责任属性为主。上文对于不动产登记行为的性质已经进行了论述,认为不动产物权登记行为是一种混合行为,公法属性和私法属性均有所体现,这也决定了不动产错误登记赔偿责任的性质。虽然现阶段我国不动产登记机构的赔偿责任一般适用国家赔偿责任诉讼,但这是由于我国的不动产登记机构的行政属性造成的。而笔者认为不动产登记错误赔偿责任应以民事责任属性为主,是因为:

第一,从错误登记侵害的客体来看,不动产登记错误给他人造成损害,指的是给真正权利人的民事权利造成损害,有损害才有救济,登记机构承担赔偿责任要解决的是民事赔偿的问题,是对民事权利的救济措施。对于损害赔偿责任的定性要充分考虑责任类型,不能仅仅依据责任主体的属性定性。

第二,从依据的法律法规来看,将不动产登记错误赔偿责任认定为民事赔

---

〔14〕 参见杨立新:《论不动产错误登记损害赔偿责任的性质》,载《当代法学》2010 年第 1 期。

〔15〕 参见吴春岐:《不动产登记机构赔偿责任性质的解释论研究》,载《烟台大学学报》(哲学社会科学版)2012 年第 1 期。

偿责任于法有据。依《物权法》第21条的规定,有关不动产登记错误损害赔偿责任由两个条款构成,第1款对申请人的赔偿作了规定,第2款对登记机构的赔偿责任作了说明,虽然在第2款中未明确不动产登记机构承担的责任性质,但第21条是一个整体,并非对立的两个责任。故根据法的解释论可推之,两款规定的责任性质应当属于同一类,即无论是第1款确定的"当事人提供虚假材料申请登记,给他人造成损害的,应当承担赔偿责任",还是"因登记错误,给他人造成损害的,登记机构应当承担赔偿责任"或者两者兼而有之,其结果都是对真正权利人财产权利造成侵害,承担的损害赔偿责任的主要属性应为民事责任。

第三,由于实体法和程序法相互关联,对于不动产登记错误损害赔偿责任的定性不同,相应适用的法律依据和法律程序也不同,从而会影响当事人之间纠纷的解决以及受害人获得救济的程度。若将申请人提供虚假材料进行登记的责任界定为民事责任,适用民事诉讼法,将登记机构登记错误的责任界定为国家赔偿责任,适用行政诉讼法,那么在出现"混合侵权""共同侵权"的情况时,分别起诉、分别裁判则不利于查明案情,若合并为行政附带民事诉讼,又因为两种诉讼程序在归责原则、举证责任、赔偿责任等方面差异较大而难以实施;若采取择一起诉,又会使受害人陷入如何选择的两难境地;只有将其统一认定为民事责任,一并审理,方能解决程序方面遇到的种种困境。[16]

(三)不动产登记机构登记错误赔偿责任的归责原则

我国《物权法》第21条中规定因登记错误给他人造成损害的,登记机构应当承担赔偿责任,但是从法条的表述中我们很难看出应采取何种归责原则,而归责原则又决定着损害赔偿责任的构成要件、赔偿范围、免责事由、举证责任负担等重要问题。对于登记机构应当承担何种赔偿责任,理论界存在很大争议,归结起来,有以下三种学说:

1. 无过错责任原则。无过错责任也称严格责任,持此观点的学者有江平[17]、原

---

〔16〕 参见刘保玉:《不动产登记机构错误登记赔偿责任的性质与形态》,载《中国法学》2012年第2期。

〔17〕 参见江平主编:《中华人民共和国物权法精解》,中国政法大学出版社2007年版,第40页。

永红[18]等。依据此种归责原则,无论登记机构在主观上是否具有过错,只要发生了侵权行为及损害事实,并且侵权行为与损害事实存在因果联系,那么登记机构就应该承担损害赔偿责任。换言之,无论不动产物权登记错误是由于当事人提供虚假的证明材料还是登记机构没有尽到合理的注意义务造成的,只要使权利人遭受了损害,不动产登记机构的损害赔偿责任就成立。如果错误登记是由于当事人提供虚假申请材料造成的,那么登记机构在赔偿后,可以向造成登记错误的人进行追偿。[19] 支持该说的学者认为,在不动产登记中,登记机构和物权人及利害关系人之间的地位是不平等的,一旦登记错误并导致损害,受害人常常处于弱势地位,通过确立登记机构的无过错赔偿责任,可以为受害人提供更加有效的保护。

2. 过错责任原则。该说认为,有过错即有责任而无过错即无责任,大部分学者都倾向于采纳此原则,如梁慧星教授、王利明教授以及孟勤国教授分别在其起草的有关建议稿中都采取了这一原则。[20] 具体到不动产登记机构的损害赔偿责任而言,即由于不动产登记机构的登记错误造成真正权利人损害的,应以不动产登记机构主观上有无过错作为价值判断的标准,不动产登记机构仅在登记行为主观上有过错时,才对损失承担赔偿责任。[21] 但是过错责任原则采用的是"谁主张,谁举证"的原则,如果受害人要求登记机构承担损害赔偿责任,那么他必须证明登记机构存有过错,自身受有损害并且过错与损害之间存在因果关系。这样的话,受害人一方承担的举证责任较重,而登记机构在举证方面处于有利的地位,那么受害人要实现对自身合法权利的保护和救济则相对困难。

3. 过错推定责任原则。所谓过错推定,是指法律规定行为人侵害他人人身、财产并造成损害的,应负民事责任,仅当加害人能够证明损害不是由于他的

---

〔18〕 参见原永红:《论不动产登记机构错误登记责任》,载《山东社会科学》2009年第7期。

〔19〕 参见胡康生主编:《中华人民共和国物权法释义》,法律出版社2007年版,第64页。

〔20〕 分别参见梁慧星教授主持编写的《中国物权法草案建议稿》第30条之规定、王利明教授主持编写的《中国物权法草案建议稿》第33条之规定以及孟勤国教授起草的《中国物权法草案建议稿》第48条的规定。

〔21〕 参见谷景志:《论不动产登记机构登记错误赔偿责任》,载《前沿》2012年第7期。

过错所致时,方可免除赔偿责任。过错推定原则不是一种单独的归责原则,而是过错责任原则的特殊适用,是过错责任原则的特殊形态。适用于不动产登记机构登记错误赔偿责任时,仍然以登记机构的过错作为其承担损害赔偿责任的基础,只是同时实行特殊的举证方式。如果登记机构主张自己不承担损害赔偿责任,那么登记机构必须对其登记行为不存在过错进行举证,如果不能证明,则推定其行为存在过错。实行举证责任倒置,有利于逆转过错责任原则下受害人举证困难的弱势地位,更有利于对受害人的权利进行救济。

笔者认为,我国现阶段应当采过错责任说。其理由如下:

首先,不动产登记机构登记错误承担无过错责任和过错推定责任法律依据不足。《侵权责任法》第 7 条规定了无过错责任的原则。但是将无过错归责原则适用于不动产登记机构登记错误赔偿责任还存在一定的问题:一方面,因为该原则系针对特殊侵权而设定,登记机构登记错误赔偿责任在本质上属于一般侵权责任,倘若将其界定为特殊侵权类型,法律上须明文规定,在法无明文规定的情况下,简单将其归类于特殊侵权责任,无异于置其于无救济的境地;另一方面,由于不动产登记所涉金额一般都比较巨大,采取无过错责任原则必然加重登记机构的责任,会使登记机构陷入诉累而影响其正常工作。同样,不动产登记机构登记错误赔偿责任也无适用过错推定责任原则的余地。该原则在法律中也有明确规定,系针对某种特殊侵权行为才适用,而登记机构登记错误赔偿责任不在其范围之内。可见,必须由法律明确规定无过错责任和过错推定责任,否则,错误登记导致的赔偿责任不宜被归为这两种责任类型。

其次,不动产登记机构登记错误承担过错责任符合法律规定。《侵权责任法》第 6 条规定:“行为人因过错侵害他人民事权益,应当承担侵权责任。根据法律规定推定行为人有过错,行为人不能证明自己没有过错的,应当承担侵权责任。”可见,在法律未明确规定下,原则上适用过错责任。《物权法》和《不动产登记暂行条例》均没有将不动产登记错误列为特殊责任的事项,因此不动产登记机构登记错误应承担一般责任即过错责任。对《物权法》第 21 条中第一个“登记错误”的不同理解也会导致对该民事责任的归责原则认识不一。如果将不动产“登记错误”理解成是一个结果,一种事实状态,那么按照《物权法》第 21 条规定,不动产登记机构更像是要承担无过错责任。如果将“登记错误”理解成是一种行为,即不动产登记机构在履行登记职责时发生错误,那么不动产登记机构应当承担过错责任。考察《物权法》第 21 条整体,第 1 款是讲申请人的过错,属于申请人行为。第 2 款对应的应该是登记机构的错误,属于登记机构行为。从《不动产登记暂行条例》第 29 条表述中“不动产登记机构登记错误给他人造成损害,或者当事人提供虚假材料申请登记给他人造成损害的……”可知,登记错误应作行为理解。不动产登记机构和当事人用“或者”相连,意味着二者属于并列关系,可见,不动产登记机构也应当承担过错责任。此外,《最高人民法院关于审理房屋登记案件若干问题的规定》第 12 条规定:“申请人提供虚假材料办理房屋登记,给原告造成损害,房屋登记机构未尽合理审慎职责的,应当根据其过错程度及其在损害发生中所起作用承担相应的赔偿责任。”根据该规定,司法机关认为登记机构承担的责任是过错责任。深圳、上海、浙江等地在各自的登记条例中,也存在类似规定。[22]

再次,不动产登记采用实质审查必然导致过错责任原则的适用。有学者认为,根据《物权法》第 12 条规定,我国不动产登记采用的是实质审查方式。[23]在实质审查方式下,登记机构对于不动产物权变动的原因与事实是否相符、有无瑕疵、登记资料是否真实、登记的不动产是否客观存在,均须详细审查并经确定无疑后才予以登记,登记机构为保证登记客观真实付出的劳动远较形式审查要多。试想,一旦出现登记错误就让登记机构承担无过错责任的话,将会严重降低登记机构工作人员的工作积极性,因为无论其在实质审查中是否尽到注意义务均要承担责任,将会使实质审查与形式审查无异,从而违背立法者的立法初衷。所以,确定其承担赔偿责任的归责原则轻重应当与其付出成反比才能体现法之公平正义。和无过错责任原则相较而言,在过错责任原则下只有当登记

---

〔22〕 比如,《深圳市房地产登记条例》第 59 条规定:“登记机构及其工作人员因不当核准登记,造成权利人损失的,登记机构应负赔偿责任。”《上海市房地产登记条例》第 61 条规定:“房地产登记机构及其工作人员违反本条例规定,导致房地产登记错误,给房地产权利人造成损失的,由市房地资源局或者市登记处承担相应的法律责任。”《珠海市房地产登记条例》第 48 条规定:“登记机构及其工作人员因工作疏忽,核准登记不当,造成权利人损失,登记机构应依法承担赔偿责任。”

〔23〕 参见刁其怀:《不动产登记中的审查标准即赔偿责任——评〈物权法〉第十二条、第二十一条》,载《中国房地产》2007 年第 7 期。

机构对于登记错误有过错时才承担民事赔偿责任,〔24〕就比无过错责任原则下,只要登记错误导致了损害发生即承担赔偿责任,而不问其主观上有无过错要合理得多。此外,不动产登记机构错误登记承担过错责任更符合现实情况。我国尚未建成社会信用体系,交易欺诈行为屡屡发生,登记机构即使尽到合理谨慎的审查义务也不可能识别出所有虚假材料,因此不能过分苛求不动产登记机构对登记错误这一结果承担无过错责任。

最后,过错责任原则的警示和引导作用比其他原则要显著得多。〔25〕我国《物权法》之所以规定不动产登记错误的损害赔偿责任,有两方面的原因:一方面,是对遭受损害的真正权利人提供救济,尽可能弥补其遭受的损失;另一方面,是通过承担赔偿责任的惩罚方式对登记机构及其工作人员起到矫正和警示的作用。实际上,物权人及利害关系人期许的是物权登记的正确公示,而非获得赔偿。〔26〕法律规定不动产登记机构对登记错误导致的损失承担赔偿责任也不仅仅是为了惩罚,只不过是以此种强有力的方式表达对登记错误的否定态度,并要求不动产登记机构及其工作人员敬业爱岗、谨慎工作、一丝不苟,证明并维系不动产登记毋庸置疑的公信力。

三、不动产登记机构登记错误赔偿责任的构成要件及责任承担

(一)不动产登记机构登记错误赔偿责任的构成要件

构成要件包括构成法律责任必备的所有主客观条件,是判断行为人是否承担法律责任的标准。按照侵权法原理,不动产登记机构登记错误承担赔偿责任的构成要件应当包含侵害行为、损害结果、因果关系以及主观过错四个方面之内容。

1. 存在侵害行为

侵害行为泛指侵犯他人人身或财产权利之行为,此处所言之侵害行为是指

---

〔24〕 参见刘保玉:《不动产登记机构错误登记赔偿责任的性质与形态》,载《中国法学》2012 年第 2 期。

〔25〕 参见武立宏:《不动产登记法律制度要论》,中国政法大学出版社 2015 年版,第 258 页。

〔26〕 参见郭文婧:《物权公示是不动产登记所有功能的核心》,载《青岛日报》2013 年 4 月 25 日。

登记机构未依法履行其应当履行的登记职责,因而给他人合法权益造成损害之行为。

根据《物权法》和《不动产登记暂行条例》第 5 章,不动产登记机构的侵权行为主要有以下几种:第一,虚假登记。即登记机构工作人员和申请人恶意串通、相互勾结,为了实现非法目的,进行虚假登记的行为。第二,损毁、伪造不动产登记簿。第三,擅自修改登记事项。登记簿记载了不动产的自然状况、权属状况、权利限制以及一些提示事项,对这些登记簿上的内容擅自修改可能会侵害权利人的不动产物权。第四,其他滥用职权、玩忽职守的行为。第五,泄露登记信息。登记机构对不动产登记信息应具有保密义务,不得将不动产登记资料用于其他目的。[27]

2. 存在损害结果

所谓损害事实,是指因一定的行为或事件使相对人受侵权法保护的权利和利益遭受某种不利益的影响,损害事实的存在是侵权赔偿责任构成的前提。我国《物权法》第 21 条强调了"给他人造成损害的"这一点,由此可见,不动产登记机构的赔偿也适用"无损害即无赔偿"原则,倘若只有错误登记的事实,但无损害结果之发生,登记机构当然不用承担赔偿责任。但依相关法律之规定,其应对错误登记进行更正。由于不动产是一项重要的财产权利,因而在登记过程中可能侵犯到他人的财产权,故而这里的损害赔偿责任中的损害应当限于财产性损害,不涉及人身损害和精神损害问题。并且,损害只能是当事人自己的损害,而不能主张他人由于登记错误而受到的损害。

3. 具有因果关系

作为侵权行为构成要件的因果关系,指侵权行为与损害事实之间是引起与被引起的因果联系。我国在 20 世纪 80 年代中期之前采"必然因果关系说",即在原因行为必然会导致不利后果发生的情况下,才认定为存在因果关系,进而承担责任。[28] 这种理论严重限缩了不动产登记机构承担侵权责任的范围;并且在过错责任原则下,要求受害人承担较重的证明责任,不利于对受害人的合法权益进行保护。必然因果关系说还遭到了一些学者的质疑。如梁慧星教授认

---

〔27〕 参见刘宇佳:《不动产登记错误的赔偿责任研究》,兰州大学 2016 年硕士学位论文。

〔28〕 参见范利平:《侵权法上因果关系研究》,载《现代法学》2004 年第 3 期。

为"必然因果关系说"混淆了哲学上的因果关系与法律上的因果关系,过高地估计人的能力。现在司法实践中多采"相当因果关系说"。[29] 该说认为,依据社会一般人之经验,某行为在通常情况下都可能发生同样的损害后果,即可认为原因与结果之间存在因果关系,而不追求二者之间必然的条件关系。在确定"相当性"的时候,德国联邦最高法院于早期之判决中如是阐释:"某一事件若在总体上增强了结果发生之可能,则该事件就是结果之相当条件。"

在不动产登记错误赔偿责任中,并不要求登记机构的错误登记行为与他人财产权受到损害之间具备必然的联系,只要求这种错误登记行为依据一般知识经验法则判断在很大程度上可能导致他人合法权益受到损害即可。目前,"相当因果关系说"已经得到了学界之普遍认可和接受。

4. 存在主观过错

对于归责原则的问题,前文已经进行了深入的探讨,并认为应当采过错责任原则,具体包含故意与过失两种形态。在登记中,登记机构过错的判定标准存在"主观标准说"和"客观标准说"两种。其中,"主观标准说"认为应该以行为人的主观认识能力为标准来判断其有无过错,而"客观标准说"认为应当以社会要求的客观行为准则作为判断过错的依据。笔者认为,登记机构的过错作为公务过错,当然应当采用客观标准加以判断,即以法律或者职务要求的行为准则或注意义务作为其过错的判断标准。如果登记机构工作人员的登记行为违背了其应当遵守的行为准则或者注意义务,当然可以认定不动产登记机构具有过错。

在登记机构过错的具体认定上,对于那些只要履行了正常的审核程序就完全可以判定真伪性的材料来说,比如当事人提供的房产证以及其他房屋权属证明文件,登记机构有能力并且有责任进行实质审查,自然应当保证查验结果的真实性和准确性,一旦出现登记错误,就应当认定登记机构存在过错。而对于那些不属于登记机构职权负责范围以内的材料,如当事人之间达成的合同等,登记机构只能进行形式上的审查。因此在这种情况下,登记机构只要尽到相应的注意义务,即使没有发现材料是伪造的,也不应当认为登记机构存在过错,而应由登记申请人承担相应的损害赔偿责任,受害人同样可以获得救济。

---

〔29〕 参见叶金强:《相当因果理论的展开》,载《中国法学》2008 年第 1 期。

(二)不动产登记机构登记错误承担赔偿责任的范围

没有救济,权利就形同虚设;没有责任承担,救济就形同虚设。而要确定责任的承担问题,首先需要解决赔偿范围问题。

不动产登记机构登记错误的赔偿范围是一个关乎实际运作的问题,它不仅与受害人的损失能否获得合理救济密切相关,而且与法院的判决裁定、对申请人以及登记机构工作人员的警示等都密切相关。但遗憾的是,法律法规对于赔偿范围未作出明确规定,只是笼统地规定登记机构应当对登记错误承担赔偿责任。梁慧星教授认为,登记机构之赔偿范围理应包括:第一,主权利的损害赔偿;第二,利息;第三,为主张权利所支出之费用,比如当事人主张权利之诉讼费用等。笔者赞同。然后,我们需要进一步界定主权利的范围。具体来看,在发生登记错误的情形,受害人遭受的财产损失通常包括以下几个方面:第一,物权或者权利地位的丧失。例如,登记机构错将甲的房屋登记在乙的名下,而乙又将该房屋的所有权转移给第三人丙,如果第三人丙符合善意取得的构成要件,则取得该房屋的所有权,而甲就丧失了房屋的所有权,只能向乙主张不当得利的返还,而不当得利请求权为债权性质的请求权,受到诉讼时效的限制,对受害人的救济有限。第二,因主张权利而支出的费用。如交通费、手续费、诉讼费等。第三,可得利益的损失。例如,在因登记错误而丧失房屋所有权的情形下,受害人就该房屋可期待的租金收入或者营利收入的丧失等。对于这三种损失,一般而言,通常视因前两者所造成之损失为直接损失,视最后一种损失为间接损失。[30]

从比较法上看,各国和各地区对于登记机构登记错误进行赔偿,通常存在两种模式:其一是全额赔偿模式,即对于上述所列的直接损失和间接损失均予以赔偿,也就是说,受害人因为登记错误遭受的全部损失都可以向登记机构主张。最典型的主张间接损失的例子就是,一个人想要在财产处于高价时出售该财产,但当他处分时,才发现财产登记错误而不能进行处分,因此丧失了最佳的交易机会,其当然能对存在过错的登记机构主张可得利益的损失。其二是限额赔偿模式,即赔偿范围只包括直接损失,而不包括间接损失。澳大利亚南威尔士州在其《不动产法》中将登记机构赔偿责任最高限额定为 10 万元。我国台湾

〔30〕 参见李宇:《不动产登记机构登记错误的责任研究》,载《法制与社会》2009 年第 10 期。

地区“土地法”第68条第2款则规定，登记机构的损害赔偿，不得超过受损害时之价值。

《国家赔偿法》第36条第8项规定：“对财产权造成其他损害的，按照直接损失给予赔偿。”据此，不动产登记机构对其登记错误造成的损害只负责对受害人进行直接损失的赔偿。[31] 之所以如此规定是因为，一方面，不动产大都具有极高的价值，如果登记机构在出现登记错误时，对受害人的所有损失包括可得利益的损失均进行赔偿的话，会使登记机构负担较重的责任，从而影响其工作积极性的发挥；另一方面，依据侵权法进行分析，只有那些与侵权行为具有法律上因果关系的损害才属于可以主张赔偿的范围。就此而言，直接经济损失与登记机构的错误登记行为具有相当因果关系，而因登记错误导致的可得利益的损失受当时的市场环境，当事人的审时度势等因素的影响较大，具有极大的不确定性，难以证明其与登记机构的错误登记行为之间存在相当因果关系。并且登记的作用仅仅在于物权公示，而利用物权获得的可得利益，登记机构不能合理预见其是否发生，故不在登记制度保护的范围之内。

综上所述，在上文提到的受害人因为登记错误遭受的损失中，物权或者权利地位的丧失以及因主张权利而支出的交通费、手续费、诉讼费等费用，均属于直接经济损失而可以要求登记机构承担赔偿责任；而租金收入或者营利收入等可得利益的损失，因为其属于间接经济损失，则不能要求登记机构进行赔偿。

（三）共同侵权情况下，不动产登记机构登记错误的责任承担

如果登记错误单独由申请人或者单独由登记机构的过错所致，则其各自应当承担全部的赔偿责任；如果登记申请人与机构工作人员进行恶意串通，共同实施侵权行为以致发生错误登记时，不动产登记申请人和不动产登记机构均有过错，如果任何一方能为合法行为则不可能产生不动产登记错误的情形，在这种情况下，不动产登记机构与不动产登记申请人应该承担连带赔偿责任[32]；如果登记错误系因申请人提供虚假证明材料，登记机构由于疏忽大意而未尽到合理的注意义务的，即构成无意思联络的共同侵权行为。在这种情况下，其赔偿责任和赔偿范围在理论界与实务界均存在巨大争议。

---

〔31〕 参见孙宪忠主编：《物权法的实施》，社会科学文献出版社2013年版，第38页。

〔32〕 参见王泽鉴：《侵权行为法》（第1册），中国政法大学出版社2001年版，第299页。

1. 责任否定说

该说认为登记机构仅在因为其工作人员的过失而使登记发生错漏时,才对登记的当事人承担赔偿责任。在因当事人的申请进行登记而导致第三人利益受到损害时,登记机构不承担责任。对此,有学者认为,登记机构之所以要对登记错误承担赔偿责任,是因为其违反了法定的审核义务,因此,即使登记错误系因申请人提供虚假材料所致,只要登记机构未尽到法定义务,就应该承担责任。就此而言,"责任否定说"并不可取。[33]

2. 连带责任说

我国《侵权责任法》第 8 条规定:"二人以上共同实施侵权行为,造成他人损害的,应当承担连带责任。"对这里"共同"的理解存在"主观说"和"客观说"两种。"主观说"认为,既然法律规定共同侵权人要对造成的损害承担全部赔偿责任,那么共同侵权人之间必须存在共同过错,有共同的意思联络,这是承担责任的基础,否则只能是分别责任。与"主观说"相对应的"客观说",在共同侵权行为的认定上,主张即使多数加害人之间无共同的意思联络,只要"各自之行为,客观的有关联共同,即为已足。盖数人之行为皆构成该违法行为之原因或条件,行为虽无主观之联络,以使就其结果负连带责任为妥"。[34] 第 8 条实际上采用了主观说,认为承担连带责任的行为人之间需要具有意思联络,同时和《侵权责任法》第 11 条规定的数人分别侵权承担连带责任一起构成主客观判断的两方面。[35]

申请人提供虚假的证明材料时,登记机构存在两种主观状态。一种是登记机构的工作人员与申请人相互勾结、恶意串通,造成对真正权利人的损害,在这种情形下,登记机构与登记申请人构成共同侵权,符合连带责任的适用条件,二者应当在赔偿受害人直接损失的范围内承担连带责任,间接损失由申请人承担。另一种是申请人故意提交虚假材料,登记机构疏于审查,这种情形并不符合承担连带责任的要求。这是因为:一方面,双方之间并无主观意思联络,没有

---

〔33〕 参见吴伟:《试论不动产错误登记的赔偿责任及救济渠道》,载《法制与社会》2011 年第 18 期。

〔34〕 史尚宽:《债法总论》,中国政法大学出版社 2000 年版,第 173 页。

〔35〕 参见奚晓明主编:《最高人民法院法官阐释侵权法疑难问题》,中国法制出版社 2010 年版,第 51 页。

对错误登记结果的通谋或共同认识,不合“共同实施”的标准,同时,二者的行为分别都不足以导致登记错误的发生;另一方面,承担连带责任在一定程度上加重了行为人的责任,需要法律的明确规定,否则有违“为自己责任负责”的原则,不符合侵权行为法的精神,法律并未规定在申请人与机构分别实施行为时承担连带责任,所以不能想当然地适用此种责任形态。

3. 补充责任说

我国《侵权责任法》规定了三种补充责任:一是第 34 条第 2 款规定的劳务派遣单位的补充责任,二是第 37 条的安全保障义务人的补充责任,三是第 40 条的校园事故中教育机构的补充责任。《侵权责任法》并未将不动产登记错误的责任承担明文规定为补充责任,依据法理分析,如果适用补充责任说,则受害人原则上应首先要求登记申请人承担赔偿责任,只有当事人的要求无法得到满足时,才能向登记机构主张损害赔偿。

笔者认为,补充责任说仍有待商榷:首先,其与我国法理及法律规定不合。依补充责任之规定,受害人对补充责任人不能行使完全独立的请求权,一般情况下受害人不能直接要求补充责任人承担损害赔偿责任,只能在向第一顺位的侵权人请求的损害赔偿不能完全弥补其所受损失时,才能要求补充责任人承担赔偿责任,即登记机构享有先诉抗辩权的第二顺位优势;而从《物权法》第 21 条的规定上,看不出法律在请求权顺序上有所限制,受害人可以单独请求申请人、登记机构或者这二者一同承担损害赔偿责任,明显赋予了受害人以选择的权利。其次,在理论基础上分析,与《侵权责任法》规定的一般补充责任的适用情形也有区别。一般补充责任的责任框架通常为“不作为义务 + 第三人积极行为”,但在登记错误情形中,虽看似符合该责任框架的结构,但若没有登记机构违反法定义务,在审查过程中未尽合理注意义务,仅由申请人提供虚假的证明材料,不会对真正权利人造成损害。依据我国《物权法》第 9 条第 1 款的规定:“不动产物权的设立、变更、转让和消灭,经依法登记,发生效力;未经登记,不发生效力,但法律另有规定除外。”其第 14 条规定:“不动产物权的设立、变更、转让和消灭,依照法律规定应当登记的,自记载于不动产登记簿时发生效力。”由此可见,登记为不动产物权变动的生效要件,未经登记机构的登记,不会发生物权变动的效力,故不会造成损害。最后,在责任份额的确定上,法律的模糊规定使得实践操作更加复杂,登记机构承担的补充责任的份额,是在第一顺位的侵权人不能赔偿的范围之内还是仅与其过错相应的范围内,仍然存在很大的争议。

4. 按份责任说

《最高人民法院关于审理房屋登记案件若干问题的规定》第 12 条规定:"申请人提供虚假材料办理房屋登记,给原告造成损害,房屋登记机构未尽合理审慎职责的,应当根据其过错程度及其在损害发生中所起作用承担相应的赔偿责任。"可见司法解释将其认定为分别侵权,承担按份责任。我国《侵权责任法》第 12 条规定:"二人以上分别实施侵权行为造成同一损害,能够确定责任大小的,各自承担相应的责任;难以确定责任大小的,平均承担赔偿责任。"这是对数人分别侵权的规制,其要求数个人之间无意思联络,分别实施了单独的侵权行为,数个行为只是基于偶然的结合才导致了损害结果的发生,其中单个行为并不足以导致结果的发生,并且损害后果是可分的,各个侵权行为人只在与自己的行为存在原因的损害结果范围内承担损害赔偿责任,法院可以依据各个侵权行为人的过错程度来确定承担责任的份额。

笔者认为,申请人与登记机构分别侵权采用按份责任形态更为适宜:一方面,采用按份责任符合《侵权责任法》第 12 条的规定,申请人提供虚假材料进行申请骗取登记机构进行物权登记,是故意的积极侵权行为,登记机构工作人员违背法定义务,未合理审慎地进行审查,以至于错记或者漏记,是过失的消积侵权行为,两行为独立实施,结合起来造成登记错误这一损害。登记机构承担责任的基础为其未尽到注意义务,申请人承担责任的基础为故意侵犯他人的物权。另一方面,采用按份责任也符合社会的公平正义观念。登记机构的工作人员在工作中疏忽大意,对于损害的发生存在一定的原因,但并非是全部的原因。依据社会的一般观念,加害人在损害结果的发生上具有不同的原因,则应该依据其原因的大小承担相应的赔偿责任。这种将责任在行为人之间进行公平分担的责任承担模式,既可以对登记机构和申请人起到积极的警示作用,同时也照顾到受害人的利益保护,允许受害人对登记机构和申请人一并起诉,对法官的裁判也有很好的指导作用。

四、以不动产登记责任保险完善不动产登记机构登记错误赔偿责任制度

(一)建立登记责任险的理由和依据

1. 赔偿资金紧张

在现行登记制度和管理体制安排下,不动产登记机构的赔偿资金非常紧张。

首先,不动产登记的收费标准较低。根据《物权法》的要求,不动产登记按件收费,不得按照不动产价值收费。《国家发展改革委财政部关于不动产登记收费标准等有关问题的通知》对此规定予以细化其中住宅类不动产登记的收费标准为每件80元;非住宅类不动产登记收费标准为每件550元。该规定的收费标准与房产登记机构出现错误后的赔偿标准差额巨大。从风险比例上考量,登记机关只是收取一定的登记费却要为此承担巨额赔偿的风险显然不公。

其次,由于房产价值较大,不动产赔偿金额往往都比较巨大,登记部门每年要完成超过十万起登记。一旦出现错误登记,无过错归责原则下的追偿机制必然会大大加重国家财政负担。

再次,我们还必须考虑我国登记人员水平与发达国家的登记人员水平相比确有一定差距,出现登记错误是我们势必面临的问题;同时由于技术所限,登记机构不能完全识别所有的虚假申请材料,也就是说错误登记是不可能完全消失的。

最后,从国家层面建立不动产登记错误赔偿基金的愿景破灭,事实上排除了赔偿基金的路径。从世界范围来看,不动产登记错误赔偿资金来源主要有三个:第一是国家赔偿,第二是建立不动产登记赔偿基金,第三是通过保险的方法来分散风险。由于我国国家赔偿的过错原则产生的司法追责,给不动产登记机构带来了很大的职业压力,而为了减轻压力,不动产登记机构必须要尽可能赔付当事人的损失,降低错误登记的不利影响。这不仅没能解决登记机构的赔付压力,反而在另一个侧面加大了登记机构对赔偿资金的需求。加之,基金路径已然难以实现,所以不动产登记错误赔偿保险是现行制度下最具可操作性的解决方案。

2. 登记责任险是不得不进行的选择

目前,随着房地产市场的日益活跃,房地产交易量逐年增加,房地产登记机构登记错误在所难免,由此带来的针对房产登记机构提起的赔偿案件增长明显,而这关系到保护财产所有权人财产安全与保障交易安全的价值冲突选择。不动产物权登记的内容正确与否,不仅影响当事人的利益,而且关涉整个社会不动产交易活动的安全与秩序,一旦出现瑕疵或错误,势必会给产权人及其他交易当事人造成损失。但目前我国政府审批文件尚未实现信息共享,物权公示制度在程序上和接纳度上还存在问题,社会诚信系统尚未建立,加之不法分子骗取登记违法成本较低、惩处不严,导致涉及欺诈行为的房地产登记案件频频发生。与此同时,随着现代科技的发展,利用高科技手段进行高仿真造假渐成趋势,辨析难度增大,欺诈引起诉讼的案件也逐年增加,登记安全受到严重威胁,登记机构面临较大的行政赔偿风险。多途径寻求减少登记机构行政赔偿风险迫在眉睫,而通过设立登记责任险,有助于缓解登记机构的行政赔偿压力。

关于登记费用收取的多少,也很难确定一个合理的标准。国家负担机制以国家信用为保障,信用较高,但是,国家负担机制一般都有限额限制,这使权利人的赔偿不够充分,同时,给政府带来巨大的风险。建立登记保险制度对登记错误、遗漏和虚假材料申请登记造成权利人的损失进行赔偿,既能对受害权利人进行足额赔偿,同时能减轻政府登记机关的压力和风险。

3. 不动产统一登记在全国推行后,地方不动产登记机构的赔偿压力陡增。各个地方都积极寻求风险分散的机制和方法,其中广州、南通、宁波等地都在探索利用不动产登记错误赔偿保险来达到减轻登记机构赔付压力的目的。

在上述地区中,广州市最早开始探索不动产登记错误赔偿保险,且经过多年探索已经积累了一定经验。2012年1月1日,广州市房地产交易登记中心与中国平安保险公司广东省分公司签订的《登记责任保险合同》正式生效。合同中首创"房地产交易登记机构责任险制度",开创性地将国家赔偿纳入保险公司的承保范围,通过登记责任险的形式,将房地产登记机构的赔偿风险分散、转嫁到保险机构,以降低房地产登记机构的行政赔偿风险,对各市区房地产登记机构或存在行政赔偿风险的其他行政机关均具有重要的借鉴意义。2013年至2016年广州市的不动产登记机构均通过政府采购的形式购买了保险服务。

(二)不动产登记错误赔偿保险的责任形态

基于对不动产登记机构错误赔偿责任内在构造的解析,笔者认为不动产登记错误赔偿保险属于责任险中的职业责任保险。因为,不动产登记错误赔偿责任虽然从外观上看属于机构承担责任,但是究其本质,不动产登记人员的职业疏忽或者过错才是错误赔偿发生的根源,而这符合职业保险的基本特征。职业保险是指提供服务的人员因其过失或者疏忽而提供的服务,以致他人损害而承担的民事赔偿责任。其中需要明确几个问题:

1. 不动产登记错误赔偿保险只针对民事责任

不动产登记错误赔偿保险能否承担职务犯罪所导致的赔偿责任。刑事责任所引发的赔偿请求不应当归入错误赔偿保险的范畴。[36] 因为,职业责任保险是针对民事责任而设置的风险分担机制。在刑事先行主义的裁判模式下,刑事责任未确定直接影响保险责任的认定和保险的理赔;一旦刑事责任确定,当事人的赔偿责任也会因刑事附带民事程序得到解决,无须保险的介入。如果将刑事犯罪所引发的赔偿责任列入承保范围,只会徒增负累。

2. 不动产登记错误赔偿责任的主体

首先,我们必须要区分行为主体和责任主体。所谓行为主体,是指从事专业活动的人。所谓责任主体,是指责任的承受主体。在不动产登记错误赔偿保险中,行为主体和责任主体是否当然分离存有疑问,而这一问题是建构不动产登记错误赔偿机制的关键。[37] 根据《物权法》的精神,一旦发生错误登记,当事人就可以先向登记机构索赔。从此规定来看,不动产登记机构应当是责任承受主体,而行为主体可能是登记人员或者其他民事主体。虽然我们可以明确在不动产登记错误赔偿保险中行为主体和责任主体相分离,但是我们对于分离状态下的责任承担不无疑问。登记人员和登记机构是否是分离的?登记人员的行为所引发的责任是否当然归属于登记机构?登记人员能否成为独立的责任主体?

3. 责任形态

我们认为,登记人员的行为所引发的责任不必然属于不动产登记机构。例如,登记实践中存在由于登记人员渎职而造成的错误登记,登记机构在赔偿之后,或者保险公司先行赔付后,可以向登记人员进行追偿。由此引发的责任追偿问题,包括登记机构向申请人追偿的问题,笔者将在下文重点讲述。但是,在不存在职务犯罪的情况下,登记人员的错误登记所引发的赔偿责任能否当然归属登记机构?根据风险的不同,我们可以把登记人员的登记错误原因总结为三类:第一,主观原因所导致的错误。主观状态可以分为过失和故意。笔者认为,登记人员主观上故意进行错误登记,必然存在行政责任或者刑事责任,而不属于民事责任范畴。这类错误登记是可以排除在不动产登记错误赔偿保险之外的,本文不再论述。至于登记人员的主观过失所导致的错误登记,笔者认为这类行为所引发的责任应当归属于不动产登记机构,且该责任属于直接责任,不适用《侵权法》中的替代责任规则。如果登记人员不存在重大过失,登记机构不

[36] 参见贾林青:《保险法》,法律出版社 2014 年版,第 4 ~6 页。

[37] 参见魏原杰、吴申元:《中国保险百科全书》,中国发展出版社 1992 年版,第 68 页。

应当在承担责任后,对登记人员继续追偿。保险公司在承保后,也不应当向登记人员继续追责。第二,不动产登记机构自身的局限,包括知识局限、技术局限和权力局限。不动产登记机构只是履行不动产登记的事业单位,不是法院,也不是检察机关,没有足够的权限和能力查清全部事实。而且,不动产登记机构的技术和知识局限也是客观存在的。此类风险理应由登记机构来承担,登记人员既非行为主体,也非责任主体。第三,制度缺陷。该问题应当从三个层面进行理解:第一类是法律制度,包括法律、行政法规、地方性法规、部门规章和地方政府规章;第二类是除法律制度之外的其他规范性文件所构建的制度,如自然资源部颁发的文件;第三类是内部规范,如不动产登记机构的内部操作手册。制度导致的不动产登记错误较少,即使真实发生了这类登记错误,其责任当然属于不动产登记机构。通过具体分析,我们可以看出在不动产登记错误赔偿保险的语境下,登记人员和登记机构责任是一致的。登记机构对因登记人员行为产生的错误登记所承担的责任应当属于直接责任,而非替代责任。因此,保险公司可以向不动产登记机构行使代位追偿权,而不是向登记人员追偿。

4. 追偿问题

代位追偿权,是指第三人对保险事故的发生或保险标的损失负有赔偿责任,则保险人在赔付了被保险人的损失之后,有权在保险给付的范围内代位被保险人向第三人追偿。保险代位追偿权在行使方面存在很多问题,如构成要件、诉讼时效、权利范围、适用对象等方面。在对损害事项赔付后,保险公司取得代位追偿权。保险公司可以向提供虚假材料的申请人、有重大过失的登记人员以及触犯刑事责任和行政责任的登记人员,进行追偿。但是保险人追偿所得不能超过赔付金额。而且,由于登记人员的一般过失引起的登记错误也不属于追偿范围。[38]

(三)构建不动产登记错误赔偿保险制度的要点

1. 不动产登记错误赔偿保险的模式选择

根据承保基础的不同,不动产登记错误赔偿保险可以分为两种:一是事故发生型。事故发生型保险是指对于保险期内发生的保险责任事故,受损害的第三人,抑或是被保险人,无论何时都可以提出索赔,保险公司应予承保;二是索

〔38〕 参见温世扬、武亦文:《论保险代位权的法理基础及其适用范围》,载《清华法学》2010 年第 4 期。

赔发生型。索赔发生型保险是指保险公司仅仅对保险期内提出的索赔请求进行承保,即使该项损害发生在保险期外,也不影响权利人索赔和保险公司理赔。[39] 在实践当中,索赔发生型的保险较多。但保险期限前置可能加大保险人的风险,尤其是在本险种中,由于错误登记的发生一般具有很长的追溯期间,这使得保险人承担了发生于很久以前的责任事故的后果。对此,各国保险人在经营实践中,通常在一定的保险期限之外规定一个责任追溯日期作为限制性条款,保险人仅对追溯日期以后、保险期限届满前发生的责任事故且在保单有效期内提出的索赔负责。采用此种方式承保的结果对保险期限的影响可能有两种情况:第一,如果第三人向被保险人提出索赔的时间与事故发生的时间均在保险单的有效期内,则责任保险的期限不变;第二,如果责任事故发生于保险单生效之前,责任保险的期限实质上被前置,从而形成责任保险期限的追溯性质。而绝大多数以期内索赔式承保的责任保险都会产生追溯期限。[40]

鉴于不动产登记尚处于统一整合、历史遗留问题逐渐显露的关键时期,笔者认为不动产登记机构应当采取索赔发生型保险较为妥当。对保险公司来说,他们未必愿意为了数额不大的保费,承担隐藏的巨大风险。对于这个问题,笔者建议不动产登记机构在协商谈判过程中,可以结合责任保险的赔偿限额,与保险公司进行谈判协商,以降低保险公司的风险,进而实现扩大保险范围、降低历史隐患负面作用的目的。

2. 赔偿数额

责任保险是指承保致害人(被保险人)对受害人(第三者)依法应承担的损害赔偿责任,是当被保险人依照法律需要对第三者负损害赔偿责任时,由保险人代其赔偿责任损失的一类保险。因为牵涉赔偿数额的问题,责任保险费率的制定通常根据各种责任保险的风险大小及损失率的高低来确定。在房地产交易登记机构责任险这一险种中,保险人在制定责任保险费率时,主要考虑的影响因素包括如下几项:第一,被保险人(房地产交易登记机构)业务性质的行政性及其产生错误登记的意外损害赔偿责任可能性的大小;第二,法律制度对损害赔偿的规定,也即《物权法》第 21 条第 2 款的规定;第三,赔偿限额的高低。

---

〔39〕 参见左斐:《中国财产保险承包能力研究》,武汉大学 2009 年博士学位论文。

〔40〕 参见霍艳梅:《保险期间条款的含义及性质——由“不保险的保单”引发的思考》,载《中国保险》2014 年第 3 期。

此外,每笔责任保险业务的量及同类责任保险业务的历史损失资料亦是保险人在制定责任保险费率时必须参照的依据,由于这方面类似度较高的险种还比较少,建议可以参照律师责任险进行相关费率的制定参考。〔41〕

3. 免赔数额

在责任保险经营实践中,保险人除通过确定赔偿限额来明确自己的承保责任外,通常还有免赔额的规定,以此达到促使被保险人小心谨慎、防止发生事故和减少小额、零星赔款支出的目的。〔42〕

所谓免赔额,指免赔的额度,是由保险人和被保险人事先约定,当损失额在规定数额之内时,被保险人自行承担损失,保险人不负责赔偿的额度。〔43〕 因为免赔额能消除许多小额索赔,损失理赔费用就会大为减少,从而可以降低保险公司的经营成本,同时降低被保险人要缴纳的保费。保单中订立免赔额条款的目的是:第一,使投保人在增强责任心、减少事故发生的同时,享受到缴纳较低保险费的好处;第二,保险人可避免处理大量的小额赔款案件,节省双方的保险理赔费用。这对双方均有益。

4. 保险追溯期

所谓保险追溯期,是指自保险期间开始向前追溯约定的时间期间。如果投保人连续投保,那么追溯期可以连续计算,但最长不得超过 3 年。追溯期的起始日不应超过首张保险单的保险期间起始日。追溯期由保险合同双方约定,并在保险合同中载明。保险合同当事人在保险合同中约定的从保险责任起始日向前追溯的一段时间,保险人对此期间发生且在保险期限内首次提出索赔的保险事故承担保险责任。如果要采用以索赔提出为基础的方式,保险人则规定追溯期,即在追溯期开始后发生的产品责任事故并在保单有效期内提出索赔,保险人才承担责任,且追溯期一般规定不超过 5 年。

保险公司认为,由于追诉期承担的责任是合同生效前发生的事故,且以前登记不如现在规范,存在的风险和隐患较大,追诉期每增加一年,风险随之增大,保费相应也高,因此希望追诉期不要过长。笔者建议,可以参考律师和教师

〔41〕 参见屈茂辉:《律师职务损害赔偿责任探讨》,载《法律科学》1993 年第 3 期。

〔42〕 参见孙蓉、于林樾:《免赔条款并非免责条款——保险合同免赔条款的性质及法律适用》,载《西南金融》2013 年第 6 期。

〔43〕 参见丁大巍、王珺、高峰:《最优免赔额定价分析》,载《保险研究》2009 年第 8 期。

等低风险职业群体的追诉期限。

5. 保险责任及除外责任

保险责任，是指保险公司承担赔偿或者给付保险金责任，即保险合同中约定由保险人承担的危险范围以及在保险事故发生时所负的赔偿责任，包括损害赔偿、责任赔偿、保险金给付、施救费用、救助费用、诉讼费用等。职业保险并无统一的责任条款和保单格式，通常是由保险人根据不同职业的不同特点，专门设计相应的除外责任。保险责任包括：第一，被保险人因职业行为造成的人身伤害或者经济损失。例如，在不动产登记当中，登记机构的错误登记造成权利人的利益损失。第二，被保险人为了减少或者缩小保险人的赔付责任，或者权利人的损失，而付出的必要合理费用。在不动产登记中，这部分责任包括不动产登记机构为了更正错误登记形成的登记成本、公告成本或者诉讼费，也包括真正权利人为了维护权利所产生的费用，如异议登记费、诉讼费和律师费等。被保险人签订保险合同并交付保险费后，保险合同条款中规定的责任范围，即成为保险人承担的责任。保险责任既是保险人承担保障的保障责任，也是负责赔偿与给付保险金的依据和范围；同时也是被保险人要求保障的责任和获得赔偿或给付的依据和范围。

责任保险的除外责任包括：第一，一般责任的除外责任，包括被保险人的故意行为或者非登记行为、战争、军事行动、敌对行为、武装冲突、罢工、骚乱、暴动、犯罪行为、核污染、大型自然灾害、人为灾害等行为直接或者间接造成的损失；第二，其他除外情形，包括精神损害、保单中约定由保险人自己承担的责任等。当然，保险公司还可以与登记机构约定特别的除外责任，例如黑客攻击和移交材料错误所引起的登记错误。〔44〕

6. 保险费用及来源

保险费是指被投保人参加保险时，根据其投保时所订的保险费率，向保险人交付的费用。保险费由保险金额、保险费率和保险期限构成。保险费的数额同保险金额的大小、保险费率的高低和保险期限的长短成正比，即保险金额越大，保险费率越高，保险期限越长，则保险费也就越多。交纳保险费是投保人的义务，保险费用的最终确定除了要考虑上述因素以外，也是房地产登记机构与保险公司商议、博弈的结果，该费用必须在保证效率的前提下适当对风险发生

〔44〕 参见贾林青：《保险法》，法律出版社 2014 年版，第 229 ~ 234 页。

进行保护,既不能因为其为行政开支而盲目支出;又不能因为投入过少导致保险期间过短、承保力度过小,最终导致权利人的利益无法得到应有的保障。[45]

保费的计算方法有两种:第一,全年保费 = 费率 × 专业人员数量;第二,全年保费 = 费率 × 预计的全年业务收入。而费率的构成又包括两部分:纯保险费率 = 保险额损失率 + 稳定系数(保险额损失率 = 保险赔款总额/总保险金额 × 1000‰);附加费率 = (保险业务经营的各项费用 + 适当的利润)/纯保险收入总额。无论是保险额损失率,还是稳定系数在目前都无法准确了解,笔者建议在厘定费率时可以参考律师和教育工作者责任保险等职业人群的保险费率。因为,不动产登记错误在现阶段是小概率事件,尤其是在制度健全、人员素质高的地区。为了降低风险,保险机构可以调查、评估一个地区的不动产登记制度、登记人员素质、技术运用等,制定合理的费率。[46]

关于保费来源的问题,笔者建议不动产登记机构可以不动产登记收费当中提取一定比例,不足部门向财政部门申请。缴纳保险费是投保人的义务。投保人支付保险费的方式有两种:(1)若合同没有特别约定时,支付保险费义务的履行,必须在合同成立时进行,其数额为全额。如果在合同成立时不立即支付保险费或只是部分支付保险费。则构成对《保险法》第 13 条关于支付保险费义务规定的违反。(2)在合同订有特别约定时,其支付保险费的方式依据该约定履行。保险合同成立后,保险当事人、关系人依据保险合同,既享有一定的权利又负有一定的义务,负有义务的人若不履行该项义务,将承担相应的法律后果。

(四)不动产登记错误赔偿保险的立法建议

1. 立法层级选择

《物权法》、《不动产登记暂行条例》和《不动产登记暂行条例实施细则》都对不动产登记错误进行了规定,笔者认为《不动产登记暂行条例》和《不动产登记暂行条例实施细则》都以《物权法》为上位法,如果《物权法》坚持现有条文规定,下位法很难有突破的空间。因此,未来民法典物权编应当规定不动产登记错误赔偿保险。

---

〔45〕 参见刘自敏、万迪昉、江方:《道德风险存在下董事责任保险市场的保费水平分析》,载《当代经济科学》2004 年第 4 期。

〔46〕 参见文平:《基于一种新的风险度量的保费计算方法》,载《统计与决策》2007 年第 21 期。

出于立法成本的考虑，笔者建议民法典物权编对此问题作原则性规定，地方立法机关在此基础上进行完善。

2. 不动产登记错误归责原则的立法建议：国家层面

建议条文：

《物权法》第21条 当事人提供虚假材料申请登记，给他人造成损害的，应当承担赔偿责任。

因登记错误，给他人造成损害的，登记机构应当承担赔偿责任。登记机构赔偿后，可以向造成登记错误的人追偿。

修改建议：

当事人提供虚假材料申请登记，给他人造成损害的，应当承当赔偿责任。

因登记错误，给他人造成损害的，登记机构应当承担赔偿责任，登记机构能证明自己没有过错的除外。登记机构承担赔偿责任后，可以向造成登记错误的人追偿。

3. 不动产登记错误归责原则的立法建议：地方

地方立法机关可以在制订地方不动产登记办法时，充分吸收登记机构的探索经验，将此上升为立法条文。这既能引导国家和地方立法的方向，为国家立法提供地方范本，也能规范实践做法，满足社会需要。

不动产登记机构登记错误赔偿责任保险的建议条文：

第X条 不动产登记机构可以购买不动产登记错误赔偿责任保险，以增强登记机构的赔付能力。

不动产登记机构所需承担的登记错误赔偿责任可以通过保险先行赔付，不足部分由不动产登记机构补足。

第X+1条 不动产登记错误赔偿保险应当由不动产登记机构购买。各区县不动产登记机构负责购买本辖区内的登记错误赔偿保险。

第X+2条 不动产登记错误赔偿责任保险以不动产登记机构实际产生的赔付责任为保险范围。

第X+3条 不动产登记机构和保险公司可以自行协商承保方式，但期内索赔制保单的追溯期不得少于五年。

第X+4条 保险机构在承保后，有权以不动产登记机构的名义处理有关诉讼或仲裁事宜，不动产登记机构应提供有关文件，并给予必要的协助。

第X+5条 不动产登记机构购买保险的经费应当纳入市区财政预算。

On the Main Points and Mechanisms of the System of False Compensation Liability for Real Estate Registration Institutions
—On the Basis and Perspective of the Practice of the Unified Registration of Real Estate in China

Wu ChunQi

Abstract: The previous research on the error liability system of the real estate registration institution is mainly focused on the legal theory. Since the end of 2013, the work of unified registration of real estate has been put forward. Its work practice has provided new requirements for the research of this topic, and also provided a solid foundation. From the perspective of the practice of legal hermeneutics and comparative law research, the author thinks that real estate registration should be defined using the compromise theory: refers to the contents and reasons for registration registration based on the registration of the reasons causing errors or omissions in the register the proof does not match the file contents contained. The causes and forms of errors in registration of real estate registration institutions can be divided into two categories. In combination with the practice of real estate registration, the author believes that the principle of civil liability is the main principle, and the principle of liability for imputation should be said by fault liability. Finally, we should explore the compensation insurance for false registration of real estate on the basis of the nature of liability, so as to determine the source of error compensation funds and decentralization of the responsibilities of real estate registration institutions.

Key words: Real estate registration; Civil tort; Civil liability; Compensation insurance

(责任编辑:杨疏影)

依嘱托转移登记实践中的两个问题及其解决建议*

王荣珍**

内容摘要:

依法院嘱托转移登记实践中存在是否需要当事人再提交登记申请和材料问题、依嘱托登记能否直接适用以解决离婚判决所涉房屋转移登记特别问题。依法院嘱托转移登记中要求提交不动产登记申请书混淆了依嘱托转移登记和依申请转移登记,应予取消,但要求提交不动产转移登记相关材料合法合理。依嘱托登记不能直接适用以解决离婚判决所涉房屋转移登记特别问题,建议当事人利用不动产登记代理制度或者向法院提起排除妨碍诉讼,根据生效法律文书直接申请办理转移登记,或者申请强制执行,由法院嘱托登记。

关键词:

依嘱托登记　依嘱托转移登记　依申请转移登记　房屋转移登记

一、引　言

依嘱托登记,是指不动产登记机构依据有权机关的嘱托进行的登记,它是申请程序中的一种特殊类型,[1]有别于依职权登记和依申请登记。我国现行立法并未对依嘱托登记作出系统、完整的规定,有关依嘱托登记的条文内容分散

---

* 本文系广东外语外贸大学校级科研项目“依嘱托登记制度研究”(231 - X5216169)阶段性成果。

** 王荣珍,广东外语外贸大学法学院教授,土地法制研究院研究员,法学博士。

〔1〕 参见程啸:《不动产登记法研究》,法律出版社 2011 年版,第 564 页。

在《不动产登记暂行条例》[2]、《不动产登记暂行条例实施细则》(以下简称《实施细则》)[3]、《土地登记办法》[4]以及《房屋登记办法》[5]等法律文件当中。现行立法尚未正式出现依嘱托登记的概念表述,只是对依嘱托转移登记、查封登记、预查封登记和注销登记等具体情形作出了规定,其中侧重规定了查封登记和预查封登记。《不动产登记操作规范(试行)》则从实际操作层面明确了依嘱托登记的程序:包括嘱托、接受嘱托、审核和登簿,[6]但其细致性和可操作性尚不够。分散、概括与粗陋的立法难以为依嘱托登记的实践展开提供充分指引。同时,理论上为比较微观的依嘱托登记问题研究倾注的笔墨着实不多,依嘱托登记实践中存在的问题与困惑缺乏可供选择的解决方案。有鉴于此,本文在调研的基础上特别针对依嘱托登记中相较查封登记和预查封登记规定更为简略的转移登记情形,对在实践中亟待解决的两个问题加以探讨并提出对策建议,以求教于大方。

二、依嘱托转移登记实践中的两个问题

(一)依法院嘱托转移登记中是否需当事人再提交登记申请和材料问题

依法院嘱托转移登记是指不动产登记机构根据人民法院的嘱托而办理的

[2] 《不动产登记暂行条例》第 3 条规定:"不动产首次登记……查封登记等,适用本条例。"

[3] 《不动产登记暂行条例实施细则》第 19 条第 2 款规定:"有下列情形之一的,不动产登记机构直接办理不动产登记:(一)人民法院持生效法律文书和协助执行通知书要求不动产登记机构办理登记的;(二)人民检察院、公安机关依据法律规定持协助查封通知书要求办理查封登记的;(三)人民政府依法做出征收或者收回不动产权利决定生效后,要求不动产登记机构办理注销登记的;(四)法律、行政法规规定的其他情形。"其第五章第四节第 90 条至第 93 条规定了查封登记。

[4] 《土地登记办法》第 63 条至第 69 条规定查封登记、预查封登记。

[5] 《房屋登记办法》第 35 条第 2 款规定:"因人民法院或者仲裁委员会生效的法律文书取得房屋所有权,人民法院协助执行通知书要求房屋登记机构予以登记的,房屋登记机构应当予以办理。房屋登记机构予以登记的,应当在房屋登记簿上记载基于人民法院或者仲裁委员会生效的法律文书予以登记的事实。"

[6] 《不动产登记操作规范(试行)》第 1.7.1、1.7.2、1.7.3 条。

不动产转移登记,在登记实践中最为常见。例如,买方甲和卖方乙双方签订了房屋买卖合同,该合同有效成立,但乙方未按照合同约定为甲方办理房屋转移登记,甲方提起诉讼并请求法院判令乙方按照合同约定履行办理房屋转移登记的义务。在法院判决以后,如果乙方仍不履行判决,此时甲方有权向法院申请强制执行,由法院嘱托不动产登记机构协助甲方办理相应的房屋转移登记,不动产登记机构应按照嘱托内容为甲方办理相应的房屋转移登记。根据最高人民法院、国土资源部、建设部《关于依法规范人民法院执行和国土资源房地产管理部门协助执行若干问题的通知》第3条[7]的规定,依嘱托转移登记的审查标准为形式审查。如果不动产登记机构认为登记事项存在异议的,应当向嘱托机关提出审查建议,但应当继续办理嘱托登记。另外,依据该通知第5条第2款规定:"在执行人民法院确认土地、房屋权属的生效法律文书时,应当按照人民法院生效法律文书所确认的权利人办理土地、房屋权属变更、转移登记手续。"《房屋登记办法》第35条第2款规定:"人民法院协助执行通知书要求房屋登记机构予以登记的,房屋登记机构应当予以办理。房屋登记机构予以登记的,应当在房屋登记簿上记载基于人民法院或者仲裁委员会生效的法律文书予以登记的事实。"据此,在依法院嘱托转移登记中,嘱托主体是人民法院。嘱托的法律效力是不动产登记机构在接受嘱托后,应当按照人民法院的嘱托内容办理相应的不动产转移登记,登记完成发生物权法上所规定的物权效力。

在依法院嘱托转移登记实践中,此类登记要经过两个步骤。首先,由人民法院向不动产登记机构提交嘱托文件,包括嘱托机关人员的工作证明、生效法律文书和协助执行通知书。经过不动产登记机构的审查后,若符合标准,则在不动产登记簿上备注协助执行转移不动产的内容,并由不动产登记机构出具协执文书收件回执给人民法院,人民法院会把协执文书收件回执送达给登记权利人。此时,不动产登记机构并不会直接依据嘱托办理不动产转移登记,只是进行备注。然后,登记权利人本人持协执文书收件回执,并根据有关房屋转移登

〔7〕《关于依法规范人民法院执行和国土资源房地产管理部门协助执行若干问题的通知》第3条规定:"国土资源、房地产管理部门在协助人民法院执行土地使用权、房屋时,不对生效法律文书和协助执行通知书进行实体审查。国土资源、房地产管理部门认为人民法院查封、预查封或者处理的土地、房屋权属错误的,可以向人民法院提出审查建议,但不应当停止办理协助执行事项。"

记的办理指引,提交不动产登记申请书和询问记录表、房地产权属发生转移的文件、法院文书、身份证明、不动产附图、税务证明以及其他根据实际情况需要提交的资料,〔8〕要求不动产登记机构办理转移登记,经过不动产登记机构的审核之后,才能最终登簿,完成不动产转移登记。

对于此流程的合法性,不动产登记机构本身也拿捏不准,心存疑问。就依嘱托转移登记的应然程序而言,从嘱托、接受嘱托、审查以及最终的登簿行为应当都是依有权机关的嘱托而发生和进行的,但实践中,在人民法院嘱托以后,还要登记权利人再次申请并提交材料才能最终办理不动产转移登记。这种做法究竟是否符合嘱托登记的主体为有权机关、登记机构直接依据嘱托办理转移登记的相关规定?如果不符合,又该如何改进?

(二)依嘱托登记能否直接适用以解决离婚判决所涉房屋转移登记问题

实践中,在房屋限购政策背景下,关于离婚判决所涉房屋转移登记存在的特别问题在于:一方面,离婚生效判决引起房屋所有权变动后,由于登记权利人怠于办理登记,使得房屋所有权变动未能及时反映在不动产登记簿上,从而影响了登记名义人的购房资格,损害了其购房利益;另一方面,因判决取得房屋的一方当事人因房屋没有转移登记在其名下,而可能利用房屋限购政策的漏洞,不正当获得购房资格,影响房屋限购政策的有效执行,妨碍房屋限购政策的目标实现。同时,权利人此举也会规避税费,影响交易安全。

根据《物权法》第28条规定〔9〕,法律文书生效,不动产物权变动就发生效力,无须登记完成。因而,如果因离婚判决取得不动产物权的权利人不办理登记,就会导致不动产登记簿中记载的名义权利人与真实权利人不一致。同时,在实行严格房屋限购政策的城市,当不动产登记簿记载的登记名义人与真实权

〔8〕 参见《一手(增量)房转移登记办理指引》,载广州市国土资源和规划委员会官网:http://www.gzlpc.gov.cn/ywpd/bdcdj_1677/ywblzy/201611/t20161111_1193318.html,以及《二手(存量)房转移登记办理指引(含商品房、私房、单位自管房、直管公房、部队房)》,载广州市国土资源和规划委员会官网:http://www.gzlpc.gov.cn/ywpd/bdcdj_1677/ywblzy/201611/t20161111_1193320.html,最后访问日期:2017年11月30日。

〔9〕 《物权法》第28条规定:"因人民法院、仲裁委员会的法律文书或者人民政府的征收决定等,导致物权设立、变更、转让或者消灭的,自法律文书或者人民政府的征收决定等生效时发生效力。"

利人不一致时，就会对作为登记名义人的当事人的购房资格造成影响。而真实权利人则因其取得的房屋所有权未记载在不动产登记簿上，在其名下没有其他登记房屋的情形下，就不正当地享有购房资格。例如，离婚诉讼中，法院判决准予离婚，同时判决登记在甲的名下却属于甲乙共有的房屋归乙方所有。根据《物权法》规定，乙方无须办理房屋转移登记，就直接根据生效判决取得房屋所有权。但是，如果乙方不办理登记手续，在不动产登记簿上，甲方则是房屋的登记名义人，限购政策下甲方正当的购房资格将因此受限。而乙方由于不动产登记簿上对其有房的事实没有记载，在其名下没有其他登记房屋的情形下，则享有购房资格。这种情况不仅对当事人的利益保护不公，而且严重影响房屋限购政策的实施效果。

对于离婚生效判决引起的房屋转移登记，根据《不动产登记暂行条例》第14条[10]、《不动产登记暂行条例实施细则》第19条第1款[11]和《房屋登记办法》第12条[12]等现行规定，判决生效后，由当事人决定是否持人民法院的生效判决书，到不动产登记机构单方申请不动产登记，而不是由法院直接嘱托不动产登记机构进行房屋转移登记。为了能够更好地贯彻房屋限购政策，消除由此导致的登记名义人与真实权利人分离所可能引起的损害交易安全风险，解决前述离婚判决中房屋移转登记的特别问题，有不动产登记机构提出借助法院嘱托登记的思路。即离婚判决生效后，由法院直接嘱托不动产登记机构办理房屋转移登记，以确保不动产登记之登记名义人和真实权利人的一致性，为准确查明核实当事人的购房资格提供准确依据。那么，能否这样做？如果不能，又该如何解决该问题？

---

〔10〕《不动产登记暂行条例》第14条规定："因买卖、设定抵押权等申请不动产登记的，应当由当事人双方共同申请。属于下列情形之一的，可以由当事人单方申请：……（三）人民法院、仲裁委员会生效的法律文书或者人民政府生效的决定等设立、变更、转让、消灭不动产权利的。"

〔11〕《不动产登记暂行条例实施细则》第19条第1款规定："当事人可以持人民法院、仲裁委员会的生效法律文书或者人民政府的生效决定单方申请不动产登记。"

〔12〕《房屋登记办法》第12条规定："申请房屋登记，应当由有关当事人双方共同申请，但本办法另有规定的除外。有下列情形之一，申请房屋登记的，可以由当事人单方申请：……（二）因人民法院、仲裁委员会的生效法律文书取得房屋权利。"

三、依嘱托转移登记实践问题的解决建议

(一)优化依法院嘱托转移登记程序的建议

1. 依法院嘱托转移登记中应取消当事人提交不动产登记申请书的要求

不动产登记实践中,在人民法院嘱托不动产登记机构协助执行后,当事人需要再提交不动产登记申请书以办理房屋转移登记,这种做法混淆了依嘱托的转移登记和依申请的转移登记,应取消对提交不动产登记申请书的要求。理由是:依嘱托登记和依申请登记的显著区别在于登记程序的启动原因不同。依嘱托登记中,不动产登记机构是依据有权机关的要求而进行相应不动产登记;而依申请登记中,登记程序是因为当事人提出的登记申请而启动的。[13] 因此,依申请转移登记需要当事人提交不动产登记申请书,而依嘱托转移登记中,当事人只需要提交协执文书收件回执、身份证明、房地产权属发生转移的文件、法院文书、不动产附图、税务证明即可办理登记,而无须再提交不动产登记申请书。就比较法上而言,我国澳门地区明确区分了依嘱托登记和依申请登记的启动方式,规定了依嘱托登记无须再填写申请表格,该做法值得我们借鉴。根据我国澳门地区《物业登记法典》第 34 条第 2 款规定:"官方实体请求登记时,无须填写登记申请表格,但该请求应载於公函内,而公函中须指出请求登录之事实、作为该事实依据之文件及签署该公函之人之职务。"因此,在办理依嘱托转移登记时,应规定嘱托机关无须填写申请表格,直接将嘱托文件提交给不动产登记机构即可;同时,当事人继续办理不动产转移登记时,也无须填写提交不动产登记申请书。

2. 依法院嘱托转移登记中应要求当事人提交相关材料

虽然依法院嘱托转移登记的启动是人民法院向不动产登记机构发出嘱托,但登记办理过程中,让不动产登记权利人在收到人民法院的协执文书收件回执后,办理登记时仍然向不动产登记机构提供不动产转移登记所要求的相关材料是不违反不动产登记相关规定的,同时有助于保障不动产登记的真实性和准确性。实践中依法院嘱托转移登记确实需要经过两个步骤,即先由人民法院向不动产登记机构提交协助执行的生效法律文书加以嘱托,再由当事人办理登记。

〔13〕 参见程啸:《不动产登记法研究》,法律出版社 2011 年版,第 565 页。

但是，这两个步骤不能分别看待，它们实际上属于依嘱托转移登记的整体程序。一方面，当事人再次提交材料办理不动产转移登记的过程是对人民法院嘱托过程的延续，当事人能够继续办理不动产转移登记的关键在于其持有人民法院交予的协执文件收件回执以及生效法律文书，表明人民法院已经嘱托不动产登记机构协助办理房屋转移登记。同时，如果人民法院不对不动产登记机构进行嘱托，进而获得协执文件收件回执并交予当事人，当事人不可能在人民法院未嘱托的情形下直接申请办理转移登记。由此可见，不动产登记机构办理转移登记是基于人民法院的嘱托进行的，不能因为程序上出现了当事人提交材料办理登记的情况就认为依嘱托转移登记的嘱托主体与相关规定不符，不动产登记机构不是依据嘱托进行登记的。另一方面，实践中，不动产登记机构要求当事人在人民法院嘱托以后再次提交材料办理转移登记，有利于保证登记的真实性和准确性。具体而言，要求提交身份证明是为了核实登记权利人的身份；要求提交房地产权属发生转移的文件和生效法律文书是为了核实有关房屋物权变动的情况；要求提交不动产附图则是为了明确房屋的面积、结构等实际情况；要求提供税务证明，是对我国不动产登记"先税后证"规定的落实，有利于审查当事人完税情况，防止当事人规避税收。根据我国《土地增值税暂行条例》第12条[14]、《契税暂行条例》第11条[15]以及国家税务总局《关于进一步加强房地产税收管理的通知》《关于进一步加强土地税收管理工作的通知》等有关"先税后证"政策的规定，办理有关不动产登记手续的，应提供完税或减免税凭证，未提供完税或减免税凭证的，不动产登记机构不予办理有关登记手续。因此，在人民法院提交嘱托文件后，要求当事人提供税务证明办理不动产转移登记手续，是为了实现依嘱托登记程序与"先税后证"规定的衔接，符合我国目前相关规定。可见，依法院嘱托转移登记中应要求当事人提交不动产转移登记相关材料，包括协执文书收件回执、身份证明、房地产权属发生转移的文件、法院文书、

---

〔14〕《土地增值税暂行条例》第12条规定："纳税人未按照本条例缴纳土地增值税的，土地管理部门、房产管理部门不得办理有关的权属变更手续。"

〔15〕《契税暂行条例》第11条规定："纳税人应当持契税完税凭证和其他规定的文件材料，依法向土地管理部门、房产管理部门办理有关土地、房屋的权属变更登记手续。纳税人未出具契税完税凭证的，土地管理部门、房产管理部门不予办理有关土地、房屋的权属变更登记手续。"

不动产附图、税务证明等。

（二）不能直接适用依嘱托登记解决离婚判决所涉房屋转移登记问题

1. 不能直接适用依嘱托登记解决离婚判决所涉房屋转移登记的理由

不动产登记实践中，当离婚判决对房屋归属部分属于形成判决时，只能由当事人单方申请房屋转移登记。当离婚判决对房屋归属部分属于给付判决时，只有义务人拒绝协助办理转移登记，权利人申请强制执行，人民法院依法采取强制措施后，才可以嘱托不动产登记机构协助办理转移登记。不能直接适用依嘱托登记解决离婚判决所涉房屋转移登记问题的理由如下：

从理论上说，所谓形成判决，是关于形成之诉的判决，针对是否应当变更某种法律关系作出判决，此种法律关系的变更需要等到法院判决的生效，因而形成判决具有形成力，能够直接引起物权变动的发生。[16] 形成判决本身没有给付内容，不具有执行性，显然不能适用嘱托登记，只能由权利人单方申请登记。[17] 例如，在周某与刘某离婚纠纷一案中，法院判决登记在原告周某名下的位于广州市天河区××路××街×号×房归被告刘某所有，[18] 该判决关于此房屋归属部分就属于形成判决，被告可以在法院判决后直接持生效判决书向不动产登记机构单方申请办理房屋转移登记。所谓给付判决，就是判令被告为特定的给付，此种判决不具有形成力，不能直接引起物权变动，只有在被告履行特定给付后才发生物权变动，因而与给付判决相关的物权变动，仍然属于依法律行为发生的物权变动，只不过在变动过程中通过判决对给付行为赋予了国家强制力而已。[19] 所以，给付判决不属于直接引起物权变动的生效法律文书，只有待权利人办理完转移登记才能发生房屋所有权变动。正如史尚宽所言，作为因法院判决而取得不动产物权者，此判决须为直接判与原告以所有权之判决，其仅确定

---

〔16〕 参见刘耀东：《基于法律文书发生的不动产物权变动》，载《东方法学》2016年第1期。

〔17〕 参见汤慧：《生效法律文书房屋登记的有关问题》，载《中国房地产》2013年第21期。

〔18〕 参见广东省广州市天河区人民法院(2014)穗天法民一初字第1426号民事判决书。

〔19〕 参见王明华：《论〈物权法〉第28条中法律文书的涵义与类型》，载《法学论坛》2012年第5期。

被告人有移转所有权之义务者,不在其内。[20] 因而,权利人不可以直接持该判决单方申请转移登记,而应据此判决请求被告协同办理转移登记。被告不履行,权利人有权申请强制执行,法院依法采取强制措施,才可以嘱托不动产登记机构协助办理转移登记。例如,在张×1 与张×2 离婚纠纷一案中,法院判决北京市×区×园×号楼×层×单元902 号房屋归原告张×1 所有,房屋剩余贷款由原告张×1 负责偿还。原告张×1 于本判决生效之日起 30 日内支付被告张×2 房屋折价款 114 万元。被告张×2 于原告张×1 履行完上述付款义务,且北京市×区×园×号楼×层×单元902 号房屋抵押权解除后 15 日内协助原告张×1 办理上述房屋权属转移登记手续,将房屋转移登记至原告张×1 名下(该房屋原登记为张×2、张×1 共同共有)。[21] 该判决中存在给付内容,原告取得房屋所有权以支付补偿金为代价,且需解除房屋抵押权,原告并没有直接依据生效判决取得房屋所有权,而是双方办理完成房屋转移登记方能取得房屋所有权。那么,当原告支付补偿金且解除抵押权后,要求被告协助办理房屋移转登记,被告不予配合时,原告有权根据生效判决向法院申请强制执行,再由法院发出协助执行通知书嘱托不动产登记机构协助办理房屋转移登记。

从合法性来看,对于依据离婚生效判决直接取得房屋所有权的,根据《物权法》第 28 条和第 31 条规定[22],当事人可以不经登记取得所有权,法律并不强制要求当事人必须根据生效判决进行不动产登记。不动产登记中应当遵循自愿登记的原则,其强制只是体现为民事法律效果上的强制,[23] 即不经登记当事人处分房屋时不发生物权变动的法律效果。同时,根据前述《不动产登记暂行条例》等现行法规定,因法院判决引起不动产物权变动的,可由登记权利人单方申请不动产登记。因此,这种情况下权利人有权决定是否登记,但选择登记时须单方申请办理房屋转移登记,而非由法院直接进行嘱托登记。对于离婚判决中存在给付内容的,根据《民事诉讼法》第 236 条和第 251 条规定,一方当事人拒

---

〔20〕 参见史尚宽:《物权法论》,中国政法大学出版社 2000 年版,第 35 页。

〔21〕 参见北京市朝阳区人民法院(2015)朝民初字第 32971 号民事判决书。

〔22〕 《物权法》第 31 条规定:"依照本法第二十八条至第三十条规定享有不动产物权的,处分该物权时,依照法律规定需要办理登记的,未经登记,不发生物权效力。"

〔23〕 参见程啸、孙东育:《不动产登记应当遵循自愿的原则》,载《中国房地产》2014 年第 21 期。

绝履行生效法律文书的，对方当事人可以向人民法院申请执行，人民法院可以向有关单位发出协助执行通知书，要求其进行办理。〔24〕 因而，离婚判决中要求另一方协助办理房屋转移登记的，另一方不予配合时，取得权利的一方可以向法院申请强制执行，由法院嘱托不动产登记机构为其办理房屋转移登记。此时，法院的嘱托登记也是在当事人申请强制执行后发生的，不能未经当事人申请强制执行直接嘱托登记。由此可见，对于离婚判决直接引起房屋所有权变动的，所涉房屋转移登记，只能由权利人决定是否依生效判决单方申请登记。若权利人没有做出上述选择，为了贯彻房屋限购政策，就要求法院嘱托不动产登记机构协助办理登记，有利用公权力干涉私权利之嫌，也明显违背了现行法相关规定，不具有合法性。

从可行性来看，对于离婚判决直接引起房屋所有权变动的，所涉房屋转移登记要求直接依嘱托进行，在实践中缺乏可行性。首先，法院最主要的工作是司法审判，工作量大事繁，要求法院直接进行嘱托登记，无疑要求法院投入更多的人力、物力和时间成本来处理同类的案件，加重其工作负担。其次，要求法院直接进行嘱托登记，由不动产登记带来的国家税收如何保障？根据我国有关“先税后证”政策规定，办理有关不动产登记手续的，应提供有关的完税或减免税凭证，未提供完税或减免税凭证的，不动产登记机构不予办理有关登记手续。那么，在此种情形下，与不动产转移登记有关的税款应该由谁来缴纳？当然，有人可能认为，能不能“先证后税”，即不缴税就办理不动产登记，然后由税务机关向应缴纳税款的当事人追缴？这种做法要改变现行规定不说，更重要的是，会把税务机关拖进无穷无尽的纠纷中，也难以保障国家的相应税收，实不可行。

可见，针对离婚判决引起房屋所有权变动，所涉房屋转移登记要求法院主动通过依嘱托登记实现，以达到登记名义人与真实权利人的一致，保护限购政策下登记名义人的购房资格，这种做法于法于理不通，也不具有可行性。

2. 对离婚判决所涉房屋转移登记中特别问题的解决建议

在房屋限购政策下，为平衡保护离婚判决所涉房屋转移登记的登记权利人

〔24〕《民事诉讼法》第 236 条规定：“发生法律效力的民事判决、裁定，当事人必须履行。一方拒绝履行的，对方当事人可以向人民法院申请执行，也可以由审判员移送执行员执行。”第 251 条规定：“在执行中，需要办理有关财产权证照转移手续的，人民法院可以向有关单位发出协助执行通知书，有关单位必须办理。”

和义务人的合法利益,实现房屋限购政策的预设目标,对离婚判决所涉房屋转移登记中特别问题另辟他径探寻合法合理的解决措施迫切而有意义。

在我国台湾地区,存在与上文所述离婚判决直接引起物权变动而登记权利人怠于办理登记的类似情形。根据我国台湾地区行政主管部门的规定,依据法院确定判决,有权申请办理土地所有权转移登记的权利人怠于申办登记,义务人单独提出申请时,应当另行取得执行名义。因为根据我国台湾地区"土地登记规则"第 27 条第 4 款的规定,对法院判决确定之登记,债权人可以单独申请。[25] 但债务人非债权人,除另行取得执行名义外,如果债权人不欲行使其权利,法律似无强使债权人必须接受转移登记之义务规定。[26] 然而,如果债务人持同意办理不动产转移登记为债权人所有之和解笔录,单独申请登记的,应予受理。由于该不动产所有权转移登记申请案,系债务人欲将不动产所有权转移登记于债权人,因债权人拒不接受协同办理申请,经债务人起诉成立诉讼上和解,债权人同意协同债务人就登记为债务人所有之不动产,向地政机关办理转移登记为债权人所有,是债权人已为接受所有权转移登记之意思表示,义务人得凭法院和解笔录,单独申请将不动产移转予权利人。[27] 由此观之,一方面,我国台湾地区"土地登记规则"与《物权法》、《不动产登记暂行条例》、《不动产登记暂行条例实施细则》以及《房屋登记办法》的规定相一致,即有权单方申请不动产登记的应为登记权利人,其有权决定是否办理房屋的转移登记,而在登记权利人怠于办理登记时,法律也不能强迫权利人行使登记请求权。因为登记的基础是自愿,物权人权利本身包含这种行动资格,是其行使权能之自我发动,当事人并不负有申请登记的真正义务。[28] 另一方面,我国台湾地区行政主管部门也明确了登记义务人可以单独申请办理登记的情况,登记义务人能够单独办理登记的关键就在于其取得了登记权利人同意办理房屋转移登记的意思表示。我国台湾地区的做法具有启示意义。

---

〔25〕 我国台湾地区"土地登记规则"第 27 条规定:"下列登记由权利人或登记名义人单独申请之:四、因法院、行政执行分署或公正第三人拍定、法院判决确定之登记。"

〔26〕 参见我国台湾地区"内政部"75 年 12 月 4 日台内地字第 461736 号函。

〔27〕 参见我国台湾地区"内政部"77 年 12 月 15 日台内地字第 659329 号函。

〔28〕 参见龙卫球:《不动产登记性质及其纠纷处理机制问题研究——兼评物权法司法解释(一)第 1 条》,载《法律科学》(西北政法大学学报)2017 年第 1 期。

首先,可以考虑利用现行法律框架中的不动产登记代理制度,由登记义务人取得登记权利人同意其代理登记的授权,从而解决登记权利人怠于办理登记的问题。根据《不动产登记暂行条例实施细则》第 12 条[29]、《房屋登记办法》第 15 条第 2 款[30]的规定,登记权利人可以委托登记义务人代为申请不动产登记,并向登记义务人出具授权委托书,具体的委托内容为委托登记义务人代为办理房屋转移登记的事项。至于办理房屋转移登记过程中所产生的税务以及登记费用的问题,登记权利人也可以一并委托登记义务人代缴相关税费。通过上述做法,登记义务人就可以代理申请办理房屋转移登记,从而解决其购房资格受限的问题。

其次,如果登记权利人既不亲自办理房屋转移登记,也不委托登记义务人代为办理房屋转移登记的,登记义务人则可以通过诉讼途径解决。在房屋限购政策下,登记权利人怠于行使登记请求权会影响到登记义务人的购房资格,以不作为方式妨碍了登记义务人购房权利的行使,根据《民法总则》第 176 条和第 179 条[31]的规定,登记义务人有权请求排除妨碍。因此,当登记义务人请求登记权利人排除妨碍无果时,可以向法院提起诉讼,请求法院判决登记权利人排除对登记义务人购房资格造成的妨碍。诉讼中,一种情况是:登记义务人在法院调解下,获得登记权利人同意,由登记义务人申请将登记在自己名下的房屋转移登记给登记权利人,法院对此制作调解书。此时,登记义务人持有法院调解书到不动产登记机构办理转移登记,不动产登记机构应予受理并依法办理。另一种情况是:当事人双方不愿调解或调解无果,法院直接判

〔29〕《不动产登记暂行条例实施细则》第 12 条规定:“当事人可以委托他人代为申请不动产登记。代理申请不动产登记的,代理人应当向不动产登记机构提供被代理人签字或者盖章的授权委托书。自然人处分不动产,委托代理人申请登记的,应当与代理人共同到不动产登记机构现场签订授权委托书,但授权委托书经公证的除外。境外申请人委托他人办理处分不动产登记的,其授权委托书应当按照国家有关规定办理认证或者公证。”

〔30〕《房屋登记办法》第 15 条第 2 款规定:“委托代理人申请房屋登记的,代理人应当提交授权委托书和身份证明。境外申请人委托代理人申请房屋登记的,其授权委托书应当按照国家有关规定办理公证或者认证。”

〔31〕《民法总则》第 176 条规定:“民事主体依照法律规定和当事人约定,履行民事义务,承担民事责任。”第 179 条规定:“承担民事责任的方式主要有:……(二)排除妨碍。”

决。法院判决后，登记权利人仍不申请办理房屋转移登记，继续对登记义务人的购房资格构成妨碍的，登记义务人可以根据生效判决，向法院申请强制执行，由法院嘱托不动产登记机构协助办理房屋转移登记。但是，不管哪种情况，涉及房屋转移登记中的税费和登记费用的，如果登记权利人拒绝缴纳，为了消除由此带来对登记进程的阻碍，可以由登记义务人代为缴纳，但在代缴了税费和登记费用后，登记义务人有权另行向登记权利人进行追偿。为了保障登记义务人这种追偿权的实现，法院在调解书和判决中最好对此作出明确表述。

四、结　　语

依嘱托转移登记实践中，在人民法院嘱托不动产登记机构协助办理房屋转移登记后，当事人还需要提交不动产转移登记相关材料，包括协执文书收件回执、身份证明、房地产权属发生转移的文件、法院文书、不动产附图、税务证明等，这种做法是合法合理的，但要求提交不动产登记申请书则混淆了依嘱托转移登记和依申请转移登记的区别，应予取消。不能为了落实房屋限购政策，保护登记义务人的房屋限购资格，就直接通过依嘱托登记去完成离婚判决直接引起物权变动时所涉房屋转移登记；也不能因为房屋限购政策是临时的，而无视登记义务人因为登记权利人怠于办理转移登记损害其购房资格的客观现象。离婚判决直接引起物权变动时所涉房屋转移登记义务人的合法利益应该得到保障，因而在现行法律框架下，为其创设合理的通道以供选择是具有重要意义的。为此，建议登记义务人利用不动产登记代理制度，获得登记权利人的授权从而办理房屋转移登记；或者向法院提起要求登记权利人排除妨碍的诉讼，根据生效调解书直接向不动产登记机构申请办理转移登记，或者根据生效判决书申请强制执行，由法院嘱托不动产登记机构协助办理房屋转移登记，从而解决登记义务人购房资格受限的问题，同时减少不动产登记簿上登记名义人与真实权利人不一致的情形，更好地落实房屋限购政策，保障国家有关税费的收入，保护不动产交易安全。

Two Problems and Some Proposals of Transfer Registration of Entrustment in the Practice

Wang Rongzhen

Abstract: In the practice, there is a problem existing in the transfer registration of courts' entrustment that whether the parties need to submit applications and other materials for registration. Also, there is a problem that whether the registration of entrustment can be directly used to solve the special issues relates to transfer registration of house in the divorce judgments. In the transfer registration of courts' entrustment, we should cancel the requirements that the parties should submit the applications, which would confuse it with registration of application, but it is lawful and reasonable to require the parties to submit other materials relates to the transfer registration. The registration of entrustment can't be directly used to solve the special issues relates to transfer registration of house in the divorce judgments. Therefore, the parties can apply for house transfer registration through real estate registration agency system or file a lawsuit of removal of obstacles, or apply for enforcement and the registration of courts' entrustment.

Key words: Registration of entrustment; Transfer registration of entrustment; Registration of application; Transfer registration of house

(责任编辑:王美舒)

不动产登记立法体系检讨及完善建议*

李　磊**

内容摘要：

不动产统一登记以来，为了解决实际工作中遇到的障碍，并推动登记的规范化，相关主管部门出台了一系列法律规范文件。这些规范文件一方面极大地促进了不动产统一登记的落地施行，另一方面也因效力层级较低、内容欠缺体系性及科学性而带来了诸多适用问题。鉴于不动产登记的立法和实践现状，笔者认为我们应当在民法典物权编修订的大背景下，完善不动产登记上位法的内容设计，制定不动产登记法，整理现有的法律规范性文件，并加紧制定不动产登记标准，使之与不动产登记法律法规有效衔接，以达到不动产登记规范化的目的。

关键词：

不动产　立法现状　评析　立法展望

自2014年不动产统一登记落地实施以后，国土资源部按照“四统一”的要求大力推动登记机构职能整合，建立不动产统一登记制度，整合全国登记数据平台。经过三年的不懈努力，在全国范围内实现了“停旧发新”，不动产登记机构职能整合全面完成，全国统一的数据平台也基本实现。但是，正如国土资源部和全国各地市不动产登记中心将2017年的工作主题定为“规范建设年”所凸

---

* 本文系国土资源部不动产登记中心委托课题“《中华人民共和国不动产登记法（专家建议稿）》研究”的阶段性成果。

2018年3月，根据第十三届全国人大第一次会议批准的国务院机构改革方案，将国土资源部的职责整合，组建中华人民共和国自然资源部。本文定稿于此次改革之前，文中仍保留使用“国土资源部”。——编者注

** 李磊，北京城市学院众城智库（中国不动产、自然资源确权登记研究院）助理研究员。

显的问题与忧虑一样,不动产登记的规范化已成为不动产统一登记未来工作的重点和难点。

不动产登记机构的担心并不是空穴来风。日前笔者了解到,在“刘某某诉福州市国土资源局”一案中,福州市不动产登记中心在办理刘某某的继承登记业务时,按照《不动产登记操作规范(试行)》(以下简称《操作规范》)的“全部法定继承人或受遗赠人共同到不动产所在地的不动产登记机构进行继承材料查验”规定,要求刘某某召集全部继承人到场查验材料,并在相关文件上签字确认。法院认为该做法是不正确的,其理由是《操作规范》的相关规定与《不动产登记暂行条例》(以下简称《暂行条例》)和《不动产登记暂行条例实施细则》(以下简称《实施细则》)的规定不符,在客观上增加了申请人的义务,在适用上应当优先适用《暂行条例》和《实施细则》。此案中法院直接否认《操作规范》的做法给不动产登记机构带来了极大影响。因为,不动产登记是一项技术要求比较高的工作,对申请流程、操作规范和技术标准要求尤其严格,而《暂行条例》和《实施细则》的条文内容较为简陋,只是从宏观架构上建立了不动产统一登记的基本制度,对于一线登记部门而言,这些制度远远不能满足他们日常工作的需要。在此背景下,国土资源部结合不动产统一登记的整体要求,参考统一登记之前土地和房屋登记的操作要求,制定《操作规范》指导全国不动产登记机构开展具体登记业务。法院以违反上位法为由,否定《操作规范》的内容,不仅使不动产登记机构的业务失去规范准则,也使不动产登记机构的主管机关国土资源部处于尴尬地位。该案件的裁决内容也将不动产登记的规范化问题暴露在公众、实务部门和立法者的面前。

在编纂民法典、修订《物权法》、地方政府立法权日益规范以及标准化申报如火如荼的大背景下,我们不禁要问:如何实现不动产登记法律制度的有效衔接?怎样建立起具有切实指导意义的不动产登记规范体系?

一、不动产登记立法现状

当前,为了解决不动产统一登记过程中出现的问题,推动不动产登记规范化,各级地方政府、国土资源部出台了一系列规范文件,并试图通过建立不动产登记国家标准、地方标准和行业标准,以统辖涵盖范围广泛的登记业务,规范一线窗口工作人员的业务操作。

为了推动不动产统一登记顺利实施，国家建立起效力层级完善的不动产登记法律法规；《物权法》作为上位法明确不动产统一登记的要旨；国务院颁布《暂行条例》，确定了不动产统一登记基本制度；国土资源部根据法律和行政法规制定了部门规章《实施细则》，细化了不动产统一登记制度。此后，为了建立具有可操作性的登记规则以指导具体工作，自 2015 年迄今，国土资源部下发了《操作规范》、《不动产登记权籍调查》、《不动产单元设定与代码编制规则》和《不动产登记信息管理基础平台建设总体方案》等部门规范性文件。从法律效力级别来看，只有《实施细则》属于部门规章，《操作规范》等文件不属于部门规章，应属于部门规范性文件。

自 2014 年国务院确定不动产统一登记改革任务以来，地方政府为了解决辖区内出现的问题，依据《物权法》和《暂行条例》，[1] 在参考《实施细则》和《操作规范》的基础上，出台了数量颇多的规范性文件。以效力级别为标准，笔者将地方政府近三年来出台的规范性文件分成三类：第一，地方性法规。《天津市不动产登记条例》是不动产登记地方性法规的代表，也是笔者目前能检索到的唯一一部属于地方性法规的不动产登记地方立法文件。天津市人大常委会在不动产统一登记职能整合到位后，及时调整天津市 2015 年的立法计划，将《天津市不动产登记条例》列入提请审议项目。2016 年 7 月 29 日，经天津市第十六届人大常委会第二十七次会议审议通过，《天津市不动产登记条例》正式生效，并在 2016 年 9 月 1 日起实施。据悉，《广州市不动产统一登记办法》也在抓紧制定当中。第二，地方政府规章。据笔者不完全统计，自不动产登记统一之后，各地方出台的地方政府规章达数十部之多，典型的地方政府规章包括《辽宁省不动产登记办法》《内蒙古自治区不动产登记实施办法》《河南省人民政府办公厅关于全省不动产统一登记制度建设的实施意见（暂行）》《松原市人民政府关于松原市解决不动产登记历史遗留问题的若干意见》、哈尔滨市政府印发的《关于加快解决历史遗留建设项目不动产登记问题的工作方案》及白山市、郴州市、葫芦岛市等地方政府颁布的解决不动产历史遗留问题的政府规章。第三，其他规范性文件。除了法律、行政法规、部门规章、地方性法规和地方政府规章，在不

[1] 参见《天津市不动产登记条例》第 1 条规定："为了规范不动产登记行为，方便群众申请登记，保护权利人合法权益，根据《中华人民共和国物权法》和国务院《不动产登记暂行条例》等相关法律、法规，结合本市实际情况，制定本条例。"

动产登记领域还存在大量的规范性文件,甚至还包括政党组织文件。这些规范性文件中既有中央政府和中央国家机构出台的文件:例如,2014 年出台的《国务院关于同意建立不动产登记工作部际联席会议制度的批复》,发改委和财政部联合下发的《国家发展改革委、财政部关于不动产登记收费标准等有关问题的通知》;也有地方政府为了解决实际工作中的问题而颁发的工作通知,例如北京市、浙江省和广州市等地国土部门出台的不动产登记工作规范(或者不动产登记工作规则、不动产登记规程);也有部门之间联合下发的用于部门之间协调的文件,例如山东省地方税务局和山东省国土资源厅下发的《山东省地方税务局、山东省国土资源厅关于推行不动产登记与征税业务协同办理的实施意见》等。

除了法律法规之外,不动产登记规范化进程中还有两个动向值得我们关注:第一,不动产统一对其他部门法的影响;第二,不动产登记标准化建设。首先,2017 年《测绘法》和《宗教事务条例》先后修订完成,并由相应部门审议后予以公布。《测绘法》第 22 条要求县级以上人民政府所辖之测绘地理信息主管部门应当会同不动产登记部门管理不动产测绘;〔2〕《宗教事务条例》明确宗教团体、宗教院校和宗教活动场所可以向县级以上人民政府的不动产登记机构申请不动产登记。如果宗教的不动产产权发生变更或者转移,不动产登记机构在办理具体业务时,应当征求宗教事务部门的意见。〔3〕 其次,国土资源部、各省国土资源厅、国土资源局都在探索不动产登记标准化。国土资源部在 2017 年 9 月 13 日下发了《国土资源部办公厅关于开展“全国百佳不动产登记便民利民示范

〔2〕 参见《测绘法》第 22 条之规定:“县级以上人民政府测绘地理信息主管部门应当会同本级人民政府不动产登记主管部门,加强对不动产测绘的管理。测量土地、建筑物、构筑物和地面其他附着物的权属界址线,应当按照县级以上人民政府确定的权属界线的界址点、界址线或者提供的有关登记资料和附图进行。权属界址线发生变化的,有关当事人应当及时进行变更测绘。”

〔3〕 参见《宗教事务条例》第 51 条之规定:“宗教团体、宗教院校、宗教活动场所所有的房屋和使用的土地等不动产,应当依法向县级以上地方人民政府不动产登记机构申请不动产登记,领取不动产权证书;产权变更、转移的,应当及时办理变更、转移登记。涉及宗教团体、宗教院校、宗教活动场所土地使用权变更或者转移时,不动产登记机构应当征求本级人民政府宗教事务部门的意见。”

窗口"创建活动的通知》(国土资厅发〔2017〕34号),该文件在开篇指明了开展示范窗口评比是为了规范不动产登记工作,通过促进不动产登记标准化,以明确窗口建设的指标体系和确定各项指标的权重及分值,从而帮助地方申报示范窗口。此外,笔者了解到国土资源部不动产登记中心向国家标准化管理委员会申报了《2017年度城乡统筹标准化研究项目和国家标准制修订项目立项》,将不动产登记中的重要技术指标上升为国家标准。地方也从登记制度和标准化两方面开展不动产登记规范化建设。[4]

二、不动产登记立法现状评析:成效与问题

经过三年努力,我国的不动产登记立法已经卓有成效,不仅建立起效力层级有序的登记法律渊源,而且各层级法律规范的条文内容都在《立法法》的规制下有效衔接,从不同角度规范、指引和指导不动产登记业务。可以说,正是有了法律法规,才有了我国不动产统一登记的顺利实施。具体而言,现有的规范性文件从以下方面推动了我国不动产的统一登记:

第一,法律规范文件推动了机构职能整合,为不动产统一登记提供了制度保障。从2014年国务院下发《国务院关于同意建立不动产登记工作部际联席会议制度的批复》开始,2014年、2015年是不动产统一登记的机构整合年,两年里出台了诸多文件来推动房屋登记、草地登记、林地登记等除土地之外的不动产登记职能并入国土资源部新成立的不动产登记局和不动产登记中心中。其中,国家层面的代表性法律规范文件包括《中央编办关于国土资源部不动产登记人员编制有关问题的批复》(中央编办复字〔2014〕36号)、《国土资源部办公厅关于在地籍管理司加挂不动产登记局牌子的通知》(国土资厅函〔2014〕402号)以及中央编制办公室和国土资源部联合下发的《关于地方不动产登记职责整合的指导意见》(国土资发〔2015〕50号);地方代表性法律规范文件包括《湖南省不动产统一登记工作实施方案》(湘办发〔2015〕43号)。

第二,法律规范性文件理顺了不动产登记的基本制度,建立了不动产登记

---

〔4〕 参见《不动产登记工作规范化建设座谈会顺利召开》,索引号:000014348/2017-00468,载山东省国土资源厅网站:http://www.sddlr.gov.cn/root20/gkml/201702/t20170221_91746.html,最后访问日期:2017年10月10日。

簿册,从而使不动产统一登记真正得以施行。在 2014 年之前,我国的不动产登记由不同职能部门负责,国土部门负责土地登记,房屋管理部门负责房屋登记,林业部门负责林地和林权登记,海洋部门负责海域使用权登记。要想实现不动产统一登记,必须首先实现登记簿册统一。《暂行条例》第 8 条规定"不动产登记机构应当按照国务院国土资源主管部门的规定设立统一的不动产登记簿"。据此各部门都建立起自己的登记流程、基本登记制度,使用不同的登记簿册。在设计统一不动产登记簿册之前,国土部门充分借鉴了国外不动产登记簿册的经验,并根据我国不同类型不动产登记簿册的样式,尤其是房地合一城市登记簿册的设计经验,最终形成了包括《不动产登记簿》、《不动产权证》、《不动产登记证明》和《不动产登记申请表》四个簿册证样式。2015 年 2 月国土资源部下发《国土资源部关于启用不动产登记簿证样式(试行)的通知》(国土资发〔2015〕25 号),公布了不动产登记簿册样式,并规定于 2015 年 3 月 1 日起正式试行新簿册。该通知详细规定了不动产登记簿证的使用、管理、印制、监管,详细说明了簿证的填写方式。

第三,法律规范性文件从制度上保障了不动产登记信息平台的统一。《暂行条例》第 23 条要求国土资源主管部门应当建立不动产登记统一的信息平台,不仅要实现全国范围内的平台统一,还要实现登记信息实时共享。〔5〕 其后,为了顺利推进信息平台建设,国土资源部下发《国土资源部关于做好不动产登记信息管理基础平台建设工作的通知》(国土资发〔2015〕103 号),要求地方高度重视不动产登记的信息化建设,加快编制信息平台建设方案,做好平台和系统开发工作,整合不动产登记数据库。〔6〕 从 2015 年开始,各地也在积极开展不动产登记信息平台建设,多个地方先后出台了一系列法律规范性文件来保障信息平台的顺利进行,例如《山东省国土资源厅关于做好不动产登记信息管理基础平台接入工作的通知》(鲁国土资字〔2016〕318 号)。不动产登记的数据库建设

〔5〕 《不动产登记暂行条例》第 23 条规定:"国务院国土资源主管部门应当会同有关部门建立统一的不动产登记信息管理基础平台。各级不动产登记机构登记的信息应当纳入统一的不动产登记信息管理基础平台,确保国家、省、市、县四级登记信息的实时共享。"

〔6〕 参见《国土资源部关于做好不动产登记信息管理基础平台建设工作的通知》(国土资发〔2015〕103 号)的详细内容,载原国土资源部网站:http://www.mlr.gov.cn/zwgk/zytz/201508/t20150806_1362126.htm,最后访问日期:2017 年 10 月 15 日。

及信息平台开发并非一帆风顺,多年来的多头登记导致大量的历史资料和基础数据都掌握在不同管理部门手中,如果缺乏历史数据支撑,统一平台建设就如空中楼阁一般。为了促进部门之间有效衔接,保障资料移交,相关部门在各自职权范围内出台了不同规范文件,例如国家海洋局颁布《国家海洋局办公室关于移交国务院批准项目用地海用岛登记电子数据的函》(海办管字〔2015〕506号)以促进国务院批准的项目用海登记资料移交。

第四,法律规范性文件构建了登记制度,为不动产统一登记提供了制度保障。上文现状梳理部分已经清晰地呈现出由不同效力层级的法律规范性文件组成的不动产登记规范体系,数量庞大、内容广泛的规范性文件在短短三年内迅速建立起我国不动产统一登记的制度基础,为不动产登记各项工作的开展、不动产登记业务的办理提供了有力的依据。这些规范性文件几乎涵盖了我国所有的法律渊源形式。除此之外,实践当中还存在大量其他形式的规范性文件,既有国家部委的规范性文件,也有地方政府的规范性文件,还有登记业务主管机关的规范性文件,甚至还包括大量的难以用规范性文件涵盖的工作规范,如窗口规范化建设、〔7〕登记业务指引〔8〕等。这些规范性文件从登记程序、登记审核、登簿发证、登记制度、与其他管理制度衔接、部门职能协调整合、登记查询和共享、登记信息化建设、登记责任等各个角度迅速填补了不动产统一登记后形成的法律规范空白,极大地促进了统一登记的健康、有序进行,为构建我国统一登记制度奠定了重要的制度基础。

虽然,统一登记之后颁行的法律规范性文件极大地促进了我国不动产统一登记事业的发展。但是,现在的不动产登记立法仍然存在一些问题,这些法律规范性文件之间架床叠屋,规范内容相互重复缠绕,大量规范性文件效力低下,难以真正起到指导不动产登记业务的作用。从上述所引案例就可见一斑。详言之,这些规范性文件主要存在三方面问题:

〔7〕 窗口规范建设的代表性规范文件包括《安徽省国土资源厅转发〈国土资源部办公厅关于开展"全国百佳不动产登记便民利民示范窗口"创建活动的通知〉》(皖国土资函〔2017〕1505号)和《陕西省国土资源厅关于加强不动产登记窗口规范化建设的通知》(陕国土资发〔2017〕42号)等。

〔8〕 登记业务指引的代表性规范文件包括《广州市不动产登记规程》、《浙江省不动产登记工作规则(试行)》和《北京市不动产登记工作规范(试行)》等。

第一,《暂行条例》的法律位阶较低,难以起到统领其他不动产登记的法律规范性文件的作用。《暂行条例》由国务院颁行,在法律位阶上属于行政法规。行政法规虽由中央政府颁布实施,但是其效力仍然低于全国人大和全国人大常务委员会出台的法律,仅仅比地方性法规和部门规章稍高。从民事法律渊源来看,行政法规所规范的内容通常包括涉及民事法律关系的行政立法和民事性行政立法,前者大多是管理法,而后者大多是民事法。[9] 不动产登记涉及的内容较多,既有行政法领域事项,也有民事法领域事项,既有管理性事项,也有服务性事项。而且,在不动产登记的基础理论尚存有争议的情况下,《暂行条例》行政法规的属性将对不动产登记性质产生一定影响。[10] 从实践发展来看,一方面,我国不动产统一登记的机构整合基本到位,基本制度初步建立,信息化建设基本完成;另一方面,不动产统一登记不仅激发了权利人保护私权的愿望,也由此产生了诸多新问题,如特殊构筑物登记、高速公路登记、铁路登记、地下空间登记和新型财产权登记;不动产统一登记还承担了国家改革任务落地实施的现实紧迫需要,中央全面深化改革领导小组非常重视农村集体建设用地、宅基地和承包地改革,而农村三块地改革的基础条件就是实现农村权籍调查,完成集体建设用地、宅基地和土地承包经营权的不动产登记。无论是巩固先有成果,还是克服统一登记中暴露的新问题,抑或是承担国家改革任务,《暂行条例》都是负重蹒跚,独木难支。

第二,规范性文件效力层级大都较低,内容欠缺科学性体系性,一旦产生争议则难以获得司法机关的认可。从上文现状梳理中我们可以看出,不动产统一登记之后形成的规范性文件以部门规范性文件、地方政府规章和其他规范性文件为主,这些文件的出台大都是为了解决实际中出现的问题,效力较低,基本都不属于我国的正式法律渊源。其之所以能在实践中产生巨大的影响力,主要依靠上级政府的权威,而不是依靠文件本身的法律效力。而不动产统一登记的长久发展是需要建立在制度保障之上,而不应长久依靠主管机关的权威。另外,有些规范性文件制定的程序不规范,规制范围有限,条文内容欠缺科学合理的审议论证,难免会出现违反上位法、文件之间相互冲突的情况。《操作规范》作

〔9〕 参见崔卓兰、于立深:《行政规章研究》,吉林人民出版社2002年版,第249~255页。

〔10〕 参见张新宝:《行政法规不宜规定具体侵权责任》,载《法学家》2007年第5期。

为国土资源部下发的用以指导具体登记业务开展的规范性文件，无论是科学性、合理性和规范性都远胜其他的规范性文件，但仍然会被司法机关质疑、否认，更何况其他规范性文件？

第三，这些规范性文件大都是为了解决眼前问题而出台的权宜之策，缺乏长远规划。据笔者统计，不动产统一登记之后形成的规范性文件主要是为了解决以下九类问题：(1)登记机构职能整合；(2)不动产登记资料移交；(3)登记规则缺失；(4)历史遗留问题；(5)登记数据整合和平台开发建设；(6)不动产登记的权籍调查方案的确定；(7)压缩不动产登记时间；(8)收费标准的确定；(9)以国有农场为代表的重要不动产登记。从问题的类型，我们就可以看出政府部门在出台规范性文件时，重点关注的是眼前问题的解决，着眼于解决问题的效率和便捷性。在不动产统一登记的开始阶段，相关部门重视实际问题解决的态度无可厚非，但是立法者不能忽视已出台的政策文件的传导性和对未来的影响。例如，2016年年底燕郊房产落宗难引发的不动产登记办证困难，问题爆发后引起社会广泛关注。[11] 国土资源部积极出台《关于全面排查不动产登记“中梗阻”问题的通知》(国土资电发〔2017〕13号)，解决由于燕郊开发商擅自增加容积率、变更土地性质、未取得土地使用权等引发的登记难题，同时要求各地要严查此类问题。[12] 实际上，在国土资源部下发排查通知之前，很多地方就已经出现了此类问题，而地方政府也出台了一系列规范性文件来解决这些问题。这些解决措施大都围绕着补交土地出让金和简化审批材料两个主题，国土资源部在解决燕郊问题时也大体沿着这两个思路，政府部门本着尊重历史、面对现实的原则，出台具体可行的解决之策是符合现实、信守政府承诺的做法，但是如果这些文件不及时及不科学地废止，可能会导致一大批违法违规用地取得合法外衣。

〔11〕 参见《官方回应燕郊不动产登记问题：正研究方案》，载腾讯新闻：http://news.qq.com/a/20170207/032228.htm，最后访问日期：2017年10月9日。

〔12〕 《关于全面排查不动产登记“中梗阻”问题的通知》明确了六类排查重点，确定六项整改任务，定下三项工作要求，参见李倩：《国土资源部全面排查不动产登记“中梗阻”问题》，载《国土资源报》2017年5月5日。

三、不动产统一登记实践困境与新发展

(一)不动产统一登记施行中的困境

不动产统一登记施行以来暴露出登记与交易职能的衔接、登记资料移交、登记数据整合中的问题,具体包括具体登记规范缺失和登记业务挤压等。在不动产登记主管部门和其他机关的配合下,大部分问题都已得到圆满解决。但是,也有一些问题至今仍没有合理的解决措施,且继续阻碍着不动产统一登记的发展。笔者选取其中四个重要问题展开论述,说明现行立法需要修订完善以解决实践难题。

第一,不动产登记错误赔偿机制不健全,无形中加大了一线登记人员和登记机构的责任。不动产登记错误赔偿机制不健全主要表现在两个方面:其一,不动产登记错误归责原则不明确。《物权法》第21条虽然明确了不同主体的登记责任,规定了不动产登记错误的追责基本原则。但是,对于不动产登记机构的责任性质和归责原则,《物权法》并没有给出非常明确的答案。这虽然给未来立法提供了足够的空间,[13]但是却因过于简略而无法操作。[14] 由于这一问题牵涉不动产登记性质的行民之争,[15]关涉民事赔偿和国家赔偿之辩,[16]因此《暂行条例》也只是简单重复《物权法》的规定,未能从根本上解决此问题。其二,不动产登记错误赔偿资金的来源无法得到保障。在分散登记时代,房屋、土地

---

〔13〕 参见胡康生主编:《中华人民共和国物权法释义》,法律出版社2007年版,第63~64页。

〔14〕 参见刘保玉:《不动产登记机构错误登记赔偿责任的性质与形态》,载《中国法学》2012年第2期。

〔15〕 参见刘璐:《统一不动产登记制度之下的土地登记规则》,载《政治与法律》2012年第5期。

〔16〕 民事责任说参见王崇敏:《我国不动产登记制度若干问题探讨》,载《中国法学》2003年第2期;李明发:《论不动产登记错误的法律救济——以房产登记为重心》,载《法律科学》2005年第6期。行政赔偿参见刘晓燕:《房地产错误登记引出行政赔偿案》,载《人民法院报》2009年11月11日;孟强:《论不动产登记机构登记错误的赔偿责任——兼评〈不动产登记暂行条例(征求意见稿)〉相关规定》,载《政治与法律》2014年第12期。

等不动产登记部门属于行政机关,登记部门因其错误而进行的赔偿当然属于国家赔偿的范围,不动产统一登记之后我们实际上沿用了国家赔偿逻辑,所以现在不动产登记错误赔偿的资金基本来源于不动产登记机构自有资金或者财政资金。然而,动用财政资金所带来的行政追责令不动产登记机构承担巨大的压力。为了缓解不动产登记机构的压力,国土资源部曾经申请设立赔偿基金,后来也无疾而终。截至目前,不动产登记赔偿资金来源问题也未能得到解决。

第二,权利制度供给不足,导致不动产登记面临重重阻碍。根据物权法定原则,只有法律才能创设物权,所以实践中出现类似物权的利用关系无法得到《物权法》的承认。当权利人申请不动产登记时,不动产登记机构也因于法无据难以受理该项业务。以输油管线为例,地下输油管道在我国现行法律制度下一直面临着征地困难、权利类型不清楚、产权保护不到位等问题。如果国家不对所占土地进行征收,权利人只能依据《物权法》取得地役权。但是,现行法律中地役权的设定条件是当事人签订地役合同,即地役权只有意定地役权一种类型。地下综合管廊、地铁,尤其是管道,横跨行政区域较多,牵涉的利益主体更多,权利人很难与所有的土地权利人沟通协商,签订地役权合同。因此,设定法定地役权是保障公共利益和基础设施项目顺利建设的重要手段。但是我国《物权法》却没有规定法定地役权,以至于权利人登记无门,权利得不到应有的保障。

第三,历史遗留问题大量出现,直接影响了不动产统一登记的覆盖范围。历史遗留问题出现的原因包括历史上用地审批不规范、违规违法用地较多、不动产权属来源资料缺失以及划拨用地、集体建设用地等土地的无序利用。上文所提到的燕郊不动产登记办证难就是此类问题的集中体现。历史遗留问题不是在一地一域出现的,而是在全国各地集中爆发,甚至在有些地方存有历史遗留问题的不动产数量要远超满足办证条件的不动产数量的问题。可以说,历史遗留问题能否妥当解决直接关系到不动产统一登记能否真正实现落地。

第四,缺乏配套制度保障,不动产登记的风险大大提升。在社会诚信体系尚未健全的情况下,社会生活中的道德风险频发,分散风险的成本也会随之提高。不动产登记直接指向房屋、土地等社会财富,道德风险的发生更是难以避免。然而,在不动产登记领域,与风险高发相对应的风险分散机制却未能建立起来。以继承过程中的不动产登记为例,继承发生的原因较为复杂,继承的种类也非常多,牵涉的人员较广,相关的法律关系更是错综复杂,在不动产统一登记前,登记部门通常要求继承登记申请人提供公证文书证明适格继承人数、遗产数量等内容。但是,统一登记之后,继承登记中的强制公证被取消后留下的制度空白却未能及时填补。[17] 因而继承登记至今仍困扰着很多地方的不动产登记机构。

(二)不动产统一登记的新发展

不动产统一登记将原来分散在各部门的登记职能收归国土部门,由国土资源部设立新的不动产登记机构统一行使登记职能,负责不动产的登记业务。统一登记使得原本在分散登记时代隐藏的问题得以暴露,这些新业务的拓展也在一定程度上困扰着现有的登记机构。

笔者在对各类不动产登记新业务进行研究以后,将不动产登记新业务归纳成两大类,即非典型不动产登记和新权利登记。其中,非典型不动产登记在不动产登记业务中占据着重要地位,我们要重视对非典型不动产,尤其是新型财产类型的权利保护。[18] 根据学理分类,不动产包括土地、地上定着物和土地附着物,地上定着物又大致可以分为建筑物和构筑物。土地司空见惯,毋庸赘述,房屋乃是最常见的建筑物,林、草乃是常见的地上附着物。笔者就将分散登记时期有相对应登记部门的不动产视为典型不动产,其他视为非典型不动产。在分散登记时代,各部门各司其职,只管理特定不动产登记即可,无须过问其他种类的不动产。非典型不动产权利人也因申请无门,而放弃权利登记。但是,不动产统一登记之后,非典型不动产登记的权利人纷纷要求进行权利登记,以保障自己财产权利。据笔者了解,非典型不动产申请登记者的种类非常庞杂,存量亦不在少数,例如高速公路登记、高速铁路登记、输电铁塔登记、工业烟囱登记、储油罐登记和码头登记。如何在现有登记制度框架下,实现非典型不动产登记已经成为登记机构亟待解决的问题。

新权利的不动产登记问题亦不容忽视。[19] 冠以新权利的名义,主要是考虑到这类财产是随着社会经济和国家改革而产生的财产权利,因而使用新权利的概念与上文中的非典型不动产相区分。就不动产登记而言,新财产中的财产主要包

---

〔17〕 继承登记中的强制公证被取消的相关内容,参见《司法部、建设部关于房产登记管理中加强公证的联合通知》(司公通字〔1991〕117 号)。

〔18〕 参见王卫国:《中国土地权利研究》,中国政法大学出版社 1997 年版,第 211 页。

〔19〕 参见申卫星:《内容与形式之间:我国物权登记立法的完善》,载《中外法学》2006 年第 2 期。

括充电桩地役权、土地承包经营权、土地经营权以及租售同权。因篇幅所限,笔者就以充电桩的不动产登记为例对这一问题进行简要说明。在新能源革命的推动下,电动汽车发展得如火如荼,与之相应的充电桩也呈现出爆发式增长。我国从中央到地方都高度重视电动汽车行业的发展以及与之相配套的基础设施建设。广东省国土资源厅按照国家和省的决策部署,结合实际工作要求,提出保障电动汽车充电基础设施建设项目用地的意见,明确提出“鼓励充电基础设施依法取得地役权进行建设”。[20] 但是,充电桩地役权与《物权法》中的地役权并不一致,不动产登记部门是否能在充电桩企业申请不动产登记时受理该项业务,亦有争议。

四、不动产登记的立法展望

不动产登记未来立法完善需要结合民法典物权编的修订、立法现状和不动产登记实践的未来发展,进行综合考量。

首先,《物权法》作为不动产登记的上位法,要为不动产登记奠定制度框架,提供价值导向。结合当前《物权法》修改的主要意见,[21] 尤其是中国法学会民法学研究会公布的物权编修改意见,[22] 笔者认为,未来民法典物权编应当完善

---

〔20〕 充电桩地役权的相关政策表述,可参见《广东省人民政府办公厅转发国务院办公厅关于加快电动汽车充电基础设施建设指导意见的通知》(粤府办〔2015〕59 号)和《山东省人民政府办公厅关于贯彻国办发〔2015〕73 号文件加快全省电动汽车充电基础设施建设的实施意见》(鲁政办发〔2016〕18 号)的详细内容。

〔21〕 崔建远教授在《民法分则物权编立法研究》一文总结了物权编立法的重要问题,涉及不动产登记的主要包括:统一基于法律行为产生物权变动的法律效力,准确表述预告登记的效力,完善不动产登记的权利正确性推定效力、明确过错作为不动产登记错误赔偿的归责原则,参见崔建远:《民法分则物权编立法研究》,载《中国法学》2017 年第 2 期。

〔22〕 民法各分编负责人在 2016 年中国民法学研究会上汇报了各编修订情况,崔建远组长代表物权编小组发言介绍了修订情况,不动产登记修订内容有:(1)明确不动产登记簿的效力;(2)明确预告登记产生的物权效力类型;(3)修改不动产登记错误赔偿的归责原则,详情参见中国法学创新网公众号文章“聚焦中国民法典——各分编主笔在民法学研究会年会上这么说(上)”,载微信公众平台:https://mp.weixin.qq.com/s/PRjEXLVBo9Mn7n4Jk22UrA,最后访问日期:2017 年 10 月 11 日。

不动产登记簿的表述,规定不动产登记机构、不动产登记信息平台等内容,并重新修订不动产登记错误赔偿的归责原则,根据归责原则完善相应赔偿机制。除了基本制度之外,物权编还应当关注国家在自然资源领域的改革,尤其是自然资源登记、国家所有权行使和集体所有权、国家所有权的界限等与物权相关的改革内容。目前,国家持续加大自然资源改革力度,尤其把产权制度改革当成重要内容,而在自然资源领域进行产权制度改革的首要内容就是厘清集体所有权和国家所有权的界限,明确国家所有权行使的方式,并要求不动产登记机构在不动产登记的基础上完成自然资源登记以配合自然资源改革。自然资源关涉我国物权制度,牵涉山、林、水、草、滩涂和矿产等不动产,在民法典物权编的修订中也必须要重视国家自然资源改革的政策方针,将重要改革举措落实到物权法律制度当中,以实现法律与实践、改革的有效衔接。

其次,制定不动产登记法,或者重新修订《暂行条例》。从《暂行条例》的用词就可看出国务院在立法时的意图,通过《暂行条例》初步确定不动产统一登记的基本制度,待不动产统一登记成熟后,再重新修订此法。既然如此,笔者认为应当直接将《不动产登记暂行条例》上升到法律。这样不仅能更好地规范不动产登记工作,为解决登记中的实际困难提供坚实的法律基础,也能以此为基石重新塑造不动产登记的法律体系。未来的不动产登记法至少要承担三重任务:其一,有效衔接民法典物权编,进一步完善不动产登记的基本制度。其二,将无法规定在物权编中的制度进行补充完善。根据学者的观点,我们的不动产登记法应当兼具程序法和实体法功能,[23]不动产登记中的程序性制度理应规定在不动产登记法。除此之外,不动产登记还应当吸收管理性事项规定,例如数据库管理、信息平台建设和登记人员责任等。其三,不动产登记还要重点关注登记实践中出现的问题,为不动产登记的长远发展预留制度空间。不动产登记工作当中集中出现的问题是历史遗留问题难以解决,而地方解决历史遗留问题时既缺乏具体可操作性规则,也缺少原则性的指导,这对不动产统一登记的继续深化造成了极大阻碍,未来的不动产登记法为解决此类问题提供解决路径。此外,国家改革不断深化,不动产利用方式还在不断丰富,未来的不动产登记法应

---

〔23〕 参见常鹏翱:《不动产登记法的立法定位与展望》,载《法学》2010 年第 3 期。

当放宽对登记客体、登记权利类型的要求,规范抵押登记,[24]为实践发展预留空间,以避免法律的僵化阻碍社会的发展。

再次,在不动产登记立法前,重点清理数量庞大、内容庞杂、效力层级低的规范性文件。自2014年至今,这些地方政府规章、部门规范性文件、不动产登记主管部门颁行的规范性文件以及内部管理规定,极大地促进了不动产统一登记的顺利进行,为克服统一登记推动进程中的重要障碍提供了巨大支持。但是,这些文件的科学性、民主性和规范性有待加强,而且它们在事实上也削弱了不动产登记法律制度的影响力,更为重要的是这些规范性文件会给未来的不动产登记带来错误的价值导向,即在具体工作的开展中,政府权威比法律制度更便捷、更有效率。未来不动产登记的规范化必须要通过统一的制度保障,而不是政府权威保障,国土资源部也认识到这些问题,提出了2017年不动产登记的工作重点是"完善规范不动产登记工作制度",希望通过规范制度,而不是其他方式,来达到规范目的。

最后,标准化能在具体业务操作方面弥补法律的缺憾,起到规范登记业务的作用。在不动产统一登记之前,各类不动产登记的主管部门就根据各自职权范围建立了不同的登记标准。国土资源部建立的标准包括:《地籍调查规程》、《土地利用现状分类》、《土地利用数据库标准》和《宗地代码编制规则》等;住房与城乡建设部建立的房屋登记标准是《房地产登记技术规程》;农业部建立的土地承包经营权登记标准为《农村土地承包经营权登记试点工作规程(试行)》。[25] 这些标准与登记规则有效衔接、互相配合,共同构成了分类登记时代的登记规范体系。鉴于此,笔者建议应当重视不动产登记标准化,充实各类标准化指标,尽快建立起不动产登记标准化体系。从纵向来看,标准包括国家标

[24] 参见金融市场的快速发展将会极大影响不动产抵押登记,同样地不动产登记制度也会对金融市场产生一定影响。在2017年,数十位全国人大代表就对不动产抵押登记向国土资源部提出建议,详情参见《对十二届全国人大五次会议第8847号建议的答复》(国土资人议复字〔2017〕47号),国土资源部通过该文件回应了全国人大代表有关规范不动产登记抵押登记的有关问题和建议。具体内容参见国土资源部网站:http://www.mlr.gov.cn/zwgk/ty/jy/201709/t20170929_1608914.htm,最后访问日期为:2017年10月16日。

[25] 参见申文金、马梅:《以标准化破解不动产登记碎片化》,载《中国土地》2014年第9期。

准和地方标准;从横向来看,不动产登记标准应当包括不动产登记操作流程标准、不动产登记窗口服务标准、不动产登记文书格式标准、测绘技术标准、数据采集和处理标准以及信息平台建设标准。由于不动产统一登记并未实质改变测绘技术要求,所以测绘技术标准仍可沿用已有标准。应当重点关注其他五类标准化建设,相关机构要从指标层、要素层、推进层等多个层面出发,深入发掘提炼不动产登记标准制度需要解决的关键技术难题。未来不动产登记标准化建设要考量国家标准、地方标准以及行业标准的不同要求,实现三个标准的有效衔接。在具体的指标体系设计方面,要立足于不动产登记的流程,提炼申请、受理、审核、登簿发证、权籍调查等环节的技术要点,并区分不同类型的登记,根据不同的登记类型建立不同的技术标准。

Analysis and Prospect of Real Estate Registration Legislation

Li Lei

Abstract:Since the unified registration of real estate, the land department and local governments have issued a series of legal norms to solve the obstacles encountered in practical work and promote the standardization of registration. Undeniably, these documents have greatly promoted the implementation of unified registration of real estate. However, they have resulted in a lot of problems due to their low level of effectiveness, insufficiency of systematic and scientific content. Considering the current situation of legislation and practice in real estate registration, the author believes that under the context of the revision and compilation of the civil law, we should perfect the content design of real estate registration in the civil code, formulate real estate registration law, sort out the existing legal normative documents, and speed up the formulation of real estate registration standardization. Besides, we should incorporate the real estate registration laws and regulations to standardize the real estate registration.

Key words:Real estate; Legislative status; Comment; Legislative outlook

(责任编辑:吴毅恒)

不动产统一登记背景下宅基地确权登记思路创新探析*

张　毅**

内容摘要：

党的十八大之后，新一届中央政府正式启动不动产统一登记工作，宅基地确权登记是其重要组成部分。然而现实情况是，进入21世纪以来，国家出台的宅基地确权登记发证的有关规定已经不能完全适应实践和形势的快速变化。本文以当前宅基地确权登记发证面临的突出问题为导向，在基本坚持国家现行法律法规、政策框架和深度参考学术界相关理论研究的基础上，结合全国多个地区实践调研经验和认识而完成。总体上看，国家有关宅基地确权登记发证的历次规定，主要涵盖"宅基地面积""一户一宅""一户多宅""非本集体成员在本集体的宅基地""城镇户籍人员在本集体的宅基地"五个方面的确权登记问题。本文的思路创新本着"尊重历史，照顾现实，分类分情况化解"的总原则，并坚持以下六个具体原则：一是坚持统筹城乡和城乡协调发展理念；二是坚持区分存量和增量；三是坚持"以考虑能否登记为主、如何登记为辅"；四是坚持宅基地使用权的"静态"和"动态"并重；五是坚持"房地一体，先地后房"；六是坚持"理论＋实践＋自身考量"的逻辑思路。

关键词：

不动产统一登记　宅基地　确权登记　思路创新

---

* 基金项目：国家社会科学基金项目"完善我国农村土地股份制制度设计研究"(14BJY090)；国家自然科学基金青年项目"基于LADM的我国不动产统一登记设计与建模"(41601428)。本文的顺利完成还要感谢北京城市学院众城智库吴春岐教授的指导和助理研究员李磊在资料收集环节所做出的努力。

** 张毅，清华大学土木水利学院博士后，研究方向：土地制度与政策。

一、引　言

党的十八大之后,新一届中央政府正式启动不动产统一登记工作。宅基地确权登记作为其重要组成部分,国土资源部[1]对其制定了明确的时间表与路线图。然而,从现行的法律法规和政策文件来看,进入 21 世纪以来,国家对宅基地确权登记发证的有关规定已经不能完全适应实践和形势的快速变化。[2]笔者认为,对于因城镇化和工业化快速推进而导致的宅基地隐形流转,与其简单禁止,不如规范引导。其实,自党的十八大以来,中央政策的导向即是如此。与此不同的是,中央要求必须先试点先实验,然后再决定是否在全国层面进一步推广。历史和经验也不断地告诉我们,千千万万的农民对自身利益的考量远比"理性"的设计者们更加理性,他们对发展的追求比设计者们更真切,他们对发展的道路选择比设计者们更富有创造性。[3] 鉴于此,本文关于宅基地确权登记的思路创新是在以当前农村宅基地确权登记面临的突出问题为导向,在基本坚持国家现行法律法规和政策框架的基础上,结合全国多个地区(包括山东省青岛市、河南省驻马店市、浙江省宁波市、福建省厦门市和广东省广州市等)实践调研经验和认识的基础上形成的。

总体来看,国家有关宅基地确权登记的历次规定,主要涉及"宅基地面积""一户一宅""一户多宅""非本集体成员在本集体的宅基地""城镇户籍人员在本集体的宅基地"五个主题。本文关于宅基地确权登记思路的形成,本着"尊重历史,照顾现实,分类分情况化解"的总原则,并着重坚持以下六个具体原则:一

---

[1] 2018 年 3 月,根据第十三届全国人大第一次会议批准的国务院机构改革方案,将国土资源部的职责整合,组建中华人民共和国自然资源部。本文定稿于此次改革之前,文中仍保留使用"国土资源部"。——编者注

[2] 最新的政策文件为国土资源部于 2016 年 12 月 16 日印发的《国土资源部关于进一步加快农村宅基地和集体建设用地确权登记发证有关问题的通知》(国土资发〔2016〕191号),但是笔者调研发现,多数地方国土部门仍认为其"口子太小""较为保守",不能适应地方现实需求。

[3] 参见赵树凯:《制度安排应当追随农民的脚步》,载《中国发展观察》2006 年第 8 期。

是坚持统筹城乡和城乡协调发展的理念，充分考虑近年来城乡之间人口流动的现实和背景；二是坚持区分存量和增量，更多考虑存量并避免增量问题发生；三是坚持“以考虑能否登记为主，如何登记为辅”“以权籍调查中的权属界定为主，界址认定和面积测量为辅”，更多地解决确权登记领域的原则性问题，基本不涉及纯技术性问题；四是坚持宅基地使用权的“静态”（未流转）和“动态”（正流转和已流转）并重，按照中央对宅基地“还权赋能”的精神，重点考虑宅基地通过各种具体流转方式流转后买卖双方的权利义务等；五是坚持“房地一体，先地后房”（先确地权，再确房权），在实施不动产统一登记的新阶段，将宅基地及其上农房一并考虑；六是坚持“理论 + 实践 + 自身考量”的逻辑思路，对某一具体问题的考虑，既考察理论研究，又追溯实践需求，更融入自身考量。

二、严格执行宅基地面积标准，分时间段处理宅基地超占问题

由于种种原因，实践中，农民超占宅基地的现象很普遍。目前关于超占宅基地的处理办法主要体现在三份文件中，分别是：《确定土地所有权和使用权的若干规定》（〔1995〕国土（籍）字第26号）；《国土资源部关于进一步加快宅基地使用权登记发证工作的通知》（国土资发〔2008〕146号）；《国土资源部关于进一步加快宅基地和集体建设用地确权登记发证有关问题的通知》（国土资发〔2016〕191号）。三份文件时间跨度长达22年，但对超占宅基地的处理办法基本保持不变，即根据三个不同时间段（分别是：1982年2月之前；1982年2月至1987年1月；1987年1月至今）区别对待。

笔者认同这一思路，理由如下：首先，“1982年2月《村镇建房用地管理条例》实施”和“1987年1月《土地管理法》（1986年）实施及《村镇建房用地管理条例》废止”是改革开放后我国宅基地管理尤其是宅基地超占问题处理的两个重要时间节点，也是与宅基地超占问题有关的政策规定“从无到有”和“从不完善到比较完善”“从法规上升到法律”的重要时间节点。《土地管理法》（1986年）实施后，虽然历经两次修正、一次修订且面临着最新一次的修改，宅基地管理制度不断丰富完善，但对于宅基地超占问题却基本保持着1986版法律的规定。[4] 其次，农村土地政策涉及农民切身利益，牵一发而动全身，保持政策连续

〔4〕 参见《土地管理法》（1996年）第45条与《土地管理法》（2004年修正）第77条。

性和稳定性有利于农村土地的依法依规管理并稳定农民心理预期。

不过,上述三份文件也有一处不同,表现在:与第一份文件相比,后两份文件将 1982 年 2 月至 1987 年 1 月超占宅基地的处理办法由“超过部分按 1986 年 3 月中共中央、国务院《关于加强土地管理、制止乱占耕地的通知》(中发〔1986〕7 号)及地方人民政府的有关规定处理后……”改为“超过部分按当时国家和地方有关规定处理后……”,对此,且不论修改后的处理办法在实践中的可操作性如何,笔者认为这一修改并无不妥,理由如下:对清查出来的违法占地问题,中发〔1986〕7 号规定“按照国家有关法规严肃处理,该补办手续的补办手续,该罚款的罚款,该没收的没收,该判刑的判刑”,但按照国家哪部法规严肃处理?补办手续、罚款、没收、判刑这四种处理办法的适用条件和程序如何?上述文件对这些问题并无明确说明,这也使这一规定的可执行性大打折扣。此外,今日距 1986 年已有 31 年之久,如何将现今存在的历史遗留问题处理到位后确权发证,对地方登记部门也是一个重大考验。

三、严格落实“一户一宅”的法律规定并创新其实现形式

严格落实农村村民一户只能拥有一处宅基地的法律规定。转让住房的农户,除其宅基地面积未达标这一特殊情况外,不得再申请宅基地。

《土地管理法》(1998 年)规定:“农村村民一户只能拥有一处宅基地,其宅基地的面积不得超过省、自治区、直辖市规定的标准”,首次明确规定“一户一宅”;国土资发〔2008〕146 号文进一步明确这一法律规定,并进一步指出“除继承外,农村村民一户申请第二宗宅基地使用权登记的,不予受理”。考虑保持中央政策连续性,笔者认同“一户一宅”的规定,但同时认为还应当考虑农户实际使用的宅基地面积。如果农户实际使用的宅基地面积未达到当地规定的宅基地面积标准,在其转让住房后,可以再申请宅基地,但新申请的宅基地面积与原宅基地面积之和不得超过当地规定的宅基地面积标准。换言之,“转让住房的农户,除其宅基地面积未达标外,不得再申请宅基地”。〔5〕此外,针对“一户一宅”,也应当分类对待,具体如下:

---

〔5〕 韩世远:《宅基地的立法问题——兼析物权法草案第十三章“宅基地使用权”》,载《政治与法律》2005 年第 5 期。

(一)初次分配取得的宅基地

由政府无偿划拨方式初次分配取得的宅基地使用权,可在严格执行宅基地面积标准的前提下进行登记。经批准后连续两年未使用的宅基地,应交还原集体经济组织另行安排利用,在调查登记中只调查不发证。进城打工落户城镇的农民原在农村取得的宅基地属于特殊情况,应予登记发证。

由政府初次分配所得的宅基地使用权应当登记发证,这一点毫无疑义。问题在于,为了切实提高宅基地利用率,防止大量的宅基地像耕地"撂荒"一样被闲置,应当进一步规定,宅基地使用权人必须在规定期限内按用途开发使用其宅基地,如果不按规定使用或闲置宅基地超过一定期限,宅基地使用权人需向村集体经济组织缴纳一定数额的宅基地闲置费;如果该宅基地继续闲置且达到一定期限,村集体经济组织有权无偿收回该宅基地〔6〕。此外,为了鼓励进城打工农民落户城镇,落户城镇的农民原在农村取得的宅基地属于特殊情况,也应予登记发证。其理由有二:第一,2008 年 10 月 12 日,党的十七届三中全会发布《中共中央关于推进农村改革发展若干重大问题的决定》中明确规定"依法保障农户宅基地用益物权"。宅基地使用权是农民的财产权,其户籍改变了,不影响其已经取得的财产权的归属。只要是农民合法取得的宅基地,都应当予以保护。第二,2011 年 2 月 16 日,《国务院办公厅关于积极稳妥推进户籍管理制度改革的通知》(国办发〔2011〕9 号)明确规定:"农民工落户城镇,是否放弃宅基地……必须完全尊重农民本人的意愿,不得强制或变相强制收回。"

(二)流转取得的宅基地

因继承、赠与(本集体内部)和买卖(本集体内部)等方式流转取得的宅基地使用权,可在严格执行宅基地面积标准的前提下进行登记。除继承外,对于本集体内部的赠与和买卖,赠与人和卖方在赠与和卖出之后不得再次申请宅基地使用权,受赠与人和买方必须符合宅基地申请条件。

关于宅基地继承,按照《继承法》的规定,包括法定继承和遗嘱继承两种。我国现行政策规定宅基地使用权因继承流转的,继承人可以申请登记。但是,也有学者认为宅基地使用权继承的前提是继承人符合宅基地取得条件,如对于

〔6〕 参见王志斌:《对农村空置宅基地管理的法律制度思考》,载《生态经济》2010 年第 3 期。

符合宅基地取得条件的本村村民的继承,自然应当允许。[7] 为保持中央政策的稳定性,对于宅基地在本集体内的继承应该不设前提条件。

关于宅基地赠与,有学者认为,宅基地使用权赠与引发的变更登记可参考本集体经济组织成员之间因转让房屋一并转让宅基地的情形,作出明确的限制:一是受赠人须为本集体经济组织成员;二是赠与人在赠与之后不得再次申请宅基地使用权;三是受赠人接受赠与的行为不违反宅基地的"一户一宅"原则,[8] 笔者对此表示认同。

关于宅基地买卖,如果将其限定在集体内部,则没有突破国家关于宅基地分配对象必须是本集体成员的规定,但同时,还应当对宅基地在集体内部的买卖进一步规定:卖出宅基地的农户不得再申请宅基地,购买宅基地的农户必须符合宅基地申请条件。

(三)权属来源不明的宅基地

对于权属来源不明的宅基地,首先要区分宅基地使用权人是否符合当时国家法律法规规定的宅基地申请条件,其次要区分该块宅基地是否符合土地利用总体规划、乡村规划等规划。

有学者认为,有合格产权的宅基地可以在集体经济组织同意的情况下进行内部流转;没有合格产权的宅基地应当分情况处理,对于符合村庄建设规划和土地利用总体规划、用地面积不超标、没有办产权证系土地管理部门客观原因的,应当办理用地手续后进行登记;对于历史原因造成超标占用宅基地、未批先占的宅基地,在对其违法行为进行处理后(罚款),规定面积内无偿取得,超出部分实行有偿使用制度。[9]

《土地管理法》第62条规定:"农民村民建住宅,应当符合乡(镇)土地利用总体规划,并尽量使用原有的宅基地和村内闲置地,"对于没有合格产权的宅基地分情况处理除考虑其规划是否必要外,更要首先考虑宅基地使用权人是否符

[7] 参见张红宇:《新型城镇化与农地制度改革》,中国工人出版社2014年版,第85页。

[8] 参见康淑娟:《疏堵结合 视情而定——浅析宅基地使用权变更登记的原因及解决方式》,载《中国土地》2012年第11期。

[9] 参见杨璐璐:《农村宅基地——一户多宅的诱因与实态》,载《改革》2016年第1期。

合当时国家法律法规规定的宅基地申请条件。因为,宅基地属于农民的福利分配,任何一个符合宅基地分配条件的农户都应当享受这种权利。可是,通过调研发现,由于近年来土地指标严重紧缺,各地政府在分配土地指标时都向城镇倾斜,甚至由于土地指标紧张而停止宅基地的审批,由此造成不少地区农民由于没有土地指标而没有分配到宅基地。鉴于此,对于"一户一宅"中的无权属来源宅基地,不能一律只看其是否符合规划,更要看该农户在当时是否符合宅基地申请条件。

1. 对于符合国家法律法规规定的宅基地申请条件的宅基地使用权人,如果其使用的宅基地符合土地利用总体规划、乡村规划等规划的,可在严格执行宅基地面积标准的前提下进行登记。

2. 对于符合国家法律法规规定的宅基地申请条件的宅基地使用权人,如果其使用的宅基地不符合土地利用总体规划、乡村规划等规划的,可在证书和土地审批表"备注栏"中注明"本宗地以后分户建房或现有房屋拆迁、改建、翻建、政府依法实施规划重新建设时,按有关规定作出处理",并在严格执行宅基地面积标准的前提下进行登记。

3. 对于不符合国家法律法规规定的宅基地申请条件的宅基地使用权人,如果其使用的宅基地符合土地利用总体规划、乡村规划等规划的,应在宅基地使用权人缴纳有偿使用费后,只调查登记不发证。

该种做法的理由如下:有学者认为:"对下列情形的宅基地实行有偿:……三是对非法占地建房行为因客观原因难以强制拆除的,可加倍收取使用费。"[10]借鉴这一思路,在农户不符合宅基地申请条件的情况下,如果其宅基地符合规划,强制拆除不仅会造成资源的浪费,也会引发农村社会的不稳定。因此建议,针对这种情况,可采取"加倍收取使用费"的方式给予调查登记,但不予发证。待宅基地上农房寿终正寝之后,该块宅基地由集体收回。

4. 对于不符合国家法律法规规定的宅基地申请条件的宅基地使用权人,如果其使用的宅基地不符合土地利用总体规划、乡村规划等规划的,则不予登记。

〔10〕 张红宇:《新型城镇化与农地制度改革》,中国工人出版社 2014 年版,第 88 页。

四、依法依规、分类分情况解决"一户多宅"问题

在推进宅基地确权登记发证工作中,应严格落实农村村民一户只能拥有一处宅基地的法律规定。但由于各种原因,各地普遍存在"一户多宅"的现象,在确权工作中,应根据不同情况和历史阶段,依法依规分类处理。农民集体成员于1982年《村镇建房用地管理条例》实施前已实际占用一处以上宅基地建房,至今房屋仍旧存在且由占有人实际使用的,经本农民集体公告无异议的,可依据现状和有关规定予以确权。自1982年《村镇建房用地管理条例》实施起至《土地管理法》(1998年)修订施行前经县、乡级人民政府合法批准使用一处以上宅基地建房,经本农民集体公告无异议的,可依据批准文件予以确权。此外,农民集体成员因规划调整等集中搬迁到社区楼房或异地建房,根据相关协议需退出原宅基地的,应按有关规定注销原宅基地使用权。对于因违反相关规定,迁新、建新不拆旧而实际导致"一户多宅"的,不予确权。[11]

(一)因流转形成的"一户多宅"

因买卖、继承、遗赠、抵押担保等流转方式形成的"一户多宅"问题要区别对待。

1. 因继承原因,农村村民一户申请第二宗及以上多宗宅基地使用权登记的,应予受理并在严格执行宅基地面积标准的前提下进行登记。

关于宅基地继承,《关于农村集体土地确权登记发证的若干意见》(国土资发〔2011〕178号)规定,已拥有一处宅基地的本农民集体成员、非本农民集体成员的农村或城镇居民,因继承房屋占用农村宅基地的,可按规定登记发证,在集体土地使用证的记事栏应注记"该权利人为本农民集体原成员住宅的合法继承人"。

2. 因赠与原因,农村村民一户申请第二宗及以上多宗宅基地使用权登记的,倘若该村民原有的第一宗宅基地面积未达标,则只可以登记接受赠与的第二宗宅基地,但对其接受赠与的第三宗及以上多宗宅基地则不予登记。同时,该村民原有的第一户宅基地面积与接受赠与的第二宗宅基地面积之和不得超

---

〔11〕 参见赵玉娟、安守林:《宅基地登记发证的相关政策把握》,载《中国土地》2013年第5期。

过当地规定的宅基地面积标准,超过标准的面积部分只调查不发证。

对因赠与形成的"一户多宅"不能"一刀切"地不予登记,而要首先看受赠与人在接受赠与时的已有宅基地面积是否超过当地的宅基地面积标准。

3. 因买卖和抵押担保原因,农村村民一户申请第二宗及以上多宗宅基地使用权登记的,如果有证据证明该第二宗及以上多宗宅基地的原使用权人已在城镇购买商品房的,则应予受理并在严格执行宅基地面积标准的前提下只调查登记不发证。并且,买房人和抵押权人应当在向集体缴纳有偿使用费的前提下,才有权使用该第二宗及以上多宗宅基地。

我国现行法律法规明确规定禁止宅基地使用权的买卖和抵押担保。但是,自 2015 年 12 月 21 日起,第十二届全国人大常委会第十八次会议已经授权国务院在天津蓟县等 59 个试点县(市、区)行政区域,暂时调整实施《物权法》《担保法》中关于集体所有的宅基地使用权不得抵押的规定,允许以农民住房财产权(含宅基地使用权)抵押贷款。对于宅基地使用权抵押贷款,目前虽然只是试点,但其中中央对于完善宅基地使用权权能的精神是很明确的。笔者的实地调研也发现,现实中宅基地买卖的情况已大量存在。为保障抵押权人和购房人的合法权益,如果有充足的证据证实抵押人和卖房人已经解决了居住问题,或者抵押人和卖房人已在城镇购买商品房的,则应对抵押权人和买房人的登记申请给予受理并在严格执行宅基地面积标准的前提下只调查登记不发证。并且,为进一步落实宅基地"一户一宅"政策并体现宅基地的福利分配性质,买房人和抵押权人应当在向集体缴纳有偿使用费的前提下才有权使用该第二宗及以上多宗宅基地。

农村村民一户申请二宗以上宅基地使用权的,要逐一核实其"一户多宅"形成的原因,并按上述分类,分情况解决。

(二)权属来源不明的"一户多宅"

农村村民一户申请二宗以上宅基地使用权的,对于其权属来源不明的一宗或多宗宅基地,要分类处理。

1. 如果其权属来源不明的一宗或多宗宅基地符合土地利用总体规划、乡村规划等规划的,可不予登记;也可在该农村村民缴纳有偿使用费后只登记不发证;也可发证,但在证书和土地审批表"备注栏"中注明"本宗地以后分户建房或现有房屋拆迁、改建、翻建、政府依法实施规划重新建设时,按有关规定做出处理"。

2. 如果其权属来源不明的一宗或多宗宅基地不符合土地利用总体规划、乡村规划等规划的,则不予登记。

五、妥善处理非本农民集体成员的宅基地确权问题

非本集体农村户籍人员因买卖、继承、赠与、抵押担保等流转取得本集体宅基地的,要在实行继受人有偿使用本集体宅基地使用权的基础上,分类区别对待。

虽然开禁或者变相开禁农村宅基地交易的主张不过是强势群体的利益诉求,[12]但不可否定的是,当前经济社会的转型从根本上动摇了传统宅基地使用权存续的经济、社会基础,亟须改革。而宅基地制度的 60 年变迁史对我们的启示是:赋予宅基地使用权可让与性不仅具有必要性,而且具有现实可能性。[13]关于宅基地流转,有学者认为,宅基地的初次分配要附有严格的身份限制,但是农民一旦凭借集体成员的身份初次取得土地并在其上建筑房屋,权利人的宅基地使用权就应当独立于权利人的身份。[14] 并且,宅基地流转不应当仅限定在农村集体经济组织之中。[15]

对于宅基地的继受取得,许多学者建议设立"法定地上权",[16]明确规定宅基地上的房屋发生流转、继承、赠与和抵押等处分行为时,受让人可以取得宅基地使用权,但对于不符合宅基地申请使用条件的受让者对该宅基地的使用必须实行有偿有期使用,期限最长不得超过建筑物使用寿命。也有学者建议设立

---

〔12〕 参见孟勤国:《物权法开禁农村宅基地交易之辨》,载《法学评论》2005 年第 4 期。

〔13〕 参见喻文莉、陈利根:《农村宅基地使用权制度嬗变的历史考察》,载《中国土地科学》2009 年第 8 期。

〔14〕 参见刘红梅:《经济发达地区农村宅基地使用权继承研究》,载《中国土地科学》2014 年第 2 期。

〔15〕 参见蔡卫华:《村民宅基地超面积的如何登记发证》,载《中国土地》2014 年第 7 期。

〔16〕 参见胡建:《农村宅基地使用权有限抵押法律制度的构建与配套》,载《农业经济问题(月刊)》2015 年第 4 期;王卫国、朱庆育:《宅基地如何进入市场——以画家村房屋买卖案为切入点》,载《政法论坛》2014 年第 3 期。

“法定租赁权”,[17]其基本含义是指:由于农村村民的房屋所有权转移给非集体成员,而在非集体成员与农村集体之间产生对宅基地的使用关系,在这种情况下,由法律规定该非集体成员对该房屋下的宅基地在房屋的通常耐用年限内享有的法定租赁权。同理,抵押权人可以依法获得房屋所有权,同时与该房屋宅基地所有人的集体之间产生法定租赁关系。

因此不难发现,学界并非完全反对宅基地买卖、抵押和赠与等方式的流转,只不过在“房地一体”的原则下,要采取变通的方式保证非本集体成员或者不具备宅基地申请条件的人员合情合理地使用宅基地。换言之,设立“法定地上权”“地上权”和“法定租赁权”的做法,目的是在宅基地流转既成事实的条件下,兼顾宅基地流转双方和宅基地所有权人等各方的利益。归根结底,这仍旧是一个宅基地使用权能否在集体经济组织范围外进行有偿使用的问题。对此,笔者赞同这一观点:农民基于福利政策可以初始取得宅基地使用权,但是,其他集体的集体成员、城镇居民、法人及其他组织,依买卖、继承、赠与等方式受让宅基地时,应当通过缴纳农村宅基地使用金的方式申请登记。[18]

1. 因继承原因,非本集体农村户籍人员申请本集体宅基地使用权登记的,应予受理并在严格执行宅基地面积标准的前提下进行登记,该宗宅基地上的农房一并登记。

对于非本集体成员继承在本集体的宅基地,尽管于2008年7月8日国土资源部印发的《关于进一步加快宅基地使用权登记发证工作的通知》(国土资发〔2008〕146号)规定可以确权登记,但是学界仍存有不同的看法。支持者认为,非本集体农民可以取得本集体宅基地使用权的情况有两种,[19]分别是“非本农民集体的农民,因地质灾害防治、新农村建设、移民安置等集中迁建,在符合当地规划的前提下,经本农民集体大多数成员同意并经有权机关批准异地建房

---

〔17〕 参见刘凯湘:《法定租赁权对农村宅基地制度改革的意义与构想》,载《法学论坛》2010年第1期;韩世远:《宅基地的立法问题——兼析物权法草案第十三章“宅基地使用权”》,载《政治与法律》2005年第5期。

〔18〕 参见龙翼飞、徐霖:《对我国农村宅基地使用权法律调整的立法建议——兼论小产权房问题的解决》,载《法学杂志》2009年第9期。

〔19〕 参见蔡卫华:《宅基地哪些情形下能登记发证给非本集体的农民》,载《中国房地产》2014年第6期。

的,可按规定确权登记发证”和“已拥有一处宅基地的本农民集体成员、非本农民集体成员的农村或城镇居民,因继承房屋占用农村宅基地的,可按规定登记发证”。〔20〕反对者认为,对于非本村村民的继承,也可以给予继承人两年的宽限期,要求其在两年内转让宅基地使用权,逾期未转让的,可以根据继承人的意愿,由集体在补偿其房屋等附着物价值后无偿收回宅基地或者加倍收取宅基地有偿使用费。〔21〕还有学者主张,宅基地不得单独继承,而“必须是因继承房屋而对房屋占用范围内的宅基地获得继承”。〔22〕为保持中央政策措施的连续性,避免出现因政策的反复变化造成基层登记部门无所适从,笔者认为应当坚持国土资发〔2008〕146 号文的规定。

2. 因赠与原因,非本集体农村户籍人员申请本集体宅基地使用权登记的,如果该人员在其原集体范围内尚未取得宅基地使用权,则应予受理并在严格执行宅基地面积标准的前提下进行登记,该宗宅基地上的农房一并登记。如果该人员在其原集体范围内已经拥有宅基地使用权,则不予登记,该宗宅基地上的农房应当登记但不得翻建。

3. 因买卖和抵押担保原因,非本集体农村户籍人员申请本集体宅基地使用权登记的,首先要看本集体的宅基地出卖方或抵押人是否已经解决居住问题,其次要看该非本集体农村户籍人员在其原集体范围内是否已经取得宅基地使用权。具体来讲,要区分以下三种情况:

(1)如果有证据证明本集体的宅基地出卖方或抵押人在城镇购买商品房的,且该非本集体农村户籍人员在其原集体范围内尚未取得宅基地使用权的,应予受理并在严格执行宅基地面积标准的前提下进行登记。

(2)如果有证据证明本集体的宅基地出卖方或抵押人在城镇购买商品房的,且该非本集体农村户籍人员在其原集体范围内已经取得宅基地使用权的,则不予登记,该宗宅基地上的农房应当登记但不得翻建。

---

〔20〕 国土资源部、中央农村工作领导小组办公室、财政部、农业部《关于农村集体土地确权登记发证的若干意见》(国土资发〔2011〕178 号)。

〔21〕 参见张红宇:《新型城镇化与农地制度改革》,中国工人出版社 2014 年版,第 85 页。

〔22〕 康淑娟:《疏堵结合,视情而定——浅析宅基地使用权变更登记的原因及解决方式》,载《中国土地》2012 年第 11 期。

(3)除上述两种情况之外的其他情况,一律不得登记。

有学者认为,允许宅基地使用权转让给非本村村民和抵押的条件还不成熟,目前的规定应当继续坚持,[23]笔者对此不太赞同并以为对于非城镇居民的非本集体成员与本村集体成员的房屋买卖行为,只要属于双方真实意愿所为,其交易行为应当被保护。法院目前对于农民作为卖方反悔、要求宣布签订的"合同无效"的诉求,也应该"暂不予受理"。这样有利于保护买卖双方的正当权益和诚实守信的风尚,维护社会稳定。[24] 实质上,不论是宅基地买卖还是抵押,说到底都受我国现行法律法规对宅基地使用权权能的限制。关于宅基地使用权的权能完善,有学者认为,基于福利政策考虑,我国现行的宅基地使用权缺乏收益权能,家长主义的立法模式应当在现阶段得到纠正,《物权法》应当在宅基地使用权的内容上增加收益的核心权能;[25]还有学者提出了"复合型所有制"的观点,即宅基地永久使用权属于农民,在"一户一宅"面积限额的政策下,宅基地的占有权、使用权、收益权、转移权等权益归农民所有,宅基地可以买卖,与比同时,集体不再分配宅基地。[26]

除了理论探讨,部分地方在立法实践中也对宅基地买卖和抵押有了更具可操作性的规定。比如:

(1)关于宅基地买卖,广东省于2013年制定《广东省农村宅基地管理办法》并规定:"符合宅基地'一户一宅'申请条件的农村集体经济组织成员,报(乡)镇人民政府(街道办事处)同意,可以购买本镇区域范围内农村集体经济组织成员的房屋,并取得相应的宅基地使用权",这在一定程度上将宅基地买卖的范围扩大到一个乡镇范围内,即非本集体成员可以购买本集体的宅基地使用权。

(2)关于宅基地抵押,重庆市于2011年出台《关于重庆市农村居民房屋抵

[23] 参见张红宇:《新型城镇化与农地制度改革》,中国工人出版社2014年版,第85页。

[24] 参见赵树枫、李廷佑、张强、黄序等:《农村宅基地制度与城乡一体化》,经济出版社2015年版,第181页。

[25] 参见陈小君、蒋省三:《宅基地使用权制度的规范解析——实践挑战及其立法回应》,载《管理世界》2010年第10期。

[26] 参见韩康、肖刚:《积极探索建立有中国特色的农村宅基地市场——启动农村宅基地市场化改革研究》,载《理论前沿》2008年第13期。

押登记实施细则(试行)》(渝国土房管发〔2011〕23号)。根据文件要求,开县遵循房屋所有权与其占有范围内的土地使用权主体一致的原则,参照城市房屋抵押登记有关规定,办理抵押农房的抵押登记。办理抵押登记时,申请人须提交"抵押物所在集体经济组织同意土地使用权随房屋一并抵押,并在抵押权实现时,同意处置、转让"的证明文件,通过格式化文本由所在村组共同承诺"若贷款未按期偿还,抵押权人在处理房产时,村组积极配合"方式确保抵押权有效落实。[27]

六、分类别分时段妥善解决城镇户籍人员在本集体的宅基地问题

对于城镇户籍人员在本集体的宅基地登记问题,也要分类分时段对待,其依据是宅基地的取得方式。

(一)城镇户籍人员在本集体申请分配取得的宅基地

一是要以《土地管理法》(1998年)施行日为界,严格区分前后两个时间段;二要依据相关法律法规及政策规定,严格界定城镇户籍人员范围,着重区分"回原籍村庄、集镇落户的职工、退伍军人和离休、退休干部以及回乡定居的华侨、港澳台同胞"等特殊类别。

《土地管理法》(1998年)有关"除兴办乡镇企业、村民建设住宅、建设乡镇村公共设施和公益事业可以使用农民集体所有的土地外,任何单位和个人进行建设需要使用土地的,必须依法申请使用国有土地"的规定,从法律解释学的视角看,已蕴含着宅基地使用权不得向城镇居民转让的精神。国务院办公厅于1999年5月6日发布的《关于加强土地转让管理严禁炒卖土地的通知》(国办发〔1999〕39号)规定:"农民的住宅不得向城市居民出售,也不得批准城市居民占用农民集体土地建住宅。"国土资源部于2004年发布的《关于加强农村宅基地管理的意见》(国土资发〔2004〕234号)也规定:"严禁城镇居民在农村购置宅基地,严禁为城镇居民在农村购买和违法建造的住宅发放土地使用证。"1999年和2004年这两份文件的精神是一致的,唯一的区别是前一份文件使用"城市居

---

〔27〕 参见魏东:《重庆市开县开展"三权抵押"的实践与建议》,载《中国房地产》2015年第13期。

民"而后一份文件使用"城镇居民"。

但是,在1999年之前,国家曾允许非集体组织成员获得农村宅基地使用权。比如,1982年国务院发布的《村镇建房用地管理条例》第14条规定:"农村社员,回乡落户的离休、退休、退职职工和军人,回乡定居的华侨,建房需要宅基地的,应向所在生产队申请……报公社管理委员会批准……批准后,由批准机关发给宅基地使用证明。"《土地管理法》(1986年)第41条也规定:"城镇非农业户口居民建住宅,需要使用集体所有的土地的,必须经县级人民政府批准。"1989年,原国家土地管理局发布的《确定土地所有权和使用权的若干规定》(〔1989〕国土(籍)字第73号)规定:"非农业户口居民(含华侨)原在农村的宅基地,凡房屋产权没有变化的,可依法确定其集体土地建设用地使用权。"

综上所述,城镇户籍人员在本集体申请分配取得的宅基地确权登记,应当区分《土地管理法》(1998年)施行日前后两个时间段。对于《土地管理法》(1998年)施行日(1999年1月1日)以前的确权登记问题,应该这样分类分时段解决:一是国务院于1982年2月13日颁布《村镇建房用地管理条例》始至1987年1月1日该条例废止期间,"回乡落户的离休、退休、退职职工和军人,回乡定居的华侨"五类非农业户口人员在农村经合法审批所得的宅基地应给予确权登记;二是1987年1月1日《土地管理法》(1986年)施行至1999年1月1日《土地管理法》(1998年)施行期间,城镇非农业户口(〔1995〕国土(籍)字第26号于1995年5月1日起施行后含"华侨")在农村依法取得的宅基地应给予确权。对于《土地管理法》(1998年)施行日之后的确权登记问题,解决办法只有禁止。不过,1999年之后还有一例外,那就是"回原籍村庄、集镇落户的职工、退伍军人和离休、退休干部以及回乡定居的华侨、港澳台同胞"[28]七类城镇非农业户口居民需要使用集体所有土地建住宅并报经乡、镇两级政府批准的,也应当给予确权登记。

(二)城镇户籍人员因流转原因在本集体取得宅基地

城镇户籍人员在本集体因买卖、继承、遗赠、抵押担保等方式取得农房后申请宅基地使用权登记的,不予受理,但需对农房进行登记且在证书上注明该农房不得翻建。待该农房达到使用寿命后,由本集体收回该宅基地使用权。此

〔28〕 参见1999年11月开始实施的建设部出台的《村庄和集镇规划建设管理条例》(国务院令第116号)第18条第2款。

外,从该城镇户籍人员启用该农房之日起,需要对集体缴纳有偿使用费。对于不缴纳有偿使用费的城镇户籍人员,集体有权制止其对农房的使用。

现如今农村房屋买卖领域的一个突出的变化,就是购买主体由以前的集体经济组织内部成员扩大到外村村民甚至城镇居民,对于此种农村房屋买卖宜疏不宜堵,但宅基地使用权连同房屋所有权一并转移应受一定限制,以便对农村房屋买卖加以引导,从根本上减少纠纷的产生。[29] 对于城市居民,其有权通过继承、交易等途径取得农村房屋的所有权并进而获得农村宅基地(使用权),但其所拥有的农村宅基地(使用权)是有偿的、有期限限制的,并应遵守用地标准等方面的规定。[30]

以"进城"子女继承宅基地使用权后的使用问题为例,陈锡文认为,中国有"告老还乡"的说法且农村宅基地具有继承权,一旦"进城"的子女回来继承,尽管能拥有宅基地使用权,但因为自身已非该集体经济成员,也应该按照一定的标准收取一些费用,否则,"宅基地的使用和产权或将在多年之后出现混乱,不利于管理"。[31] 笔者实地调研时发现,地方不动产登记部门普遍认为,不动产登记机关可以将宅基地登记在具有城镇户口的继承人名下,但是该种登记并不能说明该城镇居民可以当然取得宅基地使用权,城镇居民取得的宅基地使用权是受到限制的,登记部门可以通过在备注栏注明"使用人为城镇居民,权属来源为继承"的方式达到公示的目的。[32]

基于此,首先,应当坚持"城镇居民购买农村住房和宅基地的,因违反国家有关规定,应当认定无效"的原则;[33] 其次,对继受本集体宅基地的城镇户籍人

〔29〕 参见李旭:《农村房屋买卖存在的问题及法律对策》,载《时代法学》2007 年第 4 期。

〔30〕 参见刘广明:《双规运行:城镇化进行中农村宅基地(使用权)制度解困的可行解》,载《法学论坛》2014 年第 3 期。

〔31〕 参见《瞭望智库专访陈锡文:农村并没有传说中那么凋敝》,载新浪财经:http://finance.sina.com.cn/zl/china/2016-03-14/zl-ifxqhmvc2407807.shtml,最后访问日期:2017 年 12 月 15 日。

〔32〕 参见张光辉:《城里人能否继承农村》,载《中国土地》2009 年第 4 期。

〔33〕 参见徐东然:《集体土地房屋买卖合同的效力及其处理——从一则案例谈起》,载《中国房地产》2011 年第 13 期。

口，应当对集体缴纳一定的有偿使用费，且待该农房达到使用寿命后，由本集体收回该宅基地使用权。

七、讨论与总结

宅基地确权登记问题众多，形成原因非常复杂。既有历史遗留问题，也有相关法律规定模糊不清及相关政策缺失造成的问题；既有相关理论研究滞后的问题，也有农村土地管理与土地执法检查不严格造成的问题；既有广大农民土地财产权意识不强造成的问题，也有其他技术和操作层面原因造成的问题。本文重“权属界定”并试图“分类分情况”使一部分流转宅基地合法化，轻“界址认定”与“面积测量”，而后者既是权属界定的重要基础，也是不动产权籍调查的内容。换言之，本文“重政策创新，轻技术创新”，这一缺陷需要在未来研究中加以强化。此外，为更好推进宅基地确权登记工作，建议遵循中央对宅基地“还权赋能”的改革方向，做实宅基地使用权这一用益物权，从过去“重占有使用”逐渐向未来“占有使用与收益处分并重”过渡。为此，要更加重视加强宅基地流转制度建设，进一步夯实宅基地管理制度。

为了有效保障宅基地确权登记思路意见的落实，应当遵循中央全面深化改革的有关要求，以国土资源部农村不动产登记示范点建设为平台，坚持“个别安排、依法授权、明确底线、封闭运行”的原则，防止地方各行其是对国家整体制度造成冲击，并将探索失败的风险降至最小。各地也应严格依照法律、法规和政策规定，因地制宜，分类把握，切实解决宅基地使用权登记发证工作中存在的政策问题，严把宅基地使用权登记关口，为更好地推进土地制度“三项改革”，更好地保障农民住房财产权奠定坚实基础。

Analyzing the Ways of Rural Homestead Right Registration and Certification in the Background of Unified Registration of Real Estate

Zhang Yi

Abstract: After the 18th National Congress of the Communist Party of China, the new central government officially launched the unified registration of real estate, of which rural homestead right registration is an important part. However, since the new century, the existing relevant provisions of the State on rural homestead right registration and certification have been unable to fully adapt to the rapidly changing situation and practices. This paper aims at solving the outstanding problems that the current rural homestead right registration and certification face. It adheres to the existing national laws, regulations and policy framework, refers to the relevant academic theory deeply, and is combined with the practices and knowledges from many parts of the country. Overall, the relevant provisions on homestead right registration and certification cover mainly five issues including homestead area, "one homestead for one household", "more than one homestead for one household", "homestead of non-members of the collective in this collective" and "homestead of urban household registration owners in this collective". The idea in this paper adheres to six principles: First, the integration and coordination of urban and rural development; Second, the distinguishing between stock and increment; Third, focus on consideration of the feasibility of registration rather than how to register; Fourth, the equal attention on "static" and "dynamic" homestead rights; Fifth, the "housing and homestead as a whole, with housing preferred"; Sixth, the "theory + practice + considering themselves" logical thinking.

Key words: Unified registration of real estate; Homestead; Right registration and certification; One homestead for one household; Innovative ideas

(责任编辑:杨疏影)

论　　文

“旧邦新造”的国际之维：重思中国与“一战”的关系*

魏磊杰**

内容摘要：

受传统革命史观与西方中心论影响，通说对中国参与第一次世界大战给予负面解读与否定评价，然这种惯性误判是未曾深入考量中国参战所谋求的战略意图以及未能长程评估其对晚清以降民族国家建设议程的深远影响使然。依托此等议程的域内与域外两个维度，通过对民初国家建设所处时空语境、参战之于国家建设的应然影响及参战之于国家建设的实然价值三个层面综合研判可知，中国通过参战谋求的主权外交，不仅收获了可观的实际成果，达到成为国际社会平等一员的潜在预期，而且经过“一战”的教育与洗礼，渐趋完成了从接纳列国体系到批判列国体系，进而走向通过重构国际秩序谋求新国际化与国际认同的民族国家建设之路。此等“从威尔逊转向列宁”的历史位移，不仅深刻影响了中国未来政治演进的轨迹与政制模式的选择，更直接形塑了人民共和国初期一边倒的“东方外交”格局。在这种长程意义上，“中国”的“入世”与崛起实与“一战”存在紧密的历史勾连。

关键词：

民族国家建构　列国体系　第一次世界大战　国际认同　主权外交

---

* 本文系中央高校基本科研业务费项目“香港管治困境之症结：法政治学的视角”(编号：20720171010)阶段性成果。

** 魏磊杰，厦门大学法学院副教授，法学博士。

一、导 论

改采欧洲分期法,梁启超在 1901 年《中国史叙论》中将中国历史定为三段:上世史,自黄帝以迄秦之一统,是为"中国之中国";中世史,自秦一统后至清乾隆末年,是为"亚洲之中国",即"中国民族与亚洲各民族交涉繁赜竞争最烈之时代";近世史,自乾隆末年直至他写作时,是为"世界之中国",即"中国民族合同全亚洲民族与西人交涉竞争之时代"。[1] 在他眼中,作为一个明确的历史过程的"中国",只能是与亚洲和世界同时存在的;当且仅当其自觉地步入世界,中国才能被设想为一个特定的民族。[2] 在本质上,"中国"并非先验的"中国",从秦汉延续至清朝的中华帝国并非一个"国家",而是由承受天命的天子来统治的包括"中华"与"四夷"的所谓"天下",是由士大夫阶层主导的列文森意义上的"文化主义"政治构成体。[3] 此等体制存续了两千余年,只有当 19 世纪晚期遭逢"洋夷"这一"他者"的强有力挑战,其支配地位难以为继时,统治者才不得不放弃文化主义而转向民族主义,以此试图重建新的政治构成体来维系自身认同。[4] "世界进入中国,使中国进入世界不可避免"。[5] 在这种情势下,此时被视为西方富强本源的"民族国家"(nation-state)——主权唯一合法的表达形式——逐渐开始成为政治精英追求的理想模式,希求通过自我改造而进入现代列国体系的"建国"(state-building)一跃成为 20 世纪前半期中国政治走向的中心议题。

---

〔1〕 参见梁启超:《中国史叙论》,载《饮冰室合集・文集六》,中华书局 1989 年版,第 11~12页。

〔2〕 参见[美]卡尔・瑞贝卡:《世界大舞台:十九、二十世纪之交中国的民族主义》,高瑾等译,生活・读书・新知三联书店 2008 年版,第 209 页。

〔3〕 参见[韩]白永瑞:《思想东亚:朝鲜半岛视角的历史与实践》,生活・读书・新知三联书店 2011 年版,第 139 页。

〔4〕 参见[美]杜赞奇:《从民族国家拯救历史》,王宪明等译,江苏人民出版社 2010 年版,第 55 页。

〔5〕 张振鹍:《近代中国与世界:几个有关问题的考察》,载《近代史研究》1990 年第 6 期。

霍布斯鲍姆说,如果要为19世纪找寻一个主题的话,那么,这个主题就是民族国家,而现代社会的历史意识亦无可争辩地为民族国家所支配。在近代欧洲所创的帝国与民族国家对立的二元论中,民族国家成为唯一的现代政治形式和发展资本主义的首要前提。[6] 近代世界进程总体呈现的就是肇端于西欧并随之波及整个世界的从帝国转向民族国家的单线叙事。事实上,朝贡体系与条约体系的二元论仍是“帝国—国家”二元论的一种衍生形式,清末民初生存竞争语境下的“走向共和”与“旧邦新造”,意在解决的就是如何把古代天下一统的文化普遍性问题转换为一个现实的局部政治建构问题。由此,从百日维新到民初政党之争,围绕的核心议程便是如何调动文化与社会及心理的各种因素为建构政治性的国家理念及实体而服务。然而,在近代精英心中,由西方冲击激起的忧患意识和救亡图存热情,恐怕不可简化为非此即彼的民族主义或世界主义,而往往是葛兆光所言的“在近代中国的民族主义背后,偏偏又可以看到非常奇特的世界主义背景”,[7]或唐小兵所言的“想象的世界认同潜藏在民族主义的话语下面”。[8] 不可否认,虽民族主义终归蕴藏压迫他者的逻辑冲动,具有民族利己主义的潜在性格,然此时初萌的民族主义立场却往往与世界主义价值混杂,其本身亦经由诸如“立于世界民族之林”“争取球籍”之类的世界主义话语来表达。[9] 当然,两者虽相互支撑,以国家建构为中心彼此粘连,甚至可谓一体两面,但本质却有不同侧重:前者常常体现在国家建构的域内维度,为一种“国家民族主义”(statist-nationalism),后者则更多投射于国家建构的域外维度,为一种“国家世界主

---

〔6〕 参见汪晖:《去政治化的政治:短20世纪的终结与90年代》,生活·读书·新知三联书店2008年版,第453页。

〔7〕 葛兆光:《中国思想史:七世纪至十九世纪中国的知识、思想与信仰》(第2卷),复旦大学出版社2013年版,第482页。

〔8〕 Xiaobing Tang, *Global Space and the Nationalist Discourse of Modernity : The Historical Thinking of Liang Qichao*, Stanford: Stanford University Press, 1996, p. 22.

〔9〕 参见葛兆光:《宅兹中国:重建有关“中国”的历史论述》,中华书局2011年版,第194页。

义”(statist-cosmopolitanism)。[10]

综观晚近二十年这一领域的文献,绝大多数聚焦国家建构的域内维度,孔飞力《中国现代国家的起源》(生活·读书·新知三联书店2013年中文版)与章永乐《旧邦新造:1911－1917》(北京大学出版社2011年版)为其代表,两书皆主要从崭新共和政制之创设(“主权在国”与“主权在民”之争)与国家权力之整合(内/外中国统合、“地方封建”与“中央集权”博弈与国家权力下渗)的域内视角来阐发;而以徐国琦《中国与大战:寻求新的国家认同与国际化》(上海三联书店2008年中文版)一书为代表的少数著作则独辟蹊径地从国家建构的域外维度来切入。[11] 积极参与国际事务,谋求加入与改变国际体系(所谓的“国际化”),并意图达致重新创建新的“国家”认同与确立新的国际地位,乃是这类著作的总体论述逻辑。在很大程度上,明显仿效戴维·肯尼迪的《“一战”与美国社会》(*Over Here*: *The First World War and American Society*)与弗雷德里克·迪金森的《日本与“一战”》(*War and National Reinvention*: *Japan in the Great War*)写作模式,践行其导师哈佛大学教授入江昭(Akira Iriye)鼓吹的国际史“联动式”研究方法,徐国琦意在通过将“一战”作为考察中国进行蜕变、复兴和转型的参照系,以国家建构为论述主线,来力图证伪两种相互依托的通行观点:其一,在政治混乱的军阀时期,中国外交是如此没有作为,乃至受到其他大国的推动才被迫参战;其二,借助参战实现参与“凡尔赛—华盛顿体系”,只是北洋政府自甘为列强傀儡,为其在华利益服务的“卖国外交”之表现,即便有所争取,充其量亦不过是“没有成果的国家主义”(日本学者泷口太郎语),于国家建

〔10〕 此种界分与汪晖针对清末政制转型的论断可谓异曲同工。在他看来,身处双重困境中的清朝国家需要形成内外两重结构的制度体系:一方面,通过进入民族—国家体系将原有的帝国体制改造成为主权国家的模式,这要求帝国内部体制的合理化和同质化;另一方面,承认原有朝贡国的主权国家身份与平等地位,将中国置于国家体系之中,而这要求修改原有朝贡规则,修订自我中心的世界图景。参见汪晖:《现代中国思想的兴起》,生活·读书·新知三联书店2004年版,第706～707页。

〔11〕 此书基于徐国琦的博士论文改写而成,原名为《懵懂的时代:“一战”与中国对国家认同的追寻》(*The Age of Innocence*: *The First World War and China's Quest for National Identity*, Ph. D dissertation, Harvard University, 1999)。中文首版于2008年问世,本文所引内容参考的则是2013年最新版。

设无甚增益。

在总体上,本文的叙述架构亦是围绕上述两个核心论点展开,对所涉史实与相关解读进行梳理、分析与评判,并在此基础上,通过对徐著未深入触及的一头一尾两个理论面向——国家建构萌生的时空背景与参战对此等议程的深远影响——进行增补、拓展与深化,以期对这一历史转向之谜思给予更为充分的阐释与说明:中国初始通过"近代自我重组"主动谋求走加入列国体系的"国际化"道路,并实际上从"一战"中获益颇多,然最终却为何发生"从威尔逊向列宁"的一百八十度历史位移,反而走上批判列国体系,通过重构国际秩序而实现新"国际化"的道路?鉴于此,在很大程度上,本文之写作与其说是对《中国与大战》一书的评论,毋宁说只是借助该书提供的问题意识与铺陈框架来展现自身观点的一种"借壳上市"式的论述策略。当然,抱持的理论抱负与徐著无异,即通过更全面与客观地呈现这一"被历史否定的时段"民族国家建构的坎坷历程与独特价值,意在"还原中国对第一次世界大战的真实贡献,以及恢复第一次世界大战在中国历史上的应有位置"。[12]

二、清末民初国家建构的时空语境

19世纪中国的国际关系,大多被描写成以中国为中心的朝贡体系与以欧美为中心的条约体系的对峙、相克和纠葛;且又多被诠释成朝贡体系被条约体系打破,中国被纳入条约体系的变迁过程。此等理论最初因契合西方"冲击—回应"或"传统—近代"范式而颇受日美学者支持,而在中国则是以帝国主义的侵略作为事件背景进行说明。[13] 早在《在中国发现历史》一书问世前,这种观点因过于简单化的西方中心论导向已备受批评,相对于世界史而言的东亚史的内在性亦开始受到重视,然其却仍在学界留有余响。一般学者所认为的中国参战并非出于主动而是由于协约国和美国的外部压力使然,便是这种思维与"反帝"

---

〔12〕 参见[美]徐国琦:《中国与大战:寻求新的国家认同与国际化》,马建标译,上海三联书店2013年版,第298页。

〔13〕 参见[日]川岛真:《关系紧密化与对立的原形:从甲午战争到"二十一条"要求的提出》,载刘杰、三谷博等:《超越国境的历史认识》,社会科学文献出版社2006年版,第30页。

的传统革命史观联合作用之结果。针对此等惯性误判,明显从置于中国史境(Chinese context)的中国问题着手,可谓"密切注意中国历史的轨迹和中国人对自身问题的看法,而非从西方历史期望的观点出发,去理解(这段)中国历史",[14]徐国琦得出如此论断:中国内部的主战派力量要比促使中国参战的外力更为强大;当时社会精英将"一战"视为中国加入世界新秩序的绝佳机会,参战绝非外力使然,而是中国领导者慎重地利用时势的主动选择。[15] 由此不难看出,唯有理解这一核心论点,方可真正明晰中国与"一战"之间存在的历史逻辑关系。就此,可从"中国"当时所处的时空语境、中日民族国家建设历程之异同以及中国由此面临的紧迫议题三个交错维度来综合把握。

从19世纪中叶开始,东亚被迫迎来朝贡关系与条约关系并存的时代。列强表面上似乎默认建立在朝贡关系基础上的清朝与朝贡国的"宗主—藩属"关系,实则却借助与"宗藩"诸国缔结条约,并通过一系列运作来支离和瓦解东方既存的"朝贡体系"。[16] 然在此过程中,最活跃并最终促就传统东亚"国际"秩序崩解者,却是朝贡圈的特殊成员——日本。如果说依源于近代西欧的民族国家逻辑,儒学普遍主义的核心特征是对内道德与对外道德的一致性与连续性,那将两者割裂并以前者为绝对的行为基准,正是民族国家逻辑的起点。就此而言,东亚的"近代"并非源于鸦片战争,而是源于甲午战争,因为台湾、澎湖等"王土"的割裂,对琉球、朝鲜宗主国资格之丧失进而导致"东洋"政治普遍主义以及基于其上的国家定位的彻底"变天",对当时士人来说,远比"西洋的冲击"更具毁灭性。[17] 此等国际秩序的体系转换,借用康有为在"公车上书"中的表述,乃是不可逆转地从"一统垂裳"之天下转变成"列国并

---

〔14〕 参见[美]柯文:《在中国发现历史:中国中心观在美国的兴起》,林同奇译,中华书局2002年版,第250页。

〔15〕 参见[美]徐国琦:《中国与大战:寻求新的国家认同与国际化》,马建标译,上海三联书店2013年版,第85页。

〔16〕 参见韩东育:《从"脱儒"到"脱亚":日本近世以来"去中心化"之思想过程》,台湾大学出版中心2009年版,第407页。

〔17〕 参见李永晶:《独立自尊:文明自觉与东亚民族国家的课题》,载高全喜主编:《大观》(第4辑),法律出版社2010年版,第148~149页。

立"之世界。[18] 鉴于近代国家主义的框架是以对等主权国家的竞争生存为前提的近代国际关系,面临"知有天下而不知有国家""知有朝廷而不知有国家""知有一己而不知有国家"(梁启超语)的懵懂现状,如欲确保"中国"这个国家在"列国并立"的世界中的生存与发展,就须对以"一统垂裳"的世界观为前提的各种制度进行全面革新。由此,始于晚清并延至民国的作为"华"而自行实施的近代重组顺理成章地拉开序幕。在很大程度上,在这种主权国家化的过程中,为实现"富强",渐次将"近代""文明国化"作为对外关系的基轴:首要是确定国土与国民基础上的"独立"与"统一",进而通过国际事务的参与以克服"不平等"之劣势。

实际上,诚如梁启超所云"唤起吾国四千年之大梦,实自甲午一役始也"(《戊戌政变记之康有为向用始末》)以及陈独秀所云"甲午一役,军败国削,举国乃大梦始醒"(《独秀文存之吾人最后之觉悟》),这次落败把50年来清王朝的危难、社会经济动乱以及欧美日对中国领土、资源、政权不断递增的要求具体化为一种社会政治和全球危机的紧迫感,而正是这种紧迫感给当时社会和思想的演进带来了莫大影响,社会精英遂开始抱持一种历史共识意识,转而采取积极姿态主动谋求"入世"。在《中国近代外交的形成》一书中,川岛真指出经历"夷务→洋务→外务→外交"这一进退维谷、迂回曲折的过程,中国的近代外交最终形成于20世纪上半叶,[19]因为此时中国方才领悟到已被组合进国际社会(Family of nations),[20]并认知到自己在其中的位置。辛亥鼎革后,接续既有导

---

[18] 所谓"一统垂裳"是构成成员纯粹是以与既定统合中心之关系而决定其地位的纵向差序秩序状态;而"列国并立"则意味着没有统合中心,各国之间是一种多元共存的横向并列的秩序状态。参见[日]佐藤慎一:《近代中国的知识分子与文明》,刘岳兵译,江苏人民出版社2008年版,第87页。

[19] 参见[日]川岛真:《中国近代外交的形成》,田建国译,北京大学出版社2012年版,第16~17页。

[20] 近代国际社会发源于西欧基督教列国,原指1648年《威斯特伐利亚条约》签约国;其后不断向外扩张到整个西欧,18世纪纳入俄罗斯帝国与美国,19世纪将非基督教的奥斯曼土耳其帝国纳入,并与以中国为中心的远东世界秩序接触。See Immanuel C. Y. Hsü, *China's Entrance into the Family of Nations: the Diplomatic Phase* (1885 - 1880), Cambridge: Harvard University Press, 1960, p. 209.

向,初建的中华民国更是怀着诚挚、热情与坦诚,也许还有一点天真的想法,主动寻求文明国化,努力加入国际体系。从20世纪初到“一战”爆发,中国积极参与1899~1907年海牙和会、1906年日内瓦会议、1904年战时医院船国际会议、1905年罗马国际农业大会以及1912~1914年海牙国际禁烟会议等诸多国际会议,可谓这种良苦用心之集中体现。根据卡尔·瑞贝卡的观察,如此不遗余力的主动作为意在谋求解决的问题就在于“一个由历时性的达尔文主义所展示的世界,如何能够在势不可当的欧美、日本强权的环境下被建造为全球重建的活跃场域……来供中国人和同伴们反抗构成他们的共同时刻的全球不均衡性”。[21]

就日本而言,甲午之役亦是意义非凡的分水岭。与福泽谕吉齐名的近代思想家德富苏峰曾将维新改革视作日本的“国民自觉”时期,而将甲午战争视作其“帝国自觉”时期。[22] 与多数学者相同,他之所以将此役视作日本近代民族国家确立的标志,概因从19世纪中叶起,日本用不到50年的时间,就实现了梦寐以求的两大目标——对东亚的称霸与对欧美的平等,而这场战争正是成就上述目标的契机。[23] 一方面,与中国不同,日本拥有虽短暂但却具有实力的战后期间,使其能在东亚范围内确立自己的国家定位,实现名副其实的“独立自尊”;同时,为解决崩解后的东亚秩序应以何种方式再生的现实问题,日本完成了亚洲认识范式的转变,应运而生的产物便是所谓的“亚细亚主义”(所谓

---

〔21〕 [美]卡尔·瑞贝卡:《世界大舞台:十九、二十世纪之交中国的民族主义》,高瑾等译,生活·读书·新知三联书店2008年版,第21页。

〔22〕 参见[日]德富猪一郎:《大正青年与帝国前途》,载《近代日本思想大系:德富苏峰集》。转引自向卿:《日本近代民族主义:1868-1895》,社会科学文献出版社2007年版,第429页。

〔23〕 日本学界多从以下三个方面阐释甲午之役的历史意义:从亚洲史来看,“日清战争”是争夺朝鲜主导权进而使传统“华夷秩序”崩解的转折点;从世界史的角度观察,这也是以英国为主导的帝国主义列强通过瓜分中国竞赛而形成的不平等条约体制发生动摇和帝国主义体制得以确立的战争;而若从日本着眼,该战争则是近代以来首次体验的真正意义上的对外战争,并使日本转化为帝国主义的重大划时代事件。参见小風秀雅:《近代日本と国際社会》,放送大学教育振興会2004年版,第116页。

"近代的超克"):[24] 由成功瓦解旧秩序的日本担当"解铃人"的角色,借助"东洋""东亚""大东亚"等一系列文化政治学的话语符号,鼓吹"东洋门罗主义",它试图承担起第一次中日战争后重建东亚新秩序的"使命"。[25] 如此,秉持这种建构出来的东/西洋二元对峙的政治思维,日本渐趋从丸山真男所谓的由"明治健康的民族主义"("兴亚")走向"昭和的超国家主义"("侵亚")的质变过程。[26]

另一方面,与中国相同,在维新后,日本面临的首要问题是修改条约以争取民族独立,所以在整个明治时期,作为因应之道的民族主义始终占据支配地位,是为"明治精神的脊梁"。[27] 然伴随甲午战争的胜利,这一问题渐趋获解。从《日英新约》取消治外法权开始,随后的《日俄新约》《日美新约》《日德新约》《日意新约》甚至《日墨新约》和《日秘新约》均作出类似规定。面对此等成绩,副岛种臣评价道:"日清交战之际,日本海陆军屡胜。列强畏敬,于是美、意、俄、德、法、奥、匈等诸国皆继英国而认改正约章,至三十年(一千八百九十七年)末欧美主要各邦与日本莫不印而对等之约章成"。[28] 不唯如此,更具说明意义的是,1902 年英日又在伦敦签订《日英同盟协约》。该约在世界上造成轰动,毕竟这是西方大国与东方国家之间签订的第一个同盟条约,它使日本在国际关系中获得了最为确切的承认,开启跃升世界列强的快车道。

---

〔24〕"近代日本的'亚细亚主义'是指在西方列强加剧侵略东方的危机时刻,围绕着对'东洋'和'西洋'的认识问题而形成的有关日本人亚洲观的一种有代表性的政治思想及其相关行为。由于近代日本亚细亚主义复杂而特殊的发展历程,它又表现为强调亚洲平等合作的古典亚细亚主义、强调扩张领土的大亚细亚主义以及对亚洲实施侵略的大东亚共荣圈三种形式"。参见王屏:《近代日本的亚细亚主义》,商务印书馆 2004 年版,第 15 页。

〔25〕李永晶:《独立自尊:文明自觉与东亚民族国家的课题》,载高全喜主编:《大观》(第 4 辑),法律出版社 2010 年版,第 146 ~ 147 页。

〔26〕参见向卿:《日本近代民族主义:1868 - 1895》,社会科学文献出版社 2007 年版,第 462 页。

〔27〕参见[日]松本三之介:《国权与民权的变奏:日本明治精神结构》,李冬君译,东方出版社 2005 年版,第 12 ~ 13 页。

〔28〕[日]副岛种臣:《明治之外交》,载[日]大隈重信编:《日本开国五十年史》,上海社会科学院出版社 2007 年版,第 131 页。

可以说,任何关于民族国家成形过程的研究都须立足于作为一个历史疑难的民族主义的出现。然如查特吉所言,“亚非民族主义想象最强大的和最具创造力的结果不是基于认同,而是基于与现代西方所宣称的‘模块化’的民族主义社会形式的不同”,[29]明显异于赫尔德或马志尼式的民族主义,19世纪末身处相同历史时空的中日承载的皆为一种政治化的民族主义,从而造就笃信类似的民族国家建构逻辑:只有“民族”的统一性,才有“国家”的独立性;只有“国家”的独立性,才有条约外交的可能性;而只有条约外交的可能性,才有基础在国际一律的原则保护下获得与列强平等的地位并因此保全自身。然如上述对比呈现的那般,相同境遇却因迥异的历史构造促就截然不同的“自觉知我”之结果。甲午战争后,以中国为垫脚石,日本踏上成为地域性列强的道路:伴随帝国宪法与修改条约的初步完成,日本最终以形成“臣民”的方式解决了形成“国民”的问题,以走向帝国主义扩张的方式完成了创建“日本”的问题。所谓“知我”,便是形成共同意识、自主意识,知自身之实力、知肩负“雄飞世界”的所谓“国民使命”;[30]而在目睹世界新霸权的民族统一与历史轨迹后,中国社会精英方才如梦初醒,真正“知我”为弱国地位,在内忧外患的艰困时局下,开始“制造中国”的“自觉”历程。在很大程度上,中日之间此等国家建构历史基点的悬殊差异以及由此设定的政治议程的不同从根本上决定了东亚国际秩序的未来演进,[31]更对中国近代外交布局及其支撑之下参与“一战”的路径选择产生了最为直接的影响。

---

〔29〕 Partha Chatterjee, *The Nation and its Fragments: Colonial and Post-colonial History*, Princeton: Princeton University Press, 1993, p. 5.

〔30〕 参见[日]野村浩一:《近代日本的中国认识》,张雪锋译,江苏人民出版社2014年版,第3页。

〔31〕 针对中日走向截然不同的近代化道路之原因,沟口雄三切中肯綮地指出:“中国政治上的近代化构图是依靠地方分权化推翻中央集权制;日本政治的近代化构图是通过地方分权制的解体建立中央集权主义的天皇制国家。”参见[日]沟口雄三:《中国的冲击》,王瑞根译,生活·读书·新知三联书店2011年版,第117~118页。

三、参战之于国家建构的应然影响

近代国际政治版图与民族国家体系的形成,可谓直接得益于欧洲均势的存在。作为一种国际政治观念的"均势"大约肇端于威斯特伐利亚体系形成之后(1648 年),而大行其道于维也纳体系确立之时(1815 年),虽难以界定,但大体是指在国际政治中一国或数国共同反对他国霸权,以维持一种彼此克制的力量均衡态,而外交的基本方针应在均衡框架内追求本国利益。同样,政治均衡态一旦丧失,既有体系势将难以为继,所以近代国家体系的本质便是反对任何强国取得绝对的优势地位。[32] 甲午之后至"一战"之前,世界体系经历了一次结构性变迁,从"单一中心结构"向"多元中心结构"转化,持续百年的维也纳体系发生动摇。列强在欧亚均势的丧失造就极度不稳的"中心—边缘"结构,加之国内民族主义的勃兴,构成了以社会达尔文主义为主导的帝国主义浪潮的力量源泉,延至 20 世纪初,诸种势力相互激荡、汇集并对传统国际体系发起挑战。1914 年 6 月 28 日,萨拉热窝的两声枪响彻底点燃第一次世界大战的导火索,新兴资本主义强国终于迎来期待已久的以各自利益与观念重绘世界秩序的历史时刻。当然,对于中国,这亦是有望改变现状的大好良机。

徐国琦认为,由于历史学者过去未曾正确地认识中国的参战意图,这就使他们无法体认中国社会与政治精英在"一战"期间所感受到的其所称作的"危机意识"。[33] 在他看来,所谓"危"的一面,即中国必将面临被迫卷入战争的危险。综合时论,就此考量维度大体有三:其一,欧洲危机的爆发与对势力范围的争夺直接关联,1911 年摩洛哥问题导致德法关系紧张,1912 年意土和约引发巴尔干战争即为鉴证。由于交战国在华皆拥有势力范围,故早已沦为"欧洲政治后院"的中国实难独善其身。其二,无论哪方取胜,中国皆将面临更严峻的挑战与空前的压力,毕竟战争势必影响列强在华的势力均衡,在战争结束后,列强定会加

---

〔32〕 参见[德]路德维希·德约:《欧洲体系的消逝》,吴征宇译,载高全喜主编:《大国》(第 3 卷),法律出版社 2010 年版,第 329 ~ 330 页。

〔33〕 参见[美]徐国琦:《中国与大战:寻求新的国家认同与国际化》,马建标译,上海三联书店 2013 年版,第 86 页。

强对中国的控制以弥补它们在别处的损失。[34] 其三,欧战爆发,其他列强的视线将咸集于欧陆,这将使日本在东亚横行无阻,其必将企图独霸中国。事实亦是如此,欧战爆发导致列强在华力量均势的崩解,在日本看来,堪称"大正新时代之天佑"。[35] 大限重信内阁更是宣称"日本必须抓住这个千载难逢的好机会"以"在今日之局势中创造亚细亚之未来和对华政策之基础"。[36]

然对时代精英而言,欧战更多的是意味着中国的"机"遇而非危险,毕竟剧烈冲突将导致国际体系根本更易,而这将是提升国家地位进而参与创建世界新秩序的良机,中国需要做的就是因势利导地把握此等良机。就此,梁启超以及同一阵营的研究系之观点可谓切中肯綮:"因应世界大势而为我国家熟筹将来所以自处之途,第一从积极进取方面言之,非乘此时有所自表现,不足以奋进以求厕身于国际团体之林;从消极维持现状言之,非与周遭关系密切之国同其利害,不复能蒙均势之庇";[37] "此次战事……我国外交不于此时自启新局,闯入局中,与人颉颃,以求一自全之道,必待局势,既或屏诸门外以听他人之处分,不将从此沉沦耶!……列席和会,无论如何,我国必有容喙之地,若不得列席,则俎上之肉,任人宰割"。[38] 换言之,如欲不受"危局"所害,进而成就国家的自强与自主,作为一弱势政治体,就必须在国际上彰显自身存在,就必须为世界立

---

〔34〕 对此,杜亚泉的洞察颇具代表性。他认为,如德奥全面胜利,"中世纪之神圣罗马帝国,将复现于欧洲。俄人于东欧南下之志,既为所阻,不得不经营亚洲,以图东进。英人亦必汲汲注意于印度之防护。且现时南洋荷属殖民地……则与青岛及德属之太平洋群岛,联合一气,其在亚东之势力,将凌驾于日英俄法诸国之上。诸国为保持东亚之势力平衡,势必相互协商,攫取种种权利以相抵制,而我国乃陷于四面楚歌之中。然苟德奥而完全屈服也,则英俄法三协商国……则在欧洲无对抗之力……得长驱远驭以扩其势力于东亚"。参见伧父:《大战争与中国》,载《东方杂志》第 11 卷第 3 号(1914 年 9 月 1 日)。

〔35〕 参见[日]升味准之辅:《日本政治史》(第 2 册),董果良、郭洪茂译,商务印书馆 1997 年版,第 468 页。

〔36〕 [日]信夫清三郎:《日本外交史》(上册),天津社会科学院日本问题研究所译,商务印书馆 1980 年版,第 394 页。

〔37〕 梁启超:《外交方针质言(参战问题)》,载《饮冰室合集 · 文集三十五》,中华书局 1989 年版,第 4 ~5 页。

〔38〕 《宪法研究会关于对德外交之宣言》,载《晨钟报》1917 年 5 月 6 日。

功,与列强"同其利害",如此才有可能在战后新均势格局中获取博弈资本,而主动求战,并水到渠成地出席战后和会,无疑是理想路径。在这一点上,不难看出,政治均势不仅是列国体系成就的前提,更是国际外交与国际法发生效用之保障。

在《天堂与权力》一书中,美国战略学家罗伯特·卡根指出,一国对外交/国际法的支持与其在全球体系中的实力成反相关关系,[39]其实说的正是这个道理:当强国普遍依靠非外交的方式时,弱国则会特别注重外交,因为这也许是改善或保护其国家利益的唯一手段。在某种程度上,只有理解此等"弱国的武器"的生成逻辑,方能真正明白中国为何主动选择参战,而且还要与日本这一最危险的劲敌一同参战,这便是看似矛盾但实为策略性选择的意涵所在。当然,从根本上说,这同样亦是客观评判当时中国政府参战外交之得失成败的基础。

如果说日本在1895年甲午一役中击败中国并给中国造成严重的"国家"认同危机,那么日本在1915年提出"二十一条"不仅唤醒了中国人的民族意识,而且更促使中国政府确立了参加第一次世界大战的首要目标:必须参与战后和会。然作为弱国,两次谋求参战的成败却不得不取决于国际强权之利益裁量。详言之,1915年参战受阻原因有二:其一,日本不愿中国加入协约国,盖因其对华别具野心,深恐中国参战后,国际地位转变,日本对华不能为所欲为,这明显对其国家利益有害;其二,在协约国看来,日本协济远比中国参战更为重要,毕竟日德媾和甚或勾结,对它们而言,形同噩梦,遂为避免在关键时刻失去日本支持,协约国不仅拒绝中国参战,而且更让日本主导协约国的远东政策。[40] 而1917年顺利参战原因亦有二:其一,面对日本势力战时在华全面膨胀,美国暂时缺乏余力与其全面对抗,彻底抑制其行为,故转将问题的最终解决留待战后,通过加强中国在和谈中的地位,用以牵制日本对华之扩张,便是预先部署之举措。为此,在对德绝交的同时,美国拉拢中国对德宣战。[41] 其二,日本此时预料欧战

---

〔39〕 参见[美]罗伯特·卡根:《天堂与权力:世界新秩序中的美国与欧洲》,刘坤译,社会科学文献出版社2013年版,第11~12页。

〔40〕 参见[美]徐国琦:《中国与大战:寻求新的国家认同与国际化》,马建标译,上海三联书店2013年版,第112页。

〔41〕 参见[日]信夫清三郎:《日本外交史》(上册),天津社会科学院日本问题研究所译,商务印书馆1980年版,第421页。

即将结束,在中国问题上,列强对其将从战时容忍转为战后遏制,为确保在华"特殊权益",必须先发制人。同时,因英日同盟已丧失实质意义,其在国际中孤立的危机更因日美间渐趋加深的对立与帝俄的崩溃而激增,为此,日本须在对华政策上改弦更张,以因应世局变化。[42] 化被动为主动,转而督促中国参战以图削弱美国对华的影响力,进而巩固其领袖中国之地位,便是日本远东政策发生根本更张之原因。

在整个过程中,尽管国家行为处处掣肘,但决不意味着北洋政府在参战问题上无所作为,只是追随国际政治风候左右摇摆。相反,一旦中国明晰参战价值,便会为实现最终目标而竭尽全力。综合研判,这种努力主要彰显在两个层面:参战受阻后"以工代兵"计划的实施与参战有望后对列强主动提出收回主权的请求。一方面,时任外交次长曹汝霖在 1915 年向袁世凯建议,遏制日本侵华的最佳方式就是加入协约国参战,即使不能派兵赴欧,也要尽己所能帮助协约国。这或许代表了当时政治精英们的普遍共识。基于此等预判,当参战努力被日本扼杀后,中国谋求向协约国派遣华工以补充人力的计划便被提上政治日程。据统计,"一战"期间,欧洲战区华工总计约有 14 万人之巨,[43] 尽管他们与协约国并肩工作而非直接参战,但通过此举,中国不仅向世界有力地展示了参与国际事务的渴望,表明中国人有诚意且有能力支持协约国,而且以此方式将中国与协约国战争命运直接绑定,进而推助其他更重要的外交目标之实现——"在此意义上,正是这些目不识丁的农民成为中国致力于创建新的国家认同的前驱。他们的血汗、牺牲和生命为中国外交官在巴黎和会上争取国家承认、为中国登上世界舞台和实现国际化提供了重要的凭借"。[44]

---

〔42〕 参见林明德:《近代中日关系史》,三民书局 2005 年版,第 84 页。

〔43〕 参见[美]徐国琦:《中国与大战:寻求新的国家认同与国际化》,马建标译,上海三联书店 2013 年版,第 136 页。1988 年,法国政府公布了华工档案,并在巴黎市中心里昂车站附近的一座广场镶建了华工纪念铜碑。1998 年,法国政府在巴黎竖立纪念碑,纪念在"一战"中为法国捐躯的中国劳工。2002 年清明节,法国政府在欧洲最大的华工墓园努瓦耶勒墓园举行了第一次大规模的公祭活动。2008 年 11 月,法国巴黎再次举行隆重仪式,缅怀在"一战"中为法捐躯的华工先辈。2014 年 6 月 15 日,法国巴黎凯旋门举行仪式,隆重纪念"一战"中牺牲在欧洲的中国劳工。

〔44〕 同上书,第 12 页。

另一方面,经过两年的漫长等待,参战之路在1917年年初通畅后,朝野皆希望借机除收回德奥租借地外,还能与协约国谈判废除或修订不平等条约。对中国而言,参战无疑是对战后处理的一种远期投资,是为中国本身所需,然北洋政府同时也意识到,中国参战亦为协约国所现实需要。因此,中国期望在加入协约国的同时能得到回报。同时,既然大国政治家们公开鼓吹,在战后主宰国际社会的将是正义与公平,那么在中国参战之前,先把现有对外条约进行公平合理地修订,实为理所应当。由此,在获得修约、经援以及确保参与战后和会并将获平等对待的系列承诺后,中国在对德奥宣战前正式向协约国提出停付庚子赔款与修订协定关税等要求,明确表明意在收复主权并融入国际社会的迫切愿望。当然,身处实力外交的夹缝中,尽管协约国欣然向中国做出的承诺事后大多未获兑现,但此举至少在很大程度上表明,中国通过各种渠道谋求参战绝非外力压迫使然,而是结合自身境遇与国际生态因势利导做出的谋求主权自主的国家理性行为。

总之,当时中国在国际政治中的角色太过弱小,但却抱有利用列强之间的对立开创有利于自己的局面,在提高国际地位的同时争取与列强对等的志向。北洋政府主动选择参战如实地彰显了此种志向。与1900年对列强的宣战不同,中国在1917年对德奥宣战虽含从强从众的因素,但这一抉择本身无疑是积极的,具有开创性的意义。如果说晚清政府在庚子事变期间对列强宣战是源于仇外、盲动和野蛮,那么中国在"一战"期间对德奥宣战则是进步的、具有国际视野的,一次意在捍卫国家利益的理性与慎重的外交抉择,可谓"中国参与国际事务的重要里程碑"。[45] 倘若前者可被解读为一种"反现代性的斗争",那么后者则是不折不扣的一种"为现代性的斗争"。至于在巴黎和会上,中国未能受到平等对待,未能实现自己预期目标,这并非评价参战决定是否明智的标准。中国能够参与和会,阐明自己的立场,在国际舞台上做一出色亮相,其本身就具有重大意涵。诚如有学者客观评价的那样,"参战不能解决中国所面临的一切问题,但参战为中国提出和解决这些问题提供了可能的机会,抓住这个机会(无疑)是明智的"。[46]

---

〔45〕 唐启华:《"北洋外交"研究述评》,载《历史研究》2004年第1期。

〔46〕 王建朗:《北京政府参战问题再考察》,载金光耀、王建朗编:《北洋时期的中国外交》,复旦大学出版社2006年版,第30页。

四、参战之于国家建设的实然价值

诚如上述所论,中国参战之动机,是借此提升国际地位,与各国平等;并把参战视为列席和会的入场券,以求修正条约,收回已失国权,公允解决山东问题。由于威尔逊鼓吹的和平计划的理想主义色彩,国人当时普遍对和会抱持相当期许,相信"将予中国以绝好机会,中国将乘此时机,以其悬案诉于世界,将来巴黎和约,中国必可与各国列于平等之地,而所谓不平等条约者,皆将从而废除"。[47] 然和会既开,列强却无意信守承诺,不愿以"十四款"作为和议基础,中国希望达致的具体目的除终结德奥在华政经利益上获得了满意结果外,山东问题与"二十一条"之交涉中国几近完败。本质上,此等常态论断仍采"革命外交"视角来理解中国与"凡尔赛—华盛顿体系"之关系,强调这个体系为帝国主义列强对中国的联合宰制,幸赖中国人民奋起抗争,终能成就独立自主。[48] 以此,巴黎和会与华盛顿会议皆被山东问题遮蔽,由狭隘民族主义支撑的"废约"外交,仿佛成为概念化的政治正确与政权合法性之表征,一道界分爱国主义与反革命的"分水岭",而北洋政府借助参战而谋求的"修约"外交在此等话语体系中往往自然被做悲情化之理解,"国耻史""卖国史"遂成为评价 20 世纪 20 年代前后中国外交史的惯用标签。事实上,抛去革命年代层累造就的政治神话与观念束缚,全面均衡地贯穿理解近代历史,便不难发现,这一阶段的中国外交,除却民族主义昂扬的一面,更有谋求国际化的不断努力,并且成果斐然,影响深远。就此,接续中国外交史学家马士的三阶段划分理论,即"冲突时代"(Period of Conflict,1834 ~ 1860)、"屈从时代"(Period of Submission,1861 ~ 1893)、"被制服时代"(Period of Subject,1894 ~ 1911),[49] 美国学者波赖将 1917 年北洋政

---

[47] [英]怀德:《中国外交关系略史》,王莪孙译,商务印书馆 1928 年版,第 30 页。

[48] 参见唐启华:《北洋外交与"凡尔赛—华盛顿体系"》,载金光耀、王建朗编:《北洋时期的中国外交》,复旦大学出版社 2006 年版,第 78 页。

[49] 参见[美]吉尔伯特·罗兹曼主编:《中国的现代化》,国家社会科学基金"比较现代化"课题组译,江苏人民出版社 2010 年版,第 32 页;[日]川岛真:《中国近代外交的形成》,田建国译,北京大学出版社 2012 年版,第 48 页。

府参战誉为"实堪中国单独参与国际政治之开端",[50]并由此把民国前期外交界定为"收回国权时代"(Period of Recovery,1917~1931),可谓经过抵近观察与客观类比后作出的相当妥适之评判。同样,在重新审视民国外交成就后,哈佛大学历史学教授柯伟林(William C. Kirby)指出1914~1918年的欧洲灾难使得19世纪末20世纪初形成的联合盘剥中国的纯西方阵营发生重大分裂,中国由此得以成为战后重组后多极国际体系的一员,而加入"一战"则正是中国对外关系发生实质改变的主要转折点。[51]

在《民族国家论的射程》一书中,日本学者西川长夫归纳道,现代国家作为民族国家,与传统帝国的区别计有五个面向:一是存在明确的国境;二是国家主权意识;三是国民概念的形成与整合国民的意识形态支配,即以国家为空间单位的民族主义;四是控制政治、经济、文化空间的国家机构和制度;五是由各国构成的国际关系。[52] 鉴于此,民族国家可谓政权与主权高度统一的整全型政治实体,一方面不允许其国境以内有任何割据的力量,显示出向心(centripetal)的性质;另一方面亦力主国家主权的完整,不承认在其国境以外另有超过国家的权力的存在,呈现离心(centrifugal)的特色。[53] 在此等内外向度紧密结合的构造中,凸显主权独立的国际关系无疑是民族国家自我证成的一项必备要素。在很大程度上,正是从这一往往易被忽视的外向角度切入,我们才可理解北洋政府通过参战而谋求的主权外交与清末以降民族国家建设议题之间的逻辑关系。

---

〔50〕 See Robert Thomas Pollard, *China's Foreign Relations*; 1917 - 1931, London: Macmillan Company, 1933, p. 12.

〔51〕 参见[美]柯伟林:《中国的国际化:民国时代的对外关系》,魏力译,载《二十一世纪》1997年12月号。

〔52〕 参见[日]西川长夫:《国民国家论の射程》,柏书房1998年版,第256~286页。转引自葛兆光:《宅兹中国:重建有关"中国"的历史论述》,中华书局2011年版,第27~28页。

〔53〕 参见王曾才:《中国的国家认同与现代化》,载中央研究院近代史研究所编:《认同与国家:近代中西历史的比较》,中央研究院近代史研究所1994年版,第203页。

一方面,凡尔赛体系由协约国阵营同战败国订立的系列条约构成,[54]虽在和会上中国因山东问题交涉完败而拒签对德《凡尔赛条约》,然在对奥《圣日耳曼条约》与对土《色佛尔条约》交涉中却斩获颇多。其实,中国在巴黎和会上拒签对德和约,其意义不仅在山东问题(免受和约中山东条款之约束),更促成中德事后的单独议和,使中国得到远超过《凡尔赛条约》之收获。在此意义上,仅因山东问题交涉失利,便将中国参与巴黎和会全盘斥之为“外交失败”,难谓公允之论。具言之,首先,在对奥和约签订前,意大利要求继承奥国在华租界,而奥方企图继续维持最惠国待遇不变,对中国的条件提出异议。就此,北洋政府明确拒绝,交涉中这两项提议皆被驳退,中国原案写进《圣日耳曼条约》第113~117条中。对中国政府的此番据理抗争,川岛真给予“鲜为人知的外交胜利”的颇高评价。[55] 与此同时,鉴于除山东问题与归还掠夺的天文仪器外,对奥条件与对德条件基本相同,中国仍因签署对奥《圣日耳曼条约》得以成为国联创始会员国,由此并非以达致西式“文明”之标准,而是以反抗条约体系及宣称适用于西方之主权平等原则第一次自觉地进入“国际社会”。不唯如此,中国更在事后当选首届非常任理事国,且连选连任三届,成为国际联盟“宇内合作”的积极分子。在国力衰微时代,此等国际表现,可谓外交史上的光辉一页,有学者更将其视作“西方列国接纳中国为国际社会平等一员的具体表征”。[56]

其次,在协约国列强旨在肢解奥斯曼帝国使之彻底沦为“西亚病夫”的《色佛尔条约》交涉中,鉴于该条约建立在《凡尔赛条约》模式之上,精神无非是“领土割裂”“监督军政、财政”“协定关税”与“扩大治外法权”等中国鼎力反对与力主彻底废除的东西,如若签字,极易被误解为中华民国亦赞成这些精神,这不仅

---

[54] “凡尔赛体系”由以下条约构成:1919 年协约国和参战国同德国签订的《凡尔赛条约》(6 月 28 日),同奥地利签订的《圣日耳曼条约》(9 月 10 日),同保加利亚签订的《纳伊条约》(11 月 27 日),1920 年同匈牙利签订的《特里亚农条约》(6 月 2 日)以及同土耳其签订的《色佛尔条约》(8 月 10 日,此约后为 1923 年《洛桑条约》取代)。参见[英]E. H. 卡尔:《两次世界大战之间的国际关系:1919 - 1939》,徐蓝译,商务印书馆 2010 年版,第 1 页。

[55] 参见张忠绂:《中华民国外交史》,华文出版社 2011 年版,第 273 页;[日]川岛真:《中国近代外交的形成》,田建国译,北京大学出版社 2012 年版,第 231 ~ 232 页。

[56] Zhang Yongjin, *China in the International System*, 1918 - 1920: *The Middle Kingdom at the Periphery*, New York: St. Martin's Press, 1991, pp. 193 - 194.

有违既定外交政策,更会对将来废除不平等条约造成不利影响,故在顾维钧建议下中国政府决定不签。[57] 不难研判,与拒签《凡尔赛条约》一样,在《色佛尔条约》问题上,当时中国的外交精英对主权问题抱持相当的敏感与自觉。虽现实价值可能微不足道,然此等用脚投票的"表态政治"却向世界充分表明了中国政府秉持的"己所不欲,勿施于人"之鲜明立场以及力求主权自主的坚定决心,宣示意义足堪与上述利权之回复等量齐观。在《中华民国外交史》一书中,对和会外交之结果,民国外交家张忠绂先生作出此等中肯评价:"是以巴黎和会对于中国之处置虽多未能使中国满意,但中国已因巴黎和会而获得相当之结果,当无疑议。"[58]

最后,由于未签《凡尔赛条约》,减少了协约国对中国决策的影响,从而促就对战后秩序安排皆感失望的中德两国另订新约。作为在两次世界大战之间同为主张修正国际条约的大国,中德在国际政治中具有共同的政治目标,但他们均被排除于国际秩序之外,都遭受"不平等条约"的束缚,这样一种地位反而使得彼此皆能果断背离19世纪末20世纪初通行的帝国主义实践,无拘无束地创造中外合作的新形式。1921年《中德新约》明文废除了最惠国待遇、治外法权、协定关税等利权,是自鸦片战争以来中国与西方大国所订的首个平等条约。该约不仅松动列强在华特权地位,促生其应与中国修订旧约的道义压力,而且亦为日后中外议定新约从而确立新型民族国家间的平等关系提供了范本,意义可谓深远。同时,和约签署后,德国为赎回战时被收管财产,早日恢复在华商务,1924年再与北京政府签署换文,以此中国获得总值约8400万元的巨额赔偿。[59] 鉴于"二战"后台海两岸皆先后放弃对日索赔,遂使这份新约成为中国第一个也是唯一一个对外以战胜国身份获取战争赔款的条约,[60] 堪称永载史册

---

〔57〕 同时,中华民国原本就未对土耳其宣战,因而也不需要参加媾和。具体分析,可参见[日]川岛真:《中国近代外交的形成》,田建国译,北京大学出版社2012年版,第240页。

〔58〕 张忠绂:《中华民国外交史》,华文出版社2011年版,第278页。

〔59〕 参见唐启华:《被"废除不平等条约"遮蔽的北洋修约史:1912－1928》,社会科学文献出版社2010年版,第133页。

〔60〕 蓝玉春:《中国外交史:本质与事件、冲击与回应》,三民书局2007年版,第138页;唐启华:《被"废除不平等条约"遮蔽的北洋修约史:1912－1928》,社会科学文献出版社2010年版,第142页。

的外交功绩。其实,此番结盟,更大意义还在于其引发的深远政治影响。在与德国的交往中,随即承续该政治遗产的南京政府开启了近代中国的第一个基于平等互利原则和实践之上的合作关系。这一关系建立在经济、军事和意识形态的联系之上,在许多方面乃民国期间最密切最富有成果的,其集中表现便是德国通过"工业外交"赋予了中国在中日战争初期赖以生存的军工能力,这对于抗战的持久维续以及日后中国工业的国有化意义非凡。[61]

另一方面,"外交失败论"明显将判断基准系于山东主权的收回与否,然这种短程考量并未虑及参战其实抱持更为远大的国家目标:实现中国的国际化,加入国际共同体与实现主权的完全独立。换言之,若从近代民族国家建构的长程向度对此重新评判,结论便会截然不同。如果继续纠结于巴黎和会的所谓"出卖",那么我们就不能理解20世纪中国历史的全景,也难以完全认识中国的国际化对中国的参战努力与参战政策的重要意义。同样,只有超越所谓的"背叛"情节,甚至超越巴黎和会本身局限,放宽历史的大视野,从长程视角综合研判中国晚近以来曲折的国际化历程以及各段彼此之间的逻辑接力关系,我们才能真正理解"一战"这一特殊历史时刻在中国近现代史上的意义,才能真正体悟中国当时的政治与社会精英何以把参与其中作为中国寻求新的国家认同以及与世界建立崭新关系的独特契机。

其一,即使只是出席巴黎和会本身,中国业已部分成功地向世界展示了中国的新形象。在和会上,中国代表勇于并善于参与国际新秩序的建设,力图让战后秩序留下中国烙印,这本身就是一大外交胜利。此外,山东问题虽未获解决,然中国所受之不平等待遇,已因和会之经过与中国民意之反弹,而引起全球认识之注意,预伏华盛顿会议关于中国问题顺利解决之张本。从长程考察,参战以及渴望加入民族国家共同体的决心使中国得以成功地出席巴黎和会,并进而被组合进"凡尔赛—华盛顿体系"之中,而正是该体系下的九国公约和国际盟约一起保障了北洋政府的国际地位,奠定了两次世界大战之间中国外交的基础。除却上述与德奥战败国的成功订约,在九国公约交涉中,不仅日本将胶州湾、英国将威海卫归还中国(正式回归于1930年),北京政府还以主权国家的姿态,逐次顺利地从比利时等国收复国权。事实上,正是依托"凡尔赛—华盛顿体

[61] 参见[美]柯伟林:《德国与中华民国》,陈谦平等译,江苏人民出版社2006年版,第298~300页。

系"这一后盾,北洋政府秉持对列强(修订旧约)、非列强(平等订约)以及战败国(废除旧约、重订平等新约)区分对待的外交原则,在南京国民政府成立之前,就已与中南美洲各国、新兴欧洲诸国、五列强以外的许多国家成功地缔结了至少是字面上的平等条约。在这种"不妥协但合法度的渐进主义"外交政策下,到20世纪30年代初,谈判已使中国重新控制了海关、关税、邮政、盐专卖岁入,以及近2/3的租界。可以说,这些成就逐步提高了中国的国际认同,为"二战"后实现其与诸强并驾齐驱的国际地位预设了稳固基盘。在这种意义上,如果说中国的参战使欧战"世界化",使之成为名副其实的第一次"世界"大战,那么同样可以说,第一次世界大战亦使中国"世界化":通过参战,"中国"——1912年以前实在只是一个地理的而非政治的称谓——开始摆脱受"列强"监护之状态,渐趋恢复晚清时代被严重限制的"主权"和"自治权",经由"近代国家化",正式走向世界,踏上实现"大国化"直至"强国化"的崛起征途。

其二,民族国家的建构大体是指以民族为主体,以民族荣誉、民族自决、民族主权、民族命运等意识认同向政治自主性作逻辑归位,亦即民族国家是一个文化社会与法律政治组织形态的整全实体。[62] 这就意味着,在国家建构过程中,一种整全型的国家意识塑造至关重要。中国参会的主要目标尽管被认为"没有实现",但参战却对长期追求的国家建构与国家认同之形成,助益甚巨。围绕为何参战、如何参战以及战后交涉,外交通过通电、媒体为国内各阶层所共有。各地一旦发生涉外案件,外交就为全中国所关心。此等举国关注普及了维护民族利益、保护和收回主权等国家主义共识,并转而为参加国际会议的全权代表和进行地方交涉的承担者所共有,通过这种内外持续互动,"外交"遂成为使国民意识到"中华民国"或"中国"整全存在的有效媒介。在这个意义上,"一战"实际上是一次影响深远的教育过程。可以说,没有这种普及作为铺垫,巴黎和会不可能引发"五四"这样一场规模巨大的群众运动,民族国家观念更不可能成为日后中国支配性的政治观念。这种讲求整全性的政治观念,对于无论主权还是政权皆缺乏完整性的民初中国而言,意义不可谓不重大,毕竟在整个民国时期,各派势力其实皆是围绕如何建立统一的民族国家这一中心

---

〔62〕 参见姜新立:《民族主义之理论概念与类型模式》,载刘青峰编:《民族主义与中国现代化》,香港中文大学出版社1994年版,第36~37页。

课题而互相竞争,[63]而中华民国或“中国”这个统一框架(所谓的“体统”)由此才得以维持。仅就外交层面而言,一个明显的例证是,1920 年以前,无论是广东政府还是地方政府皆是以与北京政府采取相互联手、相互补充的方式处理地方涉外案件的,这显示出地方在截留税款等内政方面与中央的对立只是局部性的,在外交层面凸显的中国总体上仍是一个“统一”和“对外一致”的主体。[64]与“一战”后各大帝国——哈布斯堡、霍亨索伦、罗曼诺夫、奥斯曼——“走向共和”即走向分裂不同,柯伟林指出,清朝虽然覆灭,但清帝国的疆域依然保留。更准确地说,清帝国版图就是中华民国的疆域基础,这也许是中华民国外交的最大功绩,[65]内在原因或许就在于此。在国力贫弱时代,持续的“外交”活动乃是维持“中华民国”或“中国”这一主权统一体的一大要因,亦是维持疆域完整之基本保证,而其间经由外交促使国民获致的“中华民国”或“中国”之整全存在的国家主义意识,着实不可或缺。由此,在 20 世纪前半期中国的政治剧目中,从帝国到民族—国家的主权连续性遂成为国内政治博弈的规范前提,而分裂始终是一个不具有合法性的词汇,直至中华人民共和国的建立。颇有必要提到的是,这种持续重构主权的斗争在不经意间也造就了一个伟大的历史创举:在苏联崩溃后,中国成为前 20 世纪农业帝国中唯一一个将主权连续性维持至 21 世纪的国家。[66]

---

〔63〕 [韩]白永瑞:《思想东亚:朝鲜半岛视角的历史与实践》,生活 · 读书 · 新知三联书店 2011 年版,第 150 页。

〔64〕 [日]川岛真:《中国近代外交的形成》,田建国译,北京大学出版社 2012 年版,第 511 页。

〔65〕 参见[美]柯伟林:《中国的国际化:民国时代的对外关系》,魏力译,载《二十一世纪》1997 年 12 月号。

〔66〕 汪晖认为,之所以能够达致如此成就,乃是肇端于民初在“五族共和”口号下通过以《清帝逊位诏书》形式呈现的“大妥协”而完成的清朝与民国的主权转让使然。一旦“大妥协”以清朝让渡主权的形式出现,就会对下一波角力的形态形成限制。帝制复辟、五四运动、南北战争、抗日战争、国共博弈,以及围绕国际承认而展开的内外斗争,都以重建、更新这一主权连续性而非否定或抛弃这一连续性作为中轴(参见汪晖:《革命、妥协与连续性的创制》(上篇),载《社会观察》2011 年第 12 期)。本文的观点基本脱胎于此,故而与其说是与其相悖,毋宁说仅是在其既有宏大论证基础上的进一步细化。

其三,如何在“凡尔赛—华盛顿体系”中对这段参战外交进行通史性定位是个重大课题。不过凭依这一均势平台,把传统上归为从属因素的中国推到国际政治史的前台可谓意味深长。为了国家的生存和富强,北洋政府一方面探索“文明国化”道路,以修改不平等条约;另一方面在提高国际地位上追求“更高”,渐趋抱持与列强同伍的“大国化”志向。这个志向既为20世纪20年代披上国家主义外衣的国民党政权所继承,一直及于台湾;同时也为掌握社会主义理论的共产党政权所延续,成为贯穿20世纪前叶直到中华人民共和国的中国外交之基干。然如将“大国化”置于民初以降的历史连续统中考察,就会发现此等志向从自我期许到具体现实的蜕变,不仅有赖于国内政治整合的逐步深入,且更得益于国际政治力学结构的不断推助,而正是最初的“参战外交”使这种联动效应成为可能。20世纪30年代以后的中国进入了全球权力政治的中心,成为国际政治舞台上的主角之一,在很大程度上,是在中国民族主义、日本军国主义以及苏联社会主义的共同影响下实现的。英美列强不得不支持国民政府,使之与这些势力对抗,而由于回归“凡尔赛—华盛顿”体系,坚持站在英美阵线,中国终能成为“二战”同盟国之一员,并侧身战胜国四强之列。如果说1927年的中国仍是“一潭稀泥”,那么1945年的中国已然成为一个不容忽视的国际存在:全球力量平衡的重要砝码、同盟国胜利的重要保障。较之第一次世界大战,此时的中国在同盟国中的角色早已今非昔比,成为一个不可或缺的合作者而非可有可无的乞求者;此时的中国在不断的进取中已然正式跃升为一个“世界大国”,战后顺理成章加入联合国,成为五大常任理事国之一,便是此等国际认同与国际地位之集中体现。

五、余　　论

在《极端的年代》一书中,霍布斯鲍姆将“短20世纪”的开端确定在1914年第一次世界大战爆发的时刻,而其终结则为1991年苏东的解体。战争与革命是这个时代的两个中心议题。[67] 这也意味着整个20世纪的历史与“一战”及其引发的革命有着密切关系,它的终结正是这场战争产生的历史范式的终结。

---

〔67〕 参见[英]艾瑞克·霍布斯鲍姆:《极端的年代》,马凡、赵勇等译,江苏人民出版社2011年版,第4页。

在汪晖看来,诸如"一战"这样的历史变动之所以能够构成改变历史进程的时间,并不仅仅在于它们的规模浩大,而在于它们终结了此前形成的历史范式,在它们之后发生的一切不再是历史的自然延续,而是这一新时间开创的范式的序列性展开。[68] 1919 年五四运动直接起因于对巴黎和会及《凡尔赛条约》出卖中国权益的抗议,而这个危机又根源于日本与德国对山东权益的争夺,以及德国的战败。在这个意义上,五四运动是"一战"这个世界性事件的序列性后果之一,它明确地将中国的国内政治(政权)与国际事务(主权)缠绕在一起,最终形塑了中国民族国家建设(政权 + 主权)的路径选择。

"一战"期间以及巴黎和会之前,中国对中华民族的复兴以及加入世界新秩序的前景充满厚望,意图借欧洲战胜的东风,由外及内,毕其功于一役,一举解决中国的全部问题,从此进入大同境界。然"奇迹"没有降临,公理战胜并未成真,中国仍为入江昭所言的"世界政治中远东的隔绝"。[69] 在很大程度上,"凡尔赛的背叛"意味着协约国道德的破产与西方现代性的祛魅,实际形成中国"舆论"的社会精英,在极度乐观遽变为极度悲观之余,开始质疑西方的价值观,甚至质疑中国认同西方的可能性,重新谋求中国的出路与自我救赎之道。若将梁启超早年的《新民说》与他写于战后的《欧游心影录》相比,我们不难发现前者内含完美的西方形象,而后者却彰显西方文明的千疮百孔。在这本揭示告别"科学万能"并倡导"中国不能效法欧洲"的"告白"书中,他谈论的"中国人之自觉"不再是借鉴西方文明的自觉,而是从西方文明危机中反观自身的自觉。[70] 这种根本自觉可谓直接导源于第一次世界大战与中国的共和危机:前者击破了晚清以降中国知识人创造的近乎完美的西方形象,后者打碎了仅凭共和政治本身就可拯救中国于水火的幻觉。为此,新的政治必须建立在新的"自觉"之上,

---

〔68〕 参见汪晖:《文化与政治的变奏:一战和中国的"思想战"》,上海人民出版社 2014 年版,第 24 ~ 25 页。

〔69〕 See Akira Iriye, *After Imperialism: The Search for a New Order in the Far East*, 1921 – 1931, Cambridge: Harvard University Press, 1965, p. 88.

〔70〕 梁启超建议"拿西洋的文明,来扩充我的文明,又拿我的文明来补助西洋的文明,叫他化合起来成一种新文明"。参见梁启超:《欧游心影录》,商务印书馆 2014 年版,第 49 页。

重构政治的行为必须以更新甚至否定既有特定的政治模式为前提。[71]

本质上,推动“五四”之“文化转向”的,不仅是从器物、制度的变革方向向前衍生的进步观念,而且更是“再造新文明”的这种“自觉”。战争的结束与苏联的成立,为中国正在进行的文化运动和政治变革提供了新的契机。在巴黎和会上蒙受的屈辱阻碍了中国寻求西方模式的国家认同,国人转而认为俄国革命可能才是中国进行国家建构的唯一成功模式。苏俄奉行的“主义”本就来自西方,同时又表现为对西方文明的某种否定,此等“批判现代性的现代性”意识形态提供了一种新的政治可能性,最为契合西方认同分裂之后中国思想界的民族主义情绪,[72]从而促使辛亥革命前后形成的政治议题发生了“从威尔逊向列宁”的历史位移。[73] 在革命、妥协、议会斗争、超级总统制和复辟等一系列戏剧之后,不是19世纪的政党,而是20世纪的同样叫作政党的政党发明,不但占据了主要的政治舞台,而且也极大地改变了官僚制国家的性质。事实上,无论是1920年改组后的国民党还是1921年诞生的中国共产党,它们都遵循了以党治国的方针,在不同层次直接介入国家行政,从而使得公共行政不再遵循一般官僚制的逻辑,其组织结构深深地渗入各个社会细胞之中。通过此等党—国互动,尤其是政党直接介入行政,国家也成为一种进行整合的公共行政,由此产生了一种新的国家类型,即区别于西方议会多党制+官僚行政体制的“党—国体制”。[74]

这种可谓从“政治主义”到“国家主义”(杜亚泉语)整合路径的转折,不仅深刻影响了日后中国国家建设的域内向度,[75]更同时塑造了其往往易被忽视的

---

〔71〕 参见汪晖:《文化与政治的变奏:一战和中国的“思想战”》,上海人民出版社2014年版,第133页。

〔72〕 参见汪晖:《去政治化的政治:短20世纪的终结与90年代》,生活·读书·新知三联书店2008年版,第374页。

〔73〕 参见罗志田:《激变时代的文化与政治:从新文化运动到北伐》,北京大学出版社2006年版,第52页。

〔74〕 参见汪晖:《革命、妥协与连续性的创制》(下篇),载《社会观察》2012年第1期。

〔75〕 关于“党—国体制”与中国民族国家建构关系的探讨,参见魏磊杰:《中央集权的现代民族国家之所以可能》,载《政治与法律评论》(第4辑),法律出版社2014年版,第305~309页。

域外向度。历经欧战浩劫,19 世纪末横行全球的"帝国主义"外交,遭受质疑,美苏皆提出新外交构想,竞争战后世界秩序主导地位,竞相拉拢中国。国际间一时"理想主义"外交风行,有利于中国争取国际平等地位。但吊诡的是,中国虽初始寻求走加入列国体系的国际化道路,并实际上确从"一战"中获益良多,然经历巴黎和会的洗礼与教育,最终却走上了批判列国体系,通过重构国际秩序而实现再国际化的否定之否定式的国家建设之路。无论是在野还是掌权,之于艺术或之于工业,见诸内政方针或见诸外交政策,中国共产党更多的是走苏维埃的路子而不是背离它。如果不频频地提到共产国际、苏联领导人、苏联在民国时期对中国政治生活的大量干预,中国共产党的政治历史将很难讲通。冷战外交在根本上塑造了中国内战并部分地决定了其结局。在共产党"胎中之国"的对外政策中,虽然统一战线取向导致了中共领袖们在 1944 ~ 1946 年与华盛顿谈情,但他们心里明白他们终将与莫斯科成亲,[76] 故在对外关系上做出了"非杨即墨"式的选择:全盘导向一个(至少起初)拥有共同意识形态的阵营——冷战意义上的东方。在他们心目中,新中国的外交主要包括两方面内容:其一是通过革命战争摧毁战后列强在东亚建构的国际秩序,根据一种新的对中国世界地位的认同来建构未来中国的对外关系;其二是通过革命性的外交行动,根本摧毁此前历届政府在中国建构的外交体系与对外关系的基本格局,使中华民族获得彻底解放。[77] 在很大意义上,在革命运动最后阶段形成的这些外交思想与政策,同国际冷战的进程结合在一起,最终塑造了新中国对外关系的基本格局。中国从未像在冷战最热年代中那般深深地融入一个国际体系之中,亦从未在一项对外关系上深入到如全方位中苏同盟那样的密度和广度。"一边倒"的外交取向不仅进一步固化了"党国体制",而且更对日后中国民族国家建设的基本路径造成了深刻影响,直到今日仍留有余响。人民共和国之所以能够如此,一个颇具说明力的中肯解释是,它承袭的是一个在国际上成功地维护了中国的地位、在内政中恢复了完整主权的政权,以至于民国能够赋予中国晚清所没有的能力——在境外主导中国的外部关系,在境内调整、引导对外

〔76〕 参见[美]柯伟林:《中国的国际化:民国时代的对外关系》,魏力译,载《二十一世纪》1997 年 12 月号。

〔77〕 参见牛军:《冷战与新中国外交的缘起:1949 - 1955》(修订版),社会科学文献出版社 2013 年版,第 154 页。

关系以使其为国家服务,而中华人民共和国成立伊始就现成具备了这种能力,并且可将其运用到极致。[78]

放宽历史的视野,评判中国晚近百年历程,五四运动可谓一个"分水岭",将此前与此后的时代潮流大致区隔。中国共产党的成立、中国国民党的改组,以及北伐战争的展开,在一个短暂的时段内,一系列重大事件相继发生,它们看似截然不同,实者相互关联,共同"作用"将中国从此拉入一个"以断裂为前提创造一个完全不同的新世界"的"滚石头下坡式"[79]的激进主义革命年代。若从这个角度定位"五四",那么同样亦可将"一战"等量齐观,毕竟中国近现代外交史之研究不可忽视政策、制度与观念跨越不同政权的内在延续性,历史总是接力存在而非相互否定,价值判断更不能遮蔽对历史进程的理性观察。在此等意义上,我们完全可以说:"没有一战,何来五四?"[80]

International Dimension of Chinese Nation-state Building: A Reconsideration of Relations of China and World War Ⅰ

Wei Leijie

Abstract: With the negative influence of traditional revolutionary conception of history and West-centered approach, it is generally believed that Chinese engagement in World War Ⅰ and thereafter attending the Paris Peace Conference does not bring about the anticipated outcomes and turns out a complete failure in terms of military affairs as well as diplomacy, all of which is the inevitable result of failing to take into consideration the strategic intents that Chinese government embraces and the far-reaching impacts on the progress of nation-state building as a whole after the Late Qing period that exerts by joining the War. As the case

---

[78] 参见[美]柯伟林:《中国的国际化:民国时代的对外关系》,魏力译,载《二十一世纪》1997年12月号。

[79] 参见殷海光:《自由人的反省与再建》,载贺照田编:《殷海光学术文化随笔》,中国青年出版社2001年版,第16页。

[80] 刘涛、徐国琦:《"没有一战,何来五四?"——徐国琦教授访谈录》,载《西湖》2009年第7期。

stands, Chinese sovereign diplomacy for safeguarding national independence and seeking for international recognition did not only achieve the desired ambitious objectives but also realize the fundamental transition of nation-state building approach from the voluntary acceptance to radical refusal of inter-state system and then new pursuit of the internationalization by means of reconstructing of international order. The turning historic displacement reshapes remarkably the future orbit and mode selection of Chinese political regime to a certain extent of which the gradual emergence of "China" as a nation-state in the world arena has close causal relation with its initial participation in First World War.

Key words: Nation-state building; Inter-state system; World War Ⅰ; International recognition; Sovereign diplomacy

(责任编辑:李展硕)

论宪法上军事权的范畴、制度与原理

胡大路*

内容摘要：

宪法上的军事权规范既是军事法治的基石，也是宪法制度的重要组成部分，在深层次反映出宪法价值、军事规律二者的结合。军事权的研究价值取决于军事暴力与意志、主权之间的特别关联，宪法上的军事权具有判定政治存在、维护立宪价值两方面要素。从军事功能、法律关系出发，可以将相关规范归入武力启动权、最高统帅权、军队指挥命令权、国防建设权四个范畴。通过比较分析，宪法对不同职权的规范内容呈现出一定的规律性。在制度层面，这可以归纳为议会中心主义、文官治军和过程性控制三项原则。结合宪法原理，可以挖掘其背后的主权构造、理性预设和价值来源等。

关键词：

军事权　暴力　立宪价值　宪法规范　军事规律　文官治军

一、引　　言

军事实力是国家安全、法律秩序的基础，建构强大、可控的武装力量是军事法治的核心命题。鉴于军事权力的特殊性，它的配置、行使并非局限于法律层面，更是一个复杂的宪法问题。综观世界各国宪法，都对军事问题进行了周密细致的规定。这些权力规范是宪法原理在军事领域的投射，指向公民军事义务的内容边界、武力存在的正当性、军事暴力的政治定位、军事职业与文官系统的关系等重大问题。在全面推进依法治国的背景下，要实现党在新时期的强军目标、在法治轨道上推进国防和军队改革，最终都涉及通过宪法实现军事权的规

* 胡大路，武警北京总队政治工作部，法学博士。

范运行和合理配置问题。

阐释宪法上军事权条款的含义、发挥规范功能,必须首先分析和挖掘军事立宪的一般理论。具体来说,就是对相关权力规范的基本范畴、制度原则、内在原理进行分析。其核心问题在于:军事权究竟有何特殊性?宪法为何要专门对它进行规范?如何对它进行规范?又为何如此进行规范?带着这些问题,本文将从概念、实证、制度、原理四个角度进行分析,并重点探讨宪法在这些方面与军事功能、军事规律、军事职业的结合方式。

二、军事权的特殊性及其宪法规范

军事概念的核心在于武装斗争。[1] 军事权则是国家通过组织、运用军队来进行武装斗争,从而实现特定政治目标的权力。作为一种工具性、手段性的权力,它是基于“暴力对抗”“军事组织”之特殊性来界定的。虽然暴力不能产生任何幸福感或社会价值,它引发的心灵恐惧感、肉体支配关系却能强行改变他人的意志。这决定了暴力手段、暴力组织在政治社会生活中的特殊地位。根据韦伯的界定,国家的本质是“这样一个人类团体,它在一定疆域之内(成功地)宣布了对正当使用暴力的垄断权”。[2] 主权的独立性、最高性、绝对性都涉及军事权的垄断——这使它获得了在一切内外纠纷中不惜以暴力贯彻自身意志、排除他者干涉的最后机会。

通常来讲,宪法是在国家法的秩序内具有最高规范效力、赋予整个国家权力体系以正当性的根本法律。它集中体现在一部名为“宪法”“基本法”或“宪章”的法律文件当中。但是,军事权与宪法的本质关联却并非由宪法典中军事权条款的最高效力位阶、特殊载体形式决定,而是取决于这项权力自身的主权性、政治性。

---

〔1〕 辞书将军事界定为“一切直接有关武装斗争的事项的统称。包括武装力量建设、战争的准备与实施、军事科学研究等”。参见《军事大辞海》(上),长城出版社 2000 年版,第 1217 页。

〔2〕 [德]马克斯·韦伯:《学术与政治》,冯克利译,外文出版社 1997 年版,第 41 页。

根据施米特对“绝对的宪法”和“形式宪法”的区分,[3]军事权直接关涉政治体的“存在”。国家作为政治存在,表面上是通过与其他政治体的“敌—友”区分体现的,本质却是由战争的现实可能性和最终施加暴力的能力造就出来的。“战争法权(jus belli),即在特定情况下决定谁是敌人的现实可能性,以及运用来自政治的力量与敌人作战的能力,属于在本质上作为政治统一体的国家。”作为战争法权的另一个面向,国家具有“要求国民随时准备赴死的权利”。[4] 在这种意义上,军事权是国家政治行动能力的最高体现,判断“敌—友”、发动战争的能力实际就是主权本身,而能够在多大范围内进行军事动员划定了国家和民族的疆界。由此推论,宪法典中军事权的制度设计是排在制宪权、政治存在之后的问题——例如,君主政体和民主政体的主权归属不同,由谁来行使战争法权也必然存在区别。但是,相对于政治体的存在性判断这只是政治决断的结果,属于“宣告谁是敌人”的具体规则问题。“只有一个在政治上统一的民族出于政治统一体的决断已经做好为自己的生存、独立和自由而战的准备,这个特定的政治问题便优于下面所有的问题:发动战争的技术手段、军队组织的性质,以及战争胜利的前景如何等。”[5]

当然,军事权的政治性也暗示出它的危险性和宪法规范的必要性。事实上,战争、内乱等极端环境很容易使人们忽略宪法条文内在的正义性、规范性要

---

[3] 施米特在《宪法学说》中指出,人们通常所谓的成文宪法只不过是众多个别的、形式上相同的、都被写在宪法典中“宪法律”的集合体。这些规范基于一系列繁难的修改条件而获得意义。但是,庞杂的、作为政治妥协产物的“宪法律”使我们忽视或误解了真正的具有整体性和统一性的“宪法”概念。宪法作为“根本法”的含义被空洞化了。在他看来,“宪法”概念首先是“政治”意义上的,国家的概念以政治的概念为前提。政治的首要含义在于通过“敌—友”的区分来辨识自身的存在意义。为此,他提出了“绝对的宪法”概念,即作为特定“政治统一体”和社会秩序而存在的国家之“整体状态”。从这个意义来看,国家并不拥有宪法,它就是宪法本身。我们通常所理解的被颁布和制定的“实定宪法”是“绝对的宪法”的次一级概念。前者是基于制宪权而衍生出来的,后者则是制宪权本身。参见[德]卡尔·施米特:《宪法学说》,刘锋译,上海人民出版社 2005 年版,第 23 页。

[4] [德]卡尔·施米特:《政治的概念》,刘宗坤等译,上海人民出版社 2004 年版,第 125 页。

[5] 同上书,第 125 页。

求,过度强调它的生存保障功能。就其规范意义而言,“宪法”在一定程度上与“立宪主义”相等同,[6]“意味着一个基本法,或者一系列基本的原则以及一组相互之间联系紧密的制度安排,它可以制约绝对权力并保障‘有限政府’”。[7]在这种意义上,宪法上的军事权是通过符合立宪价值、宪法规范的方式组织起来的,以维护立宪政体为目标的军事权。由于组织军队、开展暴力对抗会给公民带来沉重的义务负担,而军事组织的极端压迫性也很容易对内部政治运行形成冲击,因此立宪主义的发端与军事权的规范密不可分。“近代宪法登场以来,其首要任务就是如何将军队的事项予以安置的问题。”[8]

综上,宪法上的军事权具有政治、规范两个层面含义:(1)在政治层面,它反映了人民主权原则的要求,体现了一种特定的权力产生、运行模式。武力在权属、执行方面的二元划分决定了它的内容。(2)在规范层面,它是以权力分工制

[6]　立宪主义宪法是一种新的宪法分类,它是以法治主义、自由主义与议会主义等思想观念为基础,以保障个人的权利与自由、控制权力滥用为内容的。参见韩大元主编:《现代宪法学基本原理》,中国人民公安大学出版社2001年版,第46页。

[7]　[意]萨托利:《“宪政”疏义》,载刘军宁等编:《市场逻辑与国家观念》,生活·读书·新知三联书店1995年版,第104页。

[8]　这个过程大致经历了三个阶段:(1)在封建时代或者君主专制时代,军事权不过是财产权、父权、神权的延伸,家族仇恨、王位继承、宗教纷争、个人野心都可能引发战争问题。然而,军事的运行是以牺牲公民的生命、财产和自由为代价的,立宪运动是从限定军事义务的范围、履行方式开始的。1215年的《大宪章》明确了国王征收免服兵役税的程序、数量,确立了非经议会同意不得额外征税、不得强迫骑士或者自由民服额外兵役的原则。这就间接影响了军事权的组织方式。(2)在英国17世纪王权与议会的斗争中,本应戍国守边的军事权频繁地被用于国内的非法征税、镇压政敌。1628年《权利请愿书》规定了国王不得动用军法审判自由民、不得以军队强行驻扎民房。这直接限制在国家内部使用军事暴力。(3)随着英国内战的发生、克伦威尔的军事独裁和光荣革命的胜利,资产阶级日渐认清常备军对民主政治的巨大威胁,通过1689年《权利法案》、1689年《兵变法》确立起议会对于常备军的支配地位。随后,英国宪法发展背后折射出的法治、民主价值经由启蒙思想和法国大革命得以升华、传播。法国1789年《人权和公民权利宣言》第12条规定“人权和公民权的保障需要公共的武装力量。这一力量因此是为了全体的福祉而不是为了此种力量的受任人的个人利益而设立的”。由此,以人民主权、保障人权为内核的军事权最终确立。参见李鸿禧:《宪法与人权》,台大法学丛书1986年版,第150~153页。

衡来达成立宪目标的技术手段。依据各个环节的不同性质,将武装力量的领导、管理、决策等职权分别赋予不同的国家机关,每个机关都需要其他机关的支撑和配合,能够在保障军事效率的前提下防范绝对利益的主导、促进武力沿着宪法的轨道运行。

三、宪法上军事权的基本范畴

狭义的军事权集中在军事指挥机关与武装力量的关系层面,广义的军事权则包括建军权、宣战权等内容,内容不仅涉及军队的指挥管理,还涉及军队建设和国家主权的行使。[9] 宪法由于涉及国家公民之间的统治关系,自然会衍生到武力的社会基础、政治正当性、分工制约、组织建构等,因此更多关注广义的军事权。这项权力在宪法上涉及多元复杂的宪法关系、规范内容、价值平衡、调整方式等,通过对相同类型的规范进行概括归纳,可以将它划分为几类具体的职权。宪法上军事权的范畴问题很大程度上表现为这些职权的类型划分、配合制约关系问题。

(一)军事职权的类别划分

目前学界对军事职权的划分包括三职权说、四职权说、五职权说几类观点。[10] 除了职权表述的不同,最大的理论争议在于是否存在对战争进行宏观指导、统筹各类军事事务的“最高统帅权”?它与组织指挥军队的权力如何区分?

---

〔9〕 参见傅达林:《军事权初论》,载《当代法学》2008年第5期。

〔10〕 三职权说是指国家进行社会动员、组建武装力量的“建军权”,决定动用武力、推行政策的“战争权”,为达成具体的军事目标而对常备军进行日常建设、指挥、运用的“统帅权”。四职权说是指在威胁面前国家对行使、放弃自卫权进行决定的“战争决定权”,由元首对战争敌对状态进行象征性宣示的“宣战权”,在国家内部整体性、全局性地实施战争决策的“战争指挥权”,以及由行政机关、武装力量分别对战争决策进行操作实施的“军政、军令权”。五职权说是指落实主权意志、统帅本国武装力量作战以取得战争胜利的“战争统帅权”,为战争提供财力、物力支持的“战争保障权”,以及分别决定、宣布和结束战争状态的“战争决定权”“战争宣布权”“战争结束决定和宣布权”。分别参见曾志平:《论军事权》,江西人民出版社2009年版,第71页;马岭:《宪法权力解读》,北京大学出版社2013年版,第293~307页;刘春玲:《中国宪法军事条款研究》,中国法制出版社2014年版,第28~42页。

基于法律关系的不同与军事活动的特点,本文将军事职权概括为以下四种类型:

1. 武力启动权,即决定是否诉诸军事手段以达成政治目标的权力。它不等于"战争决定权"。在21世纪的今天,国家诉诸战争的权力已经被非法化,转而被自卫权、国际执法权、武装冲突等概念取代。同时,武力的内部运用也不能被纳入典型的战争范畴。为此,唯有武力启动的概念才能将军事运用的各类情况囊括进来,防止"决定战争""宣战媾和"等宪法条文的空洞化。

2. 最高统帅权。这是在战争时期作为最高军政首脑负责引领战争走向胜利的权力,具有战略性、全局性、综合性的特点。之所以将它与军队指挥命令权相区别,有着两方面的原因:(1)从词源学的意义上,宪法上的统帅权是从"战略"这个概念衍生出来的。战略涉及政治、经济、文化、社会的各个领域,超越了单纯的军事范畴;[11] (2)从实证法上很多国家也对两者加以区分,例如,《奥地利联邦宪法》第80条第1款、第3款分别规定,"一、联邦军队的最高指挥权由联邦总统行使。……三、联邦军队的指挥权由联邦主管部长行使"。[12] 对此后文还有叙述。

3. 军队指挥命令权,即指挥常备军完成具体军事目标的权力。它是最高统帅权在战术、军事方面的自然延伸。如果将军事系统比喻为金字塔式的等级结构,那么下一层级必须对上服从,而上一层级则逐层下令,总目标是将统帅的意志贯彻到底层。[13] 它也是军事权最典型的体现,任何战争决策、战略谋划、国防建设的最终落脚点都是通过军队在特定场合输出暴力。

4. 国防建设权。它主要是指国家将一般公民、社会财物、科技资源等转化为武装力量组成部分的权力。由于军事组织不能够生产自身需要的物质人力财富,在社会高度分工的背景下国防建设权就成为军事组织得以组织、运行的前提条件。

---

[11] 关于"统帅"(strategos)与"诡诈"(strategem)、"统帅的艺术"(strategicon)及"战略"(strategy)的词源关联,参见吴琼:《统帅的艺术　战略　克劳塞维茨〈战争论〉十讲》,清华大学出版社2014年版,第34页。

[12] 本文涉及的宪法条文资料均引自孙谦、韩大元主编:《世界各国宪法》,中国检察出版社2012年版。

[13] 参见陈新民:《军事宪法论》,扬智文化出版有限公司2000年版,第4页。

(二)不同军事职权的内在关联

对于这四类职权的关联可以从军事规律、法律关系两个层面理解:

首先,在军事层面它们分别对应战争的不同要素。依据克劳塞维茨的经典理论,武力只是政治的一种工具,国家运用武力的活动包括政治要素、谋略要素、手段要素三个方面:[14](1)武力启动权是战争的政治要素。它为武力设定了一个"阈值",即以国家的名义开展特定规模军事对抗的临界状态。法律无法逐一考证列举武力背后复杂的政治动机,只能设定某种前提条件。(2)最高统帅权是战争的谋划要素。它是联结政治目标、军事手段的逻辑桥梁,不单是一种微妙的"战争艺术",更是一种高超的"政治艺术"。(3)军队指挥命令权、国防建设权是战争的手段要素,在逻辑上都从属于最高统帅权。就前者而言,一场战争是由无数的战斗构成的,必须经由军队从战术层面达成战略目标。就后者而言,现代战争是以多种因素为后盾的,强大的武力如果欠缺国力的综合支持也会迅速陷入枯竭,它对战略发挥着间接却不可或缺的作用。

其次,它们涉及与战争、军事相关的诸多宪法关系:(1)发动武力是一种国家主权性活动。武力启动在外部通过制造一定的敌对状态表现出来,形式层面的宣战权是它的延伸。而这项权力在内部则伴随战争状态的发生,以整个国家为对象,会引发紧急移权、国防动员、公民基本权利克减等重大宪制后果。(2)最高统帅权可以被视为国家战争意志的整体执行权。由于战略的制定执行具有延续性,这种权力在平时、战时都会存在,但在战时体现得更为明显。就事务范围而言,它不仅包括最高层面的军事部署、国防动员、战时管理,还包括通过统战策略、军事外交、舆论宣传等政治、外交、心理途径达成目标。从法律手段来看,它涉及紧急立法、紧急财政、军事命令、行政管理、战时司法等各个方面。(3)军队指挥命令权指涉的是军事指挥机关与武装力量、军人之间的关系。武装力量是由军人构成的、具有上下级科层结构的战斗组织。军人处于军事法律关系的约束之中,诸多基本权利都受到严格限制。唯有通过军事组织国家才能对敌人输出暴力、瓦解敌方意志。战争暴力不存在任何国家法上的作用对象,只接受国际法的评价。(4)国防建设权对应的是公民的服兵役、纳税等宪法义务,它主要涉及公民身份、财产向军事状态和战时状态的转化问题。这个过程代表着主

〔14〕 关于这三种要素的递次决定关系以及军事谋略在战争中的核心地位,参见[德]克劳塞维茨:《战争论》,中国人民解放军军事科学院译,商务印书馆 1982 年版,第 33 ~ 34 页。

权意志,须由民主、立法途径来正当化。在实际决策方面它要受到最高统帅权的巨大影响。除了功能的军事性之外它在执行方面与一般行政无异。

(三)宪法对不同军事职权的规范内容

1. 对武力启动权的规范

第一,武力启动权的主体。在普遍确立人民主权原则的今天,国家的战争意志往往是由代议机关来表达的。宪法一般采取两种方式体现权力归属:(1)直接在代议机关的职权中列举决定战争问题、审议宣战法案等内容。如《白俄罗斯共和国宪法》第97条、《爱沙尼亚共和国宪法》第65条等。(2)将代议机关的许可作为动用武力的前提条件。如《爱尔兰宪法》第28条规定政府未经众议院许可不得对外宣战等。

第二,启动武力条件的实体限制。这涉及武力行使的目的、时机、场合,主要表现为:(1)直接列举动用武力的前提。如《捷克共和国宪法》第43条第1款规定唯有在国家遭受侵略或履行共同防御义务时,政府才能够对外派兵。(2)表明对战争问题的立场。如《日本国宪法》序言对企盼世界和平、弃绝武力的规定,又如《意大利共和国宪法》第11条放弃使用战争解决国际争端的规定。(3)规定武力的一般任务,将其限定在抵御侵略、维护国家安全和领土完整等消极方面。如《克罗地亚共和国宪法》第7条、《德意志联邦共和国基本法》第87a条。(4)禁止任何党派、个人进行战争宣扬活动。例如,《立陶宛共和国宪法》第35条、《乌克兰宪法》第37条等。

第三,涉及武力运用问题的议会保留。这主要包括:(1)对外派兵、外国军队入境的保留。如《保加利亚共和国宪法》第84条、《捷克共和国宪法》第43条等。(2)对重大军事战略决策权的保留。如《黑山共和国宪法》第82条、《白俄罗斯共和国宪法》第97条等。(3)对签署重要军事条约、加入集体安全机制的保留。如《阿尔巴尼亚共和国宪法》第2条、《挪威王国宪法》第93条等。

第四,非常状态下的武力启动。遭遇外敌入侵、盟友遭遇入侵等情况事出突然,往往要求立即实施武力还击来维护国家利益。为此宪法往往采取折中规定,即先行授权使用武力,再由最高统帅报告代议机关进行决策和批准。如《白俄罗斯共和国宪法》第89条、《俄罗斯联邦宪法》第87条等。这表明在战争问题上任何机关都不能僭越代议机关的决策权限。

第五,区分武力运用的内外场合。在国家内部运用武力是宪法绝对禁止的情形,但在政府、公安力量无法维系国内秩序、遭遇武装叛乱等情形下,又不得不动用军队进行协助。因此宪法对此类情形的性质、情形、程序进行了严格限制:(1)明确禁止对内运用武力。如《乌克兰宪法》第17条等。[15] (2)将这种内部运用界定为“协助”“辅助”政府的执法性活动。如《瑞士联邦宪法》第58条等。(3)只能够由政府在严格条件下才能申请调动。如《德意志联邦共和国基本法》第87a条。[16] (4)在极特殊的情形下才能够由武装力量自行决定介入。如《奥地利联邦宪法》第79条。[17]

综上,可以发现经由代议机关同意才能够运用武力是宪法的一条普遍规则。宪法对武力的限制不仅是程序性的,还通过列举武力启动条件、申明对外政策、规定武力任务、禁止宣扬战争等实体条件来限制。不仅限于战争决策,这种权限还通过对缔结军事条约、批准境外派兵、重大军事战略决策的议会保留等体现出来。在非常情况下,最高统帅可以自行决定动武,但是事后必须经由议会批准授权。禁止对内动用武力也是一条普遍的宪法规则。

2. 对最高统帅权的规范

第一,对最高统帅权的两种表述方式。在世界各国宪法文本中几乎都有关于“统帅”“最高统帅”“总司令”“最高统帅权”“统率武装力量”等字样的规定。从语义来讲,“统帅”作动词时与“统率”通用;作名词时专指全国武装力量的最高领导人。据此,宪法的表述包括两种:(1)设置“统帅”职位。如《美国联邦宪法》第2条第2款“总统应为合众国陆军和海军的总司令”。采取此类规定方式的有俄罗斯、菲律宾、马来西亚、蒙古、沙特、泰国、巴拿马、秘鲁、阿尔巴尼亚、白俄罗斯、保加利亚、多米尼加、古巴、委内瑞拉、智利、阿尔及利亚、埃塞俄比亚、

---

[15] 该条规定,“任何人均不得动用乌克兰的武装力量和其他军事组织限制公民的权利和自由,或者推翻宪政制度,撤销权力机关,或者阻挠权力机关的活动”。

[16] 该条规定,“当具备第91条第2款所指的前提条件,且警察和联邦边防部队力量不足时,为抵御对联邦或州的存续以及自由民主的基本秩序构成的紧急危险,联邦政府可动用武装部队支援警察和联邦边防部队,以保护私人财产和平息有组织的军事武装叛乱。联邦议院或联邦参议院可要求停止使用武装部队”。

[17] 该条规定,联邦军队“只有当主管机关因不可抗力无法请求军事介入,而如果不立即采取措施又会给共同体带来不可弥补的损害,或者联邦军队某部受到事实上的攻击,或为消灭对联邦军队某部的暴力反抗时,联邦军队方可基于本条第二款所述目的(维护国内一般秩序和安全)自行实施军事介入”。

安哥拉、几内亚、加纳、南非等。少数情况下该职位只是形式性的,如加拿大 1867 年宪法法案第 15 条对英国女王作为最高统帅的规定。(2)赋予某国家机关以“统率武装力量”之权限。如《巴西联邦共和国宪法》第 84 条规定总统“行使军队最高统帅权”。采取这种规定方式的包括厄瓜多尔、印度、玻利维亚、德国、比利时、奥地利、意大利等。

第二,最高统帅的文职身份。各国宪法通常将它赋予在国家内部承担最高政治责任的文职政府首脑,主要包括总统、内阁总理等。这种规范方式的优势在于借由国家元首、政府首脑的尊崇地位发挥军队的最大战力,同时体现文官治军的宪法价值和制度安排。

第三,最高统帅权的高度概括性。宪法通常没有对它的具体内容、权力行使程序进行规范,只是采取极为简略的授权方式。稍微复杂的规定也不过是陈述最高统帅在维护国家安全、实施紧急状态过程中的领导职能,如《乌克兰宪法》第 106 条。[18] 少数国家为了在灵活性与规范性之间取得平衡,对最高统帅权的组织形式、职权范围等进行了立法保留。如《印度宪法》第 53 条、《阿尔巴尼亚共和国宪法》第 169 条等。

第四,为最高统帅权设置辅助机构。由于军事问题呈现专业化、常态化的趋势,很多国家的宪法设置了“国防委员会”“国家安全委员会”等组织。在性质上包括两种类型:(1)作为它的咨询机关,即不能够进行实质决策,只能提供必要的信息和决策建议。如《葡萄牙共和国宪法》第 174 条、《爱沙尼亚共和国宪法》第 127 条等。(2)作为由最高统帅领导的实际决策机构。也就是说,最高统帅只能够通过合议制的方式,经该委员会来行使权力。如《黑山共和国宪法》第 95 条等。[19]

---

〔18〕 该条所列举的乌克兰总统之最高统帅权包括:(1)在国家安全和国防领域实施领导;(2)领导国家安全和防御会议;(3)向最高拉达提交关于宣布战争状态的呈文,以及在国家遭受武装侵犯时做出关于动用武装力量的决定;(4)在遭受武装侵略的威胁或国家安全受到威胁的情况下,依法作出总动员或者局部动员的决定,以及关于实施战争状态的决定等。

〔19〕 该条规定总统“以国防和安全委员会的决策为基础统率军队”。此外,《黑山共和国宪法》第 130 条规定国防和安全委员会有权“(1)就军队的指挥作出决定;(2)分析和评估黑山的安全形势并决定采取适当措施;(3)任命、提升军官以及解除军官的职务;(4)向议会提议宣布战争状态和紧急状态;(5)提议在国际部队中军队的使用;(6)履行宪法和法律明确的其他职责”。

综上，可以发现宪法上的最高统帅权有两种表述方式，它通常被赋予文职政府的最高首脑，体现文官治军原则。这种宪法授权是高度抽象、概括的，少数国家对它的具体范围、组织形式进行了立法保留。随着时代发展很多国家在宪法层面为它设置了辅助机构。

3. 对军队指挥命令权的规范

第一，最高统帅权与军队指挥命令权主体关系的三种模式。根据授权方式和平战关系的不同，这主要包括：(1)平战结合的模式，即战争的最高统帅不论在何时都担当武装力量的总司令。由于前者在范畴上囊括后者，就没有必要在文本上进一步列举区分。绝大多数国家采取这种模式。(2)平战转换的模式，即最高文职官员仅仅在战时才负责直接管理和指挥部队。如《德意志联邦基本法》第65a条规定“联邦国防部长享有对武装部队的命令权和指挥权”，而第115b条规定“自防御状态公告时起，武装力量的命令和指挥权移转给联邦总理”。类似的包括《阿尔巴尼亚共和国宪法》第169条、《芬兰共和国宪法》第128条等。(3)彻底分离的模式，即最高统帅的职权仅限于战略层面，无论是在平时或战时都不摄入具体的军事指挥，最典型的是《法国宪法》的相关规定。[20]

第二，规定武装力量的性质和任务。宪法通常将它限定在维护国家和政治安全、捍卫主权和领土完整、抵御外部侵略、防止武力颠覆、维护世界和平秩序等方面。这决定了武力的正当性基础，也可以被视为国家在组织、指挥军队过程中必须奉行的原则。我国1982年《宪法》第29条也采取了类似规定。

第三，对武装力量及其成员政治地位的规范。根据政体形式、政党制度、制宪历史等的差异，其内容一般包括两类：(1)明确限制军人选举、参加政党、从事政府兼职等权利。例如，《阿尔巴尼亚共和国宪法》第12条、《爱沙尼亚共和国宪法》第125条、《波兰共和国宪法》第26条等。(2)非但没有限制军人的政治权利，还明确强调不得限制。例如，《奥地利联邦宪法》第7条、《意大利共和国宪法》第52条等。

第四，军事组织、国防组织的法律保留。为了实现法治价值、保障军人权

---

〔20〕《法国宪法》第15条规定“共和国总统为军队的统帅。总统主持最高国防会议和国防委员会”，第16条规定在国家安全遭到威胁时“总统得采取紧急措施”。而第20条规定“政府支配行政机构及军队”，第21条规定由总理领导政府的活动和“负责国防”。也就是说，总统只具有宏观的战争领导权，却并不参与具体的军队管理指挥。

益,很多国家对军事组织立法采取了法律保留。例如,《立陶宛共和国宪法》第139条、《匈牙利根本法》第45条、《斯洛文尼亚宪法》第124条等。

综上,军队指挥命令权与最高统帅权表现为平战结合、平战转换、彻底分离三种模式。宪法通常将军队的性质任务限定在对外防御、维护国家和政治安全等消极方面。基于不同的国家性质、政党制度,很多国家还对军人政治地位进行明确。同时,部分国家对军事组织问题进行了立法保留。

4. 对国防建设权的规范

第一,兵役义务的法律保留。国防建设权涉及公民国防兵役义务的内容、履行方式,很多国家的宪法对兵役义务进行了法律保留,例如,《白俄罗斯共和国宪法》第57条、《波兰共和国宪法》第85条等。这意味着该项权力的行使受到法治原则、代议机关的约束。

第二,国防建设权的决策主体。在立法约束基础上,国防动员、兵役征集的规模时机等具体问题必须结合军事需要、国家战略等进行明确。宪法规定了两类决策机关:(1)绝大部分国家规定由议会进行决策。例如《爱尔兰宪法》第15条、《比利时联邦宪法》第182条等。(2)少数国家规定由最高统帅机关确定军队数额。例如《波兰共和国宪法》第146条规定部长委员会有权在法律范围内"负责国防及制定每年服兵役的公民人数"。

第三,国防建设权的中央事权属性与行政性。通常来讲,军事事务是典型的中央事务(当然,民兵组织具有特殊性,它在平时一般由各州进行组织、训练、管理,在国防任务中才归联邦指挥,对此在联邦制国家必须进行强调)。类似的规定包括《瑞士联邦宪法》第58条、《俄罗斯联邦宪法》第71条等。同样,由于兵役、国防物资的征集过程是行政性的,在最高统帅权、行政权都由文职政府掌控的情况下没有必要明确。但也有部分国家对此专门进行了明确,例如《德意志联邦基本法》第87a条规定"联邦国防行政由联邦直属的行政机关及其下属机构执行"。

综上,国防建设权的行使必须受到法治原则的支配。就兵役规模、国防动员等问题的最终决策而言,各国通常将其赋予代议机关,有时最高统帅机关也被赋予建议、提案甚至实际决策的权力。国防建设权是典型的中央事权,在执行机关、法律责任方面与一般行政无异。

四、宪法上军事权制度设计的一般原则

通过比较分析,可以发现大量细碎、烦琐的军事权规范背后呈现出某些一般性、共通性的宪制原则,反映出不同于经济、文化、教育、财税等其他社会领域的特殊规律性。套用"部门宪法"的理论,这些制度实际是宪法价值在不同社会功能领域进行差异化渗透、影响的结果。[21]

(一)议会中心主义原则

所谓军事权的议会中心主义,就是将战争和平问题、军队规模与财政供给、军队组织形式、兵役制度、军事条约的签订等事项的最终决策权都赋予代议机关。杉原泰雄认为,近代宪法处理军事权的首要方式就是将有关军事的基本问题作为"宪法事项"(而非法律事项)一并交由议会处理。[22] 该原则滥觞于《大宪章》中的"无议会同意不得征税"原则。在缺乏维持常备军传统的英国,这预示着不论对外派兵或是组织防御,凡是涉及额外的军事开支都必须提前召集议会。1689年英国《权利法案》明确了议会对军事事务的支配地位。1787年美国宪法虽然将总统作为最高军事统帅,却将诸如宣战权、征募和维持陆海军、制定有关纪律规则、缔结军事条约等权力都赋予联邦议会。总统作为最高统帅"其权威实际并不超过作为邦联的首席陆海军上将对于陆海军的最高统辖和指挥权"。[23] 同时期的1791年《法国宪法》也体现这一原则。

对这一原则可以从两个层面理解:(1)从权力归属的角度,这与人民主权的要求相一致。军事权历来被视为主权的支柱,武力最终来源于国民在制度上就体现为议会中心主义。(2)从军事权的实际运行角度,这能够实现武力的合法化、王当化,同时有效节制其运行。议员经由选举产生,在法律上能代表公民的利益和意志,该原则能在形式上保障武力的组织、运用过程与公共利益相一致。

---

〔21〕 参见赵宏:《部门宪法的构建方法与功能意义:德国经验与中国问题》,载《交大法学》2017年第1期。

〔22〕 参见[日]杉原泰雄:《宪法的历史——比较宪法学新论》,吕昶、渠涛译,社会科学文献出版社2000年版,第37~38页。

〔23〕 [美]汉米尔顿、杰伊、麦迪逊:《联邦党人文集》,程逢如、在汉、舒逊译,商务印书馆1997年版,第351页。

结合军事问题的特殊性,它的具体功能包括五个方面:

第一,限制武力的滥用和盲目扩张。历史表明,专制君主往往会出于个人动机发动战争,如追求军事荣誉、发泄仇恨或满足政治野心等。“这些动机以及其他各种各样只有首脑人物才会受到影响的动机,往往使他进行不符合人民的愿望和利益的非正义的战争。”〔24〕将武力启动权交由议会能从源头上限制战争的动机,防止轻易诉诸暴力。除此之外,军队的规模、财政供给问题由议会决策也能够减少战争爆发的可能性。康德认为,有时国家仅仅是基于扩充军备、拥有大量的常备军,就足以成为别国攻击的理由。〔25〕由议会最终决策是防止军方扩充自身实力、杜绝军事利益挤占民权的最好方式。

第二,权力监督功能。在责任制政府当中,由议会最终决策军事问题就意味着最高统帅必须就这些事项向议会负责、接受其监督。这是规范和限制军事权的重要保障。最高统帅机关在战争中往往能够率先赢得民意、占据主动,军事效率要求它必须临机应变、不能受到过多的外部干预。在此背景下,由议会最终决策并通过特别质询、预算监督、政治问责等方式进行监督,就能够保障它对武力的全程控制、维护公共利益。

第三,军事法律秩序的创制功能。兵役义务可以视为对基本权利的最严厉限制,兵役法定主义原则预示着只有议会才能决定此类事务。〔26〕正如戴雪所言,军人的特殊身份只能由议会每年以法案形式通过,“倘若无这宗法案,一个军人即不须受治于军法”。〔27〕在英国的法治传统中,对执掌军队不可或缺的军事纪律只能是因王国处于骚乱状态才有的、暂时性的法律衍生物,它绝不是本国永久不可变更的法律的组成部分。和平时期绝不能够适用军法。〔28〕可见,军

〔24〕[美]汉米尔顿、杰伊、麦迪逊:《联邦党人文集》,程逢如、在汉、舒逊译,商务印书馆1997年版,第15~16页。

〔25〕参见[德]康德:《历史理性批判文集》,何兆武译,商务印书馆1990年版,第100页。

〔26〕参见郑贤君:《基本义务的宪法界限:法律保留之适用》,载《长白学刊》2014年第3期。

〔27〕[英]戴雪:《英宪精义》,雷宾南译,中国法制出版社2001年版,第341页。

〔28〕参见[英]威廉·布莱克斯通:《英国法释义》(第1卷),游云庭、缪苗译,上海人民出版社2006年版,第458页。

人身份、军事法的有效性只能来源于宪法和主权机关。

第四,保持军队与市民社会的同质性。高度的封闭性、长期的战争熏陶和严格的纪律管束容易使军队滋生出不同于市民社会的利益和志向,“使军职成为一个特殊的身份的话,将是极其危险的”。[29] 要使军队在精神气质、实际利益上服务于政治,最好的方式就是打破这种组织间隔。由议会最终决策军事事务、进行军事立法无疑能够将公民的良好素养、社会观念贯彻在军事社会中。

第五,政治整合功能。军事的中央事权属性决定了在分配军事义务过程中容易引发不同地方、利益集团的分歧。议会中心主义可以通过民意的交涉使军事负担被普遍接受。就极端情况而言,这还能维持地方利益的平衡、降低内战和武装颠覆的风险。托克维尔认为,在议会政治下内战是很难发生的。如果有足够的信心可以代表多数,则根本无须采取叛乱或内战的方式,“一旦进行正规战争,胜利者几乎准是代表政府的党派”。[30]

(二)文官治军原则

要界定文官治军原则必须先界定“文官”与“军官”的概念。在戒除了身份继承、卖官鬻爵的宪法国家,这种身份差异指向由“军事职业”的思维方式、社会功能、道德伦理带来的差异。职业军官是指以“暴力的管理”为职业的专业团体。[31] 亨廷顿认为掌管社会暴力、维护集体安全的职责使军官秉持一种以“人性恶”为基础的、霍布斯式的现实主义哲学观。这使他们在决策时倾向于坚持国家本位主义的立场、强调战争威胁的经常性、将安全利益视为首要考虑、赞成维持强大而多元的战备力量、抵制激进的外交军事策略等。[32]

相对而言,“文官”的概念则较为宽泛。文治通常与“民主政治”“公共治理”“经济社会发展”等范畴相对应。事实上,最初公共治理的最大任务就是集

---

〔29〕 [法]孟德斯鸠:《论法的精神》(上卷),许明龙译,商务印书馆2013年版,第85页。

〔30〕 [法]托克维尔:《论美国的民主》(下卷),董果良译,商务印书馆1989年版,第908页。

〔31〕 See Harold D. Lasswell, *Essays on the Garrison State*, Transaction Publishers, 1997, p. 55.

〔32〕 See Samuel P. Huntington, *The Soldier and the State: The Theory and Politics of Civil-Military Relations*, Belknap Press, 1981, pp. 62 – 70.

结民力、应对战争,但是随着公共职能不断分化、国际政治的理性化,“军事”反而脱胎于“政治”“治理”“发展”,成为与之对立的概念。[33] 通常认为,文官更加注重社会经济的总体发展,倾向于将军事视为整个政治环节的组成部分而非全部,将军事安全视为底线性、基础性的要求而非首要的价值目的。

文官治军原则指向的实际是“日常政治”与“军事”之间的某种联系,即通常所说的“军政关系”“文武关系”(civil-military relation)。它要达成的效果是政治价值对于军事目标的支配(civilian control)。[34] 从立宪价值的根本假定可知,沉迷战争暴力与和平享有权利的状态是抵触的,不具有道德正当性。只有在极端情况下基于维护国家安全、抵御侵略等正义目标才能够动用武力。

美国1776年《弗吉尼亚权利宣言》最先从宪法文本层面确立了文官治军原则。[35] 如果说国家元首拥有文职政府首脑、最高军事统帅的双重身份,那么文官治军强调的是:必须基于前一种身份来获得后者,而不是相反。事实上,在华盛顿作为大陆军总司令期间,曾经反复申明自己“首先是一个公民,其次才是一名军人”。[36]

文官治军的主旨是将文治价值贯穿在各类宏观战略和军事决策之中。因为文官首长的选举是定期举行的,向代议机关定期汇报工作、接受监督和质询,

---

[33] 参见高民政:《军政现象与军政关系探微:兼论军事政治学的研究对象与核心问题》,载《军事历史研究》2009年第1期。

[34] 这种支配包括内部统治策略、外部发展策略两个方面,对此可以对照几种错位的军政关系来理解:(1)统治关系和民主治理可能在武力的直接、辅助作用下沦为压制关系。例如,在古罗马历史上由禁卫军集团对人民实施奴役统治的军人专制政体(又称为禁卫军主义,Praetorianism),以及军人只服从于少数独裁者的利益、被作为政治压迫工具的专制主义政体(Caesarism);(2)国家整体政策方向受到军事主导可能会扭曲本来的善治目的。例如,“二战”时期的日本由于过度追逐军事扩张,曾使得整个政权和经济、社会体制都受到军事决策的左右。拉斯韦尔将其界定为卫戍国家(garrison state),即原本扮演领土守护者的军人在各个领域也获得了前所未有的地位。See Louis SMITH, *American Democracy and Military Power*, University of Chicago Press, 1951. pp. 6 – 7; Harold D. Lasswell, *Essays on the Garrison State*, Transaction Publishers, 1997, p. 43.

[35] 该宣言第13条规定,“平时的常备军对自由造成威胁,必须避免之。在任何时候,军队都要严格服从文官,无条件接受其领导”。

[36] [美]米利特等:《美国军事史》,张淑静等译,解放军出版社2014年版,第52页。

甚至还会受到代议机关罢免。这就意味着最高统帅在制定军事策略的过程中首先是向民意机关、文职政府负责的。相反,由军人担任则可能出于部门利益、军事名誉、政治地位的考虑而故意拖延战争,“热衷于兵权的人也是一样,他们都倾向于继续保持造成战争的原因”。[37]

在制度设计和具体操作层面,这项原则要求文职的最高统帅处于军令、军政命令链条的顶端,而不能够由军人同时掌握两者。[38] 否则,军事组织就有可能实现“自给自足”,产生脱离文职政府控制的风险。历史证明,在德意志帝国时期,由于宪法上采取政治、军事相互分离的二元君主制,导致武装力量成为了一人操控的独立王国。而国防组织的设计又使得文职总统、文职国防部长容易被总揽军政、军令的参谋总长架空。[39] 日本《明治宪法》时期天皇“总揽统治权”的制度使战争从一般国家事务中分离出来,不受内阁与国会干预,而军人的帷幄上奏权、内部人事决策权等制度又使军人集团能够架空天皇、掌握对全部军务的实际控制权。这对后来军国势力逐步摆脱政府控制、制造战争事端操控国政起到了推波助澜的作用。[40]

(三)过程性控制原则

过程性控制强调通过不同决策主体之间的配合、分工、交涉来实现军事权的控制、问责。它是相对于实体控制而言的,后者强调行为的可预期性,以立法形式事先规范权力内容、压缩决策主体的裁量范围。在追责形式方面,实体控制通常可以由司法机关、违宪审查机关等进行二次解释,推翻执行机关的先前行为、追究责任。虽然宪法上的军事权规范涉及一定的实体规范,但绝大部分都是以规范决策主体、武力运作过程为内核的程序性规定。比如为武力启动设置前提条件、为军队组织设置外部制约条件等。

军事事务的特质决定了实体控制的困难性:(1)军事活动的保密性、政治性、专业性决定了不应通过实体法压缩军事决策的裁量空间。(2)外部威胁的

---

[37] [英]霍布斯:《利维坦》,黎思复、黎廷弼译,商务印书馆1985年版,第73页。

[38] See Samuel P. Huntington, *The Soldier and the State: The Theory and Politics of Civil-Military Relations*, Belknap Press, 1981, p. 186.

[39] 参见陈新民:《军事宪法论》,扬智文化出版有限公司2000年版,第28~34页。

[40] 参见魏晓阳:《制度突破与文化变迁 透视日本宪政百年历程》,北京大学出版社2006年版,第121~135页。

不可预知性决定了实体法很难事先对战略决策、军事行为的内容进行准确预期。正如汉密尔顿所说,“这些权力应该不受限制,因为不可能预测或规定国家发生紧急情况的范围和变化,以及符合需要的方法的相应范围和变化”。[41] (3)军事组织拥有的强制力量也决定了不可能通过强制介入、直接干涉的方式进行控制,这暗含着冲突和对抗的风险。

总之,实体法治会将军事指挥演变为一种言辞性的解释活动,威胁指挥官的战场权威、瓦解军事命令体系。[42] 过程性控制更强调法律的程序价值,“程序包含着决定成立的前提、存在左右当事人在程序完成之后的行为态度的契机,并且保留着客观评价决定过程的可能性”。[43] 相对实体控制而言,它更强调决策主体的不同特点、职权的分阶段性等,从而在权力控制、军事效率之间谋求平衡。它的要素包括三个方面:

首先,强调决策主体的适格性。由于组织方式、专业背景、负责对象的不同,代议机关、文职首长、军事机关在军事决策中具有不同的正当性基础。议会能够代表民意却无法满足战争执行、军事效率的要求,军事机关在决策方面具有高效性、科学性,却不能摆脱专业本身带来的偏见和利益。过程性控制要求根据武力运作不同阶段的特点分配决策权限、谋求最适格的主体。例如,在武力启动问题上,虽然代议机关具有最高的民主正当性,但基于情报掌握、战略远见、决策效率方面的原因,宪法往往区分不同状态下的战争决策、区分战争提案与最终决策等,在它和最高统帅机关之间进行权限分配。

其次,强调控制手段的间接性,尊重不同主体的裁量权限。战争的核心是战略战术的科学制定和高效执行,这又极度依赖于战争规律、军事专业的掌控训练。过程性控制对决策、行动主体适格性的强调,与尊重它们的自主性和裁量权限密不可分。“在动员令既下,或戒严令已颁,尤必须使之独立于一般庶政之外,集中一切力量于统一领导,而不受其他障碍所牵制,或政潮的干扰。否则

[41] [美]汉米尔顿、杰伊、麦迪逊:《联邦党人文集》,程逢如、在汉、舒逊译,商务印书馆1997年版,第114页。

[42] 参见胡锦光、胡大路:《军事司法的建构基础与类型化分析》,载《国家检察官学院学报》2016年第1期。

[43] 季卫东:《法律程序的意义》,中国法制出版社2004年版,第17页。

战争无由争取胜利……就是行使统帅权与完成统帅职责的特征”。[44] 因此,这种控制方式不是通过直接介入、决策推翻、实体审查等妨碍军事决策和权威的方式,而是通过限制财政供给、更换人事任免、政治质询和事后问责等方式实现的。

最后,强调交涉过程的全程性、经常性。这是在授权的概括性、权力的可控性之间进行平衡的必然要求。罗斯托认为,为了使战时集权不偏离宪法方向,武力的启动权与终止权绝不能掌握在战争的实际执行者手中。同时,任何在战时适用的司法制度、临时机构都不应当被永久化,战时行为也不应当回避事后的追责。[45] 美国1973年的《战争权力法》为程序控制的经常性提供了范例,频繁的汇报交涉、紧凑的时限设置使总统必须考虑每个军事行动造成的宪法影响。这既兼顾了总统进行军事决断、维护重大利益的需要,又使其在每个环节都不能脱离民意掌控。[46]

五、宪法上军事权蕴含的内在原理

宪法上的军事权不仅是一系列规范、制度的集合体,同时也是宪法原理与军事问题相互结合的产物,是建立在天赋人权、个体理性、社会契约论等哲学推论之上的。立宪主义的兴起伴随着父权、神权等传统政治观念的瓦解,它对军事权进行理论重述的过程也是权力正当性的重构过程,这必然产生两个结果:(1)国家武力、兵役义务基于新的理念得到解释和确立;(2)这种论证方式对权力构成一系列正当化的限制前提。

宪法上军事权的原理蕴含在主权观念的变迁当中。对此,霍布斯首次试图将政治哲学置于科学基础之上,从人的本能、情感中推导出政治权力和社会生

---

[44] 蒋纬国:《国防体制概论》,中央文物供应社1981年版,第20页。

[45] 参见[美]罗斯托:《宪法专政——现代民主国家中的危机政府》,孟涛译,华夏出版社2015年版,第326~334页。

[46] 参见杨健:《从越南战争看美国国会与总统间的战争权之争》,载《美国研究》1992年第4期。

活的准则。[47] 他认为,人类最大的本性就是自我保存,对生存的渴望才是自然界的第一法则。在政治社会产生之前,人们处于某种自然状态之中,这是一种人人相互为敌的状态。也就是说,自然状态对于生存而言存在巨大的缺陷。由于每个人都拥有制裁他人、追求自保的权利,人们在恐惧、权势欲的驱使下就会陷入永无休止的争斗。在此基础上,人们学会运用理性、通过缔结社会契约将个人的权利出让给国家,从而建立公共权威,结束自然状态。

很明显,契约论基础上的国家不再是一个先在性的实体,而是建立在政治同意基础上的、为实现个体生存而设定的虚拟人格。正如霍布斯所比喻的,号称"国家"的这个"利维坦"在本质上是"人造的人","主权"是使整体得到生命和活动的"人造的灵魂"。[48] 在此基础上,军事权同其他国家权力一样都是"合众为一"的过程。缔结社会契约的过程使得"我们每个人都以其自身及其全部的力量共同置于公意的最高指导之下,并且我们在共同体中接纳每一个成员作为全体之不可分割的一部分"。[49] 由此推论,国家虽然要像个体一样求得生存,但其武力的来源、目的和行使方式最终都要追溯到个体。

当然,这只从主权构造层面解释了军事权的来源,却没能解决它的限制问题。对立宪主义而言,霍布斯的理论仍然存在三个难点:(1)兵役义务何以可能?如果说自我保存的欲望是缔结社会契约、达致政治状态的最大阻碍和最强推动力,[50]那么军事权中则蕴含着个体生存、集体生存之间的极端冲突。在他看来,国家强制公民服兵役是必要的,士兵基于恐惧从战场逃跑也是符合自然法的,[51]两者陷入巨大的矛盾当中。(2)武力为何不能运用于社会内部?在他看来,主权者只是公民订立契约的结果,但是主权者与公民之间没有订立契约,因此通过暴力实施专制也是可能的。这就隐含着这样一种矛盾,即个人为了防

〔47〕 [美]施特劳斯、克罗波西:《政治哲学史》(上),李天然等译,河北人民出版社 1993 年版,第 467 页。

〔48〕 参见[英]霍布斯:《利维坦》,黎思复、黎廷弼译,商务印书馆 1985 年版,第 1 页。

〔49〕 [法]卢梭:《社会契约论》,何兆武译,商务印书馆 2003 年版,第 20 页。

〔50〕 [美]施特劳斯、克罗波西:《政治哲学史》(下),李天然等译,河北人民出版社 1993 年版,第 607 页。

〔51〕 See Michael Walzer, *Obligations: Essays on Disobedience, War, and Citizenship*, Harvard University Press, 1982, p. 81.

范相互之间的专制缔结契约,却对来自国家的专制疏于防范。(3)为何即使出于公意也不能穷兵黩武?对霍布斯而言,国家内部公共权威的确立与国际社会的无政府状态是相互对照的,后者印证了自然状态的危险性,也印证了强化武力建构、秉持现实主义思维的必要性。这容易导向军事主权绝对化的结论,两次世界大战的历史表明在这种条件下国家主权依然无法幸存。

对此,洛克从自然权利、自然法的角度对社会契约论进行了必要的升华和补充。他并没有将自然状态、战争状态混为一谈,而是认为自然状态是一种受到理性和自然法驱使的、和平享有权利的状态。自然权利也并不包括胡作非为、随意使用暴力的权利。“理性,也就是自然法,教导着有意遵从理性的全人类:人们既然都是平等和独立的,任何人就不得侵害他人的生命、健康、自由或财产。”〔52〕相反,他将战争状态界定为是一种敌对和毁灭的状态,它来源于人和人之间确定的、沉着的恶意企图。“谁企图将另一个人置于自己的绝对权力之下,谁就同那人处于战争状态。”〔53〕

在这种区分的基础上,洛克通过“自然法执行权”来界定军事权的来源和本质。他认为,个体在自然状态下动用武力的权利是建立在他者滥用暴力基础上的,违背自然法的罪行才招致了武力反抗的结果。“因为这种人不受共同的理性法则的约束,除强力和暴力的法则之外,没有其他法则,因此可以被当作猛兽看待。”〔54〕与军事报复不同,这种执行权是以维护自然法为目标的公共性活动,在限度上也受到自然法的支配,只能够“比照他所犯的罪行,对他施以惩处,尽量起到纠正和禁止的作用”。〔55〕

洛克也认为国家权力是个体让渡自然权利的产物。但是由于他所说的自然权利始终受到自然法的支配,国家武力的本质也就与霍布斯根本不同。他将国家“战争与和平的权力”定义为政治社会对“不属于这个社会的任何人对于这个社会的任何成员所造成的损害”进行“处罚”(punish)的权力。〔56〕很明显,处罚的前提是某种罪行的存在,在此必然已经有其他国家违背了自然法。而个体

---

〔52〕[英]洛克:《政府论》(下篇),叶启芳、瞿秋农译,商务印书馆 1964 年版,第 4 页。

〔53〕同上书,第 11 页。

〔54〕同上。

〔55〕同上书,第 5 页。

〔56〕同上书,第 53 页。

之所以要将这种执行权转让给国家,通过“国家整体”的形式来解决“社会任何成员与社会以外的其他人”之间的纠纷,[57]是为了克服自然状态下执行力量匮乏的缺陷。比照他此前对自然状态缺陷的论述可知,在无法缔结社会契约、缺乏共同权威的国际社会,这种自发性的执行力量是绝对必要的,“既然没有其他的裁判者,各人自己就是裁判者和执行人”。[58]

由此,洛克化解了霍布斯遗留的理论难题,从三个维度为军事权的宪法基础、规范制约提供了理论补充:

首先,他消解了兵役义务中个体生存、集体生存之间的矛盾。在自然法执行权的理论关照下兵役义务绝非基于霍布斯式的刑罚、强制,而毋宁说是自然理性、社会伦理提出的崇高要求。“所有义务都约束着(人类的)良心并有赖于与心灵相联结,以便我们不是出于对惩罚的恐惧,而是出于理性对‘何为正当’的一种领悟来履行义务。”[59]在洛克看来,理性并不是单纯的趋利避害,而是基于意志、理解力对自然法内容深刻省思的结果。“人并非被自然所决定,但也并非全部被理性和道德反思所决定。道德行动是人的自我努力、自发发展的过程。”[60]从这个角度,执行自然法的兵役义务被赋予了某种道德努力的内涵,人类也被置于自然法阐释者、塑造者的积极地位之上。这要求个体基于对战争问题的理性反思,选择将形同野兽的侵略者、野心家从人类文明秩序中清除出去,哪怕牺牲个人安危。与此相对应,法律也不再是一种强制,而毋宁说是借由立法者的理性、智慧保障人们追求正当利益的必要手段。因为在洛克看来,理性才是自由的基础,在人们达到这种成熟境界前必须通过一定的监护人代行意志、严加管教。[61] 由此,宪法上的兵役义务也成为扩大和保护自由的途径。

其次,将军事暴力与合法统治区别开来。在洛克看来,暴力从来不能够作为合法的权力类型。“这(专制权力)不是一种自然所授予的权力……它也不是

[57] [英]洛克:《政府论》(下篇),叶启芳、瞿秋农译,商务印书馆1964年版,第92~93页。

[58] 同上书,第53页。

[59] [英]洛克:《自然法论文集》,李季璇译,商务印书馆2014年版,第50页。

[60] 王涛:《洛克的政治社会概念与自然法学说》,载《清华法学》2011年第6期。

[61] 参见[英]洛克:《政府论》(下篇),叶启芳、瞿秋农译,商务印书馆1964年版,第39页。

以契约所能让予的权力。”[62]人们订立社会契约的目的正是通过确立普遍性的立法、公正的司法、有效的内部执行力量来克服自然状态下爆发专制的可能。以此为基础,霍布斯所默认的军事专制违背了社会契约的本意。“这就是认为人们竟如此愚蠢,他们注意不受狸猫或狐狸的可能搅扰,却甘愿被狮子所吞食,并且还认为这是安全的。”[63]

最后,武力的外部运用也应当限定在正义、必要范围内。在洛克的理论中,即便是缺乏公共权威的国际社会也处于自然法的支配下,而侵略扩张、滥用武力的行为无异于破坏自然法的野兽行径,势必遭到国际社会的普遍声讨。从本质上讲,唯有通过劳动创造财富、和平享有权利才是符合自然法的。在立宪主义发端的时代,随着自由主义、资本主义的发展,通过商业竞争谋取利益逐渐使战争掠夺、军事征服丧失了吸引力。就本质而言,立宪精神与战争所带来的财力浪费、政治动荡是相互抵触的。“对现代人而言,即使一场成功的战争,其代价毫无疑问会超过其价值。”[64]

六、结　语

谋求“通过宪法的军事治理”是任何旨在维系国际和平秩序、遏制战争暴力、建构正义武力的国家都绕不开的话题。在这一意义上,宪法所折射出的价值关怀、制度规律和历史经验值得我们审慎对待。当然,在这些抽象的制度原理背后,不同宪法上的军事权还表现出巨大的差异性。这是由不同国家的历史命运、制宪背景、社会共识、建军历程决定的,涉及军事权与国家性质、政体安排、政党制度和制宪思想等的结合问题。就此而言,探究八二宪法上党对军队绝对领导的表达方式和内在优越性、人民代表大会制度下军事权的规范配置、军民融合式发展的宪法依据和制度保障等问题,不仅能推进我国的宪法发展和治国强军伟业,还能对世界宪法文明的多元化繁荣提供借鉴和助益。

---

〔62〕 参见[英]洛克:《政府论》(下篇),叶启芳、瞿秋农译,商务印书馆1964年版,第109页。

〔63〕 同上书,第57页。

〔64〕 [法]邦雅曼·贡斯当:《古代人的自由与现代人的自由》,阎克文、刘满贵译,商务印书馆1999年版,第30页。

The Categories, System Design and Theories of Constitutional Military Power

Hu Dalu

Abstract: The terms of military power in the constitution is both a cornerstone of military rule of law and an important part of constitution system. At a deep level it reflects the interaction between constitutional value and objective military law. The special legal regulation of military power depends on the link between the military violence and sovereignty will. The constitutional military power has an element of distinguishing political being and another of protecting constitutional values. From the perspective of military function and legal regulation, the military power can be divided into four categories as the power to declare war, the commander in chief power, the army commanding power and the army founding power. Based on a comparative analysis, the constitution terms reflect some internal principle. The system design includes three principles, such as parliament-centrism principle, the civilian control principle and procedure control principle. Combing some constitutional thoughts, the sovereign structure, individual rationality and value origin basis of these terms can be explored.

Key words: Military Power; Violence; Constitutionalism; Constitution Terms; Objective Military Law; Civilian Control

(责任编辑:赖伟能)

广义抑或狭义:身份犯中身份概念的再界定*

——以身份的本质为中心

周啸天**

内容摘要:

我国刑法理论采取广义的身份概念。在德日刑法学之中,出现了联系特别义务来限定身份内涵的狭义的身份概念。广狭义身份概念的对立是刑法学日益实质化的一个缩影。经探讨可知,以特别义务限定身份的狭义的身份概念不应当被采纳,联系法益与期待可能性、预防必要性,即违法与可罚的责任来实质性地看待身份的理论路径是合理的。身份的本质或者是法益侵害的事实前提,或者是与期待可能性、预防必要性有关的事实前提。这一本质观,能够清晰界定身份的概念、身份犯的范围,以及解决身份犯的共犯问题。

关键词:

广义　狭义　身份的本质　违法　可罚的责任

一、问题的提出

身份犯是由身份这一特殊的构成要件要素所构成的犯罪类型。因为刑法分则中规定的犯罪都是正犯,所以,身份犯与普通犯罪最大的不同在于,在司法实践中,不具备身份这一特殊的构成要件要素者,就绝不可能被认定为身份犯

---

* 本文为2017年度国家社科基金青年项目“正犯与主犯关系的重构与应用研究”(批准号:17CFX067)与2016年度国家社科基金重大项目“我国刑法修正的理论模型与制度实践研究”(批准号:16ZDA061)的第四子课题“刑法修正视野下的刑法改革与制度实践研究”的阶段性研究成果。

** 周啸天,山东大学法学院副教授,法学博士。

的正犯(包含单独正犯与间接正犯)。[1]

鉴于上述实践意义,在我国,区分哪些犯罪属于身份犯,哪些犯罪属于普通犯罪就十分重要,然而,这一区分在我国刑法理论中并不清楚。例如,就强奸罪而言,通说认为"女性不能单独构成本罪的实行犯,但可以成立本罪的教唆犯和帮助犯",[2]因为这里的实行犯当然包含间接实行犯(间接正犯),所以能够推知,通说是按照身份犯来理解强奸罪的。但是,有学者在认为妇女可以成立强奸罪间接正犯与共同正犯的前提下,明确否定强奸罪属于身份犯。[3] 还有学者认可前述观点的前提,但并未明示强奸罪是否属于身份犯。[4] 再如,《刑法》第 198 条规定了保险诈骗罪,并将保险诈骗罪的行为主体限定为投保人、被保险人与受益人。然而,在司法实践中,就出现过个体汽车运输户将汽车挂靠在其他运输队,并以该运输队名义投保,其后虚报财产事故骗取保险金的案件。[5] 对

---

〔1〕 无身份者只能成立身份犯的教唆犯、帮助犯。至于能否成立身份犯的共同正犯,取决于我们对共同正犯的理解,如果认为共同正犯是共犯,则答案是肯定的,如果认为共同正犯是正犯,则答案是否定的,本文不涉及对共同正犯性质的探讨。

〔2〕 高铭暄、马克昌:《刑法学》(第 7 版),北京大学出版社、高等教育出版社 2016 年版,第 464 页。

〔3〕 参见张明楷:《刑法学》(第 5 版),法律出版社 2016 年版,第 868 页。在日本,也存在否定强奸罪属于身份犯的观点,例如,团藤重光教授认为:"强奸罪并非身份犯,女人可以实施压制被害人反抗的实行行为的一部分,这样一来,即便强奸罪的共犯不适用于刑法第 65 条,也能够得出女人可以成立其共同正犯的结论。"参见[日]团藤重光:《刑法纲要总论》(第 3 版),创文社 1990 年版,第 422 页。当然,日本通说与我国相同,针对上述观点,前田雅英教授批判认为,如果将强奸罪排除出身份犯之外,会引起身份概念的混乱。参见[日]前田雅英:《刑法总论讲义》(第 5 版),东京大学出版会 2011 年版,第 529 页。

〔4〕 参见黎宏:《刑法学各论》(第 2 版),法律出版社 2016 年版,第 230 页;周光权:《刑法各论》(第 3 版),中国人民大学出版社 2016 年版,第 32 ~ 33 页。并未明示强奸罪是否属于身份犯,恰恰表现出我国学界在划定身份犯范围问题上的犹豫,实际上,日本学者也对强奸罪是否属于身份犯表示出疑惑。例如,平野龙一将强奸罪称为疑似身份犯。参见[日]平野龙一:《刑法总论 · Ⅱ》,有斐阁 1975 年版,第 368 页。

〔5〕 参见最高人民法院刑事审判第一、二、三、四、五庭主办:《刑事审判指导案例:破坏社会主义市场经济秩序罪》,法律出版社 2009 年版,第 248 ~ 249 页。

于保险诈骗罪是否属于身份犯,也出现了肯定说[6]与否定说[7]的对立。另外,关于事后抢劫罪是否属于身份犯的问题,在我国也存在肯定说[8]与否定说[9]的对立。要澄清上述争议,就必须对身份有清晰的界定,因为身份犯是由身份这一特殊构成要件要素所构成。界定身份,并进一步划定身份犯的范围,是本文的目的所在。

除去上述实践意义之外,在理论层面上,身份与身份犯作为两个教义学上的概念,也理应具有清晰的内涵与外延。因此,界定身份兼具理论与实践意义。以下,本文将在梳理广义与狭义两种身份概念的基础上,探析身份的实质内容,并根据该实质内容对身份的概念作出再界定,从而具体划定我国刑法分则中的身份犯。在此,需要特别说明两点:一是本文所界定的身份就是指能够构成身份犯的身份,因为一方面肯定某要素是身份,但另一方面却否定由其构成的犯罪是身份犯的逻辑于理不合,且会导致身份概念的混乱;二是因为身份犯是分则规定的犯罪类型,所以,本文所讨论的身份,限于分则。

二、两种身份概念的对立与原因解析

在大陆法系的刑法理论中,对于如何界定身份犯中的身份,存在两种对立观点:一是广义的界定,二是狭义的界定。这两者的真正差异在于,广义的身份概念侧重于形式上的界定,而狭义的身份概念则联系了身份的实质内容来界定身份。

---

〔6〕 参见张明楷:《论身份犯的间接正犯——以保险诈骗罪为中心》,载《法学评论》2012 年第 6 期。

〔7〕 参见刘宪权:《保险诈骗罪疑难问题的司法认定》,载《浙江大学学报》(人文社会科学版)2008 年第 4 期。

〔8〕 参见黎宏:《论事后抢劫罪的若干问题》,载顾军主编:《侵犯财产罪的理论与司法实践》,法律出版社 2008 年版,第 111 ~ 112 页;参见郑泽善:《转化型抢劫罪新探》,载《当代法学》2013 年第 2 期。值得注意的是,郑泽善教授一方面倾向于将事后抢劫罪认定为不真正身份犯,但另一方面却指出将其认定为身份犯会导致与其既未遂形态的认定标准相矛盾的结局,从而导致其观点并不明确。

〔9〕 参见张明楷:《事后抢劫罪的共犯》,载《政法论坛》2008 年第 1 期。

(一)两种身份概念:广义与狭义

我国通说采取了广义的身份概念。广义的身份概念,来自日本判例中的界定。在日本,最早有关身份的定义见于1911年的大审院[10]判决,即"刑法第65条中所谓的身份并不限于男女性别、本国人或外国人、亲戚、公务员的资格等关系,还包含所有与犯罪行为相关的人的关系、特殊地位或者状态"。[11] 该定义被1952年最高裁判所的判例所沿用。[12] 在日本,最高裁判所的相关判例具有先例作用,因此,以上广义的身份定义被学界沿用。这一概念也被我国学者广为采纳。我国学者将身份或者表述为"特殊身份是指行为人在身份上的特殊资格,以及其他与一定的犯罪行为有关的,行为主体在社会关系上的特殊地位或者状态。如男女性别、亲属关系、国籍、国家工作人员、司法工作人员、证人等,"[13]或者表述为"犯罪主体的特殊身份,是指刑法所规定的影响行为人刑事责任的行为人人身方面特定的资格、地位或者状态"。[14] 总之,无论如何表述,"资格、地位或者状态"是身份的核心要素。因为由身份组成的犯罪便是身份犯,所以,根据广义的身份概念,身份犯的范围十分宽泛。以日本《刑法》为例,不仅由公务员构成的受贿罪、特别公务员暴行罪等犯罪是身份犯,而且由男性构成的强奸罪,由医师、药剂师、医药品贩卖业者、助产师、律师等主体构成的泄露秘密罪,由妊娠中的女子构成的堕胎罪等犯罪,也都应当是身份犯。[15]

但是,上述广义的身份概念近期在日本学界受到了反思与批判,代表性学

---

[10] 大审院设立于日本明治时期初期,即1875年,在"二战"后的1947年,随着《日本国宪法》与《裁判所法》的施行,大审院被撤废,最高裁判所被设立。直至最高裁判所设立为止,大审院一直是日本近代的最高法院。

[11] 参见日本大审院1911年3月16日《大审院刑事判决录》第17辑第6卷,第405页。转引自[日]香川达夫:《身份概念与身份犯》,成文堂2014年版,第8页。

[12] 参见日本最高裁判所1952年9月19日《最高裁判所刑事判例集》第6卷第8号,第1083页。

[13] 张明楷:《刑法学》(第5版),法律出版社2016年版,第131页。

[14] 高铭暄、马克昌:《刑法学》(第7版),北京大学出版社、高等教育出版社2016年版,第95页。

[15] 参见[日]大谷实:《刑法讲义各论》(第2版),黎宏译,中国人民大学出版社2008年版,第58、106、141页。

者是香川达夫教授。香川教授认为，身份犯是具备一定的特征者才能成立正犯的犯罪类型，这一特征应当求之于产生于刑罚法规之外的特别义务（如公法上的公务员义务、身份法上的沉默义务、私法上的诚实义务），那么，像男女的性别这样的身份就并非是身份犯中的身份，由上述广义的身份概念所构成的犯罪也并非全部是身份犯。只有那些与特别义务相关联的身份，才是构成身份犯的身份。[16] 在此基础上，香川教授认为，如果将上述对身份的定义分为前半部分"男女性别、本国人或外国人、亲戚、公务员的资格等关系"，与后半部分"特殊地位或者状态"，那么"后半部分是原则，前半部分只是示例而已……如果打比方，后半部分是分母，前半部分只是分子，分母是不可变的，而分子的确存在变更的可能性"，[17] 就这样，香川教授将"特殊地位或者状态"中的"特殊"与特别义务相关联，并认为这才是身份犯中的身份。由此可知，香川教授限缩了身份犯中的身份概念，即认为代表特别义务的身份才是身份犯中的身份。如此一来，身份犯的范围也随之受到限缩，根据这一观点，只有类似于公务员、看守人、为他人处理事务的人这样的身份所构成的犯罪才是身份犯，上述强奸罪、堕胎罪就并不是身份犯。[18]

在我国，尚未见学者在论述身份概念之际，明确提出以特别义务限缩身份概念的观点。

（二）对立原因所在

上述对立源自德国义务犯理论对日本的影响，而两者的差异在于，广义的身份概念侧重于形式层面上的定义，狭义的身份概念侧重于实质层面上的定义。

首先，狭义的身份概念系受到罗克辛（Roxin）首倡的义务犯理论的影响而来。罗克辛首次在支配犯之外，提出义务犯（Pflichtdelikt）概念。继 Welzel 提出作为正犯原理的目的行为支配理论以来，从存在论的角度寻求正犯根据的犯罪支配理论一直是德国的主流学说。但是罗克辛发现，犯罪支配理论是有边界的，其认为，对于有些特定资格者才能构成的犯罪，我们的确无法用犯罪支配理

---

〔16〕 参见［日］香川达夫：《身份概念与身份犯》，成文堂 2014 年版，第 30～31 页。

〔17〕 同上书，第 34 页。

〔18〕 值得注意的是，香川教授并不否定男性性别是身份，只是认为其与身份犯无关，其并非身份犯中的身份。同上书，第 35 页。

论说明其正犯性。例如,普通人胁迫、指使公务员犯德国《刑法》第 343 条刑讯逼供罪的,根据犯罪支配理论,普通人根据指使而获得了对犯罪全体事实的支配,但是尽管如此,由于其不具有公务员身份从而无法成为正犯。仔细分析,便可知这里赋予正犯以基础的,并不是犯罪支配,而是与犯罪主体相联系的义务,这个义务不是一般的公务员身份,而是在审问活动中所应当具有的特别义务。[19] 罗克辛在从身份犯的正犯准则中析出特别义务违反原理之后,将所有以特别义务违反作为正犯准则的犯罪类型称为义务犯,并认为,所有的身份犯与不作为犯都是义务犯。[20]

义务犯理论传至日本,[21] 对身份犯领域带来的一个具体变动便是,渐渐有学者将身份犯理解为义务犯,并根据特别义务违反界定身份犯中的身份。例如上述的香川达夫教授便是如此。实际上,早在香川教授之前,就有学者这样做了。例如,藤吉和史认为,身份犯的本质是特别义务违反,因此,《刑法》第 65 条第 1 项规定的真正身份是具有特别义务的人,而判例所定义的身份,应当理解为第 65 条第 2 项所规定的不真正身份。[22] 另外,上野幸彦在注重身份的社会功能的基础上认为,判例对身份的限定太过广泛,身份犯是具有特定地位者违反角色的犯罪类型。因为身份具有特定的社会功能,而这一社会功能实际上就是其所具有的特别义务,所以,无论真正身份还是不真正身份,都应当放在与特

---

〔19〕 参见[日]平山干子:《不作为犯与正犯原理》,成文堂 2005 年版,第 124 ~ 125 页。

〔20〕 Vgl. Roxin, *Kriminalpolitik und Strafrechtssystem*, 2. Aufl., 1973, S. 19. 转引自何庆仁:《义务犯研究》,中国人民大学出版社 2010 年版,第 38 页。

〔21〕 在日本,最早介绍义务犯理论的是中义胜教授,参见[日]中义胜:《Claus Roxin 的"正犯与行为支配"》(一),载《关西大学法学论集》1965 年 15 卷 2 号;《Claus Roxin 的"正犯与行为支配"》(二),载《关西大学法学论集》1965 年 15 卷 3 号。[日]中义胜:《义务犯的正犯性》,载团藤重光、平场安治、平野龙一等编:《犯罪与刑罚(上)佐伯千仞博士还历祝贺》,有斐阁 1968 年版,第 463 ~ 477 页。近期专门探讨义务犯的日文文献有:[日]平山干子:《不作为犯与正犯原理》,成文堂 2005 年版。[日]佐川友佳子:《共犯论与身份犯的共犯——义务犯特论》,载《刑法杂志》第 50 卷第 1 号。

〔22〕 参见[日]藤吉和史:《论身份犯的概念》,载《明治大学大学院纪要》(法学篇)1981 年第 18 卷,第 237 页。持相同理解的,请参见[日]外木央晃:《身份犯的法的性质》,载《法学研究论集》(2008 年第 29 卷),第 82 ~ 89 页。

别义务相关的视角下来理解。[23]

其次,广义的身份概念与狭义的身份概念的差异在于前者侧重于形式而后者侧重于实质。广义的身份概念受到的一大批判在于,该定义“过于宽泛”,[24]以至于“没有什么内容”。[25] 受到这一批判的根本原因在于,广义的身份只是从形式上来界定身份。一方面,从形式上界定身份,等于是在说“身份是身份”,从而难逃循环定义之嫌。因为我们实在想不出,除了“在身份上的特殊资格”“与犯罪行为有关”“社会关系上的”“地位、资格或者状态”之外,我们还能用什么词语来描述身份。另一方面,形式化概念难以具备明确的身份犯界定功能,尤其是在强奸罪是否身份犯这一类问题上,形式化概念下的回答就显得含糊。与此不同,实质的身份概念看起来不存在上述问题,从身份所代表的特别义务或者社会功能的角度来界定其内涵,使身份的定义具备了实质性内容,并且通过上述比较,我们可以明确一点,那就是狭义的身份概念的确有效地限缩了身份犯的范围,我们至少不必再困惑于由男人所构成的强奸罪、[26]露阴罪(德国《刑法》第183条)是否属于身份犯的问题。

形式与实质的差异背后也体现出考察身份视角与界定方法的不同,广义的身份概念侧重于从事实层面上界定身份,采取的主要是归纳法,而狭义的身份

---

〔23〕 参见[日]上野幸彦:《考察身份犯的一视角——以地位概念的分析为切入》,载《法学纪要》(1986年第27卷),第191~201页。

〔24〕 同上书,第201页。

〔25〕 [日]平野龙一:《刑法总论·Ⅱ》,有斐阁1975年版,第367页。

〔26〕 在欧陆地区,也有学者将强奸罪称为“表见的身份犯”(die scheinbare Sonderdelikte)。瑞士学者Oscar Schnyder于其博士论文中,在真正身份犯与不真正身份犯(echten—und unechten sonderverbrechen)的区分之外,认为强奸罪中的男人与受贿罪中的国家工作人员不同,强奸罪中身份的产生是基于“一定的客观的特质”,但真正身份犯中的身份则是基于法的特质而来,欠缺正犯标志即身份者就不可能实现构成要件结果,但是,欠缺男人这一身份的女人显然可以实现强奸罪的构成要件结果。在此基础上,Oscar Schnyder将强奸罪这类身份犯称为表见的身份犯。参见Oscar Schnyder, *Täterschaft und Teilnahme bei den Sonderdelikten des Schweizerischen Strafgesetzbuches*, Diss Zürich, 1962, SS. 20 – 102。转引自[日]泉健子:《“表见的身份犯”小稿》,载《鹿児島大学法学論集》第25集1·2合并号(1990年),第102~115页。

概念则侧重于从规范层面界定身份,采取的主要是演绎法。广义的身份概念将男女性别这样再自然不过的事实也纳入身份之中,但是,狭义的身份概念却否认这一点,而是将身份限定在类似于公务员身份这样的与法的评价相关的范围内,这足以说明,前者偏向于存在论,后者偏向于规范论。另外,采取广义的身份概念的学者往往会归纳道,"被判例所肯定的构成的身份有,日本《刑法》第156 条中的公务员、第 160 条中的医师、第 169 条中的依照法律宣誓的证人、第184 条中的有配偶的人、第 197 条及本条以下的公务员或者仲裁人、第 247 条中的为他人处理事务的人、第 252 条中的占有他人财物的人等"。〔27〕与此相对,因为狭义的身份概念是与特别义务相联系的,而根据首倡义务犯论的罗克辛或者延续与发展义务犯论的 Jakobs,特别义务或者是"先行于刑法规范的根据其他法领域而来的义务。例如,公法上的公务员义务、身份法上的沉默义务、私法上的诚实义务",〔28〕或者来自"社会生活的抽象特征——制度",〔29〕而无论是先于刑法的特别义务,还是被社会制度所塑造的积极义务,都是被具体的社会制度所规定的,〔30〕其随着社会制度的变化而变,因此,其难以逐一列举归纳,而只能根据其本质来演绎。

最后,总结上述身份概念的演变路径可知,身份概念不可避免地要加入实质性的内容,这可以看作刑法学研究全面实质化的一个注脚。但是,在加入实

---

〔27〕［日］平野龙一:《刑法总论·Ⅱ》,有斐阁 1975 年版,第 367 页。

〔28〕［日］中义胜:《义务犯的正犯性》,载团藤重光、平场安治、平野龙一等编:《犯罪与刑罚(上)佐伯千仞博士还历祝贺》,有斐阁 1968 年版,第 464 ~ 465 页。

〔29〕何庆仁:《义务犯研究》,中国人民大学出版社 2010 年版,第 30 页。制度也即社会上的体制,"人们把相当稳定不变的、持续相互产生关联性的行为样本称为社会上的体制(soziale Institutionen),这些行为样本在一个社会群体中具有重要的需求,因此被认为具有合法性而且用社会的制裁加以贯彻,也就是说用一连串主题相互归属的规范,所以'体制上的管辖'不外意味着从任何一种社会规范(也就是说根本还不是从法律规范)所规定的行为。"参见［德］许乃曼:《德国不作为犯法理的现况》,载陈志辉译,许玉秀、陈志辉合编:《不移不惑献身法与正义——许迺曼教授刑事法论文选辑(贺许迺曼教授六秩寿辰)》,台北春风煦日论坛 2006 年版,第 643 页。

〔30〕Vgl. Jakobs, *Die strafrechtliche Zurechnung* (Fn. 20), S. 36f. 转引自［日］平山干子:《不作为犯与正犯原理》,成文堂 2005 年版,第 196 ~ 197 页。

质性因素之前，我们必须澄清一个问题：那就是能否联系特别义务来界定身份？如果答案是否定的，那么联系法益来看待问题的思路就仍然是我们应当坚持的基本方向。

三、身份本质的界定

身份的本质问题，就是对身份做实质解释的问题。无论认为构成要件是违法类型或者违法与责任类型，对构成要件要素的解释，都必须联系违法与责任来加以实质性地界定。这一点，对于作为构成要件要素的身份，也不例外。根据对身份犯违法性实质的不同理解，身份的本质存在联系义务与联系法益加以观察的两种进路。应当说，前一种理论进路不应当被采纳。

（一）身份本质的学说梳理

我国学者是按照真正身份与不真正身份的分类来界定身份的本质的，归纳之：我国学界存在真正身份代表义务说，真正身份与不真正身份都代表义务说，真正身份、不真正身份都与法益相关说，真正身份与法益相关、不真正身份与期待相关说，三重法益说这五种观点。如果对上述观点按照法益与义务为标准加以分类，可以分为义务说、法益说、折中说三种观点。

1. 义务说

上述第一种观点、第二种观点属于义务说的范畴。提倡真正身份代表义务说的，是陈兴良与周光权两位教授，两位教授在论述非身份者不能构成真正身份共同正犯的原因时说道："对于身份犯的性质应当适用义务违反说，纯正身份犯在这个意义上就是义务犯。从义务犯出发，身份犯的实行行为是以义务为前提的，具有这种义务的人才有可能实施该种行为；无此义务的人是不可能实施该种行为的。"[31]可见，两位教授将真正身份的本质视作代表着一定的义务。近期，林维教授也将真正身份犯的实质不法看作义务违反。[32] 在日本，从行为规范的规制对象出发，对身份犯进行限定的代表性学者是木村龟二教授。木村教授认为："纯正身份犯的本质是一定身份者根据身份，而被科之于一定的义

〔31〕 陈兴良、周光权：《刑法学的现代展开》，中国人民大学出版社2006年版，第342页。

〔32〕 参见林维：《真正身份犯之共犯问题展开》，载《法学家》2013年第6期。

务,因此,本来就只有义务负担者,能够就此义务违反而成立犯罪。”[33]据此,木村教授认为判例中所作的身份的定义,即“与一定的犯罪行为相关的犯人的关系或者特殊地位、状态”,并不能适用于纯正的身份犯,但是,此定义对于不真正身份犯而言是适当的,因为纯正身份犯的本质是义务违反,而不纯正身份犯则仅仅是刑的加重、减轻的原因或者地位、资格、状态。川端博教授也与其持相同观点。[34]

另外,不分真正身份与不真正身份,而是一概从义务违反处来说明两者本质的,是赵秉志教授。赵秉志教授认为,刑法之所以将特定身份规定为某些犯罪的主体要件,是由于行为人所具有的特定身份与法律上一定的权利和义务紧密相关,这些特定的身份赋予有此身份者特定的职责即权利和义务,如果具有特定身份者不正确履行义务,就严重破坏了统治阶级用刑法所保护的权利和义务关系,从而具有相当严重程度的社会危害性。对于加减身份而言,特定身份者所具有的权利义务关系,导致其犯罪行为的社会危害性高,从而承担更重的刑事责任。[35] 在日本,也有学者持相同观点。[36]

值得注意的是,上述提倡义务说的学者所言之义务,并非罗克辛所说的特别义务,而是根据身份犯的行为规范所指向的特定主体这一点,所导出的一般性刑事义务。两者的不同在于三点:一则,来源不同。前者来自先于刑法之前的其他规范,或者来自社会制度,后者来自刑法中指向特定主体的行为规范。二则,理论层次不同。前者是一个普适性的正犯原理,甚至根据罗克辛的想法,义务犯包含了身份犯,而后者却被包含于身份犯之中,被用于解释身份犯的违法性实质。三则,范围不同。特别义务要比一般性义务更为限缩。实际上,罗克辛就将义务分为两种类型,即表明与人有关的特别不法的特别义务,以及只是在立法

---

〔33〕 [日]木村亀二:《刑法总论》,有斐阁1959年版,第156页。

〔34〕 参见[日]川端博:《刑法总论讲义》(第2版),成文堂2006年版,第584页。

〔35〕 参见赵秉志:《犯罪主体论》,中国人民大学出版社1989年版,第291~293页。

〔36〕 日本的野村稔教授认为:“所谓身份犯,是指只有具有某种特定的身份才能构成犯罪,或者对于其刑法予以加重或减轻的场合。这是因为由于一定的身份而负有特别的义务。例如,遗弃罪的违法要素是对被遗弃者的生命、身体的抽象的危险。在这一点上,单纯遗弃罪和保护责任者遗弃罪都一样。但是,对于后者的刑罚较重,这是因为在违法要素中加上了作为保护责任者违反了应负担的保护义务的缘故。”参见[日]野村稔:《刑法总论》,全理其、何力译,法律出版社2001年版,第94页。

者限中限制行为人范围的一般性义务。前者如德国《刑法》第331条以下诸多职务犯罪中的公务员身份，第203条泄露秘密罪中的保密性义务，以及第266条背信罪中的财产照管义务；后者如第142条中事故肇事者的等待义务。并且认为，只有前者才适用德国《刑法》第28条第1款[37]的规定。[38]

2. 法益说

我国学者阎二鹏教授认为，纯正身份犯中的身份影响犯罪的成立，行为人无此身份不仅无法构成身份犯罪，亦不能构成其他犯罪，这是由纯正身份犯所侵犯的特定法益所决定的。例如，受贿罪侵犯的法益是国家工作人员职务行为的不可收买性，显然，该法益只有具有特殊身份的人才有可能侵害；在不纯正身份犯中，有身份者的行为之所以会比无身份者的行为受到更重的处罚，其根本原因在于有身份者对法益侵害的危险更大。[39]

另有学者认为，真正身份与法益相关、不真正身份与期待相关。例如，李成教授认为，纯正身份犯客观方面的危害行为只能由具有特定身份的人实施，这是由于具有这一身份的人实施某种犯罪行为，才会侵犯相应的特定的法益。质言之，纯正身份犯的本质是特定的法益侵害；但在不纯正身份犯中，有身份者与无身份者在客观上对法益造成的损害是相同的，之所以对二者的处罚不同，是因为行为人的期待可能性相异。例如，国家机关工作人员或者普通公民，实施诬告陷害行为的法益侵害性相同，但是，前者不侵犯公民的人身权利的期待可能性比后者大一些，但其却犯法，显示了其主观恶性较大，从而从重处罚。[40] 因为期待可能性是责任的基础，所以，总结上述学者的观点，可以概括为真正身份与违法有关，是违法身份；而不真正身份与责任有关，是责任身份。这一观点，

---

[37] 德国《刑法》第28条第1项规定："共犯（教唆者或帮助者）不具备作为正犯可罚性基础的特别的一身要素（第14条第1项）时，其刑罚根据第49条第1项而减轻。"第2项规定："法律规定因特别的一身要素而加重、减轻或者阻却刑罚的时候，该法规仅适用于存在此要素的参与者（正犯或者共犯）。"

[38] 参见［德］克劳斯·罗克辛：《德国刑法学·总论》（第2卷），王世洲、王锴、劳东燕、王莹、李婧、徐晓辉译，法律出版社2013年版，第81～82页。

[39] 参见阎二鹏：《共犯与身份》，中国检察出版社2007年版，第92～93页。

[40] 参见李成：《共同犯罪与身份关系研究》，中国人民公安大学出版社2007年版，第50～62页。

陆续得到我国其他学者的赞同,例如,近期,陈兴良、[41]黎宏[42]两位教授,便持此观点。在日本,早期的结果无价值论学者泷川幸辰[43]持此观点。

3. 折中说

该说结合法益与义务来界定身份本质。例如,提倡“三重法益说”的杨辉忠教授认为:“身份的本质在于特定的义务主体侵害了法律所保护的特定的法益,身份犯的主体在违背自己特定义务侵害刑法所保护的特定法益的同时,也侵害了刑法所普遍保护的普通法益。笔者暂且将之称为‘三重法益论’。在此,笔者首先强调了主体的特定性,即身份犯的主体并非仅仅是普通公民,而是负有一定义务的特定的人。其次,笔者强调了犯罪行为所侵害的法益的特定性,即这种法益必须是为法律所保护的特定的法益,它与犯罪主体的特定义务密切相关。最后,笔者在强调身份犯侵害特定法益的同时,也强调身份犯所同时侵害的刑法所普遍保护的普通法益。”[44]这可以看作对义务论与法益论的折中调和。在日本,也有学者持类似观点,例如,大塚仁教授认为:“犯罪是以法益侵害为核心来构成的。即,通说的法益侵害说的立场基本上是妥当的……进一步考虑时,必须率直地承认犯罪中也存在应该作为义务违反来把握的一面……犯罪的本质,基本上是对也包含着其侵害、威胁的形式的法益的侵害、威胁,同时,也必须认为是对一定法义务的违反。”[45]

(二)义务论批判与身份本质说的展开

1. 义务犯论批判

如上所述,这里所说的义务包含两种义务,一是来自刑法行为规范的义务,二是特别义务。应当说,这两种义务都难以合理界定身份犯的本质。

---

〔41〕 参见陈兴良:《身份犯之共犯:以比较法为视角的考察》,载《法律科学》2013 年第 4 期。

〔42〕 黎宏教授认为:“在真正身份犯的场合,身份是‘构成要件要素’,而在不真正身份犯的场合,身份只是‘罪责要素’。”因为构成要件至少是违法类型,而罪责就是责任,因此可以推知,黎宏教授将真正身份作为与法益侵害有关的违法身份来理解,而将不真正身份作为只是与责任有关的责任身份来理解。参见黎宏:《刑法学总论》(第 2 版),法律出版社 2016 年版,第 303 页。

〔43〕 参见[日]泷川幸辰:《犯罪论序说》,王泰译,法律出版社 2005 年版,第 164 页。

〔44〕 杨辉忠:《身份犯研究》,中国检察出版社 2007 年版,第 87 页。

〔45〕 [日]大塚仁:《刑法概说(总论)》(第 3 版),冯军译,中国人民大学出版社 2003 年版,第 91 ~ 92 页。

首先，从行为规范中无法推导出义务。将身份与义务挂钩的核心论点在于，将身份犯的违法性实质视作违背行为规范，继而将身份者作为接收行为规范（命令、禁止做或者不做某一行为）的“收信人”。但是，在普通犯罪之中，行为规范照样对普通人发出了具体的行为指示，例如，故意杀人罪中的“禁止杀人”以及具有作为义务时“应当救人”的规范指令，就针对每一个具有刑事责任能力的人而发出。如果说接收规范指令的人具有遵守规范行事的义务，那么，全部犯罪的实质违法性都是对义务的违反了，继而《刑法》中的行为人全部都负有不实施犯罪的义务了。这显然并不合理。另外，我们也禁不住要问，当身份者并未引起危害结果之际，其身份有何《刑法》上的意义？答案应当是并无意义。因为，具体的身份并非《刑法》的评价对象，现实中的入罪审查机制是从一个事实上的危害结果出发，追溯行为以及行为人的过程，也即“将一部纪录片倒过来看，从结尾来回溯所发生的事件的全过程。”[46]基于这一入罪审查机制的事后判断性，刑法规范首先应当是法官用以裁判案件，并依据罪刑法定原则来遏制国家刑罚权以免其不当侵犯人权的裁判规范，从裁判规范的视角来看，对义务的违反本身并不具有任何意义，法益侵害结果才是评价的重点。尤其是，我国《刑法》对受贿罪、贪污罪的犯罪数额都作了具体规定，并且通过司法解释提高了对数额的要求，这表明我国刑事立法是以危害结果作为定罪与量刑标准的。至此，不得不说，身份的本质是义务这一观点本身具有理论根据上的软弱性。

应当看到，身份是与实行行为、结果相并列的一个构成要件要素，并不是什么特殊的要素，具有身份的人也并非什么特殊的人。构成要件对国民指示一定当为或不当为的同时，也有着将违法，或者违法、有责行为予以类型化的机能，即构成要件同时也是违法类型或者违法、有责类型。从构成要件的机能出发，我们无法得出身份与其他构成要素不同的结论，因为身份同样是为违法性或者有责性赋予基础的要素之一。而且，在一个犯罪中，如果缺少身份、实行行为、结果等各构成要件要素之一的话，便不能被评价为构成要件的全面实现。这样一来，身份就是与实行行为、结果、因果关系一样的构成要件要素，这些要素综合决定着身份犯的不法。[47]在这个意义上，身份并无特殊性。如果非要说身份有什么特殊性，那也只在于没有一定身份的人无法成立身份犯的单独正犯，相较于普通犯罪，身份犯的主体受到限缩。但是，我们不能根据这一基于立法规

〔46〕 黎宏：《行为无价值论与结果无价值论：现状与展望》，载《法学评论》2005年第6期。

〔47〕 参见［日］十河太朗：《身份犯的共犯》，成文堂2009年版，第249页。

定而来的“形式上”的特殊性,得出身份在“实质上”与义务相关联的理论推导。这一理论推导,显然存在论证上的“飞跃”,因而不应被采纳。

其次,罗克辛或者 Jakobs 的义务犯理论也不应当被采纳。因为本人已经对义务犯理论做过系统反思与批判,[48]此处不再逐层批驳,而只简述其主要原因,即义务犯理论与我国立法相龃龉。我国《刑法》第 29 条规定:“教唆他人犯罪的,应当按照他在共同犯罪中所起的作用处罚。”据此,无身份的共犯参与人完全有可能被评价为主犯,从而在处罚上重于身份犯的正犯,但是根据义务犯理论,却只能导出与之相反的结论。例如,普通人教唆或者帮助法官枉法裁判(德国《刑法》第 339 条)的,虽然普通人能够参与法官的枉法裁判行为,但是,因为只有法官才负有特别义务从而能够实现枉法裁判罪所规定的高程度的“特别的不法”,所以,不具有法官身份的人根据第 28 条而相比法官减轻处罚。[49] 简言之,凡称之为义务者,必有一定专属性,这种专属性导致无身份的教唆犯、帮助犯的行为无价值程度低于具备身份的正犯,从而导致无身份者的刑罚都应当低于身份者。[50] 这的确与德国刑法规定相契合,因为根据德国《刑法》第 28 条第

[48] 对义务犯论的系统反思与批判,请参见周啸天:《义务犯理论的反思与批判》,载《法学家》2016 年第 1 期。

[49] 参见[德]克劳斯·罗克辛:《德国刑法学·总论》(第 2 卷),王世洲、王锴、劳东燕、王莹、李婧、徐晓辉译,法律出版社 2013 年版,第 191 页。

[50] Roxin 认为义务犯的正犯准则是特别义务违反,可罚性基础是法益侵害,参见[日]中义胜:《Claus Roxin 的“正犯与行为支配”·(一)》,载《关西大学法学论集》1965 年 15 卷 2 号,第 172 页以下。根据罗克辛的理论,无身份者与身份者在结果无价值这一点上相同,即法益侵害是连带的,但是,在行为无价值上,因为无身份者无特别义务,从而轻于身份者,即在行为无价值上,是相对独立的。Jakobs 认为义务犯的正犯准则与可罚性基础都是特别义务违反,但是,无身份者能够通过身份者而诱发、促进对义务的破坏,因此,无身份者也能够成立身份犯的共犯。因为无身份者的行为无价值程度低,无身份者应当减轻处罚。参见[日]平山干子:《不作为犯与正犯原理》,成文堂 2005 年版,第 189 ~ 191 页。由此可知,根据义务犯理论,一定会导出无身份者的违法性程度低于身份者。值得注意的是,我国有学者在秉承义务犯理论的基础上,否认这一点。参见何庆仁:《义务犯研究》,中国人民大学出版社 2010 年版,第 318 ~ 321 页。

1 款的规定，无“特别的一身要素”（besondere persönliche Merkmale）[51]（以下简称身份）的人，虽可成立身份犯的狭义共犯，但其刑罚应当根据第 49 条第 1 款而减轻。但是，却直接与我国《刑法》第 29 条的规定相抵触。

最后，上述两种与义务有关的观点，都不应当得到赞同，随即，企图根据义务来限缩身份犯中身份的理论进路，也不应当被采纳。当然，这不代表广义的身份概念不需要改进，至少我们应当在其中加入实质性的内容，以期避免身份概念的空壳化。

那么，一个基本思路就顺理成章，即在坚持刑法的目的是保护法益的基础上，联系法益与期待可能性来理解身份本质的理论进路。

2. 法益或可罚责任相关说的提倡

联系违法与责任这一对犯罪的实体对身份加以实质解释可知，身份要么与法益相关，要么与期待可能性、预防必要性相关。前者可称为违法身份，后者可称为责任身份。

首先，分析最为典型的国家工作人员可知，国家工作人员身份在事实上是侵害法益的前提或者加重法益侵害程度的前提，在规范上代表着对国有财产这一法益的支配。例如，就受贿罪而言，在事实层面上，不具备国家工作人员身份，不可能侵犯国家工作人员职务行为的不可收买性这一法益。

需着重说明的是，在规范层面上，国家工作人员身份代表对法益（国有资产）的现实支配。结合新近的司法解释，即可明白这一点。我国 2010 年出台了《最高人民法院、最高人民检察院关于办理国家出资企业中职务犯罪案件具体应用法律若干问题的意见》，其中第 6 条第 2 款规定：“经国家出资企业中负有管理、监督国有资产职责的组织批准或者研究决定，代表其在国有控股、参股公司及其分支机构中从事组织、领导、监督、经营、管理工作的人员，应当认定为国

〔51〕 根据该法典第 14 条第 1 款规定，“特别的一身要素”（besondere persönliche Merkmale）是“特别的一身属性、关系或者事由”（besondere persönliche Eigenschaften, Verhältnisse oder Umstände）。判例、通说认为，“属性”是指如年龄、男女之别、怀孕的状态这样的，与行为的本质密不可分的精神的、身体的、法律的要素；“关系”是公务员、裁判官、军人等资格，以及亲族关系、与他人之间的委托关系这样的，与他人、机关、物之间的外部关系；“事由”是“属性”和“关系”以外，全部的个人要素，其包含动机、心情等主观的要素，以及营业性、常习性。参见［德］克劳斯·罗克辛：《德国刑法学·总论》（第 2 卷），王世洲、王锴、劳东燕、王莹、李婧、徐晓辉译，法律出版社 2013 年版，第 182 页。

家工作人员。”这一司法解释实质性地扩大了“国家工作人员”的范围,加大了对国有资产的保障力度,因为,根据该解释第6条第2款的规定,“经过国家机关、国有公司、企业、事业单位委派不再是认定国有控股、参股公司中国家工作人员的必要条件。”[52]另外,该款也包含这一层意思,即对于国家出资企业委派到国家出资企业从事领导、管理等工作的“二次委派”人员,也完全可以认定为国家工作人员。[53]这显然完全脱离了以形式化的思维(有无根据文件任免等委派程序而获得的身份)来界定国家工作人员的范畴,从而在最大化保护国有资产这一价值导向下,秉承了以对国有资产这一法益有无事实上的支配、管理状态为核心标准,来界定身份的实质化解释思维。

总之,对国有资产的现实支配,使得国家工作人员获得了保证人地位,这一与法益相连接的保证人地位,才是身份的规范本质所在,而绝不是义务。

其次,我国刑法中的身份并非全部与法益相关,有的身份还与期待可能性、预防必要性相关。例如,妨害司法类犯罪中的“本犯”,我们一般认为其是消极的责任阻却身份,即无论是本犯教唆他人窝藏自己,还是他人帮助本犯逃匿,本犯都因为不具备期待可能性而并不成立犯罪,[54]这一消极的身份,实际上与期待可能性有关而与法益侵害无关,因为本犯教唆别人窝藏自己的,当然通过正犯侵犯了司法秩序这一法益,在法益侵害性上,本犯与正犯一致。

除了有些身份阻却期待可能性之外,有些身份还代表着可罚的责任的加重。可罚的责任是在期待可能性基础上,兼顾预防必要性的责任,本文采取可罚的责任论。简言之,我国刑法规定表明我国采取了可罚的责任论。我国《刑法》第13条规定,“情节显著轻微危害不大的,不认为是犯罪”,这表明,当违法没有达到可罚的程度之际,就不是犯罪,与可罚的违法相应,当责任没有达到可罚的程度之际,也当然不是犯罪。原因在于,刑罚是最为严厉的惩罚措施,属于法益保护的最后一道防线,因此,只有在犯罪行为具备可罚的违法与可罚的责任之际,方才值得动用最为严厉的惩罚措施对其加以惩处。而“为了说明行为人具有刑法上的责任即可罚的责任,就要求对其谴责必须强烈到有必要使用刑

[52] 吴涛、杨艳荣:《国有控股、参股公司中国家工作人员的认定》,载《人民法院报》2013年6月5日。

[53] 参见张宁、桑爱红:《国家出资企业人员职务犯罪有关问题的认定——国家出资企业人员职务犯罪研讨会综述》,载《人民法院报》2013年1月23日。

[54] 参见张明楷:《刑法学》(第5版),法律出版社2016年版,第1096页。

罚手段加以谴责的程度”。[55] 这里的“有必要使用刑罚手段加以谴责的程度”正是与预防必要性有关的目的性思考。总之，可罚的责任论兼顾应罚性（期待可能性）与需罚性（预防必要性），是刑法教义学与刑事政策学结合的一个具体表现，也是当今德日责任论的主流。[56]

我国《刑法》第361条中的“单位的主要负责人”就是与可罚的责任相关的身份。第361条第1款规定了旅馆业、饮食服务业、文化娱乐业、出租汽车业等单位人员，利用本单位条件，组织、强迫、引诱、容留、介绍他人卖淫的，成立相关犯罪，第2款规定“前款所列单位的主要负责人，犯前款罪的，从重处罚”。因为第361条第1款所规定的组织卖淫、强迫卖淫等犯罪行为中已经包含“利用本单位的条件”的规定，所以，第2款中的“单位的主要负责人”所实施的行为，也应当满足“利用本单位的条件”的规定。实际上，无论是旅馆等服务业的次要负责人，还是主要负责人，都利用到了单位这一整体所具有的优势，在对单位优势的利用这一点上，两者不会产生利用程度的差异。例如，某公司拥有五星级酒店一座，内含房间100个，无论是该公司的总经理，还是该公司的客房部主管，都只能在100间房的范围内“利用本单位的条件”来组织、容留卖淫，两者在违法性的程度上很难分出伯仲。既然如此，对该公司的总经理（主要负责人）从重处罚的根据就并不在于违法的加重，而是可罚的责任的加重，即总经理（主要负责人）因具有一定的专业管理能力从而具有更高的预防必要性。

另外，还有些身份虽然没有写在刑法典之中，但是，在我国司法实践以及刑事理论中，大家都公认其具有阻却责任或者减轻可罚的责任的效果，例如，盗窃罪中的近亲属。2013年最高人民法院与最高人民检察院颁布了《关于办理盗窃刑事案件适用法律若干问题的解释》，其第8条规定：“偷拿家庭成员或者近亲属的财物，获得谅解的，一般可以不认为是犯罪；追究刑事责任的，应当酌情从宽。”据此，近亲属在盗窃罪中起着阻却、减轻期待可能性以及预防必要性的作用，即“在亲属之间，反对行为动机的反对动机很微弱，期待其不施盗窃行为明显困难，因此，对这种亲属之间的盗窃行为，认定其责任较轻而否定其具有可罚的责任”。[57] 实际上，日本《刑法》第244条就明文规定了配偶、直系血亲或者同居亲属对盗窃罪可罚的责任的阻却作用。

---

〔55〕 黎宏：《关于“刑事责任”的另一种理解》，载《清华法学》2009年第2期。

〔56〕 关于可罚责任的论述，另请参见周啸天：《身份犯共犯教义学原理的重构与应用》，载《中外法学》2016年第2期。

〔57〕 黎宏：《关于“刑事责任”的另一种理解》，载《清华法学》2009年第2期。

最后,总结以上,身份的本质或者与法益相关,这表现在某些身份是侵害法益的事实前提,或者与期待可能性与预防必要性即可罚的责任相关,这表现在某些身份是阻却责任或者加重责任的事实前提。如果要彻底贯彻刑法的目的是保护法益这一点,并且联系犯罪论体系中的违法与责任,来实质地看待身份的功能,我们就必然会得出这一结论。

另外需要说明的是,虽然我国已经有学者在引入日本的身份的实质化分类的基础上,提出违法身份与责任身份的概念,[58]应当说,这一理论引入工作颇具意义,但是,该学者并未联系我国的犯罪论体系,尤其是并未从实质违法性与可罚的责任处来说明违法身份与责任身份的实质内涵,从而并未完整揭示违法身份与责任身份的理论基础。本文对身份本质的界定,正好能够弥补这一不足。

四、身份本质观的应用

本文所提倡的身份本质观,存在三个具体应用面向:一是消除身份概念空壳化的困境;二是明确划定我国刑法中身份犯的范围;三是合理解决身份犯的共犯问题。以下分别按照界定身份概念、厘定身份犯范围,与解决身份犯共犯问题两个版块加以论述。

(一)界定身份概念与划定身份犯范围

首先,引入本文提倡的身份本质观,身份的概念就具备了实质性内容。如上所述,本文通过联系犯罪论体系中的违法与责任两个实体来看待身份,从而将身份的本质界定为身份代表着违法或者可罚的责任。那么,我们就完全可以将身份的概念表述为:身份是指行为主体在社会关系上与违法或者可罚的责任相关的特殊资格、地位与状态。当然,从广、狭两义的对比上来看,本文所提倡的身份概念仍然是广义的,因为根据该定义,身份的范围较为宽泛,但是与原先广义的身份概念不同的是,身份的概念被纳入了实质性因素,如此一来,对身份的定义就不再单单是语词上的循环定义,这也就避免了身份概念的空壳化。

---

〔58〕 参见陈洪兵:《违法身份与责任身份分类的尝试——以日本刑法第 65 条的规定为视角》,载《云南大学学报》(法学版)2007 年第 4 期;陈洪兵:《加减的违法身份概念之提倡——以日本共犯与身份理论为借鉴》,载《同济大学学报》(社会科学版)2007 年第 6 期;陈洪兵:《共犯与身份的中国问题》,载《法律科学》2014 年第 6 期;陈洪兵:《共犯论的分则思考——以贪污贿赂罪及渎职罪为例》,载《法学家》2015 年第 2 期。

其次,根据身份的实质定义,还可以明确划定我国刑法分则中身份犯的范围。对于最具争议的强奸罪而言,既然男性是侵犯到妇女性自主决定权这一法益的事实前提,并且男性是一种性别地位,那么,我们就应当大方地承认男性是身份,由男性所构成的强奸罪是身份犯。

就刑法分则而言,因为身份的本质或者是侵害法益的事实前提,或者是影响可罚的责任的事实前提,所以,身份本身不可能引起法益侵害,引起法益侵害的,是犯罪行为,具体而言,是着手。这一点也正如张明楷教授所指出的:“特殊身份必须是在行为主体开始实施犯罪行为时就已经具有的特殊资格、或者已经形成的特殊地位或状态,因此,行为主体在实施犯罪后才形成的特殊地位,不属于特殊身份。例如,在犯罪集团中起组织、策划、指挥作用的首要分子,不属于特殊身份。”[59] 应当说,这里的“犯罪行为时”指的是着手之后,而非着手之前。[60] 这是因为:一方面,身份并不会直接引起法益侵害结果,直接引起法益侵害结果的,只能是具备具体危险的行为(着手后的行为),而不是身份,否则,身份就成了因果归责的起点了,这显然荒谬。另一方面,既然身份是一种状态,那么,在我国,有些因为实施了先于着手的行为而获得的状态,也可以看作身份,例如,保险诈骗罪中第 1 款第 1 项所规定的“投保人故意虚构保险标的,骗取保险金”中的投保人即是如此。对此,张明楷教授作过精彩论述,其认为,第 1 项的行为以签订合同时虚构保险标的为着手,那么,投保人身份就因着手实施犯罪而形成,那么第 1 项所规定的投保人就不是特殊身份,第 1 项的犯罪就不是真正身份犯;但如若认为第 1 项的行为以骗取保险金为着手,那么,投保人身份在开始实施犯罪前便已具备,第 1 项的投保人就是特殊身份,第 1 项的行为就是真正身份犯。而着手应对法益侵害具有实质、紧迫的危险,那么,此处的着手应为骗取保险金之时,既然基于实施投保行为而获得的状态产生于着手之前,我们就完全可以将此处的投保人身份理解为真正身份。[61] 的确,犯罪行为的开始并不意味着着手,因为,着手具备的是“结果危险”,其更加具体而紧迫,而犯罪行为只具备“行为危险”,其相对抽象而缓和。根据这一点,犯罪行为与着手就可以相对分离,例如,隔地犯、隔时犯便是如此。那么,上述投保人身份实际

[59] 张明楷:《刑法学》(第 4 版),法律出版社 2011 年版,第 312 页。

[60] 参见[日]十河太朗:《身份犯的共犯》,成文堂 2009 年版,第 336 页。

[61] 参见张明楷:《论身份犯的间接正犯——以保险诈骗罪为中心》,载《法学评论》2012 年第 6 期。

上就是实施虚假投保的行为的人,其当然可以看作身份,由投保人所构成的保险诈骗罪,当然是身份犯。实际上,“投保人故意虚构保险标的,骗取保险金”中的投保人是否是身份的困惑只是来自立法者的规定而已,因为立法者完全可以将上述条款规定为“虚假投保人骗取保险金”,从而解消我们的疑虑。

并且,我国《刑法》第 269 条事后抢劫罪中的“犯盗窃、诈骗、抢夺罪”的人,也是身份,因为该罪的着手是实施暴力或者以暴力相威胁之际,并且,通过实施盗窃、诈骗、抢夺行为当然可以获得一种实施了行为的状态,只不过这种状态是通过实施一定的行为而获得的。既然这种状态产生于着手之前,那么,第 269 条就是由特殊主体所构成的身份犯,我们完全可以根据身份犯共犯的相关原理,来解决第 269 条的共犯问题。

(二)解决身份犯的共犯问题

在身份犯的共犯问题上,我国通说可以概括为真正身份(定罪身份/构成身份)在定罪上起连带作用,不真正身份(量刑身份/加减身份)在定罪上起独立作用这一句话。[62] 但是,通说观点难言正确。因为量刑身份并不当然起到独立作用。以普通人参与国家机关工作人员诬告陷害他人的场合为例,因为刑法分则规定的都是单独正犯,所以,我们能否对普通人也“从重处罚”就成为问题。而问题的答案无法根据“量刑身份”这一概念得出,只能取决于国家机关工作人员受到“从重处罚”的实质根据。决定量刑的因素是违法与责任,如果“从重处罚”的根据在于国家机关工作人员的犯罪行为能够引起更为严重的法益侵害结果,[63]那么,普通人通过正犯引起了加重的法益侵害结果(违法连带)从而也应当“从重处罚”。如果“从重处罚”的根据在于对国家机关工作人员的期待可能性升高,即责任更重,[64]那么根据责任在共犯之间应当个别判断(责任个别)的原理,对普通人就不应当“从重处罚”。还有,定罪身份也并不当然起到连带作用。例如,窝藏罪中的“本犯”是消极的定罪身份,但是“本犯”却是与期待可能性相关的责任身份,应当起到独立作用。如此看来,通说的主张存在缺陷。

---

〔62〕 参见高铭暄、马克昌主编:《刑法学》(第 5 版),北京大学出版社、高等教育出版社 2011 年版,第 96 ~ 97 页。

〔63〕 张明楷教授持此观点,参见张明楷:《刑法的私塾》,北京大学出版社 2014 年版,第 176 页。

〔64〕 陈兴良教授持此观点,参见陈兴良:《身份犯之共犯:以比较法为视角的考察》,载《法律科学》2013 年第 4 期。

1. 既有不同身份者共同犯罪定性理论模式的不足

在身份犯的共犯理论之中,核心问题便是如何解决不同身份者共同犯罪的问题,这主要包括两个典型情况:一是公司、企业人员与受委派到本单位从事公务的人员,相互勾结,各自利用职务便利侵吞本单位财产的类型;二是被保险人与保险公司工作人员(公司、企业人员或者国家工作人员)相互勾结,共同骗取保险金的类型。总结我国学者针对上述问题的既有代表性观点,有分别定罪的理论模式,[65]以一方主体所触犯的罪名为全体犯罪参与人定罪的理论模式(主要包括"主要职权决定说"[66]"较高身份决定说"[67]"核心角色说"[68]),以及根

[65] 参见钱毅:《略论特殊主体与一般主体共同犯罪的定罪量刑》,载《中央管理政法干部学院学报》1993年第5期;杨兴培、何萍:《非特殊身份人员能否构成贪污罪的共犯》,载《法学》2001年第12期。

[66] 如赵秉志教授认为,在不同身份者共同犯罪的案件中,应当以为主的职权行为,即由共犯主要利用的职权来决定共犯的性质。在公司、企业工作人员与本单位中具备国家工作人员身份的人相互勾结,共同侵占本单位财产的案件中,如果两人主要利用的是前者的职权,则全案以职务侵占罪定罪,如果两人主要利用的是后者的职权,则对全案定以贪污罪。当无法判断主要利用两者谁的职权之际,为了贯彻有利于被告原则,按照"就低不就高"原则,对全案论以职务侵占罪。当然,在普通人加功身份者的场合,因为普通人利用了身份者所具有的职权,所以按照身份犯定罪,相反,在身份者加功普通人的场合,由于身份者所具有的职权居于次要地位,对其按照普通犯罪定罪。参见赵秉志:《共犯与身份问题研究——以职务犯罪为视角》,载《中国法学》2004年第1期。

[67] 如周光权教授认为,应当按照在一般社会观念上身份地位相对较高的人的行为定罪。因为刑法第382条第3款所规定的与前两款人员勾结,伙同贪污的,以共犯论处的规定是注意规定,其包含了无身份者参与身份犯以及公司、企业人员伙同国家工作人员贪污这两种情况,这样,国家工作人员的身份相对于企业工作人员属于"较高身份",其连带作用于相对较低的身份者而定罪,较低的身份者构成此罪的狭义共犯。对于全案以贪污罪定罪处罚。参见周光权:《刑法总论》(第2版),中国人民大学出版社2011年版,第244页。

[68] 如张明楷教授认为,应当以"核心角色"所触犯的罪名对全案定罪,即在公司中不具有国家工作人员的身份者与国家工作人员相互勾结,分别利用各自的职务便利,共同将本单位财产占为己有的案件中,如果国家工作人员是核心角色,对全案定以贪污罪,如果非国家工作人员是核心角色,为了取得处罚上的均衡,也应当以贪污罪对全案定罪。参见张明楷:《刑法的基本立场》,中国法制出版社2002年版,第281~282页。

据想象竞合犯原理的定罪模式。[69] 但是,上述模式都存在不足之处。

首先,分别定罪说容易导致处罚失衡。在有些场合下,该说会导致普通人受罚,身份者不成立犯罪的结论。例如,普通人参与国家工作人员监守自盗29,000元的,按照分别定罪说,普通人被论以盗窃罪,其刑档为三年以下有期徒刑、拘役或者管制,国家工作人员反而难以被论以贪污罪,除非有"其他较重情节"。在另外一些场合,该说反而导致身份者受罚,普通人逍遥法外的结局。"如国家工作人员与常人共同收受贿赂或挪用公款的行为,依分别定罪说,对国家工作人员定受贿罪或挪用公款罪,而对常人就无法律依据追究其刑事责任,无疑放纵了犯罪。这将有损执法的统一性和严肃性。如广西壮族自治区主席成某某与李某共同受贿案,以及北京首都发展有限公司原党委书记兼董事长毕某某及其妻王某某共同受贿案,依这种学说,成某某、毕某某可定受贿罪,而李某、王某某就定不了罪,显然放纵了犯罪。"[70] 此外,如果采取分别定罪说的逻辑,在普通人参与公司、企业人员监守自盗的场合,普通人定盗窃罪,而公司、企业人员定职务侵占罪,由于现阶段我国在立法的刑罚设置上,前者的法定刑绝对重于后者的法定刑,这就导致普通人的刑罚比有一定身份者的刑罚还高出许多的量刑失衡现象。

其次,"主要职权决定说""较高身份决定说""核心角色说"也分别存在问题。"主要职权决定说"所提倡的"就低不就高"原则存在与共犯论基本原理相违背、判断标准模糊两个问题。赵秉志教授认为,在企业、公司工作人员与本单位中具备国家工作人员身份的人相互勾结,共同侵占本单位财产的案件中,如果两人主要利用的是前者的职权,则全案以职务侵占罪定罪,如果两人主要利用的是后者的职权,则全案定以贪污罪。当无法判断主要利用两者谁的职权之

〔69〕 如陈家林教授认为:"既然已经确定投保人的行为同时触犯了两个罪名:保险诈骗罪与职务侵占罪或贪污罪,那么就可以直接按照想象竞合的原则从一重处断。同理,对保险公司的工作人员所触犯的两个罪名:职务侵占罪或贪污罪与保险诈骗罪,也应当按照想象竞合的原则从一重处断。"参见陈家林:《共同正犯研究》,武汉大学出版社2004年版,第309页。另外,与陈家林教授持相似观点的,请参见王作富、庄劲:《共同犯罪与构成身份新论》,载《人民检察》2003年第11期;吴飞飞:《身份犯论——基于犯罪形态视野的考察》,中国检察出版社2014年版,第192页。

〔70〕 徐留成:《身份犯比较研究》(第2版),人民法院出版社2013年版,第239页。

时，为了贯彻有利于被告原则，按照“就低不就高”原则，对全案论以职务侵占罪。[71] 但是，既然成立了共同犯罪，就一定会存在共同犯罪行为，而共同犯罪行为，“指各行为人的行为都指向同一犯罪，互相联系、互相配合，形成一个统一的犯罪活动整体”。[72] 在互相联系、互相配合的基础上，表面上是公司、企业人员与国家工作人员各自利用了职务便利，但是实质上，公司、企业人员必然利用到国家工作人员的职务便利，国家工作人员也必然利用到了公司、企业人员的职务便利。因为共同犯罪中的“共同”首先是“行为的共同”，在双方互相利用对方行为（利用职务便利是贪污罪、职务侵占罪实行行为的重要内容）的前提下，很难区分出主要利用谁的职权、次要利用谁的职权，毋宁说，两者相互利用了对方的职权。另外，在难以判断主要利用了谁的职务便利之际，“就低不就高”中身份的“低”与“高”如何判断，其标准也不明确。例如，国家出资企业中不具有国家工作人员身份，但主管投资、审批的副总经理，与上级国有公司委派到该公司中协助副总经理工作的总经理助理，在以市场为导向的现代企业管理体系中，前者的身份反而应当高于后者。因为前者在企业决策上显然更具发言权。如果说“就低不就高”原则中身份“低”“高”的判断标准不明，那么，“较高身份决定说”所提倡的按照“优先特殊主体”所触犯的罪名定罪的观点也难以采纳。因为，“优先特殊主体”的判断标准仍然是不明确的。

“核心角色说”也存在种种理论问题。我国学者李成博士对核心角色说提出以下质疑：(1)核心角色说还是以主要作用为判断标准，故而实际上是主犯决定说。(2)当存在两个核心角色时，该说也无法对此情况作一解决。(3)核心角色说以犯罪支配理论为基础，并不恰当。因为犯罪支配理论是在划定共同犯罪的性质后，在内部所作的区分正犯与共犯的理论，以犯罪支配说为标准来决定共同犯罪的性质是不当的。(4)核心角色说之中，认为在非国家工作人员是核心角色且明知对方是国家工作人员时，以贪污罪处罚的观点，是对核心角色

---

〔71〕 参见赵秉志：《共犯与身份问题研究——以职务犯罪为视角》，载《中国法学》2004年第1期。

〔72〕 高铭暄、马克昌：《刑法学》（第5版），北京大学出版社、高等教育出版社2011年版，第163页。

的贯彻不彻底。[73] 对此,张明楷教授认为,核心角色说并非主犯决定说,因为核心角色仅限于实行犯之中,而教唆犯也可能是主犯,并且,一个案件之中不可能出现两个核心角色。[74] 但是,对于张明楷教授的补充,周光权教授评论道:"核心角色说实际上是对区分正犯和共犯的犯罪支配说换了一种说法,确定谁是核心角色,实际上等于确定谁是正犯。在一个共同犯罪中,具有不同身份者都是核心角色的情况并不鲜见,所以,核心角色说并不能提供解决问题的最终方案。"[75] 应当说,以上批判都是中的之言。

最后,以想象竞合犯定罪的模式实际上混淆了法条竞合关系与想象竞合关系。应当看到,贪污罪与职务侵占罪并非想象竞合关系,而是法条竞合关系。因为在公司人员与国家工作人员相互勾结,各自利用职务便利侵吞本单位财产的案件中,该共同犯罪形态所造成的法益侵害结果就只有一个,即国家工作人员职务行为的廉洁性以及公共财产。这完全能够被贪污罪完整评价。至于公司人员所侵犯的法益(公共财产),完全能够被贪污罪所保护的法益所包含。如此一来,我们就不应当用想象竞合犯的原理来解决上述案例,而是应当用到法条竞合的原理。因为,职务侵占罪与贪污罪是法条竞合而不是想象竞合。就连其后改为提倡以想象竞合原理解决不同身份者共犯定性问题的张明楷教授,他自己也论述道:"从实质上说,法条竞合时,只有一个法益侵害事实;想象竞合时,则有数个法益侵害事实。例如,贪污罪与职务侵占罪被规定在刑法分则中的不同章节,导致人们认为贪污罪不是财产犯罪。但事实上并非如此。换言之,贪污罪与职务侵占罪都是财产犯罪,所以,二者之间存在法条竞合关系。"[76] 可见,在这种情况下,以贪污罪来评价整个共同犯罪,即以贪污罪对各个共犯参与人定罪即可。由于基于想象竞合原理的问题解决模式犯了混淆法条竞合犯与想象竞合犯的谬误,故而导致其存在一定的理论含混性。

---

[73] 参见李成:《共同犯罪与身份关系研究》,中国人民公安大学出版社2007年版,第147~148页。

[74] 参见张明楷:《诈骗罪与金融诈骗罪研究》,清华大学出版社2006年版,第450~451页。

[75] 周光权:《刑法总论》(第2版),中国人民大学出版社2011年版,第244页。

[76] 张明楷:《刑法学》(第4版),法律出版社2011年版,第436页。

2.“违法身份连带、责任身份个别”原理的应用

首先,根据本文所提倡的身份本质观,我们可以将身份分为违法身份与责任身份,前者是与法益侵害相关的身份,后者是与期待可能性、预防必要性相关的身份。

在违法身份之中,根据违法身份是奠定刑罚的基础,还是起到加重、减轻刑罚的作用为标准,对违法身份进行分类可知,违法身份还可分为构成的违法身份、加重的违法身份、减轻的违法身份。[77] 我国存在构成的违法身份,如上述受贿罪中的国家工作人员,不具备该身份就不可能构成犯罪。再如,《刑法》第236条强奸罪中的男性、《刑法》第166条为亲友非法牟利罪中的国有公司、企业、事业单位的工作人员,《刑法》第397条滥用职权罪中的国家机关工作人员等也是。我国也存在加重的违法身份,例如,贪污罪中的国家工作人员,相对于盗窃罪、诈骗罪、侵占罪而言,就是代表着多侵犯了一个国家工作人员职务行为廉洁性这一附加法益,从而加重其违法程度的身份。此外,挪用公款罪中的国家工作人员,相对于挪用资金罪而言,除去侵犯财产法益之外,也属于体现侵犯附加法益的加重的违法身份。再如,根据《刑法》第245条第2款的规定,司法工作人员滥用职权犯非法搜查罪、非法侵入住宅罪的,从重处罚,根据法条明文规定的“利用职权”“滥用职权”可知,上述身份代表着对国家工作人员职务行为的公正性这一附加法益的侵犯。加重的违法身份除了通过侵犯附加法益加重违法之外,还可能加重侵犯法益的危险性而加重违法。例如,我国《刑法》第234条诬告陷害罪第2款规定,“国家机关工作人员犯前款罪的,从重处罚”。此处的国家机关工作人员就是加重的违法身份,“因为当国家机关工作人员去诬告陷害他人时,公检法肯定会更加重视国家机关工作人员的指控,因此被诬告的人被追究的可能性也就会更大”,[78] 即具备国家工作人员身份代表着加重法益侵害结果的可能性。类似的加重的违法身份还有,《刑法》第253条私自隐匿、开拆、毁弃邮件电报罪中的“邮政工作人员”、第109条叛逃罪中“掌握秘密的国家工作人员”、第307条妨害作证罪与帮助毁灭、伪造证据罪中第3款的“司法工作人员”、第349条包庇毒品犯罪分子罪中的“缉毒人员或者其他国家

[77] 参见[日]西田典之:《共犯与身份》,成文堂2003年版,第171~173页。

[78] 张明楷:《刑法的私塾》,法律出版社2014年版,第176页。

机关工作人员”等。我国《刑法》之中尚未发现减轻的违法身份。〔79〕

同理,根据某身份是起到奠定责任的基础作用,还是加重、减轻责任的作用,责任身份可以分为构成的责任身份,与加重、减轻的责任身份。梳理之,我国刑法分则中分别存在构成的责任身份与加重的责任身份。例如,赌博罪中“以赌博为业”的人就是构成的责任身份。这里的“以赌博为业”实际上是对常习性的规定,因为在司法实务中,即便只查证赌博一次,但是,如果确有证据(例如,赌博的手段、方法、所使用的工具等方面)能证明其具备赌博常习性的,也会按照本罪追诉。赌博罪之所以要求常习性,并且将处罚根据求之于行为人的主观习性,是为了限缩赌博罪的处罚范围,即赌博常习者才具备可罚的责任从而具有“运用刑罚进行特别预防的必要性”。〔80〕 再如,上述第 361 条第 2 款规定中的“单位的主要负责人”,就是加重的责任身份。

其次,限制从属性是我国的通说,根据该原理能够推导出“违法连带、责任个别”的原则。具体推导步骤为:一则,正犯是对犯罪结果承担“第一次责任”的人,共犯是承担“第二次责任”的人,既然如此,在“第一次责任人”的行为都不违法的前提下,我们就没有发动刑罚来惩罚“第二次责任人”的必要,这便是限制从属性所要求的共犯的成立以正犯违法为必要条件的实质根据。由于违法是对法益的客观侵害,并且共犯通过正犯侵犯法益,故而,在正犯侵犯法益的前提下,共犯也通过正犯而引起法益侵害,这便导出了“违法连带”原理。二则,根据限制从属性说,共犯的成立不以正犯具备有责性为必要条件,所以,责任要素应当在正犯与共犯之间个别判断,这便是“责任个别”原理。据此,“违法连带、

〔79〕 日本刑法第 212 条规定的是自己堕胎罪,其主体为孕妇,第 213 条是同意堕胎罪的规定,主体是孕妇之外的第三人,前者刑罚较轻。平野龙一教授认为,“如果堕胎罪保护的法益是胎儿的生命与身体,那么,孕妇与第三人的堕胎行为在侵犯法益这一点上相同,孕妇处罚轻就是因为责任减轻……但是,堕胎罪的保护法益是母体的安全而非胎儿,其刑罚较轻是因为孕妇自己实施堕胎行为属于自伤行为,从而减轻违法。”参见[日]平野龙一:《刑法总论·Ⅱ》,有斐阁 1975 年版,第 373 页。西田典之教授也认为,孕妇属于因具备自伤行为的减轻的违法身份。参见[日]西田典之:《新版共犯与身份》,成文堂 2003 年版,第 283 页。但是,我国并无减轻的违法身份的规定。

〔80〕 [日]山口厚:《刑法各论》(第 2 版),王昭武译,中国人民大学出版社 2011 年版,第 605 页。

责任个别”原理得以证成。

最后，根据“违法连带、责任个别原则”，我们可以导出“违法身份连带、责任身分个别”原理，用以解决身份犯的共犯问题。

参与违法身份（构成的违法身份、加重的违法身份）犯罪之人，成立与违法身分者相同的罪名。例如，普通主体教唆或者与国家工作人员一起“监守自盗”的，因为贪污罪相对于盗窃罪除去侵犯财产法益之外，多侵犯一个职务行为廉洁性这一附加法益，所以，国家工作人员相对于普通主体属于加重的违法身份，从而根据“违法身份连带”原则，对各个犯罪参与人统一根据贪污罪定罪。另外，普通人参与国家机关工作人员诬告陷害的，只要其认识到国家工作人员身份，也应当对普通人“从重处罚”，因为普通人通过国家机关工作人员实现了高度的违法。

在公司企业中，不具备国家工作人员身份者与国家工作人员相互勾结，各自利用职务便利的案件中，因为职务侵占罪侵犯的法益是财产，[81]而贪污罪侵犯的法益除去财产之外，还多出一个国家工作人员职务行为廉洁性的附加法益，所以，根据“违法身份连带”原则，对于双方主体，应当统一定为贪污罪。与之相类似地，是纳税人与税务机关征税人员相互勾结，以虚假申报之后加以审批的手段少缴税款的案例。在该案例中，征税人员所触犯的徇私舞弊不征、少征税款罪位于渎职罪一章，其侵犯的法益是国家机关的正常管理活动，但是，因为成立该罪还要求“致使国家税收遭受重大损失”，所以该罪所保护的法益还包含国家的税收征管秩序。那么，相对于纳税人所触犯的逃税罪而言，征税人员所触犯的徇私舞弊不征、少征税款罪就多侵害了一个附加法益，即国家机关的正常管理活动，因此，征税人员属于加重的违法身份。根据“违法身份连带”原理，对于该案中的双方应当以徇私舞弊不征、少征税款罪论处。

对于被保险人与保险公司工作人员（公司、企业人员或者国家工作人员）相互勾结，共同骗取保险金的类型，“违法身份连带”原理的处理步骤为：一则，保

---

〔81〕 尽管有学者认为职务侵占罪所侵犯的法益是单位的管理秩序与财产，但是，笔者认为因为该罪被规定在第五章财产犯罪之中，并且其手段只能是狭义的侵占而不包括盗窃、诈骗，所以，我们应当将其单纯理解为侵占罪的加重犯罪，而其保护法益，就仍然应当只是财产。具体参见周啸天：《职务侵占罪中“利用职务上的便利要件”之再解读——以单一法益论与侵占手段单一说为立场》，载《政治与法律》2016年第7期。

险诈骗罪与职务侵占罪或者贪污罪属于相异的违法身份犯。由保险诈骗罪所处的章节可知,该罪所保护的法益是社会主义市场经济秩序,但是,职务侵占罪与贪污罪所保护的法益却分别是财产、职务行为的廉洁性与财产,那么,保险诈骗罪与职务侵占罪、贪污罪所保护的就是在本质上相异的法益,双方是相异的违法身份犯。二则,根据行为共同说,对双方应当以想象竞合犯处理。被保险人在自身触犯保险诈骗罪之外,还通过公司、企业人员或者国家工作人员触犯职务侵占罪或者贪污罪,公司、企业人员或者国家工作人员在自身触犯职务侵占罪或者贪污罪之外,还通过被保险人触犯保险诈骗罪,一个自然意义上的行为触犯两个规范上的相异罪名,当以想象竞合犯原理处断。不难发现,想象竞合原理仍然在"违法身份连带"的原理之下运行,其并未超出"违法身份连带"原理而一跃成为独立的解决身份犯共犯问题的原理。

参与责任身份(构成的责任身份、加重的责任身份)的人,只能够根据自己的情况来判断是否成立犯罪,以及接受什么样的处罚。例如,普通人教唆以赌博为业者赌博的,尽管普通人认识到其教唆的人是有常习性之人,但因为普通人并无该习性,所以,普通人不应当成立赌博罪的共犯,而应当无罪。再如,非单位主要负责人教唆单位主要负责人利用单位便利组织、强迫、引诱、容留、介绍他人卖淫的,不得对非单位主要负责人从重处罚。

五、余　论

本文通过对广义与狭义两种身份概念的探讨,揭示出两种概念的差异所在,并联系犯罪的实质违法与责任,对身份的本质作了界定。在此基础上,本文实质性地重述了身份的概念,并且对本文所提倡的身份本质观稍作功能性展开。

或许有学者会指出,本文对身份的界定仍显宽泛,从而也导致身份犯范围的宽泛。但是,就刑法教义学上而言,一切基于对16岁以上自然主体加以内涵限定而来的自然主体,都可以看作特殊主体,进而具备身份。因为我们正是根据这一逻辑,来认定特殊法条与普通法条的,即凡是对普通法条的构成要件要素(内涵)加以限定者,就是特殊法条。并且,即便是以特别义务来限定身份,或者以社会功能的角度来限定身份,也会因为特殊义务随着具体社会制度、结构的变迁而变迁,无论如何,身份都是一个开放性的存在。让我们稍作反思《刑法》第388条之一的利用影响力受贿罪中的"与该国家工作人员关系密切的人",即可明白身份的开放性。张心向教授将"关系密切的人"类型化为:工作关系、情人关系、同乡关系、同学关系、远亲关系、其他关系,并根据公布的裁判文书,量化研究53个利用影响力受贿罪的案件之后,所得出的结论是:在"关系密切的人"之中,被认定为其他关系的23件,占44%;工作关系的14件,占25%;远亲关系的11件,占21%;同乡、情人关系的各2件,分别各占4%;属于同学关系的1件,占2%,即其他关系占大多数的结论。[82] 毫无疑问,"其他"是一个经常出现于刑法条文与司法解释中的开放式的描述语词。行文至此,尽管会令人感到沮丧,但我们还是不得不承认,在很大程度上,身份就是"只能描述,而难以定义"的那个对象。

另外,就哲学上而言,在一个本质日益被解构,碎片化、交错、断层等语词愈加被重视的后现代社会里,身份本身或许就是难以把握的。我们不妨回想一下名为"忒修斯之船"的思想实验,即"忒修斯"之船的木头被逐渐替换,直到所有的木头都不是原来的木头,那这艘船还是原来的那艘船吗?如果"忒修斯"之船同时可以是,也可以不是"忒修斯"之船,我们何以确保我们自己的同一性?如果我们自己也可以不是自己,我们又何以确保依附于我们身上的标签,即身份还是那个身份?当然,这样的问题或许多少会再次令我们感到沮丧。

最后,还是让我们回到教义学上来,本文认为保险诈骗罪、事后抢劫罪、强奸罪都是身份犯,那么,无身份之人就只能成立上述犯罪的教唆犯、帮助犯,或者充其量再包含共同正犯,而绝不可能成立其单独正犯(直接正犯、间接正犯)。有学者或许会质疑,女人利用智障男性强奸其他女性的,难道不是强奸罪的间接正犯吗?根据本文观点,答案是否定的。因为共同犯罪是违法形态,而共犯只需要引起正犯的违法即可,而无须从属于正犯的故意,[83] 所以,当以间接正犯的故意而实现了共犯的构成要件(因不具备特别的构成要件要素而满足的修正的构成要件)之际,我们完全可以将上述案例中的女人论以强奸罪的教唆犯。又因为在我国,根据《刑法》第29条第1款的规定,教唆犯完全有可能被论以主

---

[82] 参见张心向:《刑法中"关系密切的人"之实证考察与再审视》,载《法治研究》2015年第6期。

[83] 具体论证参见张明楷:《共犯对正犯故意的从属性之否定》,载《政法论坛》2010年第5期。

犯,所以,本文观点不会带来定罪与量刑上的问题。

Broadly or Narrowly: Redefining the Concept of Identity in the Identity Crime
—The Identity of the Essence as the Center

Zhou Xiaotian

Abstract: China's criminal law theory takes a broad concept of identity. In German and Japan's criminal law theory, there emerged a narrow concept of identity that links special obligations to define identity. The confrontation of the broad and narrow concept of identity is an epitome of the increasingly substantive nature of criminal law. It can be seen that the concept of identity in a narrow sense should not be adopted. It is reasonable to link the legal interests with the expectation possibility and the necessity of prevention, that is, the illegality and responsibility punished. The nature of identity is the prerequisite for the infringement of legal interests, or the factual premise about the possibility of expectation and the necessity of prevention. The conception can clearly define the concept of identity, the scope of identity crime, as well as the problem of accomplice of identity crime.

Key words: Broadly; Narrowly; The nature of identity; Illegality; Responsibility punished

(责任编辑:胡宗金)

唆使有犯意者的行为的一致性*

——基于德日理论对我国问题适用的探讨

储陈城**

内容摘要：

传统教唆犯的观点没有很好地梳理唆使已有犯意者的行为之定性问题，回归我国刑法范本，这一问题可以细化为改变行为的教唆、加重的教唆（结果加重的教唆、转化的教唆）和减轻的教唆四种具体问题类型。德国和日本解决这一问题的根本标准在于"构成要件的同一性"和"保护法益的具体同一性"。将这样的标准适用的范围予以适当解释和变通，对于我国刑法中类似问题的解决也有极大助益。

关键词：

教唆犯　帮助犯　已有犯意者　同一性

一、问题的提出

案例1（改变行为的教唆）：张某最近手紧，意欲通过盗窃被害人3000元解决燃眉之急；因张某不善偷盗，其妻王某害怕张某盗窃行为被发现，故建议通过诈骗的方式从被害人处获得3000元。最终张某采纳该建议，编造事实骗取3000元。从最终侵害的结果上来看，法益侵害程度等同，法定刑亦相同。对于王其的行为该如何认定？

案例2（结果加重/转化的教唆）：实行行为人孙某意欲绑架被害人，在绑架

---

* 本文系教育部人文社会科学研究规划基金项目"刑法出罪机制问题研究"（15YJA820015）的阶段性成果。

** 储陈城，安徽大学法学院副教授，法学博士，早稻田大学法务研究科研究员。

过程中,张某唆使孙某将被害人绑得再紧一点,堵住被害人的面部,孙某照做,最终导致被害人窒息死亡。对此,张某的唆使行为如何定性?如果孙某只是意欲对被害人实施抢夺,而张某唆使孙某:"持刀去抢夺比较容易得手。"孙某采纳该建议,并实施犯行。对于张某的唆使行为又该如何定性?

案例 3(减轻的教唆):被告人何某在道路上意欲实施抢劫,恰巧被其朋友田某遇见;田某对何某提议,"钱是要抢,但是就不要再刺伤别人了。"何某遂持刀劫得某被害人的钱包,但并未伤害被害人的身体。对于田某的行为该如何定性?

根据我国传统的主流观点,所谓教唆,就是通过劝说、请求、挑拨、刺激、利诱以及怂恿等方法唆使具有刑事责任能力没有犯罪意图的他人产生实行犯罪的意图。[1] 使被教唆者的犯罪意图从无到有是教唆犯的本质特征,为学者们所公认。[2] 日本传统观点也是如此,比如泉二新熊教授就认为,教唆者是唆使没有犯意的人,使之产生犯意的造意者。[3] 遵循传统的观点,前述三起案例的处理结论就显得极其简单,显然均不构成教唆犯。然而,近期有力的学说对传统主流观点提出了质疑,将教唆成立的范围进行扩大,认为对于有犯甲罪意图的人,唆使其实施乙罪;以及唆使决意将来实施犯罪的人提前实施犯罪,都构成教唆犯。并且根据德国的学说,对唆使已有犯罪决意的人实施加重犯罪的行为之定性予以区别对待。但遗憾的是,并没有进一步展开更为深入细致的探讨。[4]

对前述三个案件进行总结,其核心问题就在于对已经有犯罪决意的人予以唆使,该行为应该做何种定性。

其中又包括三种情况:第一种是,唆使已有犯罪决意的人,使之实行其他行为的情况下,在何种范围之内才能够成立教唆犯。一般来说,已经有实施某种犯罪决意的人,对于其已经决意实施的行为无法再施加教唆。比如说,甲已经有诈骗乙的决意,即便丙再去教唆甲诈骗乙,因为丙的唆使行为对于甲并没有引起犯意的可能,只能够起到在精神上强化诈骗犯意的功能,所以对丙的唆使

---

〔1〕 参见陈兴良:《规范刑法学》(第 2 版)(上册),中国人民大学出版社 2008 年版,第 230 页;高铭暄:《刑法学》(第 4 版),北京大学出版社、高等教育出版社 2010 年版,第 191 页。

〔2〕 参见马克昌:《犯罪通论》(第 3 版),武汉大学出版社 2005 年版,第 557 页。

〔3〕 参见[日]泉二新熊:《改正日本刑法論》(訂正 3 版),有斐閣 1908 年版,第 377 页。

〔4〕 参见张明楷:《刑法学》(第 4 版),法律出版社 2011 年版,第 380 页。

行为，最多只能认为构成诈骗罪的精神帮助。但是，我们将该案稍作变更，如甲已经有诈骗乙的决意，经过丙的教唆，改变了主意去诈骗丁，在这种情况下，对于丙是否构成诈骗罪的教唆犯，就未必那么明确了。第二种是，被教唆者已经有决意实施的行为和教唆者唆使其实施的行为，在构成要件的评价上，存在部分的重合，但被教唆的行为属于加重结果抑或转化型犯罪，则对于教唆者的行为该如何认定。比如，甲已经对乙有盗窃的决意，丙唆使甲对乙实施(转化的)抢劫的场合，对于何种罪名，以及在何种范围之内，丙应当成立教唆犯呢？第三种则与第二种情况相反，被教唆者意欲实施较重的犯罪，而教唆者唆使其实施较轻的犯罪，对于这种唆使行为，该如何定性？如甲已有了对乙实施(转化型)抢劫的决意，丙唆使甲对于乙实施盗窃，该如何处理呢？这些问题在我国刑法中目前尚未得到细致的梳理。

按照日本的通说观点，教唆是指使产生犯罪实行的决议，即通过利益的提供、诱导、欺诈、威压、劝诱、威吓、指示、命令、嘱托、怂恿等方式使被教唆者产生犯意的行为，明示、默示抑或暗示的方法均可。[5] 但是，从教唆犯被处罚的根据来看，或者从教唆犯和正犯可能做同等处罚的角度来看，[6] 使被教唆者产生犯罪实行的决意的行为未必均是教唆行为，其必须与被教唆者产生实施一定犯罪的决意相适应。也就是说，教唆犯的不法，并非是完全独立于正犯的不法，相反，对于正犯的不法也不是全面的从属关系。从教唆者是对正犯行为予以加功，对于构成要件所保护的法益予以间接侵害(从属的法益侵害说：Lehre von akzessorischen Rechtsgutsangriff)[7] 这一立场来看，教唆行为是"目的指向型的行为促进"，也就是说，教唆必须是持有清晰的引起犯罪实施决意的行为。[8] 本文试图从这一立场出发，参照德国已有的相关理论状况，对前述问题进行探

---

〔5〕 参见[日]団藤重光：《刑法綱要総論》(第3版)，創文社1990年版，第405页。

〔6〕 根据我国《刑法》第29条之规定："教唆他人犯罪的，应当按照他在共同犯罪中所起的作用处罚。"

〔7〕 参见[日]高橋則夫：《共犯における正犯行為の構造的地位》，载《東洋法学》1988年第1·2号；[日]小島秀夫：《犯罪論における共犯従属性の意義と機能》，载《法学研究論集》2009年第31号。

〔8〕 参见[日]鈴木彰雄：《教唆行為の意義》，载《関東学院大学法学紀要》1996年第13号。

讨。以下,首先要明确的是,当被教唆者已经决意实施的行为是和教唆者唆使其实行的行为完全不同的"改变行为的教唆"的界定。其次,两行为在构成要件的评价上存在部分重合的情况下,唆使本想实施较轻罪行的人实施较重罪行的"加重的教唆"(Aufstiftung)的问题,需要予以讨论。最后,对于本想实施较重罪行的被教唆者,教唆其犯较轻罪行的"减轻的教唆"(Abstiftung)的问题,亦值得商榷。

二、同一性的判断和改变行为的教唆

教唆,是指使他人产生某种行为的决意的行为,所以,对于"已有某种行为决意的人",[9]即使再唆使他去实施同样的行为,教唆行为和被教唆者决意之间的因果性无法形成。教唆犯也就不能成立。所谓教唆行为和犯罪决意之间的因果性是基于条件因果关系的判断,并不要求教唆行为是被教唆者形成犯罪决意的唯一或者绝对的条件,而只要无教唆行为存在就无被教唆者决意产生的盖然性。[10] 将这种因果关系性进行同义置换,就是同一性。也就是说,教唆犯是否成立,要看教唆行为和被教唆者已经决意实施的行为之间是否具有同一性。如果被教唆者已经决意实施的行为和教唆者唆使实行的行为之间,在法的评价上,具有同一性的话,该唆使行为就不能被称为教唆,教唆犯不成立。相反,如果两行为之间没有同一性的话,则唆使者成立教唆犯。那么,所谓的同一性应该如何判断呢?这种同一性判断的标准在于"构成要件的同一性"以及"保护法益的具体同一性"。

"构成要件的同一性"作为标准的依据在于:根据从属的法益侵害说来看,教唆犯是以正犯的不法为前提(限制从属形式),也即根据作为共犯处罚根基的通说观点——因果共犯论的立场,共犯之成立,必须建立在正犯违法的基础之

---

〔9〕 Vgl. Henning Steen, *Die Rechtsfigur des omnimodo facturus: Ein Beitrag zur Abgrenzung von Anstiftung und Beihilfe*, Duncker & Humblot Gmbh (2011), S. 123ff.

〔10〕 参见[日]铃木彰雄:《すでにある行為を決意していた者を教唆することできるか》,载《法学新報》2015 年第 121 卷第 11・12 号。

上。正犯行为合法，则正犯所生结果也就合法，就无所谓共犯侵害法益之说。[11]因此，所谓教唆行为，首先必须是让被教唆者产生实施违法行为的决意的行为。而且，违法行为是根据构成要件这一观念形象被类型化的(违法类型说)，如果唆使内容中的行为是和被教唆者已决意实施的行为具有同样构成要件的犯罪行为的话，即便教唆者有唆使之行为，也无法使被教唆者产生犯罪行为的决意。因此，对于被教唆者来说，如果产生构成要件的变更的话，被教唆者已经决意要实施的行为和基于教唆所实行的行为之间的同一性就不再被认可，教唆犯就可以成立。比如，甲为了满足自己的报复心理，想将乙的鱼塘挖开，将塘内的鱼苗和虾苗都冲走，并产生此决意。[12] 丙则唆使甲"反正都要搞破坏的话，不如将乙在村里的粮仓烧毁"，甲便听从了丙的唆使，将乙的仓库烧毁。因为甲已经决意要实施的犯罪行为是符合故意毁坏财物罪的构成要件，而丙唆使甲实施的犯罪行为则是符合放火罪的构成要件。两个犯罪行为在构成要件该当性上不具有同一性，丙唆使的是一种全新的犯罪行为，因此，丙构成放火罪的教唆犯。与此相对，在另一种状况中，甲决意盗窃普通自行车，丙唆使甲："普通自行车价格低，要偷就偷电动自行车。"甲听从丙的建议，盗窃了电动自行车。[13] 在这种场合下，因为丙教唆甲实施的犯罪行为和甲决意实施的犯罪行为在构成要件的该当性上具有同一性，所以丙不构盗窃罪的教唆犯。丙只是起到强化犯意的作用，在本案中只构成盗窃罪的帮助犯。

当然，对于上述的以构成要件的同一性为标准的观点，德国学说中存在不同意见。有学者主张，即便构成要件不同，但如果被教唆者已经决意的行为所要侵害的法益和教唆者唆使实施的行为所要侵害的法益，如果是同等的财产法益的话，唆使者也不成立教唆犯。比如，对于已有实施敲诈勒索罪(德国《刑法》第253条第1项)决意的人，唆使其实施法定刑相同的诈骗罪(德国《刑法》第

---

〔11〕 参见[日]前田雅英：《刑法総論講義》(第6版)，東京大学出版会2015年版，第327页。

〔12〕 参见广西壮族自治区南宁市中级人民法院(2014)南市刑二终字第224号刑事裁定书。

〔13〕 参见秦洪祥、张习会：《"点拨"别人偷车　自己一起被捕》，载《检察日报》2005年8月31日。

263 条第 1 项),[14]并且侵害的财产法益相等,或者在相反的情况下,对于被教唆者所实施的罪行,唆使者并不成立教唆犯,其只能成立该罪的帮助犯而已。[15]但是,这两个罪名即便所产生的财产损害的结果以及法定刑相同,两者行为方式各异,前者的行为方式是非法用暴力或者以明显的恶行相威胁,强制他人为一定行为、容忍或者不为一定行为,因而使被强制人或他人遭受财产损失;后者的行为方式则是以欺诈、歪曲或隐瞒事实的方法,使他人陷入错误之中,使财产遭受损失。这种暴行、胁迫或者欺骗等两罪所固有的行为样态有所区别。且正是这种行为样态的差别,才是两罪差异的本质所在,所以敲诈勒索的行为和诈骗的行为是不具有同一性。

所谓"保护法益的具体同一性",具体而言,就是在侵害个人法益的罪名中,在被教唆者决意实施的行为和教唆内容所反映的行为具有同样的构成要件,亦即在构成要件具有同一性的前提下,如果具体的法益主体发生变化,就属于保护法益不存在具体同一性的情形。因此,这种情形也应当认定唆使者构成教唆犯。比如,在甲已经决意杀害乙,丙教唆甲:"乙身强体壮,杀他恐会失败,且伤及你自己,不如去杀身材瘦弱的丁。"甲听从了丙的教唆,将丁杀害,则丙构成杀人罪的教唆犯。将"保护法益的具体同一性"作为判断标准的理由在于,按照"从属的法益侵害说"的立场来看,教唆犯不法的根据并不是直接来源于正犯的可罚性,相反,教唆犯不法的基础也并不是单纯发源于自己的不法,而是教唆行为和法益侵害之间介入了正犯行为,间接地惹起了违法结果的行为。所以,教唆犯的不法是同时基于教唆行为自身的不法和正犯行为的不法而成立的,这也被称为混合惹起说抑或构成要件惹起说。[16] 也就是说,在和正犯行为的不法相区别的意义下,教唆行为的不法要想被认同的话,教唆行为固有的法益侵害性

---

〔14〕 根据德国刑法第 253 条第 1 项和第 263 条第 1 项之规定,两者的意图都是为自己或者第三者获得不法财产利益,且法定刑都是 5 年以下自由刑或者罚金刑。只是两者的行为方式不同。

〔15〕 Vgl. Claus Roxin, *Leipziger Kommentar*, 11. Aufl., (1993) §26 Rn. 32. Joecks, StGB, Studienkommentar, 10. Aufl. (2010) §26 Rn. 17.

〔16〕 Vgl. Volleer Krey, *Deutsches Strafrecht Allgemeiner Teil*, Band 2, 3. Aufl., 2008, S. 75ff. [日]井田良:《講義刑法学・総論》,有斐閣 2008 年版,第 481 页;[日]山口厚:《刑法総論》(第 3 版),有斐閣 2016 年版,第 308 页。

必须被认可。这样的话，要成立教唆犯，被教唆者已经决意的行为所要侵害的法益和教唆者教唆之下的行为所侵害的法益，可以是概括性的同质，但是绝对不能是具体的同一性。

关于这一点，学说上有两种不同的主张：第一种主张认为，法益归属主体的变更使得教唆犯成立，只限于生命、身体等高度具有个人人身专属性的法益，对于财产法益则应成立帮助犯而不是教唆犯。[17] 但是，个人法益，无论其种类如何，最终的负担者还是归属于个人，不能只将财产法益另当别论。比如，甲想盗窃乙的财物，丙对甲说："与其盗窃乙，不如盗窃丁。"甲因此对丁实施盗窃，这种情况下，丙也应当成立为盗窃罪的教唆犯。第二种主张认为，即便是有高度的人身专属性的法益，也存在例外情形。比如，因为教唆而使得原本的计划没有发生变更的话，仍应停留在帮助犯的层面来处理。比如，甲为了恐怖活动的目的，而决意杀害政治家乙，同为恐怖分子的丙则教唆道："为了实行恐怖计划，杀掉政治家丁吧。"于是甲接受该教唆，将政治家丁杀害，丙应当以谋杀罪的帮助犯处理。[18] 但是，这一见解用"计划的同一性"来替换"保护法益的具体同一性"的概念，存在偷换概念的嫌疑，将同一性的判断显著地予以主观化，难言妥当。

有学者认为，对于国家的、社会的法益，其保护法益的具体同一性的判断并没有那么容易。比如，甲已经决意对公务员乙施加暴力，进行妨害公务执行之罪，丙教唆甲："攻击体力较差的公务员丁比较好。"因此，甲听从丙的意见，妨害了公务员丁的职务的执行。以公务执行妨害罪保护的法益——公务的同一性为基准，如果公务员丙和丁的具体职务权限不同的话，则应该否定同一性而认定唆使者构成同罪的教唆犯。因此，在相同的状况当中，甲唆使乙实施妨害公务执行和伤害，且丙和丁的具体的职务权限相同的话，则甲对于公务执行妨害罪不成立教唆犯，只对伤害罪成立教唆犯。另外，甲决意对乙的住宅实施放火，丙对其教唆道："放火烧不易被发现的丁的房子吧。"因此，甲放火将丁的住宅烧毁。在这一案件中，放火罪的首要法益是公共安全，如果对乙的房子实施放火而导致危险化的公共安全和对丁的房子实施放火产生的危险化的公共安全没有同一性的话，对于丙的唆使行为，则成立现住建造物等放火罪的教唆犯，如果

---

[17] Vgl. Ingelfinger, Ralph, *Anstiftervorsatz und Tatbestimmtheit*, Reihe Strafrechtliche Abhandlungen, N. F. Bd. 77, Berlin 1992, S. 191ff.

[18] Vgl. Claus Roxin, *Strafrecht Allgemeiner Teil*, Band Ⅱ, (2003), § 26 Rn. 97.

该同一性被认可的话,则只能成立同罪的帮助犯。[19]

这种见解是基于日本独有的立法背景而产生的,不具有普遍适用性。以妨害公务的执行为例,该罪在日本刑法分则中属于类罪名,其下还包括狭义的公务执行妨害罪(第 95 条第 1 项)、职务强迫罪(第 95 条第 2 项)、毁坏封印等罪(第 96 条)以及妨害强制执行罪(第 96 条之 2)等。且多数具体罪名中都有一个共通性的特点,即实行行为是对公务员实施暴力或者威胁。[20] 显然如果所施加暴力或者威胁的公务员职务不同,比如一个是现在要执行某种公务,另一个则是将来要执行某种公务的,对这两个公务员施加暴力或者威胁,阻碍其公务执行,则罪名显然也就不同,前者可能构成狭义的公务执行妨害罪,而后者则可能构成职务强迫罪。[21] 放火罪在日本刑法典中更是如此,我国有关放火罪的罪名只有一个,而日本刑法中则包括了现建造物等放火罪、非现住建造物等放火罪、建造物等以外放火罪等。[22] 虽然这些罪名所侵害的共同法益是公共危险,但是所烧毁的具体建筑物不同,其所侵害的具体法益仍然有所区别,以现建造物等放火罪为例,其所保护的法益不仅考虑公共安全,还一并考虑了住在建筑物中的人的身体和生命安全。因此,如果实行行为人甲本想烧毁没有人居住的被害人乙房屋,而唆使人丙则唆使其烧毁被害人乙正在居住的房屋,甲听取丙的意见,并实行了犯罪,则显然唆使人丙构成现建造物等放火罪的教唆犯。与此相对,如果唆使人丙只是唆使甲去烧毁同样没有人居住的另一个房屋,则丙只可能构成非现住建造物等放火罪的帮助犯。所以,笔者认为对于侵害国家的、社会的法益的罪名,唆使已有犯意之人实施犯罪行为的定性,仍然脱离不了同一性的判断之轨道。

除上述情况之外,如果构成要件没有发生变更,并且法益所归属的主体也

---

〔19〕 参见[日]铃木彰雄:《すでにある行為を決意していた者を教唆することできるか》,载《法学新報》2015 年第 121 卷第 11・12 号。

〔20〕 参见[日]松原芳博:《刑法各則》,日本評論社 2016 年版,第 521、531 页。

〔21〕 妨害公务执行罪所保护的现在的职务,而职务强迫罪保护的对象是将来的职务。参见[日]山中敬一:《刑法各則》(第 3 版),成文堂 2015 年版,第 757 页;[日]須之内克彦:《刑法概説各論》,成文堂 2011 年版,第 355 页等。

〔22〕 参见[日]前田雅英:《刑法各論講義》(第 6 版),東京大学出版会 2015 年版,第 318 页。

没有任何变化的话,即便因教唆而导致具体的犯罪对象发生变化,两行为的同一性也不能被否定,进而不成立教唆犯。比如,某甲已经决意对于乙的私人汽车实施烧毁,丙教唆道:“为不让犯行被发现,还是烧毁其停在路边的卡车吧。”甲因此便将乙停在路边的卡车烧毁。在该案中,致使甲产生毁坏财物的决意,并不是丙的唆使行为,因此丙的唆使只是强化了甲犯罪的决意,只能成立同罪的帮助犯。

其次,即使因唆使而导致被唆使者具体的行为样态发生变更,也不能否定两个行为的同一性,进而不能成立教唆犯。比如,甲本打算从乙的住宅的窗户进入,进而实现侵入住宅的目的,但是丙唆使道:“为了不被别人发现,从乙家后门进入比较好。”甲听从该意见从乙宅后门侵入住宅,丙的唆使并不能说是使甲产生了侵入住宅决意的行为。再如,唆使本打算用刀进行故意杀人行为的被唆使人,最终使用手枪来进行故意杀人罪的情况也同样如此。因为唆使使得行为样态发生变更,而使得被教唆者的犯意被强化,或者实行行为变得容易的案件非常多,这应当是典型的帮助行为。

另外,因为唆使而使得犯罪日期发生变更的场合,两行为的同一性也不会被否定。比如,甲决意计划在某日实施杀人行为,会存在被他人唆使“延期几天再杀他吧”等情况。关于犯罪日期的变更,被唆使者本想在较远的将来实施犯行,教唆者则教唆其立刻实施该犯罪,对于这种情况下,有观点认为应当成立教唆犯。[23] 这样的被教唆者如尚未产生犯罪的决意,因为被教唆才产生犯意的话,在这种意义下,才能够被认定成立教唆犯。另外,杀人罪的不法在于缩短了人的生命,基于这一理由,有观点认为虽然被教唆者已有杀人的决意,但是唆使其尽早实施杀害行为,也应当被认定为教唆犯。[24] 笔者认为,一般情况下,故意杀人罪的不法在于断绝他人的生命。缩短的实际效果就是断绝生命,因此对于两行为的同一性评价并没有影响。但是当被教唆者表示出有犯罪决意之时和意欲实行该犯行的“时间存在较大的隔离的时候,实行行为者对于做出实行行

---

〔23〕 Vgl. von Joachim Schulz, *Die Bestrafung des Ratgebers: zur Abgrenzung von Anstiftung und Beihilfe*, Duncker und Humblot (1980), S. 163.

〔24〕 Heirich, *Strafrecht*, AT, 4. Aufl. (2014), Rn. 1269a.

为会伴随着较多的不确定性要素”,〔25〕如果综合被唆使者实施犯行之决意的程度、时间间隔的长短等因素进行判断,经过较长时间的间隔,被唆使者如果没有被唆使,一般会在计划实施犯行的时点放弃继续实施犯罪的话,则唆使者建议被唆使人早点实现犯罪,则仍然有可能构成教唆犯。

同样,犯罪动机的变化,也应当按照同样的方式予以对待。比如,甲决意以放火的目的侵入乙的住宅,丙劝诱甲进入乙的住宅盗窃,虽然甲以盗窃的目的侵入乙的住宅,并不能说该教唆行为使得甲产生了侵入住宅的决意,因此也只能成立同罪的帮助犯。

三、加重的教唆和缩小的教唆

加重的教唆需要被特别地予以讨论,加重的教唆是指被教唆者已经决意实施的甲罪和教唆者唆使要实施的乙罪在构成要件的评价上虽然有部分的重合,但是在犯罪效果上或者法益侵害性上,后者要广于或强于前者。

在这里,加重的教唆和“改变行为的教唆”有所不同,对甲罪和乙罪,因为能看到违法评价上的重复,关于两行为的同一性,需要求诸较为实质的评价。在这种加重的教唆当中,就关于如何对待甲罪和乙罪属于基本类型和加重类型这种情形,德国大概有四种学术主张:〔26〕

第一,被教唆者已经决意实施作为基本犯罪的甲罪,教唆者唆使其实施作为加重犯罪的乙罪的场合,主张关于乙罪全体,成立教唆(本文将此称为教唆说)。其理由如下:首先,立法者已经将加重的犯罪放在和基本的犯罪不同的评价阶段位置,因为立法者这样的判断立场对于法的适用有拘束力,必须承认这种评价上的差异要先于具体的不法评价;其次,如同其法定刑所显示的那样,加重的犯罪并不是基本的犯罪的不法和加重犯罪中加重部分的不法简单的相加,而是其他的独立的不法的单一体,唆使他人实施加重部分的人,其并不是仅仅引起了该部分的不法,行为的同一性因为不法的变更而几乎被否定;最后,确实,教唆已经决意实施基本犯罪的人,产生实施加重犯罪的决意,和将完全没有

〔25〕［日］铃木彰雄:《共謀共同正犯における共謀の射程について》,载《立石二六先生古稀祝賀論文集》,成文堂 2010 年版,第 530 页。

〔26〕Fischer, StGB, 61. Aufl. (2014), § 26 Rn. 5.

决意的人予以唆使的情况相比,一般来说其当罚性相对较低,但是这只要在量刑当中予以考量即可。[27]

第二,在乙罪中所包含的甲罪的行为,作为基本的部分,超越甲罪的行为作为加重的部分,对于两者应当做分别的评价。而这种学说中又可以细分为两种主张:其一是教唆乙罪的人,如果加重部分独立进行处罚的构成要件不存在的话,只构成乙罪的帮助犯。如果存在对于该部分予以独立处罚的构成要件的话,虽然认定成立乙罪的帮助犯,但是对于加重部分应当认定成立教唆犯(本文将此称为区别说)。其理由如下:(1)对于乙罪的基本部分而言,被教唆者是已经决意实施某种行为的人。因此,对于该被教唆者,该部分是无法再予以教唆的。对于被教唆者尚未决意实施的加重部分而言,由于尚未产生犯意,则是可以予以教唆的。(2)教唆实施加重犯罪的人,确实强化了被教唆者的犯意,虽然使得无价值得到了增加,但是只停留在增加不法的量的层次,并没有导致犯意的惹起这样的不法的质的变更。(3)如前述教唆说,将含有非基于教唆的加重部分的乙罪的全体,全部归属于教唆者,显然违背了责任主义。且根据德国《刑法》第26条,[28]适用没有给予减轻刑罚对待的教唆犯的规定的话,则也属于不当地加重了刑罚的科处。这也是现在德国的多数说。[29] 其二是对前述第一种主张进行了部分的修正。该观点认为符合乙罪加重部分的构成要件存在的场合,关于乙罪的全体,唆使者应当成立教唆犯(区别说之二)。[30] 其理由虽然并没有明确表述出来,但是如果加重部分的构成要件存在的话,则甲罪和乙罪是属于罪质相异的不同罪名。

第三,如果被教唆者已经决意实施的行为无价值,因为教唆而显著增加的话,则不问该加重部分是否存在不同的构成要件,也应当认定为和已经决意的行为相区别的其他行为,从而应当归属于教唆者(本文将此称为无价值增加

---

[27] Otto, *Grundkurs Stafrecht Allgemeine Strafrechtslehre*, 7. Aufl. (2004) §26 Rn. 5.

[28] 根据德国刑法第26条的规定,故意教唆他人故意实施违法行为的是教唆犯。对教唆犯的处罚与正犯相同。

[29] Murmann, *Strafrecht*, AT. 2. Aufl. (2013), §27 Rn. 108;[日]中勝義:《行為決意者の変容的しそうについて》,载《関西大学法学論集》1990年第40卷2号。

[30] Haft, Strafrecht, AT. 9. Aufl. (2004), S. 217; Krey, Strafrecht, AT, 5. Aufl. (2012), S. 263.

说)。根据这一学说,即便是在同一构成要件内,如果因为教唆而使得被教唆者的行为的无价值出现显著增加的话,唆使者也应当成立教唆犯。比如,被教唆者只是决意对于被害者的脸部打一巴掌,唆使者唆使其对被害者施加猛烈的暴力,抑或对于只决意盗窃一欧元的人,教唆其盗窃一千欧元,已经无法再认可两行为具有同一性,唆使者对于被教唆人实施的不法内容的全体,要以教唆犯来承担刑事责任。其原因是:(1)被教唆者先前对于被教唆实行的具体行为样态是没有决意的,因此,被教唆者关于行为全体,不应当视为已经有犯罪决意的人。(2)唆使行为使得行为的无价值显著增加,因而附着了作为完全的教唆犯的责任的基础。唆使行为使得导致具体的行为样态出现不同,使其无价值显著增加的话,基于此,就可以成立教唆犯。(3)在德国,根据其刑法典第30条第1项之规定,"命令或唆使他人实施重罪而未遂的,依该重罪的未遂论处"。因此,重罪的教唆未遂是可罚的;同时根据该条以及第49条第1款、第23条第3款之规定,重罪的帮助的未遂则是不可罚的,如果根据区别说观点来看的话,对加重的犯罪的教唆如果失败,就会产生这样的问题——不被认可的处罚出现欠缺。因此,被教唆者已经决意的行为和教唆者唆使而实施的行为的同一性,应该根据不法的显著增加这一实质的基准来进行判断。[31]

第四,如果唆使行为使得被教唆者已经决意的行为产生重要或者本质的变更的话,则应当认定构成教唆,如果这种变更并不重要或者非本质性的,则不能认为构成教唆(本文将此称为重要性说)。也就是说:(1)被教唆者已经决意的行为和教唆者唆使实行的行为的同一性,和因果关系的判断一样,要综合多种因素进行实质判断,如同前述教唆说那样以立法者的评价作为基准是无法进行判断的,而如区别说那样,只对加重部分予以独立评价也是不行的。(2)参照因果经过的脱离的诸原则,当被教唆者决意实行的加重的犯罪从当初计划实施的基本的犯罪之中本质地予以脱离的话,两行为的同一性就被否定,唆使者成立教唆犯。如果这种脱离并不是本质的情况下,则应当肯定同一性,而否定教唆犯的成立。[32]

---

〔31〕 Kühl/Heger, StGB, 28. Aufl. (2014), § 26 Rn. 2a; R engier, Strafrecht, AT, 6. Aufl. (2014), § 45 Rn. 108;[日]大塚仁ほか編:《大コンメンタール刑法第二版第五巻》,青林書院1999年版,第474页。

〔32〕 Krey/Esser, *Deutsches Strafrecht*, AT, 5. Aufl. (2012), Rn. 1047.

对于上述学说,有学者认为,要成立教唆犯,教唆行为必须要引起和正犯相当程度的不法。但是,在加重的教唆当中,被唆使者已经就加重的犯罪的基础部分形成决意了,因此,即便是使其产生加重部分的决意,也不能说引起了和正犯相当程度的不法。单独正犯要想成立的话,行为者必须要通过自己或者他人来实现基础部分和加重部分,自己实现则构成直接正犯,而通过他人实现则构成间接正犯。因此,教唆者要想引起同等程度的不法的话,必须使得被唆使者同时对基础部分和加重部分形成决意。如果唆使行为只是让被唆使者就加重部分形成决意的话,则不能评价为是教唆了整个犯罪,故只能作为帮助犯来评价。因此,其支持"区别说"的观点。[33] 国内的有力学说将上述学说争议界定为拆解分析说、综合考察说、规范性支配说以及折中说,并且赞同折中说的观点。[34] 这和支持"区别说"异曲同工。

对于前述的加重的教唆,笔者认为不能盲目遵从德国学说的观点,而需要结合我国自身的立法现状进行分析。根据我国的立法类型,所谓加重的教唆又可以细分为两种类型,一是两罪属于基本类型和加重类型的关系,二是两罪属于基本类型和转化型的关系。前者可以简称为"结果加重的教唆",而后者则可以简称为"转化的教唆"。

结果加重的类型和转化的类型在我国《刑法》中对应的概念是结果加重犯和转化犯。结果加重犯又称加重结果犯,是指实施基本犯罪构成要件的行为,由于发生了基本构成要件以外的结果,《刑法》对其规定加重法定刑的犯罪形态。转化犯则是指在刑法分则中"行为人实施某一犯罪之时或之后,如果出现了某种情况,法律就规定不再以该罪定罪,而以刑法另一条文规定之罪定罪处罚"。[35] 前者在实践中存在诸多案例,例如,被教唆者本来决意实施普通的盗窃行为,教唆者建议,"携带一把刀防身比较好"。被教唆者遂采纳该建议,携带

---

[33] Vgl. Hardtung, Aufstiftung bei Unrechtsintensivierungen und Unrechtsverknüpfungen, *in*: *Strafrecht zwischen System und Telos*, Festschrift für Herzberg (2008), SS. 420ff., 440; [日]铃木彰雄:《すでにある行為を決意していた者を教唆することできるか》,载《法学新報》2015 年第 121 卷第 11・12 号。

[34] 参见张明楷:《刑法学》(第 4 版),法律出版社 2011 年版,第 380 页。

[35] 刘艳红主编:《刑法学》(第 2 版)(上),北京大学出版社 2015 年版,第 299 ~ 300 页。

匕首进行盗窃。携带凶器盗窃相对于普通的盗窃而言就属于典型的结果加重犯,那么这种教唆就是结果加重的教唆。后者在实践中亦存在诸多案例,例如,被教唆者甲只决意将收买被拐卖的妇女乙,同村村民丙则建议:“反正已经买回来了,就是你的人,用一切手段也要和她发生关系。”甲便采纳丙的建议,将乙收买,并强行和其发生性关系。由于收买被拐卖妇女,强行和其发生性关系转化为了强奸,强奸罪对于收买被拐卖的妇女罪而言,就是典型的转化犯,那么这种唆使就是典型的转化的教唆。

对于结果加重的教唆而言,由于在我国《刑法》中结果加重犯并没有独立于基本类型的构成要件,因此,如果唆使他人实施加重的结果,而使得基本犯变成结果加重犯,如前所述,在构成要件的同一性和法益侵害的同一性上并未发生改变。那么,利用前述的“无价值增加说”抑或者“重要性说”是否可以排斥“同一性说”,而在结果加重犯中树立新的教唆犯成立标准呢?比如,被唆使者本计划徒手实施抢劫,教唆者唆使其持刀抢劫,其最终造成被害人重伤或者死亡。由于抢劫致人重伤或者死亡属于抢劫罪的结果加重犯,按照“无价值增加说”和“重要性说”的观点,该案中的教唆者可能成立教唆犯。但无论是“无价值增加说”中的“显著增加”还是“重要性说”中的“本质的变更”的判断标准在结果加重犯中无法作出明确的界定和区分。因此,笔者认为在我国的立法背景下,仍然应当采纳同一性的标准来认定结果加重的教唆行为的性质。因此,对于这种情形不能将唆使行为人认定为教唆犯。而在转化的教唆行为中,由于唆使行为使得被唆使者意欲实施的犯罪行为发生质的变化,成为构成要件和侵害法益完全不同的其他犯罪。因此,转化教唆中的唆使行为人,原则上应当认定为教唆犯。但是,在转化的教唆中,存在一种特殊的情形,即被唆使人意欲实施的基本罪名为甲罪,并意欲将其转化为乙罪。而唆使者则唆使被唆使人实施基本类型的丙罪,并且唆使其将丙罪转化为乙罪,对于这种情形该如何认定呢?比如实行行为人本计划将被害人予以非法拘禁,并殴打其致伤,即从非法拘禁罪转化为故意伤害罪。而唆使者则建议,“不如强迫其卖血,挣点钱花,还能在中间让其致伤”。最终实行行为人采纳了该意见,即从强迫卖血罪转化为故意伤害罪。对于这种情形,笔者认为,基本类型只是方式,转化罪名才是目的。因此,这种转化的教唆,只是强化了实行行为人的犯意,采取了不同的行为样态,两个最终的罪名在同一性上并无差别。因此唆使者应当被认定为帮助犯而不是教唆犯。

最后要探讨的是,已经决意实施较重犯罪的人,对其予以教唆,使其实施较轻的罪行,这种被称为减轻的教唆的定性问题。减轻的教唆,包括教唆者在同一构成要件内,使得被教唆者的法益侵害性减少,比如,甲决意诈骗乙的10万元,丙唆使甲只诈骗1万元;还包括构成要件的评价中,对于决意实施较重的甲罪的人,予以教唆,使其实施较轻的乙罪。比如,甲决意对乙实施抢劫罪,经过丙的教唆,甲对乙只实施了盗窃罪。减轻的教唆和加重的教唆正好是一对相反的概念。

那么,在构成要件的评价中,对已经决意实施较重的甲罪的人,予以教唆使其实施较轻的乙罪,该如何处理呢？在这种情况下,被教唆者因为已经有实施重罪的决意,甲罪中包含了乙罪,因此无法引起犯意,教唆犯的不法不能成立。这一结论从客观归责论也可以获得支持。众所周知,根据客观归责理论,[36]某种结果要想归责于某个行为者身上,不仅要满足作为构成要件要素的行为、结果、因果关系或者其他的构成要件要素,还要确定该行为人创设出法所不允许的危险,且该危险必须被评价为实现了构成要件的结果。因此,如果该行为没有创设出危险,便是属于在被允许的危险的范围之内,以及在行为被认为是降低危险的场合,则不能认为是构成要件的不法。对于已经决意实施较重的甲罪的人,唆使其实施较轻的乙罪的情况也是如此。唆使者并没有使得危险增加,或者说没有创设出法所不允许的危险,[37]因此,不能将行为归责于唆使者身上。

那么,关于较轻的乙罪,是否可以对于唆使者追究帮助犯的责任呢？对此,有观点认为,原则上,对唆使者应当追究乙罪的帮助犯。[38] 但是,被教唆者因为已经决意实施甲罪了,则很难再说唆使者对于被教唆者实施包含在甲罪中的乙罪有犯意强化的作用。比如说,甲意图以持刀伤害的方式抢劫乙的现金(抢劫伤人),路人丙见况建议甲:“只管把钱抢走,不要伤害乙。”甲听从丙的建议,只对乙实施了抢劫的情况下,丙的唆使行为使得法益侵害性减少,显然不能对丙追究抢劫罪的帮助犯的责任。在这种情况下,如果对丙予以帮助犯来处罚的话,对于甲的犯罪不负有阻止义务的丙,本可以不作为,也不会被认定为帮助犯,却因实施了使得法益侵害减少的作为而被处罚,显然就会失去均衡。从客

---

[36] 参见[日]山中敬一:《刑法における客観的帰属の理論》,成文堂1997年版,第384页;[日]豊田兼彦:《共犯の処罰根拠と客観的帰属》,成文堂2009年版,第155页。

[37] 参见[日]十河太郎:《教唆犯の本質に関する一考察(二・完)》,同志社法学1991年第43卷3号。

[38] Vgl. Geilen, *Strafrecht*, AT, 5. Aufl. (1980), S. 202.

观归责的理论来看也是如此,对于使得被教唆者的危险减少的人,不能对其行为予以归责。从我国《刑法》当中主客观相统一的原则来看,更是无法从主观上认定行为人有教唆的故意。

与此相对,如果说,唆使者一方面将甲罪的法益侵害性减小,而另一方强化了乙罪的犯意的情况下,在此限度内,则可能构成乙罪的精神帮助。比如,在同样的状况中,路人丙建议:"只是不要伤害乙,但是钱的话还是一定要抢的。"那么丙显然可能构成抢劫罪的帮助犯。因为丙对甲的抢劫行为施予了精神上的帮助,使得抢劫的危险性增加。但是,如果丙为了阻止甲的犯罪行为,在别无他法的情况下也可能将丙的行为评价为紧急避险,存在违法阻却的余地。

当然,如果教唆者一方面使得甲罪的法益侵害性减少,另一方面惹起了新的其他犯罪的犯意,对于新产生的犯意,教唆者成立教唆犯。比如,在同样的案例中,路人丙建议:"不要划伤乙,把钱抢走,然后将乙关入封闭的仓库里。"甲听从丙的建言,实施了上述行为。则丙在构成抢劫罪的帮助犯的同时,还应该构成非法拘禁罪的教唆犯。因为非法拘禁罪并不是甲之前就有的犯意。〔39〕

四、结　语

在我国,对于教唆已有犯意之人实施犯罪的行为的定性研究,虽有学者提及,但是并未进行系统性梳理。本文结合我国的刑法规范和实际问题,在借鉴德国和日本对这一问题研究成果的基础上,以构成要件的同一性和保护法益的同一性作为判断标准,将改变行为的教唆、结果加重的教唆、转化的教唆以及减轻的教唆之具体定性进行梳理,得出符合同一性则不构成教唆犯,不符合同一性则构成教唆犯的结论。

The Identity of the Behavior of Soliciting the Person with Criminal Intent
—The application of theories from Germany and Japan in Chinese context

Chu Chencheng

Abstract: The traditional theory about instigators can't solve the questions of

〔39〕 Vgl. Kudlich, Die Abstiftung, JuS 2006, S. 594f.

soliciting the person with criminal intent. In the context of Chinese criminal law, these questions can be classified as amended solicitation, aggravating solicitation and alleviative solicitation. The basic measure of solving these questions is identity of essence of crime and specific legal benefits in Germany and Japan. It has important enlightenment and reference significance for our legal explanation.

Key words: Instigators; Accessory; Person with criminal intent; Identity

（责任编辑：亢晶晶）

论我国彩票公益金法律监管的完善

刘迎霜*

内容摘要：

彩票公益金属于政府非税收入，是公益事业发展的重要资金来源。目前我国彩票公益金采用集中财政、分项专用的管理模式，发行环节费用高且公信力不足；使用环节效率低、方向不合理且透明度不足；管理环节挪用和截留现象突出、账目混乱、管理机制存在漏洞。完善彩票公益金的法律监管应坚持社会公益、公开、公平与公正等原则，在发行环节降低彩票发行费标准、减少自由裁量权并明确彩票违法操作的法律责任；在使用环节规范公益金使用方向并强化信息公开；在具体管理上改革管理机制、成立专门监管机构，明确公益金和其他公共财政支出的界限，并积极引入听证、公益诉讼等监督和救济机制。

关键词：

彩票公益金　法律监管　信息公开　听证　公益诉讼

一、引　　言

彩票公益金是政府非税收入的形式之一，是按照国家相关规定发行彩票取得的销售收入扣减返奖奖金、发行经费后的净值收入，其实质是彩民捐赠收入，是我国社会公益事业发展的重要资金来源。我国民政部 2012 年修订的《彩票公益金管理办法》（以下简称《办法》）第 2 条对彩票公益金作了明确规定：“彩票公益金是从彩票发行销售收入中按规定比例提取的，专项用于社会福利、社会救助、体育等社会公益事业的资金。”

彩票发行的出发点和落脚点是为了筹集彩票公益金，促进社会公益事业的

* 刘迎霜，华东师范大学法学院教授，法学博士。

发展。彩民每购买一张彩票,即有一部分金额被提取到国家筹集的彩票公益金当中。随着彩民的数量越来越多,彩票公益金的规模也不断变大。根据我国福彩、体彩发行管理中心的数据,截至2015年12月,福利彩票27年来累计筹集公益金约3100亿元,体育彩票20年来累计筹集公益金约2119亿元。根据财政部官方数据,2011年我国共筹集彩票公益金634.87亿元,2012年共筹集彩票公益金753亿元,2013年共筹集彩票公益金877.5亿元。[1] 随着彩票销售不断取得新的突破,彩票公益金在支持社会福利和公益事业发展、构建社会主义和谐社会方面的作用也受到越来越多的关注。彩票公益金的筹集、使用和管理已成为社会热点问题,这客观上也要求彩票公益金的管理应当更加科学和规范。然而,由于缺乏有效的法律监管机制,目前彩票公益金在来源、使用和管理等各个环节都存在不少问题,如何在法律层面管好、用好彩票公益金,实现发行彩票与设立彩票公益金的初衷——将有限的资金用到急需资金支持的社会公益事业上,具有重要且突出的实践意义。

二、我国彩票公益金的运作模式与监管现状

(一)彩票公益金的来源、使用和管理

彩票销售收入是公益金的最主要来源,国家按规定比例从彩票销售收入中提取一部分作为彩票公益金,发展社会公益事业。按照相关法律规定,彩票销售收入扣除50%返奖奖金和15%发行费用后,其余35%纳入公益金。除此之外,彩票公益金的来源还包括公益金财政专户所得利息收入、财政拨付的公益金以及按规定应纳入公益金管理的其他资金。

彩票公益金是用来发展公益项目的资金。在公益金使用问题上,公众知晓的主要是由政府直接拨款给某个公益项目。不过随着彩票公益金制度的发展,公益金使用的范围和途径也发生了许多变化。2002年,公益金在以往用于民政福利、公共体育、青少年学生校外活动场所建设及维护、补充社会保障基金的基础上,又增加了对中国红十字基金会的救助,从而使中国红十字基金会成了第一个有权支配彩票公益金的基金会。2008年和2009年中国教育发展基金会和

---

[1] 参见余军:《中国彩票25年销售超万亿,筹集公益金3433亿》,载《三湘都市报》2013年1月7日。

中国法律援助基金会成立并被允许使用彩票公益金,这也加大了彩票公益金对公募基金会的支持。2012 年彩票公益金的使用范围进一步扩大,根据 2012 年修订后的《办法》,彩票公益金被明确纳入政府性基金管理预算,专项用于社会文化和体育事业,成为政府发展社会公益事业的有力补充。[2]

目前我国彩票公益金的管理采用集中财政、分项专用的模式。《彩票管理条例》(以下简称《条例》)、《彩票管理条例实施细则》(以下简称《条例细则》)以及《办法》等法规、规章明确规定,财政部和地方各级财政部门是公益金管理的监督部门,负责对全国公益金的管理和检查。国家体育总局和民政部是本部门公益金的使用和执行部门。体育和民政部门负责公益金的收缴,财政部门负责监督和管理。彩票公益金全额缴入财政彩票公益资金专户,实行收支两条线管理,即统一由财政部门管理,由民政或体育部门向财政部门提出申请,得到审批后方可拨付使用公益金,实行专款专用。

(二)彩票公益金的法律监管体系

自 2007 年以来,我国先后颁布了一系列专门性法律规范,对彩票公益金的来源、使用和管理都进行了规定,初步建立了彩票公益金的法律监管体系。具体法律规范包括国务院颁布的《条例》,财政部、民政部和国家体育总局联合颁布的《条例细则》,财政部颁布的《彩票发行销售管理办法》、《办法》和《彩票发行与销售机构财务管理办法》,以及各地政府颁布的众多地方政府规章及规范性文件。[3]

在这一法律监管体系中,除了国务院制定的行政法规和国务院组成部门制定的部门规章外,各级地方政府颁布的地方政府规章也具有十分重要的地位,在实践中对各地彩票公益金的管理发挥了更加直接的功能。比如,2013 年重庆市政府公布的《重庆市彩票公益金管理办法》(以下简称《重庆办法》),明确彩票公益金纳入政府性基金预算管理,专项用于社会福利、体育等社会公益事业,不得用于对外投资和其他经营性活动,不得用于弥补行政支出,不得挤占、挪用。此外,其对彩票公益金的使用去向、筹集情况等重要内容也作出了比较具体的规定。比如,使用彩票公益金的部门、单位应于每年 6 月底前向社会公告

[2] 参见张建明:《我国彩票市场分析与管理研究》,北京理工大学出版社 2012 年版,第 10 页。

[3] 截至 2015 年 12 月 1 日,关于彩票公益金管理的省级政府规章共计 34 个。

上一年度本部门、单位彩票公益金的使用规模、资助项目、执行情况和实际效果。同时,凡由彩票公益金资助的基本建设设施、设备或社会公益活动等,必须建立永久性标志,标明资助单位、资助金额、开竣工时间等内容;彩票公益金资助购买的设备、器材也应标明“彩票公益金资助——中国福利彩票和中国体育彩票”等字样。随后,河南、广东也相继出台了专门的彩票公益金管理办法。2013 年,重庆福彩还首次公布 2012 年重庆市部分市级留存福彩公益金使用情况公示(以下简称《公示》)。《公示》明确,2012 年重庆部分使用市级留存福彩公益金 2.17 亿元,共涉及 38 个公益项目。这份《公示》使重庆成为 2013 年以来首个公布福彩公益金使用去向的直辖市,也是重庆近年来首次在全国范围内公布福彩公益金的使用情况,此次公示活动便利了社会公众对彩票公益金使用的监督,使公益金的使用情况变得公开、透明。[4]

但不容忽视的是,我国现行彩票公益金的法律监管多表现为部门和地方政府规章或其他相关规范性文件,缺乏效力位阶较高的法律、法规,而且现有的规范在内容上也并不全面,未能对彩票公益金的来源、使用和管理进行全面覆盖。[5] 这就要求对彩票公益金的发行、使用和管理过程中存在的问题进行逐一审视和分析,为构建完备的彩票公益金法律监管体系奠定基础。

三、彩票公益金来源、使用与管理存在的主要问题

(一)彩票公益金来源存在的问题

1. 彩票发行的费用居高不下

根据《条例》第 28 条的规定:“彩票资金包括彩票奖金、彩票发行费和彩票公益金。彩票资金构成比例由国务院决定。”可见,彩票公益金是按照一定比例从彩票销售收入中提取而来,是彩票销售收入扣减返奖奖金和发行费后的净收益。按照《国务院关于进一步规范彩票管理的通知》(以下简称《通知》)对彩票资金构成比例的规定,彩票返奖比例不得低于 50%,发行费比例不得高于

〔4〕 参见李杰务:《重庆市出台彩票公益金管理办法》,载《公益时报》2013 年 6 月 24 日。

〔5〕 参见张雅桦:《建立健全我国彩票公益金法律监管体系》,载《法律适用》2012 年第 5 期。

15%,彩票公益金比例不得低于35%。[6] 在实践中,对公益金筹集影响最大的是发行费——过高的发行费导致公益金积累比例过小,发行机构往往通过抬高发行费用变相占用公益金。《条例》第28条还规定:"随着彩票发行规模的扩大和彩票品种的增加,可以降低彩票发行费比例。"彩票发行费是用于购买彩票设备和技术以及彩票投注站返点、宣传印刷和人员费用的支出。随着基础设备投资的基本完成以及网络电子彩票的普及,近年来,彩票发行的后续投入实际上在相对降低,公益金规模理应越来越大。然而随着彩票销量的增加,按规定不得超过15%比例的发行费却也在迅速增长。目前,我国彩票发行机构主要采取招投标方式公开招标彩票印刷业务,招投标工作本应遵循"公开、公正、公平"的原则进行,但在实际操作中却出现不少"暗箱操作"以抬高发行价格的不法行为。根据调查,我国不少省份的彩票印刷业务长期由同一家印刷公司垄断,且多数未经过招投标程序。2005年经审查,国家体彩中心下辖的北京彩印公司和中体彩印公司扣除相关成本后,净盈利仍高达5.6亿元。[7] 此外,国家体彩中心原副主任、印制处原处长等官员在采购彩票专用热敏纸期间,人为增加环节、转手高价采购,致使国家彩票发行费流失2341万元。[8] 这些彩票发行过程中的腐败和浪费都在不同程度上对彩票公益金筹集造成了损害。

2. 彩票发行的公信力不足

从法律上讲,彩票收益具有"射幸"性质,也正是这种收益的不确定性,使得彩票对于广大彩民具有巨大的吸引力。在法律赋予彩票的发行和购买以合法性的情况下,公信力无疑是彩票的生命力所在,也是其能够得到彩民认可、维持合法性的前提。法律允许发行彩票,最主要的考虑是通过发行彩票筹集公益金,用于社会公益事业的建设。彩票销售收入是彩票公益金的来源,彩票销售

---

〔6〕 随着彩票品种的增多,上述比例也会发生一定改变,但这种改变主要体现在返奖比例的变化上。

〔7〕 参见杨朋朋:《论我国彩票公益金管理制度的完善》,载《中国证券期货》2013年第8期。

〔8〕 参见王浩:《新华社调查1.7万亿彩票资金去向,部分用于盖楼买游艇》,载《潇湘晨报》2014年12月8日。

额越大,彩票公益金分得的份额才会越多。[9] 但近年来频发的彩票内部透码、虚假彩票中奖和摇号违规操作案件(如"西安宝马彩票案"),则大大削弱了彩票的公信力,使广大彩民失去了对彩票的信任,从而极大地影响了彩票公益金的筹集。[10]

(二)彩票公益金使用存在的问题

1. 资金使用的方向和结构不合理

《条例》第33条规定:"彩票公益金专项用于社会福利、体育等社会公益事业,不用于平衡财政一般预算。"彩票公益金作为社会公共财产的一部分,理应取之于民、用之于民。但在实际执行中公益金的使用方向和结构却不尽合理。一方面,福利彩票公益金多用于形象工程和政绩工程,忽略了公益金使用的宗旨和目的。[11] 这一点在地方公益金的使用上尤为突出。据报道,我国大多数地方公益金都用于建设地方养老院工程,各地养老院在短短几年内犹如雨后春笋般涌现。而许多可容纳几百人规模的养老院实际入住率极低,有的甚至被弃用。[12] 另一方面,体育彩票公益金使用结构不合理,多用于支持竞技体育的发展,而忽略了社区体育、健身等基础设施建设。作为公共财产,公益金的使用应更多地体现其公共性和公益性,将其全部用于或大部分用于竞技体育显然不够合理。[13]

2. 资金使用的透明度不高

《办法》第20、21条规定了公益金使用的信息公开制度,对公开时间、内容等事项作了具体规定。但是在实践中却存在以下不足:一是公开周期过长。公

[9] 参见张湛彬:《彩票基金管理规则、效绩和重新定位研究》,载《金融研究》2002年第3期。

[10] 参见郁俊、邹钧人:《西安"宝马体育彩票案"相关法律问题分析与思考》,载《天津体育学院学报》2005年第4期。

[11] 参见张向达、张敏:《彩票公益金价值的正义性分析》,载《财政研究》2008年第2期。

[12] 参见李云:《彩票资金到底有多少用在了公益上》,载《检察日报》2014年12月23日。

[13] 参见蒲俊利:《我国彩票公益金使用法律制度研究》,西南大学2013年硕士学位论文。

益金的使用关乎社会民生,受到了越来越多社会公众的关注,在此情况下,每年一公开的制度显然不能有效保障公众的知情权和监督权。二是报告内容不够详细。分析当前我国各省市、基金会公布的公益金使用报告可知,公益金资助项目的公示内容过于简单。如 2013 年贵州省民政厅仅用了 171 个字的公告公示了贵州省 2012 年省级福利彩票公益金 8052 万元的去向。[14] 海南省、湖南省 2012 年福利彩票公益金安排使用情况的公告也都不足 300 字,仅列举出涉及款项的总额和实施大项涉及的金额,对具体执行情况和执行效果等内容却鲜有涉及。公益金使用报告的目的在于保障公众的知情权、参与权和监督权,当公益金使用报告流于形式时,这些权利就无法获得保障,也会对彩票的公信力也构成了极大损害。

(三)彩票公益金管理存在的问题

1. 地方彩票公益金的账目管理混乱

《条例细则》第 57 条明确规定:"彩票公益金按照政府性基金管理办法纳入预算,实行收支两条线管理,专项用于社会福利、体育等社会公益事业,结余结转下年继续使用,不得用于平衡财政一般预算。"但长期以来,彩票公益金被作为预算外资金,由地方政府、部门实行自收自支,导致地方部门把公益金误认为部门资金而自行使用和处分。同时,虽然《条例》等规定彩票发行机构应按规定比例及时上缴公益金,不得拖欠、拒缴,但是由于缺乏相应的违法责任追究机制,各地仍不同程度地存在迟缴或少缴现象,影响了彩票公益金的统一管理。[15]

2. 彩票公益金的挪用、截留屡禁不止

彩票公益金设立的初衷是为了公益。依照《条例》等相关规定,彩票公益金应用于社会福利等公益事业。但是从各地的审计报告中可以看出,公益金甚少用于实质性的公益项目,很多单位将公益金频繁用于发放人员工资、建造商业楼宇出租营利以及购买高档消费品等。部分地区的福彩中心更是被曝出用公益金兴建高级酒店、购买豪华游艇等丑闻。[16] "郭美美事件"也引发了公众对中国红十字基金会使用彩票公益金合法性与合理性的质疑。由于缺乏统一的

---

〔14〕 参见白皓:《一百七十一字的公示能否说清八千余万福彩公益金使用情况?》,载《中国青年报》2013 年 8 月 1 日。

〔15〕 参见韩世远:《彩票的法律分析》,载《法学》2005 年第 4 期。

〔16〕 参见王晓慧:《彩票公益金支出额度逐年攀升》,载《华夏日报》2014 年 9 月 3 日。

管理体制和有效的监督,公益金挪用、截留等现象在实践中屡见不鲜。

3. 公益金管理机制设计不合理

我国彩票公益金的管理采用以财政集中为主导的模式,由财政部负责对公益金的监管。但目前财政部门只拥有名义上的管理决策权,实际权力仍掌握在民政部门和体育总局手中,并由后者负责规划公益金的使用。这就产生了公益金发行权和使用权的内部循环问题,自收自用容易诱发腐败。此外,财政部和民政部、体育总局同属国务院组成部门,行政级别相当,规定由财政部监管民政部和体育总局,缺乏实际执行力。

四、完善我国彩票公益金法律监管的原则与对策

(一)完善彩票公益金法律监管的基本原则

1. 社会公益原则

彩票公益金是彩民购买彩票让渡出来的部分利益,与税收不同,它具有浓厚的社会财产性质。因此,彩票公益金的法律监管必须体现社会本位的立法理念,即必须通过法律监管保证彩票公益金用于社会公益事业。公益金的使用必须充分体现其社会财产性质,公益金的使用方向必须体现其来源的特殊性,实行专款专用。

2. 公开、公平、公正原则

彩票的发行、彩票公益金的使用和管理等各环节都离不开公开、公平、公正原则的约束。公开原则要求彩票公益金的筹集、使用和管理都要依法进行公示,建立完善的信息公开制度,以保障群众的知情权和监督权;公平原则要求彩票发行机构平等对待彩民,要求民政部门和体育部门平等对待各个公益项目的申请主体;公正原则要求彩票发行机构在公示中奖号码过程中,不得徇私舞弊进行内幕交易,损害彩民的利益。[17]

3. 法治与诚信原则

除了社会公益原则和公开、公平、公正原则外,彩票公益金的法律监管必须遵循法治原则,制定科学、严格的法律法规,使彩票公益金的监管有法可依、有

〔17〕 参见金世斌:《中国彩票业规制体系研究》,南京大学出版社2013年版,第90页。

法必依。法律法规的制定应当保障各权利义务主体之间的法律地位平等。[18] 当彩票公益金的使用和管理出现违法现象时,要保证各主体都有权进行申诉和检举。要将涉及彩票公益金的违法案件纳入司法程序,严格追究违法责任。此外还应当坚持并强化诚实信用原则。[19] 受 2004 年"西安宝马彩票案"的影响,彩票行业的公信力连续下滑,但在诸多疑似造假、舞弊的彩票案件中,由于缺乏有力的证据,广大彩民也只能空有怀疑。[20] 彩票公益金的法律监管应当从根本上重塑诚信原则,防止引发诚信危机。在彩票公益金的使用和管理过程中,相关政府机构应以诚实守信的态度行使权力并严格履行监管职责,相关社会组织不得进行虚假申报,不得有欺诈、隐瞒以及损害国家、集体和第三人利益的行为。[21]

(二)完善彩票公益金来源监管的对策

1. 降低彩票发行费标准

《条例》等相关法律规范未对彩票发行费的比例作出明确规定,仅规定由国务院确定。目前《通知》规定彩票发行费的比例不得超过 15%。同时《条例》也规定,随着彩票规模和发行品种的增加,可以降低发行费比例。但这一规定由于约束力太弱,发行费一直居高不下,影响公益金的筹集。对此可参考国外经验,如英国目前的法律虽未对发行费比例作出明确规定,但是经彩票经营者和监管机构协商后一直保持着 5% 的发行费用。法国最近几年的彩票发行费也保持在 2.7% 左右。[22] 相比西方国家来说,我国 15% 的发行费比例显然太高。建议一方面应在《条例》等规定中明确限定彩票发行费的具体比例;另一方面应在现有 15% 的基础上大幅降低彩票发行费的比例。发行彩票的目的在于公益,应

---

〔18〕 参见邢军:《彩票法律问题探微》,载《法学评论》2005 年第 3 期。

〔19〕 参见朱新力、唐明良:《政府对彩票业的法律规制——问题、成因及和谐社会理念下的制度面应对》,载《浙江大学学报》(人文社会科学版)2006 年第 2 期。

〔20〕 参见张亚维:《中国彩票业发展的隐忧与战略选择》,载《管理世界》2008 年第 1 期。

〔21〕 参见韩世远、邢军:《彩票合同四题》,载《清华大学学报》(哲学社会科学版)2005 年第 3 期。

〔22〕 参见卢志凯:《我国彩票公益金管理存在的问题及对策分析》,吉林大学 2007 年硕士学位论文。

尽可能扩大公益金的筹集规模，做到取之于民、用之于民。

2. 强化彩票违法行为的法律责任

目前《条例》《办法》等有关彩票及彩票公益金管理的法规、规章等对违法责任的规定均相对宏观，不够具体。[23] 此外，既有法律规范虽然规定了彩票违规操作的法律责任类型，但是在实际执行中则多给予行政处分，即使在追究刑事责任时也会遇到法律依据不明确的问题。法律漏洞的存在加剧了彩票违法行为的猖獗。[24] 建议在《刑法》分则第三章“金融诈骗罪”中增加“彩票诈骗罪”“彩票内幕交易罪”，第九章渎职罪中增加“彩票管理徇私舞弊罪”“彩票管理滥用职权罪”等罪名，规定具体的适用情形并辅以相应的司法解释，加强彩票发行销售过程中的《刑法》监管，发挥《刑法》的威慑功能。[25]

(三) 完善彩票公益金使用监管的对策

1. 明确彩票公益金的使用方向

《办法》第9条规定：“上缴中央财政的彩票公益金，用于全国的社会福利事业、体育事业和国务院批准的其他公益事业。”省级财政的彩票公益金，则由本级民政部门和体育部门按照“扶老、助残、救孤、济困”的彩票发行宗旨自行分配使用。我国对彩票公益金的使用范围仅仅规定了大致的方向，但这些方向往往

---

[23] 目前为数不多的关于彩票违法责任的规定主要见于《条例》，比如第39条规定：“彩票发行机构、彩票销售机构有下列行为之一的，由财政部门责令停业整顿；有违法所得的，没收违法所得，并处违法所得3倍的罚款；对直接负责的主管人员和其他直接责任人员，依法给予处分；构成犯罪的，依法追究刑事责任：……(七)截留、挪用彩票资金的”；第40条规定：“彩票发行机构、彩票销售机构有下列行为之一的，由财政部门责令改正；有违法所得的，没收违法所得；对直接负责的主管人员和其他直接责任人员，依法给予处分：……(七)未按规定上缴彩票公益金、彩票发行费中的业务费的”；第44条规定：“依照本条例的规定履行彩票管理职责的财政部门、民政部门、体育行政部门的工作人员，在彩票监督管理活动中滥用职权、玩忽职守、徇私舞弊，构成犯罪的，依法追究刑事责任；尚不构成犯罪的，依法给予处分。”

[24] 参见张建明：《我国彩票市场分析与管理研究》，北京理工大学出版社2012年版，第112页。

[25] 参见陈毅坚：《规范与解释：彩票犯罪比较研究》，载《深圳大学学报》(人文社会科学版)2010年第1期。

难以覆盖具体的使用去向。例如,体育事业包括竞技体育和社区健身基础设施,社会福利事业又包括经济、文化、生态等各个方面。根据近几年的审计报告和公益金使用公告,目前我国的彩票公益金主要集中在养老和竞技体育项目,忽略了对文化、科技、法律和环境等方面的援助。建议在相关法律条文中不仅要规定彩票公益金的使用范围,还要明确公益金的具体使用方向,细化规范内容。例如,应具体规定彩票公益金在经济、文化和生态环境以及健身设施方面投入的比例,以此保证彩票公益金得以公平分配、物尽其用。

2. 强化公益金使用的信息公开制度

《条例》《办法》等虽然对彩票公益金的使用情况作出了公示、公告的要求,但对公示、公告的标准没有详细规定,导致一些地方彩票公益金的使用报告仅以几百字敷衍了事,公众监督更是无从谈起。在法律层面,应致力于完善彩票公益金使用的信息公开制度。建议通过立法缩短公示的周期,对于实施难度小、耗费时间短的资助项目,应该规定一季度一公开;对于期限较长的公益项目,可以允许适当延长。此外,应在立法中对公益金使用报告的内容进行详细规定。使用报告不仅应当写明资助的项目名称和金额,还应当列明具体的实施时间、地点、过程和实际执行效果等。最后还应强化公众监督,有关行政机构应当定期向社会公示资金使用报告,公民也有权向有关行政机构主动申请查询彩票公益金使用的相关信息。当公众的知情权及监督权受到损害时,还应给予相应的法律救济。[26]

(四)完善彩票公益金管理的法律对策

1. 成立专门的监管机构

长期以来,我国彩票公益金的管理都以财政部门为主管机构,民政和体育部门为执行机关,而无论是财政部门还是民政部门、体育部门,都属于政府机构,且为同一级别的行政机关。毫无疑问,这样的行政系统内部管理体制无法产生有效的监管功能。公益金的使用和监管应该分离,例如,美国的彩票公益金管理采用“三元体制”,不同行政机关分别负责彩票公益金的使用和执行,彩票委员会单独负责对彩票公益金使用情况的监管。[27] 我国彩票公益金的管理

〔26〕 参见金世斌:《彩票的公平与正义》,载《体育与科学》2007年第3期。

〔27〕 参见江涓:《美国彩票业的发展及其对公益事业的作用》,载《史学集刊》2014年第6期。

体制也应向此方向改革:公益金作为社会财产,应当由社会团体监管其使用,应当建立一个社会团体属性的专门机构——“彩票委员会”,独立负责彩票公益金的监管,通过立法赋予其监管权,减少政府权力干预,真正实现彩票公益金的社会化监管。

2. 明确彩票公益金使用和政府其他公共财政支出的界限

2012 年修订的《办法》明确规定将彩票公益金纳入政府性财政预算,这意味着彩票公益金的使用将接受人大的监督。但是如何区分彩票公益金和其他公共财政收入就成了亟须解决的重要问题。在立法中应明确彩票公益金和政府其他财政资金的功能和界限,避免二者发生混淆。应当规定彩票公益金必须全部缴入政府财政专户,专项用于社会福利和社会救助等公益事业,严格规范对彩票公益金使用的审查和监督。[28]

3. 积极引入听证、公益诉讼等监督和救济制度

彩票发行的宗旨是为了筹集公益金,发展公益事业。因此积极引入并严格落实听证制度尤为重要,应当通过立法明确在第三方主持下,听取彩票公益金支出项目的利害关系人以及社会公众的意见和建议,提高公益金的使用效益。目前我国彩票公益金的监管主要依靠审计部门审计,但审计属于事后监督,无法从根本上解决彩票公益金使用中的腐败问题。听证制度可以实现内部监督和外部监督的结合,并促进事前、事中和事后三个监督阶段的结合,保障群众的参与权,提升彩票公益金管理决策的科学性与合理性。[29]

我国彩票公益金的管理以政府为主,对彩票公益金接受者的权利规定甚少,导致彩票公益金接受者的权益受损时往往无法得到及时、有效的救济。2012 年新修订的《民事诉讼法》第 55 条规定:“对污染环境、侵害众多消费者合法权益等损害社会公共利益的行为,法律规定的机关和有关组织可以向人民法院提出诉讼。”近年来,为了维护消费者权益、保护生态环境,我国先后制定了消费者权益保护和环境保护方面的公益诉讼制度,对改善环境质量、提升消费者权益保护水平起到了重要的作用。彩票公益金的法律监管也应适时引入公益诉讼制度,授权专门的社会团体作为彩票公益金公益诉讼的适格原告,在负责

---

〔28〕 王薛红:《制定我国彩票业发展战略规划必须解决的十个问题》,载《财政研究》2011 年第 10 期。

〔29〕 王长斌:《美国构建彩票公信力的措施及其借鉴》,载《政法论丛》2014 年第 4 期。

彩票公益金管理的有关行政机构损害彩票公益金接受者的合法权益时,允许这些团体依法向法院提起公益诉讼,及时、有效地维护彩票公益金接受者的合法权益。[30]

五、结 语

彩票公益金作为广大彩民购买彩票让渡价值的一部分,具有浓厚的社会公益性,因此其来源、使用和管理也必须体现这一性质。[31] 由于缺乏细致、有效的法律监管机制,彩票公益金制度在来源、使用和管理等各个环节都存在亟须解决的问题。应坚持社会公益,公开、公平与公正,法治和诚信等原则,在发行环节降低发行费,规范发行和销售机构及人员的行为;在使用环节明确并细化公益金的使用方向、增强公益金使用报告的透明度;在管理环节完善听证、信息公开、公益诉讼等一系列制度,保障彩票公益金在来源、使用和管理各个方面有法可依、有法必依,最大限度地扩大彩票公益金的筹集规模,让彩票公益金能够物尽其用,为社会公益事业做出应有的贡献。

On the Improvement of the Legally Regulating the Lottery Fund in China

Liu Yingshuang

Abstract:As a type of government non-tax revenue, lottery fund acts as an important source of funding in the development of public welfare. At present, Chinese lottery fund management adopts centralized finance and dedicated use mode, which results in high costs and less credibility in the issuing stage; inefficient use, unreasonable directions and lack of transparency in the using stage; misappropriation, confusion and loopholes in the management stage. To facilitate the legal regulation on the lottery fund, we should emphasize the principles of social

〔30〕 参见吴勇敏、马俊彦:《彩票合同新解》,载《浙江大学学报》(人文社会科学版)2015 年第 2 期。

〔31〕 参见申卫平、齐志:《我国彩票公益金公共性本质与管理模式优化》,载《改革》2009 年第 8 期。

public interest, openness, fairness and justice and lower down the issuance fee, reduce the discretional power and clearly define the liabilities of the illegal operations in the issuing stage. In addition, we should regulate the usages of the fund and promote the information disclosure in the using stage. Last but not the least, we're supposed to redefine the managing mechanism, set up a special regulatory body, specify the boundary between the lottery fund and other public expenditures, and actively introduce supervising and relieving mechanisms, such as hearing and public interest litigation, in the specific management stage.

Key words: Lottery fund; Legal regulation; Information disclosure; Notarization; Public interest litigation

(责任编辑:陈梦寻)

后危机时代评级机构的监管改革、评价与未来趋势*

——兼对我国评级监管的启示与借鉴

窦鹏娟**

内容摘要：

评级机构是固定收益市场上的重要角色。次贷危机中，评级机构遭到了前所未有的谴责与指控，被认为是危机的重要推手。危机爆发后，以美欧为代表的评级机构监管改革打破了评级世界的旧秩序，建立了新的评级规则和制度。但这场改革沿袭了金融监管变革一贯的温和模式，取得的实际效果并不显著。未来的改革应进一步变革评级机构的收费模式，改善评级行业高度垄断的市场属性，通过多种渠道弱化金融领域尤其是监管者对外部评级的过度依赖，持续探索并不断完善评级机构的责任规制路径。我国应吸取后危机时代评级机构监管改革的经验教训，完善关于评级监管的法律制度，致力于改进评级质量，改革评级监管格局和健全监管机制。

关键词：

次贷危机　信用评级　评级机构　利益冲突　金融监管改革

尽管已经过去了10年之久，但次贷危机留给全球金融市场的影响至今仍未完全消除，其影响力和破坏程度堪比美国20世纪20年代末30年代初那场大萧条。在这场危机中，评级机构成为舆论的漩涡，饱受谴责与指控。人们认为

---

* 本文系2014年教育部哲学社会科学研究重大课题攻关项目“我国债券市场建立市场化法制化风险防范体系研究”（14JZD008）的阶段性成果之一。

** 窦鹏娟，华东政法大学助理研究员，法学博士、博士后，主要研究方向为金融证券法律制度。

信用评级对危机起到了推波助澜的作用,正是评级下调对金融市场产生的系统性影响导致了金融系统流动性的迅速枯竭。[1] 评级机构是资本市场尤其是固定收益市场上的重要角色。我国近年来频繁发生的债券违约事件也与信用评级的屡屡失灵密切相关,债券违约潮折射出的其实是评级的乱象。迄今为止,各国的评级机构监管改革仍在继续,政策和法律的制定者矢志不移地致力于提高评级机构的负责任程度和评级过程的透明度,彻底变革评级机构监管的建议从加强信息披露要求发展到了去除评级依赖。[2] 然而改革的效果究竟如何,未来将会怎样,中国又可以从中吸取哪些经验教训,值得我们重新审视和反思。

一、评级机构迎来监管改革风暴

关于信用评级的争议由来已久,权力的极度膨胀和缺乏约束被认为是导致评级机构看门人角色失守和评级失灵的症结所在。次贷危机爆发后,金融领域要求改革信用评级业监管现状的呼声日益高涨,这一强烈诉求引发了一场评级世界的监管改革风暴。

(一)美国:将评级权力关进法治之"笼"

早在世纪之初的"安然(Enron)事件"中,美国信用评级的致命缺陷就已经暴露出来——不能准确地判断或者经常延迟判断债券的违约信息。尽管自此

[1] 直到次贷危机爆发前夕,三大评级机构[即标准普尔(Standard & Poor's)、穆迪(Moody's)和惠誉(Fitch Ratings)]对数千只几乎毫无价值的次级债务工具依然维持着AAA级的资信评级。从2007年6月开始,结构性金融产品的资信评级迅速恶化。2007年至2008年间,穆迪(Moody's)对其36346份资信评级进行了下调,其中1/3曾被穆迪评为信用等级最高的AAA。最典型的当属雷曼兄弟评级事件。2008年9月15日,雷曼兄弟申请破产,而在3天前雷曼的评级才刚刚从投资级(investment-grade)降为垃圾债(junk)。See Efraim Benmelech, Jennifer Dlugosz, *The Credit Rating Crisis*, NBER Working Paper No. w15045, June 2009; Amadou N. R. Sy, *The Systemic Regulation of Credit Rating Agencies and Rated Markets*, IMF Working Paper 09/129, June 2009.

[2] See Aline Darbellay & Frank Partnoy, *Credit Rating Agencies and Regulatory Reform*, San Diego Legal Studies Paper No. 12-082, April 2012.

以后美国政府开始考虑监管 NRSROs,[3]但关于监管到何种程度的问题还是悬而未决。[4] 2006 年以前,美国对于评级机构很大程度上是没有监管的,[5]直到《信用评级机构改革法案》(Credit Rating Agency Reform Act of 2006)的颁布。尽管该法案正式明确了 NRSRO 的注册程序,赋予了美国证监会 SEC 为信用评级行业制定规章、进行监管和强制执行的权力,但这次关于评级机构的立法改革却并未使评级机构的失职问题得到改善。在法案颁布和刚刚实施后即爆发了震动世界的次贷危机,而评级机构在其中的角色是:先是为华尔街制造的大量"有毒"证券贴上安全标签,助长次贷市场的非理性繁荣;而当金融风暴席卷而来时评级机构又迅速下调评级,加速了危机的蔓延与恶化。次贷危机的爆发使人们对信用评级公信力的质疑达到了顶峰。SEC 针对三大评级机构展开调查,美国众议院也就评级机构的问责与脱责问题举行听证会进行辩论,听证会之外的相关学术讨论也异常热烈……[6]

次贷危机爆发后,SEC 随即出台了针对 2006 年《信用评级机构改革法案》的修正案,2008 年 12 月至 2009 年 11 月 SEC 又连续三次对 2007 年的《信用评级机构改革法案实施细则》进行修正,这些修正案主要集中在改善评级机构的利益冲突、提高评级透明度、强化评级机构责任以及促进评级行业竞争等方面。2010 年 7 月 21 日,美国颁布《多德 - 弗兰克华尔街改革和消费者保护法案》(Dodd-Frank Wall Street Reform and Consumer Protection Act)(以下简称《多德 - 弗兰克法案》)。该法案关于评级机构的监管改革措施体现在法案第九部

---

[3] 1975 年,美国证监会(SEC)创立了"全国认可统计评级机构"(NRSRO)目录,被纳入该目录的评级机构所作出的评级被认定为对投资决策是有价值的。See Patrick Bolton & Xavier Freixas & Joel Shapiro, *The Credit Ratings Game*, The Journal of Finance, Vol. 67, Issue 1, 2012, p. 87.

[4] See Sofya Abdurakhmanova, *Using Unsolicited Ratings to Regulate the Credit Rating Agencies*, Fordham Journal of Corporate & Financial Law, Vol. XVIII, 2013, p. 460.

[5] See Lynn Bai, *On Regulating Conflict of Interests in the Credit Rating Industry*, University of Cincinnati College of Law Public Law & Legal Theory Research Paper Series, No. 10 - 17, May 1, 2010.

[6] 参见王彦鹏:《管控的失语与权力的高歌——美国信用评级机构助推次贷危机根源论》,载《金融法苑》2009 年第 78 辑。

分“投资者保护与证券监管的改进”的第三子部分“信用评级机构监管的改进”中,这部分包括了关于信用评级行业及其与市场交互作用的相关条款。监管者的目标之一就是当评级机构向市场提供了误导性评级时对其科以法律责任以提高评级机构评级的忠实度。此外在《多德－弗兰克法案》下,SEC 能够更容易地制裁和处罚评级机构,法院也可以受理针对评级机构的私人诉讼。[7] 概括来讲,《多德－弗兰克法案》将原本脱离监管的评级机构纳入了监管范畴,试图将评级权力装进法治的“笼子”。其对评级机构的监管规制可归结为四个方面:加强评级机构的内部控制、解决利益冲突问题;增加了关于评级程序与方法的新规定以促进评级信息的透明化;废除了美国证券法为评级机构提供的专家责任豁免的安全港,明确了评级机构的法律责任;取消了联邦法律对评级的参考和依赖,致力于减轻监管机构对于信用评级的依赖。[8] 2014 年 9 月 15 日,美国《联邦公报》正式公布了 SEC 制定的《信用评级机构改革规则》,该规则基本满足了《多德－弗兰克法案》关于评级机构监管的 14 项规则制定要求,一定程度上标志着美国基本完成了对危机后评级机构监管制度的构建。[9]

(二)欧盟:进行专门的评级立法并整合监管机构

美国在次贷危机后关于评级机构监管改革的立法行动最为迅疾和突出,但主张实施全面监管的最有力的呼声和举措却来自欧盟。[10] 在次贷危机发生之前,欧盟关于信用评级的主要立法包括《市场滥用指令》(MAD)、《资本要求指令》(CRD)以及《金融工具市场指令》(MIFD),彼时欧盟委员会认为这些立法足以应对评级机构出现的问题。欧洲证券监管委员会(CESR)和欧洲证券市场专家小组(ESME)也一致认为无须对信用评级专门立法。次贷危机爆发后,三

---

〔7〕 See Rainer Jankowitsch & Giorgio Ottonello & Marti G. Subrahmanyam: *The New Rules of the Rating Game*: *Market Perception of Corporate Ratings*, January 11, 2017, available at SSRN: https://ssrn. com/abstract = 2655684 or http://dx. doi. org/10. 2139/ssrn. 2655684, lastvisited in Nov. 25, 2017.

〔8〕 参见毛海栋:《论信用评级机构看门人角色的危机与变革》,载《商事法论集》2012 年第 22 卷。

〔9〕 参见杨勤宇、潘紫宸:《危机后国外信用评级行业监管改革情况及启示》,载《债券》2015 年第 12 期。

〔10〕 参见周嘉:《欧盟信用评级机构监管改革研究》,载《河北法学》2015 年第 6 期。

大评级机构相继调低了希腊主权信用评级,由此揭开了欧盟主权债务危机的序幕。从2010年开始,欧洲的其他国家也开始陷入危机,整个欧盟都受到了这一危机的困扰。在此背景下,欧盟开始重新定义和审视评级机构的作用,尤其对美国主导下国际信用评级的负面作用高度重视。

美利坚民族惯用的实用主义在行为上所表现出的"损人利己"的做法导致欧盟为了"自保"而在评级监管的理念与制度上发生了激烈反弹;〔11〕欧盟一改以往认为无须为评级专门立法的态度,开始通过一系列新的立法加强对评级机构的监管。2008年11月,欧盟委员会正式提出了对评级机构监管的建议,2009年11月出台了《信用评级机构监管法规》(CRA Ⅰ(EC)No. 1060/2009)。此次立法采用条例(regulation)而非一般性质的指令(directive),法律层级相对较高且对成员国具有普遍约束力,可直接适用。〔12〕 根据CRA Ⅰ,评级机构须经过欧盟注册批准,其出具的信用评级方能得到欧盟法规的认可使用,欧洲证券监管委员会(CESR)协调评级机构注册流程,在欧盟境内统一注册。申请注册的评级机构需在欧盟境内成立子公司,并向CESR提交一份注册文档。CRA Ⅰ还要求银行和投资公司只能采用已注册的评级机构所出具的信用评级来测算资本要求。CRA Ⅰ对评级机构所提要求中的许多内容都是美国《信用评级机构改革法案》所没有的,由于直接干预了评级机构的内部制度、经营管理、评级方法以及评级程序等,CRA Ⅰ对评级机构形成了更强的约束力,但更加严格的监管要求也在一定程度上提高了评级业的进入门槛,进一步削弱了评级机构的行业竞争。〔13〕

除了进行专门的立法加强对评级机构的监管外,欧盟还对信用评级的监管机构进行了重新整合。2010年,欧洲证券和市场监管局(ESMA)成立,取代之前的欧洲证券监管委员会(CESR)对评级机构进行专门监管。2011年欧盟通过修改相关条例,赋予了新成立的ESMA较之CESR更大的权利,在弱化欧盟成员国监管当局权限的同时制定了更具可操作性的惩罚机制。

在正式立法和修正案之外,欧盟还出台了许多立法建议和决定,例如,提出

---

〔11〕 参见黎四奇、李时琼:《后危机时代信用评级机构监管法律制度创新研究》,载《国际经济法学刊》2014年第3期。

〔12〕 参见陈亚芸:《欧债危机背景下欧盟信用评级机构监管改革研究》,载《德国研究》2013年第1期。

〔13〕 参见彭宇松:《美欧信用评级监管体制改革及启示》,载《中国金融》2009年第14期。

修改 CRA Ⅰ 的建议,以及2011年提交的关于信用评级机构的第二份提议等,这些建议或决定虽然并不具有多大的法律约束力,却在一定程度上预示着欧盟关于评级机构立法的未来方向。[14] 2011年,欧盟再次对评级机构监管机制进行改革,形成了新的《信用评级机构监管法规》[CRA Ⅱ(EU)No. 513/2011],强化了对强制性信息披露的要求。2013年5月,欧盟又一次修改通过了全新的《信用评级机构监管法规》[CRA Ⅲ(EU)No. 462/2013],这一次的修改从去除评级依赖、规范主权评级、防范利益冲突、强化民事责任以及公示评级结果等方面加强了对评级机构的监管。据英国《金融时报》2017年4月4日消息,欧盟金融市场监管部门将通过规则调整再次加强对评级机构的监管,修改后的监管规则将要求美国评级机构在欧分支机构须向 ESMA 证明其母公司符合欧盟监管要求,方能获得欧盟监管规则对其信用评级产品合规资格的认可。[15]

(三)美欧之外的改革:重构评级"新秩序"

次贷危机发生后,日本、中国香港、澳大利亚、墨西哥、加拿大等国家和地区的金融市场监管部门也将评级机构监管视为一个重要主题。[16] 2009年6月,日本国会通过了《金融商品交易法修正案》,第一次以法律形式明确了对评级机构的监管模式。其监管改革的总体思路与美欧并无二致,主要在于增强评级透明度、解决利益冲突、加强行业竞争,但在具体操作上与美欧略有不同,表现在建立注册评级机构控制体系,增加对注册评级机构的特别监管、加强非注册评级机构评级结果的使用限制等方面。[17] 2009年11月,澳大利亚证券投资委员会(ASIC)宣布:从2010年1月1日起评级机构需获得澳大利亚金融服务许可证,澳大利亚信用评级开始实行许可证制度。根据该制度,评级机构除应接受2001年澳大利

---

〔14〕 参见陈亚芸:《欧债危机背景下欧盟信用评级机构监管改革研究》,载《德国研究》2013年第1期。

〔15〕 See *EU markets regulator tightens rules on credit-ratings groups*, https:// www. ft. com/ content/ 3894dd62 - cc90 - 3832 - 876a - 443bcd6c048e;《欧盟加严对信用评级机构的监管规则》,载中国商务部网站:http://www. mofcom. gov. cn/article/i/jyjl/m/201704/20170402551371. shtml,最后访问日期:2017年4月20日。

〔16〕 See Aline Darbellay, Frank Partnoy, *Credit Rating Agencies and Regulatory Reform*, San Diego Legal Studies Paper No. 12 - 082, April 2012.

〔17〕 参见占硕:《信用评级监管:后危机时代的变革与借鉴》,载《征信》2010年第3期。

亚《公司法》关于一般性义务的约束外还需遵守 ASIC 要求的特定义务。2010 年,加拿大证券管理部门也发布了评级机构监管规则,要求所有评级机构须成为指定评级组织(DROs)并需遵守国际证监会组织(IOSCO)的规范。2011 年我国香港地区也修订了《证券及期货条例》(SFO 第 571 章),其中将评级服务作为受香港证监会(SFC)监管的第十类活动,要求在香港经营的评级机构及其评级分析师均需取得职业牌照,并受到《证券及期货条例》一般责任的约束。〔18〕

后危机时代各国对评级监管的改革也对国际证监会组织(以下简称 IOSCO)2004 年制定的《信用评级机构基本行为准则》造成了冲击。〔19〕 为适应各国监管政策的新变化,IOSCO 分别于 2008 年和 2015 年对《信用评级机构基本行为准则》进行了两轮修改/修订。2008 年的修改侧重于评级机构需披露事项方面,以强化评级机构在结构融资评级方面的作用。2015 年的修订增加了关于评级机构内部控制和利益冲突的相关准则,修订之后《信用评级机构基本行为准则》的适用性、规范性和统一性都有所提高。

巴塞尔银行监管委员会(BCBS)也进行了评级机构监管改革。2010 年的《巴塞尔资本协议Ⅲ》进一步要求商业银行据其实际情况建立和采用不同的内部评级来计算信用风险资产,以减轻对外部评级的依赖。巴塞尔委员会还通过《增强银行体系稳健性》的要求指令强化对内部模型法的使用,以减少监管部门对外部评级的依赖。另外,巴塞尔委员会还将 IOSCO 的《信用评级机构基本行为准则》纳入了《巴塞尔资本协议Ⅲ》。

其他一些国际组织也通过减轻评级依赖来改革评级监管,如国际货币基金组织(IMF)2010 年 9 月发布《全球金融稳定报告》提出:"政策制定者应继续努力减少自身对信用评级的依赖,尽可能删除或替换法律法规及中央银行抵押政策中提及评级的地方。"金融稳定委员会(FSB)也在 2010 年 10 月通过了《降低对信用评级机构依赖性的原则》,以期减少政府和金融机构对信用评级的机械性依赖。

---

〔18〕 参见张学安、金文杰:《后危机时代国际信用评级监管法律制度的重构》,载《国际经济法学刊》2011 年第 4 期。

〔19〕 《信用评级机构基本行为准则》是国际信用评级行业的基本准则,被认为是评级机构行为自律的世界标准。该准则也获得了 G20 集团以及金融稳定理事会(FSB)的认可,其监管准则的目标被各国监管实践所采纳,以三巨头为首的主要评级机构均采用《信用评级机构基本行为准则》。

二、后危机时代评级机构监管改革的成效与不足

这场声势浩大的信用评级监管改革打破了评级世界的旧秩序,为其带来了新的气象和规则。美国的改革目的在于通过降低评级行业的准入门槛,减少评级机构的监管特许权,促进市场竞争和行业透明度,同时希望借助市场力量和声誉资本的约束来管理评级行业。而以欧盟为代表的另外一些国家和地区则是在承认给予评级机构必要的监管特许权的前提下,将改革重点放在强化监管制度方面,通过一定的干预机制提高评级业进入壁垒,以提高评级机构的独立性,保证评级质量。

(一)改革的成效

尽管关于评级监管改革的理念和思路存在差异,但改革的根本动机都在于矫正评级机构的不佳表现和弥补其易引发评级失灵的诸多缺陷。从全球范围来看,这场评级机构监管改革的许多方面都值得肯定。但笔者不打算过多渲染改革的成效,因为改革的效果究竟如何还需要时间的检验,在此仅作几点总结。

第一,改革使得对评级机构的监管在整体上从宽松转向严格,为评级行业、评级机构和评级业务制定了许多新的约束规则,这在一定程度上改善了以往评级机构作为"准监管者"较少受到监管约束、怠于履行其作为看门人角色应尽义务的状态。

第二,改革致力于减轻评级依赖,并将解决利益冲突作为治理评级机构效率低下的重要突破口,表明监管部门已经深刻认识到评级机构表现不佳的根源所在,也彰显了改革对评级机构监管的强烈决心。

第三,改革对于评级机构法律责任制度的完善起到了重要的推动作用。原本很少遭到起诉的评级机构越来越多地成为诉讼的"标靶",除了普通投资者以外,一些政府以及具有政府背景的机构也成为诉讼的提起者。

例如,美国几个州的州检察长就对评级机构展开调查,如康涅狄格州检察长2008年7月30日对评级三巨头提起诉讼,理由是"其故意对市政当局所发行的债券给予了较低评级的行为违反了《康州反不公平贸易行为法》,导致纳税人为此额外承担了数百万美元的损失"。[20] 另一显例是标准普尔的一系列受

[20] Larry P. Ellsworth & Keith v. Porapaiboon, *Credit Rating Agencies in the Spotlight*, Business Law Today, Vol. 18, Issue 4, 2009, p. 36.

罚事件。2015年1月,标准普尔宣布与美国SEC以及纽约和马萨诸塞两个州达成了超过7700万美元的和解协议,这是标准普尔为结束美国联邦以及州一级对其放松评级标准以争取业务,并且没有对投资者披露这些变动所提起的指控付出的代价。同时,标准普尔还将继续就美国司法部以及其他十多个州对其在2008年以前长期对评级的独立性与客观性的不当陈述提起的指控进行协商,最终的和解成本可能高达13.7亿美元。除了支付高额的和解金,美国SEC还对标准普尔开出了长达一年的业务禁令,在禁令期内标准普尔将不能为特定的债券提供评级。[21]

如果说评级机构因取悦客户和赢得商业成功的欲望造成了评级虚高,那么现在对未能基于稳健分析而作出的不实评级提起法律诉讼的威胁或许有助于扭转这一现象。[22] 评级机构遭到起诉以及标准普尔的受罚事件体现了监管机构将评级机构的法律责任追究落到实处的态度与决心,同时也警示了其他评级机构,开创了通过评级监管和追究评级机构责任保护投资者利益和维护社会公共利益的新篇章。

(二)改革之不足

从性质来看,后危机时代的评级监管改革并不是一次"推倒重来"式的彻底变革,这种改革仍然沿袭了金融监管变革一贯采用的温和改良方式。尽管基于金融领域敏感性的考量,此种温和的改革方案会避免引发剧烈的动荡和造成危机之后的"次生灾害",但这种在原有基础上修修补补的改革方式能够发挥作用的空间和力度毕竟是有限的,这就决定了这场表面上声势浩大的改革风暴实际取得的效果并不那么显著。

首先,这场改革并非来自监管制度本身的主动调整,改革的动机仍然未能摆脱为走出危机而寻求改革道路的一贯思路。简言之,改革不是基于监管层面的主动追求而是危机倒逼的一种结果。回顾美国信用评级市场与监管的历程不难发现,导致评级机构被反复质疑和批评的主要原因之一,就在于美国对评

---

〔21〕 参见孔军:《标普与SEC及两个州达成7700万美元和解协议》,载腾讯财经:http://finance.qq.com/a/20150122/011640.htm,最后访问日期:2017年4月20日。

〔22〕 See John Crawford, *Hitting the Sweet Spot by Accident: How Recent Lower Court Cases Help Realign Incentives in the Credit Rating Industry*, Connecticut Law Review, Vol. 42, 2009, p. 18.

级机构的监管是一个“危机导向”的过程，即在危机爆发后各界众口一词、对评级机构口诛笔伐时，监管机构便信誓旦旦，出台强效的监管措施。但当危机渐行渐远、市场恢复繁荣、公众对于监管的关注淡化而利益集团又开始大规模游说，具体的监管措施在实施中又会遇到一些困难或技术上的难题，此时监管机构便不得不根据实际情况作出相应调整，造成监管的“逆向回潮”，因此危机后的监管强化往往只是一个短期现象，而危机暴露的问题也只能得到部分解决。[23] 欧盟的评级监管改革也存在类似现象。虽然欧盟关于信用评级立法的修正历经数年光景，但仍属应急之作，其信用评级法律制度的建构只是迫于市场压力而为的自下而上的产物。[24] 也就是说，在某种意义上这场以美欧为代表的全球范围内的评级监管法治变革从根本上仍然难逃金融危机治乱循环的历史宿命。

其次，尽管所有的改革都致力于祛除监管依赖和解决利益冲突，但从实际效果来看此次改革在这两个方面并没有取得实质性进展。从改革的结果来看，美国的改革最终并没有废除饱受诟病的 NRSRO 制度，无论是《信用评级机构改革法案》还是《多德－弗兰克法案》，都一如既往地采用了 NRSRO 制度。而欧盟提高评级行业的进入门槛、要求使用已注册评级机构评级结果以期提高评级机构及其评级质量的做法，却恰恰削弱了评级行业的竞争，加剧了已注册评级机构的垄断地位，造成了弱化评级依赖的改革目标与加重监管依赖的改革结果之间的矛盾。这表明尽管监管者付出了改革努力，但在其思想深处仍然沿袭了早期的声誉资本理论，这导致无论如何变革，信用评级监管法律制度的底色并没有实质改变，[25] 变革之后的法律仍然有利于评级机构垄断地位的维持。而在利益冲突的解决方面，虽然美欧以及 IOSCO 等国际组织都制定了一系列制度或规则，但对于引发信用评级利益冲突的关键性问题——发行人付费模式，尽管遭到强烈指责和批评，要求转向投资者（订阅者）付费模式的呼声也日益高涨，但除了美国的改革方案新批准增加了 3 个采取投资者付费的评级机构外，

---

〔23〕 参见鄂志寰、周景彤：《美国信用评级市场与监管变迁及其借鉴》，载《国际金融研究》2012 年第 2 期。

〔24〕 参见黎四奇、李时琼：《后危机时代信用评级机构监管法律制度创新研究》，载《国际经济法学刊》2014 年第 3 期。

〔25〕 同上。

其他的改革并没有否定和抛弃原有的发行人付费模式。这也就意味着这场表面上轰轰烈烈的改革终究不过是一种“曲线”战略,其绕开了评级收费的重大障碍,只是通过改革具体的操作程序、增强透明度、强化声誉机制的约束等措施,间接缓解发行人付费模式的内在冲突,[26]因此在利益冲突风险处置上的力度是相当有限的。

尽管次贷危机催生了一些关于评级机构法律责任的立法和司法活动,但改革带来的实质性变化还不足以使人乐观。我们看到在危机之后作为评级行业巨头的标准普尔受到了严厉的制裁,针对评级机构的诉讼也在增多,但这距离使评级机构承担应有法律责任的道路依旧漫长。就美国而言,2006 年《信用评级机构改革法案》的规定并不构成任何私人诉权的产生,在美国宪法体系下,只有国会才享有建立一个权利或义务的专有职权,2006 年《信用评级机构改革法案》所阐述的“并不产生私人诉权”的规定说明美国立法机关对于评级机构的法律责任仍然没有明确的态度。关键的问题在于,法律监管制度的变革并未从根本上动摇评级报告属于“意见表述”、评级机构作为“意见提供者”的法律定位,因此无法撼动美国宪法第一修正案对于评级机构“言论自由”的保护。所以,评级机构尽管在金融危机中“问题缠身”、饱受批评,但仍然可能处于责任追究的范围外。这并不是投资者所期待的,也与美国国会听证会以及 SEC 调查结论所揭示的评级机构存在利益冲突、反应迟滞、数据失真等事实严重背离。[27] 从欧盟评级监管改革的结果来看,《信用评级机构监管法规》规定了严格的评级机构监管处罚措施,当评级机构出现类似次贷危机中的重大失误和违规行为时将面临行政处罚的风险,其付出的代价轻则将受罚金,重则可能失去注册资格从欧洲信用评级市场上出局,这样的行政处罚力度对于评级机构无疑将产生巨大的威慑力,然而究竟会产生怎样的实际效果目前还存在争论。[28]

---

〔26〕 参见张亦春、游舜杰:《美国金融危机与信用评级的教训和启示》,载《山东社会科学》2010 年第 10 期。

〔27〕 参见聂飞舟:《美国信用评级机构法律责任反思与启示——以司法判例为视角》,载《东方法学》2010 年第 6 期。

〔28〕 参见王晓丽:《欧盟对信用评级机构的立法监管及新动向》,载《欧洲研究》2012 年第 4 期。

三、评级机构监管改革的未来方向

在当今的资本市场上,评级机构所扮演的角色和发挥的作用不是其他机构可以轻易取代的。尽管评级机构制造了许多混乱与困扰,评级监管改革的成效不尽如人意,信用评级和评级机构本身也存在难以克服的缺陷,但我们不能简单地因噎废食,应在梳理改革成败得失的基础上,针对改革未能解决的关键问题继续探索,把握好未来改革的努力方向。

(一)进一步变革评级机构的收费模式

评级机构的收费模式与其最终提供的评级报告的质量息息相关。国外有学者通过比较穆迪(Moody's)和伊根－琼斯(EJR)不同的评级性能,发现采取投资者付费模式的伊根－琼斯(EJR)所提供的评级更为有用。也有学者研究证明采取发行人付费的评级机构倾向于迎合发行人的利益,对其存在的信用风险故意轻描淡写。而快速评级公司(Rapid Ratings)以及其他采取订阅者付费方式的评级机构则能够提供更符合投资者需求的有效评级。采取投资者付费模式的评级机构在进入市场后能够提供更加及时和有用的评级,这可能会揭露出现有被依赖的评级机构评级质量低下的问题。以公司债券为例,若由发行人付费,则当公司发行债券时作为发行人的公司可以选择由哪家评级机构来出具评级。这种选择给了发行人一种“评级购买”(rating shopping)的机会,发行人只会聘用那些预期能够给出对发行人所发行债券有利评级的评级机构。而评级购买正是威胁信用评级真实性的重要因素,[29]也是监管部门致力于消除的现象。

在发行人付费的模式下,评级机构面临着一种困境:难以在抢占市场份额和保证评级质量之间保持平衡。投资者付费能够在很大程度上避免发行人的评级购买行为,而这对于解决困扰评级机构监管的利益冲突问题无疑是有效的办法。目前在三大评级机构之外已经产生了一些采取投资者付费模式的评级

---

〔29〕 See Mathias Kronlund, *Do Bond Issuers Shop for Favorable Credit Ratings?*, March 19,2017, available at SSRN: http://ssrn.com/abstract=1712923 or http://dx.doi.org/10.2139/ssrn.1712923.

机构,[30]其占有的市场份额虽然不可与三大机构比肩,但其影响力以及市场的评价却不可小觑。有学者通过比较标准普尔(S&P's)与伊根 - 琼斯(EJR)这两个采取不同评级收费模式的评级公司,发现了一个耐人寻味的现象:当采取投资者付费的伊根 - 琼斯(EJR)开始对某一公司进行评级后,标准普尔(S&P's)对该公司的评级质量就会显著提高,其评级变得更能反映信用风险,而且评级所包含的信息内容也更加翔实。[31] 如果这一研究结论是可信的,那么这些采取投资者付费的评级机构将会对采取发行人付费模式的评级机构产生深刻影响,促使其提高评级质量、规范评级行为,这样一来整个评级行业出具评估报告的有效性将会得到很大改观。

监管部门也认识到改变评级机构的收费模式可能是解决信用评级利益冲突最重要的突破口,实践中各国和地区对于评级收费模式的多样化也进行了不少探索。例如,美国审计署(GAO)已经展开了旨在通过建立替代性商业模式和独立分析师组织以激励评级机构提供更准确评级报告的评级机构收费模式的相关研究;欧盟也提出了包括投资者付费、基于评级结果的付费、交易平台付费、政府租用付费、公用事业模式等多样化的付费模式以解决发行人付费带来的利益冲突问题;英格兰银行提出通过实施结构性改革解决评级机构利益冲突,提出的选择方案包括投资者付费、评级清算所、公共评级机构三种形式。[32]

当然,评级机构拥有决定评级收费模式的权利,监管制度无法强制要求所有评级机构都实行投资者付费。因此,尽管采取投资者付费的评级机构更容易避免利益冲突,但提议回归到传统的投资者付费模式显然不够现实。[33] 出于营

---

[30] 例如 EJR、Lace Financial、Realpoint、A. M. Best 等评级机构均采取不同于三大评级机构的投资者付费模式。

[31] See Han Xia, *Can Investor-Paid Credit Rating Agencies Improve the Information Quality of Issuer-Paid Rating Agencies*? ,Journal of Financial Economics 111(2),2014,p. 450.

[32] 参见黄国平:《评级功能视角下的利益冲突和付费模式》,载《证券市场导报》2012 年第 10 期。

[33] See Déborah Lipszyc, *Credit rating agencies and conflicts of interest: Comparative study of the post-credit crisis regulatory reforms*, September 15, 2009, available at SSRN: https://ssrn.com/abstract=1919960 or http://dx.doi.org/10.2139/ssrn.1919960, last visited in Nov. 25,2017.

利的考虑,大多数的评级机构势必将沿用发行人付费的模式。相对于转变评级收费模式,还有一种较为温和的方式来缓解因发行人付费带来的评级购买等利益冲突问题。这种做法的基本思想是在发行人和评级机构之间建立一定的隔离机制来阻挡二者之间的利益输送,可以采取的具体方式包括政府租用、投资者所有、集中结算平台方式以及基于评级结果的付费方式等。[34]

(二)致力于改善评级行业高度垄断的市场属性

垄断会导致低效,这是经济学最朴素的原理。评级行业整体表现不佳的重要原因之一,就在于其高度垄断的市场属性。毫不夸张地说,信用评级的世界其实就是评级三巨头的世界。评级市场的高度垄断造成了竞争的严重缺乏,缺少制衡和竞争压力的环境阻碍了评级质量的提升和评级机构的进步。改变评级机构表现不佳的状况,要从提高市场竞争、改变评级机构的垄断地位入手。

评级三巨头垄断地位的形成绝非一日之功,因此在短期内不可能出现能够与三巨头并驾齐驱的评级机构。但是,对中小型评级机构的培育也不应放弃。虽然依靠某一个或几个评级机构的力量来对抗评级三巨头的做法无异于螳臂当车,但通过不断培植和强化中小评级机构使其形成合力来共同对抗三巨头还是有一定可能性的。提高评级行业竞争、消解寡头垄断的另一思路,就是在评级行业的市场准入制度方面做文章。从这一点来讲,美国式改革可能比欧盟改革更有利于提高评级行业的市场竞争。竞争的加剧将会降低市场上现有评级机构的市场份额,国外有学者通过对比金融危机前后评级机构数量的变化,证明当市场上有更多评级机构时更能促进评级业的快速发展。[35]

评级三巨头的垄断实际上是国际评级行业美式评级的垄断,打破这种垄断局面的一条重要途径,就是各国和地区培育和筹建本土化的权威评级机构。对此,欧盟的改革已经做了较好的诠释。尽管在改革的实际效果上可能距离压制美国评级三巨头的目标还有差距,甚至在一定程度上还起到了相反的作用,但是欧盟致力于削弱三大评级机构的评级"话语权"、创建本土化评级体系的努力不应遭到否定。除了欧洲以外,亚洲等主要经济体也在加快自主信用评级体系

[34] 关于这四种方式的具体介绍可参见黄国平:《评级功能视角下的利益冲突和付费模式》,载《证券市场导报》2012 年第 10 期。

[35] 转引自韩丹、徐伟:《国际信用评级业发展困境研究》,载《济南大学学报》(社会科学版)2015 年第 4 期。

的建设步伐,日本就是其中的典型代表。印度以及俄罗斯等国家也认识到信用评级在一国金融体系中的战略性地位,并开始着手培育本土化的信用评级体系。[36] 另外值得一提的是,2012 年 10 月 24 日,来自中国的大公国际资信评估有限公司、美国的伊根-琼斯评级公司和俄罗斯信用评级公司三家独立评级机构在北京宣布,三方将联合发起成立一个“世界信用评级集团”,以推动建设一个独立的国际评级监管体系,向世界提供公正的评级信息,致力于打破以三巨头引领的评级行业的垄断局面。世界信用评级公司已于 2013 年 6 月 25 日在中国香港成立,同时举办了首届改革国际评级体系高峰论坛。这种非主权性质的国际信用评级机构是对现有国际信用评级体系的一次挑战,在打破评级世界由三巨头垄断的局面、扭转国际主权信用评级中的美式霸权地位方面的作用值得期待。

(三)多渠道弱化金融领域的评级依赖

一定程度上,评级机构是以准监管者的身份代替政府来行使一部分监管职权,这造成了信用评级对政府监管的替代,而这种替代又造成了监管者对于信用评级的过度依赖。这种过度依赖不仅是监管方面的,还表现在行为方面,即市场参与者,如机构投资者依靠评级作出决策。[37] 治愈评级依赖症的关键,在于削弱监管部门对信用评级的使用。这种在监管体系中去除评级依赖的做法在次贷危机之后便在一些国家、地区和国际组织中开始展开,但在力度和进程方面还需要进一步加大和加快。弱化监管部门的评级依赖,除了减少评级使用外,还应加强对评级机构的监管。国内有学者通过实证研究发现,监管部门对发债企业的监管能够加强债券评级与债券价格之间的联系,提高债券评级的信息含量;监管部门对于评级机构干预程度的增加也有助于评级过程的规范。[38] 信用评级不足以取代政府监管,二者是互补而非替代的关系。

弱化评级依赖的另一途径,是鼓励使用具有替代外部评级作用的其他判断信用风险的方法,例如使用内部评级模型。作为“世界上最简短的评论”,信用

---

〔36〕 参见聂正彦、安小雪:《国际信用评级体系的演进、利益冲突及其变革方向》,载《征信》2014 年第 2 期。

〔37〕 See Aline Darbellay, Frank Partnoy, *Credit Rating Agencies and Regulatory Reform*, San Diego Legal Studies Paper No. 12-082, April 2012.

〔38〕 参见韩斯玥、刘力一、温权:《政府监督与信用评级:互补还是替代?》,载《上海金融》2015 年第 1 期。

评级以其外在的对于信用风险的简单明了的表示方式为投资者判断违约风险提供了直观的工具。但信用评级只是诸多的风险判断依据中的一种,对于信用评级的绝对依赖造成了市场参与者对其他信用风险判断方法的忽视,尤其是投资者不再对所投资产品进行独立的风险判断,完全将风险分析的工作寄希望于那些与受评对象有着千丝万缕的利益关联的评级机构身上,这样的风险分析工作态度和方式显然是欠妥当的。对于投资者而言,如果受客观条件限制无法通过向评级机构支付评级费用而获得较之发行人付费模式更为准确和及时的评级报告,那么更为现实的做法就是不要将基于发行人付费而得到的信用评级作为自己投资判断的唯一依据,而应通过其他多种方式对欲投资的金融产品的信用风险进行综合分析和判断,这样得到的风险分析结果才可能更加全面、客观和准确。监管部门也应通过监管改革继续扭转对于评级的依赖,鼓励金融机构提高内部评级的能力,从而替代信用评级对信用风险作出独立判断。

重新认识和定位评级机构在金融体系中的角色也可能有助于弱化评级依赖现象。一直以来,评级机构都被看作金融监管的辅助机构,其以准监管者的身份地位获得了超乎寻常的特殊权力。事实上,评级机构或许可以被视为一种协调机制来实现多重平衡。大多数的公司债券通常至少有一个信用评级,许多有两个评级。信用评级的确扮演了足够重要的经济角色,在实践中这一地位也一再被强化。但评级机构其实更应该被作为一个"中心点"(focal point)来看待,也就是说,评级机构可以用于帮助实现我们所渴望的内部平衡,失去了这个"中心点",各种均衡势力可能将无法共存。[39] 当评级机构被作为一种平衡机制时,信用评级就能够在发行人、投资者和监管部门之间起到一种桥梁的作用。不再意味着一个特殊身份、一种监管特权,而是通过自己的评级连接发行人与投资者,促使发行人为了获得更好的评级提高自身和金融工具的信用水平,帮助投资者利用评级信息选择更加安全的投资工具,同时使监管部门借助信用评级实现更加有效的监管。

(四)持续探索和完善评级机构的责任规制

尽管与人们的期待还有一定差距,但后危机时代的评级监管改革在评级机构法律责任方面还是取得了一些进展。例如,欧盟的《信用评级机构监管法规》

---

[39] See Arnoud W. A. Boot, Todd T. Milbourn, Anjolein Schmeits, *Credit Ratings as Coordination Mechanisms*, The Review of Financial Studies, Vol. 19, No. 1, 2009, p. 82.

[CRA Ⅲ(EU)No. 462/2013]强化了评级机构的民事责任。根据 CRA Ⅲ,评级机构若因故意或重大过失违反该规则的相关规定,应对造成的投资者损失进行赔偿。关于举证责任的分配,该规则也更利于投资者,投资者只需证明评级机构违规的事实,而评级机构则负责证明其已尽到注意义务。该责任不仅适用于委托评级,也适用于评级机构主动评级的情形。[40]

次贷危机之后,美国的法院对于评级机构受宪法第一修正案保护的特权有了新的认识。例如在"In re Nat'l Century Fin. Enters. 案"中,[41]法院认为评级没有面向社会公众发布,评级机构不能受到宪法第一修正案的保护。评级机构通常在发布评级时会附上法律提示作为免责声明,美国的司法进展预示了如评级机构被认定为侵权,则其免责声明将不能免除其法律责任。根据侵权行为的构成要件,评级机构需满足存在违法行为、存在故意或重大过失、虚假的评级结果给投资者造成了损失、评级结果与投资者损失之间存在因果关系方构成侵权。[42] 在"Abu Dhabi Commercial Bank 诉 Morgen Stanley & Co. 案"中,[43]法院就是通过分析欺诈侵权之诉的构成要件后认为案中穆迪和标准普尔的行为符合侵权之诉的构成要件。这些美国的判例说明,评级机构一旦丧失其客观中立的立场就可能失去受宪法第一修正案保护的特权;为了得到这种特权保护,评级机构在今后的业务中可能会尽量避免因利益冲突影响其客观中立的立场。未来的评级机构监管改革势必将继续沿着提高评级机构法律责任的方向前行,并通过强化法律责任来矫正评级机构的行为,促使其保持客观中立的地位,真正发挥市场信息媒介的正面作用。[44]

当然,通过诉讼令评级机构承担民事责任只是评级机构承担法律责任的一

---

〔40〕 参见黎四奇、李时琼:《后危机时代信用评级机构监管法律制度创新研究》,载《国际经济法学刊》2014 年第 3 期。

〔41〕 In re Nat'l Century Fin. Enters. ,580 F. Supp. 2d. 630(S. D. Ohio 2008).

〔42〕 参见罗培新:《后金融危机时代信用评级机构法律责任之完善》,载《法学杂志》2009 年第 7 期。

〔43〕 Abu Dhabi Commercial Bank v. Morgen Stanley & Co. , 651F. Supp. 2d. 155, (2009).

〔44〕 参见方添智:《次贷危机中信用评级失灵的原因及法律规制——美国信用评级制度改革评析》,载《国际经济法学刊》2010 年第 2 期。

部分,对评级机构进行责任规制的内容远不止这些。例如,既然信用评级已经成为一种不可或缺的辅助监管工具,监管部门关于权威评级机构的认定对评级机构而言意义非凡,那么何不借助监管的力量对评级机构施压促使其审慎评级?美国哥伦比亚大学法学院教授科菲教授就认为,可以透过 SEC 认定评级机构为 NRSROs 的权力,令评级机构遵循诸如强制性核实机制、定期评级等以增加评级的可信度,若评级机构的行为未达到这些要求,SEC 可在一定时期内取消其作为 NRSROs 的资格。[45]

四、我国的信用评级与监管的完善

债券市场的发展是评级行业发展的基础,债券的发行量、发行方式、投资者对发行人信用质量的关注程度等是决定市场对信用评级需求的重要因素。[46]我国债券市场(以下简称"债市")发端于 20 世纪 80 年代末,伴随着债市的兴起债券评级行业也应运而生。与评级机构的百年历史相比,我国的评级业发展至今不过 30 年,总体上还处于初级发展阶段。随着 21 世纪的到来,中国的债市也发生了一些革命性的变化,在国际债券市场上的地位与影响力日益增强。然而在取得不俗成绩的同时,我国债券市场的进一步发展也遇到了一些障碍,从早年间债券监管中的权力腐败和利益输送,到近年来频繁发生的债券违约和违约潮刺激下的"萝卜章"事件。债券违约本无可厚非,它是债券市场化运作的必然结果之一,[47]是国际债券市场发展的一般规律,能够促使一国债市走向成熟。债券违约风险可以通过评级信息进行测量,信用评级就是向市场传递评级对象信用水平高低的信号,因此评级质量的好坏在很大程度上就决定着所传递市场信号的准确与否。我国近年来的债市问题折射出的其实是债市评级的乱局。评级质量的问题主要表现为评级高估或评级低估。[48] 据业内人士的普遍观点,当前我国债市近半信用评级存在"虚高"的现象,约有 37% 的外部评级高于中

---

〔45〕 参见侯怀霞:《论美国次贷危机的法律根源》,载《苏州大学学报》2012 年第 4 期。

〔46〕 参见何平、金梦:《信用评级在中国债券市场的影响力》,载《金融研究》2010 年第 4 期。

〔47〕 参见吴伟央:《债券违约应对处理法律机制探析》,载《证券法苑》2014 年第 13 卷。

〔48〕 参见邓博文、曹廷贵:《信用评级行业的监管与评级质量》,载《国际金融研究》2016 年第 3 期。

债市场隐含评级,〔49〕债券外部评级高于市场隐含评级 2 个等级以上,且都集中在钢铁、煤炭、有色等产能过剩的行业,〔50〕而这些正是债券违约频发的行业。

债市评级是信用评级行业的一部分,这部分反映出来的问题可以窥见我国评级业现状之一斑。我国目前有 50 余家评级机构,但总体上良莠不齐且缺乏核心竞争力,评级虚高、以价定级、不当竞争等现象比较突出。与国际上那些权威评级机构在资本市场的地位以及所受到的“礼遇”相比,评级在我国往往被看作债券发行审批中的一项形式化流程而不被市场主体所重视,评级机构的独立性严重不足,信用评级质量的公众认可度较低,评级机构为抢占市场份额还存在低价竞争等现象,扰乱了我国评级市场的正常秩序。十八届三中全会提出了“发展并规范债券市场,提高直接融资比重”的要求,我国债券市场正处于突飞猛进的发展时期,将成为中国发展直接融资的下一个重要战略支点。债市的规范当然包括了对信用评级行业发展的规范,这就需要更为严格的监管措施。后危机时代国际上对评级机构的监管改革于我国而言是一次难得的学习机会,我们应该在吸取这些经验教训的基础上完善评级机构监管。

首先,我们应加快完善关于评级监管的法律制度。目前,我国关于资信评级的规定散见于各个部委的文件之中,这些文件法律层次低、内容分散且标准不一,其中最大的问题在于混淆了评级业务指导和评级监管两个不同层次的立法。〔51〕评级的复杂性和金融创新所导致的现有监管立法不足对我国制定一部规制信用评级的统一立法提出了要求。我国可以在借鉴国际经验和结合我国国情的基础上制定一部法律位阶更高的专门法,〔52〕对信用评级的市场准入、利

---

〔49〕 中债市场隐含评级由中央国债登记结算有限责任公司于 2008 年开始推出,是在外部评级的基础上,参考市场价格、发行人财务信息等因素,抽取出市场对受评对象的信用评级,其实质在于通过这种“二次评级”对外部评级的虚高和泡沫现象进行修正。

〔50〕 参见李玉敏、周智宇:《中债登估值中心总经理刘凡:37% 外部评级 高于隐含评级》,载 21 经济网:http://epaper. 21jingji. com/html/2016 - 07/25/content_43896. htm,最后访问日期:2017 年 4 月 19 日。

〔51〕 参见聂飞舟:《美国信用评级机构法律监管演变与发展动向——多德法案前后》,载《比较法研究》2011 年第 4 期。

〔52〕 参见张学安、金文杰:《后危机时代国际信用评级监管法律制度的重构》,载《国际经济法学刊》2011 年第 4 期。

益冲突的解决、信息披露、评级机构的监管标准以及法律责任等问题作出明确、系统的规定。值得一提的是,2016 年 10 月中国人民银行会同发改委和证监会起草了《信用评级业管理暂行办法(征求意见稿)》,这距离我国信用评级专门立法无疑进了一步。

其次,我们应通过多种途径减轻对外部评级的依赖,致力于提高信用评级的质量。具体的办法包括采取双评级制度改善我国信用评级缺乏风险甄别能力的问题;在评级机构与评级对象之间建立隔离机制,减轻利益冲突、增强评级机构独立性,提高评级结果的准确性;鼓励市场参与者多参考和利用市场隐含评级,以减轻对外部评级的依赖,减少因评级失灵带来的问题;也可以参考和利用一些非营利性评级机构发布的评级报告,弥补专业评级机构因利益冲突和缺乏独立性导致评级结果有失公允的缺陷。

最后,我们还应改革目前的评级机构监管格局,健全评级监管的体制机制。信用评级业务一般都是跨市场、跨行业的,我国对于评级机构的监管是典型的多头监管模式。分裂和多头的监管格局增加了监管部门之间的协调工作,难以形成统一的监管标准,影响了我国评级机构监管的整体效率。在这方面,或许我们可以学习欧盟,建立一个超越部门利益的统一的信用评级监管部门,采取统一的监管标准对评级机构实施监管。在此基础上,还需明确评级监管机构的具体职责和权限,增加对评级流程和方法的检查评估,严格执行信息披露要求,建立起对评级结果的追踪与问责机制,实现评级机构权力与责任的对称,[53]以期能够有助于解决评级机构虚高评级、无责评级的问题。

五、结　　语

经过百年的发展,评级机构已成功跻身于金融市场准监管者的行列,在某种意义上担当着一定的国家职能。尽管对于信用评级我们可能仍然缺乏清楚的认识,但在全球金融市场上,信用评级正在逐渐改变债权人与债务人之间成

〔53〕 参见黄良波:《次贷危机对我国信用评级机构规范与发展的启示》,载《中国金融》2009 年第 2 期。

本收益分配的方式已是不争的事实。[54] 几乎所有的评级机构都是根据相对而非绝对的违约概率进行评级。[55] 信用评级不是针对单个债券的买入与卖出的推荐,也不是对市场预期所作的评论,尽管评级机构的信用分析的确考虑了整个市场以及经济的运行状况,但信用评级的最终目的是对债券发行人的财务状况和偿付能力给出评价。[56] 尽管评级机构的历史是一段充满了失误的历史,[57] 但在债券市场交易规模扩大化、债券产品日趋复杂化的当今时代,投资者越来越需要一个理性的标尺来判断投资风险,[58] 评级机构的缺席导致的结果可能更加糟糕。

尽管过去了十年,次贷危机的阴影已经渐行渐远,但人们关于评级机构能否公正地开展评级业务的讨论并没有就此停止。无论讨论的结果如何,至少有两点可以肯定:评级机构依然会继续存在,它们永远都是金融基础设施的组成部分,[59] 并仍为法律监管和市场功能服务;对于评级机构的监管改革势在必行,已经发生的法治变革或许就是未来立法将使评级机构接受更多监管的一个信号,或者致力于削弱信用评级体系重要性的一种政策倾向。[60] 提高评级行业的市场竞争、增强信用评级过程的透明度、不断弱化对外部评级的依赖、改革评级

---

〔54〕 参见黎四奇、李时琼:《后危机时代信用评级机构监管法律制度创新研究》,载《国际经济法学刊》2014 年第 3 期。

〔55〕 See Carol Ann Frost, *Credit Rating Agencies in Capital Markets: A Review of Research Evidence on Selected Criticisms of the Agencies*, March 15, 2006, available at SSRN: https://ssrn.com/abstract=904077 or http://dx.doi.org/10.2139/ssrn.904077, last visited in Nov. 25, 2017.

〔56〕 参见[英]莫拉德钖·乔德里:《债券市场导论》(第 3 版),杨农、蒋敏杰等译,清华大学出版社 2013 年版,第 171 页。

〔57〕 美国民主党国会议员亨利钖·韦克斯曼(Herry Waxman)语。参见[德]乌尔里克钖·霍斯特曼:《评级机构的秘密权力》,王煦逸译,上海财经大学出版社 2015 年版,第 1 页。

〔58〕 参见李建云、田京海:《百年金融发展中的国际信用评级业》,载《中国金融》2006 年第 16 期。

〔59〕 See John C. Coffee, Jr., "Ratings Reform: the Good, the Bad, and the Ugly", *Harvard Business Law Review*, Vol. 1, 2011, p. 233.

〔60〕 See Robert J. Rhee, "Why Credit Rating Agencies Exist", Economic Notes, Vol. 44, Issue 2, 2015, p. 162 .

机构的收费模式、矫正评级机构权重责轻的失衡状态,这些既是全球金融领域关于评级机构监管的共识,也是未来改革继续前行的方向。

The Regulatory Reform, Evaluation and Future Trends
of Credit Rating Agencies in Post-crisis Era
— Also to Discuss the Enlightenment and Lessons
for China's Credit Rating Regulation

Dou Pengjuan

Abstract: Credit rating agencies (CRAs) play a key role in the fixed income market. In sub-prime crisis, CRAs suffered unprecedented blame and accusation and was considered one of the most important pusher for the outbreak of the crisis. As soon as the crisis erupted, many countries especially the USA and EU had begun to reform the supervision on CRAs and this reform movement had broken the old orders of rating world. Meanwhile, the reform has established a series of new rules and systems for CRAs. Although obtained some significant achievements, what the reform really changed is not so remarkable since the reform still followed the consistently moderate mode of financial supervision reform. The reform in the future should further change the charging mode of CRAs, improve CRAs' high monopoly market attribute, weaken the over reliance of external ratings in financial field especially for regulatory department, continuously explore and perfect the responsibility regulation of CRAs. China should learn a lesson from the regulation reform of CRAs in post-crisis era. At the same time, China should improve the legal systems of rating supervision, turn to raise the quality of ratings, reform the structure of CRAs' regulation and sound the regulatory mechanism.

Key words: Subprime crisis; Credit rating; Credit rating agencies; Conflict of interest; Reform of financial regulation

(责任编辑:张牧君)

绿色发展背景下雄安新区的定位及法律保障

高桂林*

内容摘要：

绿色发展是我国经济发展所追求的目标，相应地也是京津冀一体化未来发展的趋势。基于绿色发展的要求，京津冀协同发展需要在理念、经济制度、发展路径等方面寻求新的转变。而雄安新区的成立正是京津冀一体化在绿色发展背景下的一个突破口，通过引入绿色发展的政策理念构建生态城市，建立示范窗口，为京津冀一体化开辟出一条生态发展之路，最终实现京津冀协同发展的新飞跃。因此，在绿色发展的背景之下，雄安新区应定位为以生态经济为核心的生态服务功能区，法律制度应当针对雄安新区的这一特点提供相应的生态法律服务保障。

关键词：

绿色发展　雄安新区　生态法治

一、绿色发展方式转变与京津冀一体化

习近平总书记在2017年5月26日中共中央政治局第41次集体学习时强调，要正确处理经济发展和生态环境保护的关系，推动形成绿色发展方式和生活方式，为人民群众创造良好生产生活环境。[1] 绿色发展将会是未来一个时期京津冀协同发展的新标志，而京津冀一体化也在悄然从量的积累走向质的变化，其中主要体现为“四个转变”。

---

* 高桂林，首都经济贸易大学法学院教授。

〔1〕 参见杨丽娜、程宏毅：《习近平：推动形成绿色发展方式和生活方式，为人民群众创造良好生产生活环境》，载《人民日报》2017年5月28日。

（一）产业结构调整从物理搬迁向质量遴选转变

在绿色发展的大背景之下，京津冀协同发展需要在经济结构的绿色化方面下工夫，通过产业转移和北京非首都功能的疏解，来实现京津冀地区产业的绿色化，最终实现京津冀绿色发展的一体化。在京津冀一体化政策实施阶段，北京地区采取了许多强有力的措施来落实非首都功能的疏解任务，主要方法可以概括为“禁”“关”“控”“调”“转”五大类，[2]而政策的出口则主要围绕“转”展开，通过禁限和调控手段降低北京市高能耗生产企业和污染企业的数量，将高能耗生产企业与污染企业向天津与河北地区转移。从图1可见北京市第二产业增加值以及第二产业产值的增加幅度。

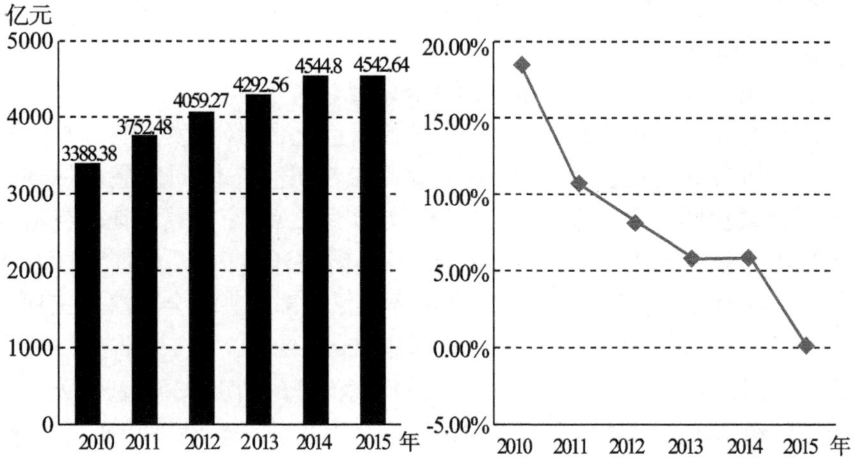

图1　北京市第二产业增加值(亿元)以及第二产业产值增加幅度

注：资料来源《北京市统计年鉴》(2011—2016年)

北京市第二产业增加值以及第二产业产值增加幅度

北京市2010—2016年第二产业增加值呈现逐步上升趋势，但是增加幅度却呈现下降趋势

从图1可以看出，左图表示北京地区第二产业的工业增加值自2010年始至2015年年底呈现出上升的趋势，但是越往后增加值越少；而右图则更加直观

[2]　参见赵超：《北京有哪些“非首都功能”要疏解》，载《新华每日电讯》2015年2月11日。

地展现出北京市第二产业增加值的幅度,2010 年时增加幅度最大,之后第二产业总产值的增加幅度呈现下降趋势,到 2015 年则呈现负增长。需要注意的是,2013 年、2014 年和 2015 年这三年,尤其是 2015 年工业增加值不升反降,说明了京津冀协同发展自 2014 年开始实施后,北京市疏解非首都功能已经有显著成效。但不可否认的是,在这一阶段北京市的产业转移实际上就是整体性搬迁,而天津与河北则是整体性承接,很少甄别和遴选搬迁企业的质量,大部分企业只是换个地方继续污染。京津冀地区要实现绿色发展方式和生活方式的转变,必须转变天津与河北地区在承接北京地区产业转移时的指导思想,必须将物理意义上的“搬迁式”调整转变为质量甄别的“遴选式”调整,天津与河北地区必须对首都疏解企业质量和环境污染状况作出严格限制,这样才能使京津冀产业结构调整的质量上一个新台阶。

(二)生态环境保护从个体治理向联合治理转变

绿色发展就是要求实现生态环境保护的绿色化,使经济发展与自然生态之间的关系更加和谐,而这一目标实际上就是京津冀生态协同发展的体现。从 2014 年京津冀协同发展理念的提出以及付诸实践之后,京津冀三地就各自在生态经济和环境保护领域内采取措施发展经济、治理环境,并开始探索联合治理环境的措施和路径。例如,2016 年 6 月由环境保护部牵头联合京津冀三地政府共同签发了《京津冀大气污染防治强化措施(2016—2017 年)》,将京津冀大气污染联合治理提升到一个新高度。从生态环境治理的角度来看,京津冀地区的环境保护已经从单一主体独立治理向区域内所有主体联合治理转变,这种理念是绿色发展方式和生活方式的集中体现,而随着京津冀地区联合治理环境问题措施的不断增多,必然结果就是绿色发展。

(三)市政公共交通从城市互联向交通一体转变

绿色发展方式和生活方式的标志之一就是城市交通绿色出行。不断提升公共交通、无污染出行方式的使用比率,需要在京津冀地区建立完善的城市公共交通系统,尤其是建立城市间公共交通网络。应当说,公共交通是城市建设的标志之一,近年来,京津冀三地对于城市公共交通建设都加大了投入力度,三地的城市公共道路里程都呈增长趋势。京津冀协同发展战略提出后,首先被确定为突破口的领域就是交通领域,即京津冀三地将城市间互联互通作为城市间沟通的桥梁,开始大力建设城市互联。[3] 区域之内交通服务的红利得到进一步释放,这就是京津冀一体化带给京津冀地区绿色出行的社会福利。[4] 然而,随着京津冀一体化进程的不断深化,京津冀三地的市政交通已经不仅仅局限于城市间的互联互通这一层级,在公交服务、机动车限购、机动车燃油使用标准等方面都在追求一体化发展,这是京津冀地区绿色出行和市政交通发展的一个方向性趋势。由此可以看出,京津冀地区绿色出行已经从搭建城市交通互联网阶段向交通一体化阶段转变。

(四)公共服务领域从搭建平台向取消壁垒转变

绿色发展方式和绿色生活方式转变的重要标志之一就是公共服务更加全面便捷,公共服务资源充分发挥自身作用。在公共服务方面,劳动力人口转移的法律保障、社会保险办理等一直都是社会关注的热点问题,而京津冀协同发展战略的实施,为解决这些问题提供了一种新的思路。京津冀地区开始探索建立异地劳动力人口转移社会保险、医疗保险办理机制。[5] 从总体来看,在公共服务领域之内,京津冀一体化初期主要是在搭建公共服务平台,为京津冀地区的居民提供更加便利和优质的社会服务,从而使京津冀地区的社会资源得到充分合理的配置,提升民众的社会满意度和幸福指数。然而,在供给侧结构性改革大力推进的今天,服务领域之内践行供给侧结构性改革的目标方向就是在搭建好公共服务平台之后进一步消减结构性壁垒,减少公共服务的摩擦系数,使公共服务的效率能够进一步提升,实现精准服务。在这种情况之下,京津冀一体化将进一步升级,以绿色服务、精准服务为领域核心的绿色生活方式逐渐形成。

二、绿色发展方式转变对京津冀一体化提出的新要求

在绿色发展的要求下,京津冀一体化无论是发展理念还是制度建设都有了

---

〔3〕 参见北京市交通委员会:《〈京津冀协同发展交通一体化规划〉解读》,载《前线》2017 年第 4 期。

〔4〕 参见张春侠:《京津冀交通一体化加速》,载《中国报道》2017 年第 1 期。

〔5〕 参见朱靓雨:《京津冀一体化视角下区域社会保险整合》,载《中国财政》2016 年第 24 期。

新的内涵,因而必须围绕“革新”一词来做好文章,下好京津冀协同发展这盘大棋,[6] 从宏观角度看,京津冀地区绿色发展方式和绿色生活方式的转变,应当抓住“四个变革”。

(一)发展理念的变革

发展理念的变革是指京津冀协同发展在坚持绿色发展方式和绿色生活方式的要求下,应当更新理念,以一种绿色化、生态化的视角来谋划京津冀地区的发展方向,使京津冀地区的经济发展体现出生态特色。从以往京津冀地区的发展现状来看,2013 年至 2015 年的 3 年间,第二产业的占比在产业结构中呈逐渐降低的趋势,而第三产业占比则呈逐年增加的趋势。

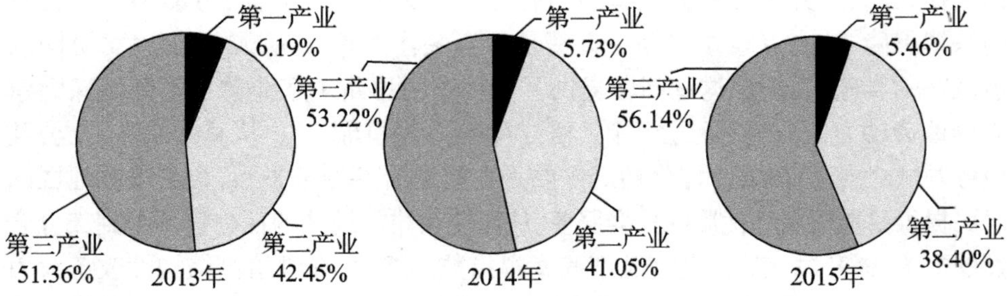

图 2　京津冀地区三次产业占比

注:资料来源于《中国省市经济发展年鉴·2015》和国家统计局网站

从图 2 可以看出,京津冀协同发展重大战略实施之后,京津冀地区对去除污染企业产能、降低工业在经济中的比重下了很大工夫,第二产业在国民经济中的占比有所下降,说明京津冀地区生态发展战略已经初见成效。但不可否认的是,在实践中,河北地区的钢铁产能与天津地区的工业产能较强,京津冀大气污染现象并未得到彻底根治。因此,在京津冀一体化绿色发展的大背景下,要求京津冀地区进一步转换发展理念,用生态发展的理念来规划京津冀的发展问题,尤其是要实现生态系统保护的统一规划和一体化实施。[7] 在这样的理念下,雄安新区的成立,可以在区域内实现生态保护的一体化,在经济发展方面实

〔6〕 参见洪鸿:《三地协同深度推进瓶颈待破》,载《中国企业报》2017 年 4 月 18 日,第 2 版。

〔7〕 参见李禾:《划定京津冀生态环保“红线”》,载《科技日报》2016 年 1 月 8 日,第 8 版。

现经济的生态化。因此,规划成立雄安新区是京津冀一体化在绿色发展方式和绿色生活方式转变的思路下制度创新的产物。

（二）结构布局的变革

在京津冀协同发展被确定为国家重大发展战略后,根据中央战略安排,要在交通、环保、产业方面先行破局,而后谋求其他方面的发展。在实践中,京津冀一体化在这些方面都取得了显著的成绩,如何将京津冀一体化推向纵深,是摆在我们面前的一个课题。自中央财经领导小组会议在 2016 年 1 月提出了供给侧结构性改革后,各行各业都在大力推进供给侧结构性改革,目的是提升全要素生产效率,促进社会经济的永续发展。[8] 2017 年供给侧结构性改革向纵深推进,而京津冀协同发展面临的问题就是要改革制度,创新发展。在这一节点上规划成立雄安新区,实际上是最大限度地降低社会运行成本,为京津冀协同发展寻求一个新的突破口,这也是京津冀一体化在绿色发展方式转变的大背景下就经济结构布局创新的需要。

（三）治理模式的变革

在京津冀一体化战略实施过程中,面临的最大问题是生态环境保护如何实现一体化,这不仅仅需要京津冀三地立法、司法、执法部门在各自管辖区域之内治理环境、保护生态,还要能实现跨区合作。[9] 从实践来看,京津冀三地在各自辖区之内都采取了较以往更加严格的环境治理措施,而且在跨区合作方面也取得了一定的进展,但是京津冀地区要实现绿色发展的一体化,仅仅依靠契约方式来治理环境问题显然不够,需要采取更加强有力的方式才能适应对京津冀生态环境治理的要求。具体而言,京津冀生态环境治理模式的创新需要更多地借助政府的强制力来实现,这样才能够充分发挥权力资源的效率,使生态环境得到最大化的保护。[10] 从这一角度来审视雄安新区的建立,不难发现,雄安新区在整体上是依靠政府强制命令的方式构建的,运行过程也极大地体现了政府的

---

[8] 参见贾康、苏京春:《供给侧改革:新供给简明读本》,中信出版社 2016 年版,第 6 页。

[9] 参见高桂林、陈昊博:《治理大气污染需要区域间联合立法》,载《检察日报》2015 年 3 月 10 日,第 3 版。

[10] 参见李燕凌、康爱彬、张金桐:《京津冀大气污染治理政府协作路径研究》,载《河北师范大学学报》(哲学社会科学版)2016 年第 4 期。

行政意志,而市场化和契约思维体现得较少。在生态环境治理方面,借助政府强制力会将权力资源集中于一体,统一实施治理行为,这样能极大地提升权力资源的运行效率,从而使生态环境得到快速恢复。由此可见,雄安新区成立的重要意义之一就是在京津冀一体化绿色发展方式转变的背景下实现生态环境治理模式的创新。

(四)发展路径的变革

京津冀协同发展上升为国家重大战略之后,如何协同、如何发展是摆在三地政府面前的重大问题。通过几年的实践探索,不难发现,京津冀地区的发展路径是通过调整和优化产业结构来实现经济的均衡化发展。[11] 具体而言,京津冀地区产业结构调整主要是通过调整部门产业结构,降低高能耗、高污染企业的产能,合理疏导产业分流,将更多的劳动力人口引向第三产业。[12] 而实现路径就是要用市场调节的手段,合理引导产业进行优化升级或在区域之内转移,从而使京津冀区域产业资源的布局更加合理,产业效能得到有效释放,提升空间产业结构的效率。[13] 因此,在京津冀绿色发展的要求下,要谋求经济发展的生态化,使发展质量更上一个新台阶,就要突破以往部门产业结构调整和空间产业结构重新布局的老路,走出一条节能环保、产业高效的生态经济新路。雄安新区成立后,通过规划和强制命令的方式,能够使该区域内的产业结构布局迅速完成并使资源得到合理的优化配置。在此基础之上,规划出以高新科技为驱动的经济发展模式,就能实现发展路径的创新。由此可见,雄安新区的成立是京津冀一体化在绿色发展方式和绿色生活方式转变的背景下发展路径创新的结果。

〔11〕 参见叶堂林等:《京津冀协同发展的基础与路径》,首都经济贸易大学出版社 2015 年版,第 47 页。

〔12〕 参见雷汉发、宋美倩:《京津冀探索产业转移路径》,载《经济日报》2016 年 11 月 16 日,第 8 版。

〔13〕 参见马路、朱晓宁:《搭建承接京津产业转移优质平台》,载《河北日报》2016 年 10 月 17 日。

三、绿色发展背景下雄安新区的定位

在绿色发展方式和绿色生活方式的要求下,雄安新区的成立从其定位来看,主要是实现了“五个创新”。

(一)雄安新区的谋划体现了思路创新

在京津冀协同发展的关键时期,如何推动京津冀地区绿色发展方式和绿色生活方式的转变,将京津冀一体化的成果进一步扩大,是摆在党中央面前的重大课题。以习近平为核心的党中央高瞻远瞩作出了重大历史性的抉择,选择河北的三地成立雄安新区,被认为是继深圳经济特区和上海浦东新区之后又一具有全国意义的新区。[14] 从谋划思路来看,成立雄安新区实际上是要为京津冀协同发展寻求一个突破口,为中国经济永续发展寻求新的驱动力;从改革开放的角度来看,谋划成立雄安新区与深圳经济特区和上海浦东新区具有一脉相承的关系,是在改革开放进入深水区,确立了京津冀协同发展、一带一路、长江经济带等三大经济战略后,寻求的经济发展新方式和新动力的重要举措,是中华民族伟大复兴的中国梦得以尽快实现的关键之举,因而属于千年大计。从具体层面来看,谋划雄安新区,必然会走生态治城的路线,是打造生态文明试验区的核心之举。[15] 因此,可以将雄安新区看作京津冀一体化的试验田、突破口,是京津冀一体化在大力推进绿色发展方式和绿色生活方式背景下的一次发展思路的创新。从这一角度来看,雄安新区的谋划体现了发展思路的创新。

(二)雄安新区的成立体现了制度创新

改革开放总设计师邓小平指出,“发展才是硬道理”“不管黑猫白猫,能捉老鼠的就是好猫”,成功地解决了发展的标准问题。这些理论成为我国改革开放至今社会制度发展和经济建设的核心思想。在这些思想的指引下,以习近平为核心的党中央站位高远,充分发挥政府在市场经济中的调控职能和作用,在市场经济的大背景下,在京津冀协同发展的大格局下,将政府的调控职能在局部予以放大,谋划成立雄安新区,此举有利于绿色发展方式和绿色生活方式的实

〔14〕 参见包存宽:《雄安新区应打造生态文明试验区》,载《中国环境报》2017 年 4 月 27 日。

〔15〕 同上。

现。因而从外在表象来看,雄安新区的成立是在京津冀一体化的区域内寻求了一个破局之点;从内在本质来看,雄安新区的成立并不是延续深圳与上海以高度自由的市场化调节手段为主的发展思路,而是交错运用不同经济手段,在市场中使用调控、在调控中发展市场,这体现了经济制度改革的创新,是对邓小平理论在生态文明和绿色发展大背景下的继承和创新发展。

(三)雄安新区的发展体现了经济创新

在当前的世界中,全球一体化进程加剧,全球贸易壁垒进一步消除,其目标就是促进各种要素资源合理流动,提升交易效率,从而增加本国或者本地区的经济产值。[16] 在这样的大背景之下,区域合作、经济一体化成为社会经济发展的一大主题。在我国,京津冀协同发展重大战略的实施,与世界经济全球化进程的发展趋势是一致的,因为在当今社会只有合作才能走向共赢。然而我们必须清醒地看到,在京津冀协同发展的进程中,存在区域产业结构布局不合理、工业产能过剩的突出问题。因此,发展生态经济、实现绿色发展成为京津冀一体化的必然选择。雄安新区的成立及发展,都离不开与京津冀地区的联系。雄安地区并不具有自然资源的优势,加之区域面积不大,因而其城市发展必然会采取生态治城策略,生态经济将成为雄安新区的主要经济发展模式。[17] 可见,雄安新区的发展体现了经济发展模式的创新。

(四)雄安新区的目标体现了科技创新

供给侧结构性改革深化之年,各行业领域都在践行供给侧结构性改革。就京津冀协同发展而言,在绿色发展的背景之下,必须以供给侧结构性改革为指导来确定发展方向。从内容上看,供给侧结构性改革的任务为“三去一降一补”,即去产能、去库存、去杠杆、降成本、补短板。[18] 在京津冀协同发展过程中也存在相应的短板,河北地区与天津地区传统工业产能巨大、工业产品设计欠缺科技创新能力、工业生产方式老旧、大部分还以劳动力密集的低端产业为主,

---

〔16〕 参见全毅:《全球区域经济一体化发展趋势及中国的对策》,载《经济学家》2015 年第 1 期。

〔17〕 参见俞国明、段乔红、李颖:《“雄县模式”助力雄安新区》,载《中国石化报》2017 年 4 月 6 日,第 1 版。

〔18〕 参见国家行政学院经济学教研部:《中国供给侧结构性改革》,人民出版社 2016 年版,第 23 页。

这也给京津冀地区带来了严重的环境问题。在京津冀绿色发展的背景之下成立雄安新区,必然会以供给侧结构性改革为指引来补足经济发展的短板,自然会走科技创新之路,走科技兴城之路。科技创新离不开高科技企业和科技人才的助力,因此也可以看出,雄安新区成立后,政府对在新区内的高新企业落户,生态技术的投入,高科技人才的引进都会给予极大的政策优惠,从而为区域经济的发展提供坚实的基础。从这一角度来理解,雄安新区成立后的发展目标应当是科技创新,这是京津冀协同发展的目标,也是供给侧结构性改革补短板的任务所在。

(五)雄安新区的保障体现了法治创新

京津冀协同发展重大战略确定之后,如何为京津冀一体化提供法律保障是法律制度需要解决的一大课题。随着京津冀一体化进程的加快,京津冀地区在跨区立法、跨区司法、跨区行政执法方面都取得了相应的成绩,尤其是在治理大气污染方面,三地在立法、司法和执法领域内的合作众多。[19] 随着京津冀三地环境法治的不断完善,环境执法和司法不断加强,京津冀地区的大气污染也在呈逐年好转的趋势,但其离绿色生活方式的要求还有一定距离,需要法律制度给予更加强有力的保障,才能够将京津冀一体化后取得的成绩保持在不断提升的趋势之下。雄安新区的成立,不仅包含了生态文明下环境法律制度的创新,同时还有效地解决了区域内立法、司法、执法的联合问题。这种法治上的创新,能够有效地为雄安新区提供特殊的法律保障,使雄安新区的法治状态向生态法治方向发展。

四、绿色发展要求下对雄安新区的法律保障

实现绿色发展需要由法律制度给予保障,构建生态法制。具体而言,法律制度应当为雄安新区的经济提供“五大保障”。

(一)城市经济保障

城市经济是以城市区域空间为载体,充分发挥城市的聚集效应和虹吸效应,集聚各种生产性要素,大力发展第二、三产业并形成规模效应,向周边区域

---

〔19〕 参见陶品竹:《从属地主义到合作治理:京津冀大气污染治理模式的转型》,载《河北法学》2014 年第 10 期。

扩散,从而带动整个区域的经济发展。[20] 城市经济是区域之内经济要素的核心组成部分,是辐射区域经济的核心载体。[21] 实践中,京津冀协同发展就是要充分发挥京津冀地区城市产业集群的优势,形成合力的空间产业布局,使生产力要素在京津冀区域内产生合理的流动性,从而带动整个京津冀区域的经济发展,为区域发展提供新动能和新的驱动力。[22] 雄安新区成立后,从产业区位的角度观察,雄安新区位于京津冀产业圈的中部,能够合理分担首都的部分经济职能,从而在经济上与首都北京形成遥相呼应的"双核心"局面,这对于辐射整个京津冀的经济发展而言具有积极的推动意义。如图 3 所示,雄安新区要在经

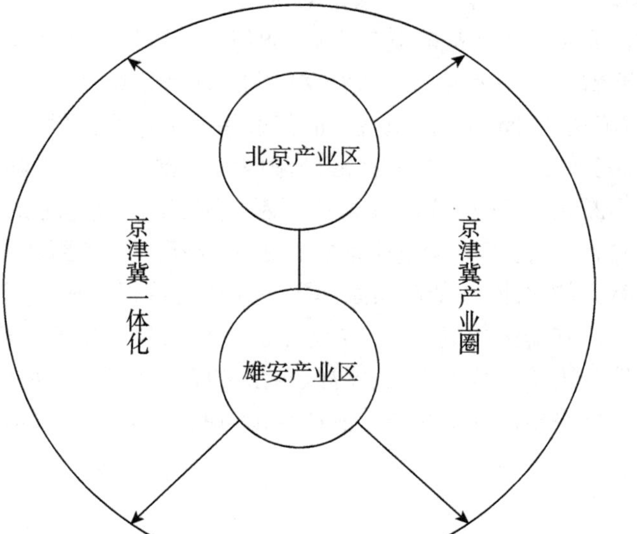

图 3 "双核心"局面

〔20〕 参见[日]藤田昌久、[比]雅克－弗朗索瓦·蒂斯:《集聚经济学——城市、产业区位与全球化》(第 2 版),石敏俊等译,格致出版社 2016 年版,第 13 页。

〔21〕 参见[日]藤田昌久、[美]保罗·克鲁格曼、[英]安东尼·J. 维纳布尔斯:《空间经济学——城市、区域与国际贸易》,梁琦主译,中国人民大学出版社 2013 年版,第 11 页。

〔22〕 参见汪波:《城市群流空间与区域一体化治理——京津冀城市群实证研究》,北京师范大学出版社 2015 年版,第 54 页。

济上实现京津冀区域第二"核心"的地位,就要充分发挥雄安新区的城市经济优势,并区别于京津冀城市群其他城市的特色,于是生态城市、低碳城市就成为雄安新区的必然选择。在这种情况之下,法律制度应当为生态城市、低碳城市的建设提供必要的保障,主要体现在以下三个层面:一是立法保障。要通过地方法规的形式确定雄安新区生态城市的法律地位,将生态发展确定为城市经济的基本发展方向。二是司法保障。在司法方面雄安新区可以成立独立的环保生态法庭,专门审理生态环保案件,并且要在公益诉讼方面寻求突破,使生态城市建设能够稳步进行。三是执法保障。要在区域执法以及联合执法方面提供保障,加大对违反生态城市建设行为的处罚力度,将城市建设扶上生态轨道,并对生态城市的发展提供助力。

(二)生态经济保障

生态经济是在充分考虑生态环境承载力之后,将生态系统要素与经济运行要素相结合,以生态、高效、健康、宜居等目标要素为定位,充分发挥自然资源的利用效率,合理地调配能量输入与输出之间的关系使之达到均衡化发展的经济模式。[23] 在京津冀一体化绿色发展的背景下,生态经济在京津冀地区国民经济中的占比必须逐渐提升,最终成为京津冀地区的主流经济,只有如此绿色发展和绿色生活方式才能够实现。在这样的目标愿景之下,雄安新区的成立,应当优先发展生态经济,新区的规划、布局、建设、发展都应当围绕生态经济做文章,要在经济的生态化方向寻求支撑,使生态经济成为雄安地区的主流经济模式。作为法律制度,要为雄安新区经济的生态化提供保障,主要体现在三个方面:一是确立生态经济的主流地位,通过地方法律规范来限制和约束非生态经济的最高比重,并提高和限制非生态经济的门槛,使之优质化,将其对生态环境的影响限制到最小;二是为生态经济提供政策性优惠,保障生态经济有宽松的准入条件;三是为生态经济提供平台保障和空间保障,可以通过地方法律规范为生态经济的发展搭建交易平台,加速生态性生产要素的流动,使生态经济能够在同等条件之下获得更多的利润空间。

(三)循环经济保障

循环经济是通过技术手段将产品消费以及产品消费带来的废弃物再次作

[23] 参见[美]赫尔曼·E. 达利、小约翰·B. 柯布:《21 世纪生态经济学》,王俊、韩冬筠译,中央编译出版社 2015 年版,第 26~27 页。

为新产品的原料来循环利用,从而实现对自然资源的二次利用,达到节约能源提高效率的目的,使经济增长方式由依赖资源消耗的线性增长变为依靠科技进步和资源循环利用的生态型增长。[24] 循环经济是以减量化和资源再利用为基础的经济模式,[25]是提高资源利用效率的必由之路。京津冀协同发展的目标之一就是实现生态环保的一体化,该目标包含了在区域之内实现自然资源的循环利用,提升京津冀区域自然资源的利用效率。在京津冀区域,河北地域广阔,自然资源储量丰富,若能够最大限度地实现自然资源的循环利用,京津冀地区的生产效率将会有本质性的改观。作为京津冀协同发展的突破口,雄安新区在成立之后应当将发展循环经济作为经济建设的重要任务来对待,只有循环利用资源才能够提高雄安新区的生产效率。而作为法律制度,应当为雄安新区循环经济的发展提供助力,主要从以下几个方面促进对循环经济的保护:一是促进减量化的实施。要通过地方法律规范来限定企业使用原材料的数量,并制定相应的淘汰目录,对于新建项目,还要对循环利用设施给予严格的限定,不符合规定的不予批准。二是促进再利用和资源化。要通过制定地方法律规范来统筹区域经济,促进区域内的资源再利用,将废弃物变成资源,以求得资源的高效利用。对于实施再利用和资源化成绩较好的企业,要给予税收优惠和政策优惠;对于浪费严重的企业则提升其运营成本,通过政策调节手段来促进再利用和资源化的实施。三是促进垃圾分类处置。对于垃圾排放,要建立地方法律规范实现分类收集、分类运输、分类处置,并施行排放收费制度,将所得资金专门用于垃圾的处置,促进资源的循环利用。

(四)集约经济保障

集约经济就是通过科技创新提升企业的生产能力,在不扩大生产规模的基础上,提升技术含量,使产品的技术附加值提升,从而实现企业以及社会的经济增长,该种经济增长方式可称为内涵式增长方式。[26] 集约经济主要强调提升产

---

〔24〕 参见[法]让-克洛德·乐伟:《循环经济——迫在眉睫的生态问题》,王吉会、范晓虹译,上海科技教育出版社 2012 年版,第 23 页。

〔25〕 参见[日]吉田文和:《日本的循环经济》,温宗国等译,中国环境科学出版社 2008 年版,第 31 页。

〔26〕 参见[英]G. M. 彼得·斯旺:《创新经济学》,韦倩译,格致出版社 2012 年版,第 23~25 页。

品和服务的科技含量。在京津冀一体化战略实施后,创新之路就成为京津冀协同发展的方向。然而,在房地产经济的浪潮之下,企业的固定资产成本、生产成本、人力成本等经营成本不断攀升,企业的生存空间被不断压缩。当不需要任何技术含量的炒房活动能够攫取暴利而且没有任何风险时,即便企业能够生存下来,在利益的驱动之下,创新意识自然会被磨灭,企业更加愿意参与炒房而不是创新。京津冀绿色发展方式和生活方式提升时,必须以创新为引领,为创新活动提供适宜的环境。雄安新区的成立,将从根本上消除炒房活动,为企业降低经营成本,营造技术革新的优良环境,提升企业产品和服务的技术附加值,完成经济的内涵式增长。作为法律制度,应当为雄安新区的集约经济发展提供动力:一是通过地方法律规范严厉打击炒房活动,将炒房行为彻底扼杀在摇篮里,降低企业的运营成本;二是要为企业的创新活动提供制度性激励,以制度的形式激励创新和技术革新;三是要为创新人才提供优良的工作环境,包括优质的工作条件、居住条件和社会保险、医疗保险,解决人才的后顾之忧,使其安心搞科研,这样企业的竞争力才能够真正得以提升。

(五)安全经济保障

安全经济是经济的一种新形态,包含了食品经济安全、环境经济安全、产业经济安全等与安全相关的经济形态。[27] 由于社会经济的发展,人们的物质生活条件被极大地丰富了,社会对安全的关注度越来越高,食品安全、环境安全等领域都成为社会关注的热点。对于经济发展,应当在这些领域内加强市场要素配置,降低不确定性风险,通过结构治理和运行模式治理来促进经济的安全运行。从法律的角度来看,经济安全不仅要依靠市场化的"柔性"方法,更需要法律制度这样的"刚性"措施。要使京津冀地区实现绿色发展,对经济安全的要求会更高,需要法律提供更加坚实的保障。雄安新区的成立,为安全经济的保障提供了示范基地。雄安新区应当加大法律调节力度,降低经济运行不确定性带来的风险,从而促进区域经济健康稳定地发展。具体而言,法律制度应当做到以下几点:一是维护产业生态。安全法(主要指"经济安全")是调整安全领域内社

---

〔27〕 参见雷家骕:《国家经济安全:理论与分析方法》,清华大学出版社 2011 年版,第 3 页。

会关系的法律规范,[28]其重要任务之一就是维护产业生态,防治产业入侵。所谓产业入侵,就是不符合本地特色的产业通过不正当手段入侵本地,占领本地市场,对本地的产业生态造成破坏的现象。[29] 雄安新区成立,要建设以绿色生态为主的产业生态,作为法律制度,要建立产业生态入侵预警机制防止污染性产业的恶意入侵,保障雄安新区的产业安全。二是保障产业结构。雄安新区成立之后,无论是部门产业结构还是空间产业结构都需要重新布局,既然重新布局,就要开好局,而法律制度要为产业结构的调整提供保障,充分发挥宏观调控的作用,促进产业结构不断优化。三是加强产业运行规范。雄安新区成立后,对于产业的运行,法律制度也应当提供保障,对违法现象要给予严厉的处罚,如要对违法排污等现象给予重罚,将企业的运行规范在合理合法的范围。

五、结　语

我国改革开放进入深水区后,需要为改革开放注入新的动力,提供新的动能,在这样的背景之下,党中央提出了京津冀协同发展战略,之后又将京津冀协同发展确定为国家重大战略,标志着京津冀地区将迎来新的发展机遇。随着京津冀一体化的实施,空间产业一体化布局、生态环境的一体化保护和市政交通的互联互通,从无到有、从粗到精,经历了翻天覆地的变化。在供给侧结构性改革大力推行的今天,京津冀绿色发展对经济发展方式提出了更高的要求,具体而言就是要求在发展理念、结构布局、治理模式、发展路径等方面积极实施变革,以适应经济社会发展的要求。雄安新区的成立,是京津冀绿色发展背景下提出的破局之举,体现了在谋划思路、经济制度改革、经济发展模式、科学技术、法律保障等方面的创新。法律制度应当为雄安新区提供更加有针对性的保护,具体而言,要在城市经济、生态经济、循环经济、集约经济、安全经济等方面为雄安新区提供保障,这样才符合雄安新区"千年大计"的规划目标要求。

---

〔28〕 参见苗金明:《安全法学导论:风险、理性与安全》,清华大学出版社 2014 年版,第 24 页。

〔29〕 参见许芳、刘殿国:《产业安全的生态预警机制研究》,科学出版社 2010 年版,第 125 页。

The Orientation and Legal Guarantee of New Area of Xiong'an in the Background of Green Development

Gao Guilin

Abstract: Green Development is the goal of China's economic development, and it is also the trend of the future development of Beijing-Tianjin-Hebei integration. Based on the requirements of Green Development, the cooperative development of Beijing, Tianjin and Hebei needs to seek a new change in the idea, economic system and developmental path. The establishment of the " Xiong'an" is a breakthrough under the background of Green Development. It is opening up an ecological development path for the integration of Beijing, Tianjin and Hebei province by introducing the idea of Green Development and establish the model window and finally realize a new leap in the coordinated development of Beijing, Tianjin and Hebei province. Therefore, under the background of Green Development, "Xiong'an" should be positioned as the ecological service function with ecological economy as its core. And legal system should provide corresponding ecological services legal protection according to this characteristic of "Xiong'an".

Key words: Green development; New area of Xiong'an; Ecological rule of law

（责任编辑：李 帅）

网络空间规则博弈中的“软实力”*
——近年来国内外网络空间国际法研究综述

黄志雄**

内容摘要：

由于网络空间国际规则对网络空间治理、网络资源分配和国家利益的实现均会产生深远影响，近年来各国政府和学界都对网络空间国际法给予了极大的重视。迄今为止，国内外学界对网络空间国际法的研究经历了“荒芜期”“萌芽期”和“快速成长期”三个阶段。国内外学者主要围绕网络空间国际法的一般性问题、网络主权、网络战、网络犯罪、网络间谍和网络恐怖主义等多个问题展开了研究，但现有研究还存在若干薄弱之处，特别是存在“中国元素”缺失、研究方法单一和研究内容单薄等方面的问题。中国政府应当加强研究队伍建设和人才储备与培养，并通过政学结合充分发挥学者的作用。

关键词：

网络空间国际法　网络主权　网络战　网络犯罪

冷战结束特别是进入21世纪以来，国际格局和国际秩序进入一个发展、变革和调整的新时期，各国日益重视利用国际法来争夺国际秩序的主导权和国际关系的道义制高点，主要大国围绕新秩序、新规则的博弈正在加剧。在网络空间这一重要的战略新空间，如何确立和适用相应的国际法规则，无疑将会对网

---

* 本文系2016年国家社科基金重大项目“中国参与网络空间国际规则制定研究”(16ZDA074)的阶段性成果。

** 黄志雄，武汉大学法学院副院长、珞珈特聘教授、国家领土主权与海洋权益协同创新中心研究人员，亚非法律协商组织网络空间国际法工作组报告员，塔林手册2.0版国际专家组成员。武汉大学国际法研究所博士生刘聪为本文的写作提供了协助，特此致谢。

络空间治理、网络资源分配和国家利益的实现产生深远影响。正是在这一背景下，近年来各国都对网络空间国际法给予了极大的重视。尤其值得注意的是，尽管在当前的网络空间国际规则博弈中，各国政府仍然是最重要、最有影响力的行为主体，但是对于网络空间国际法的许多重大前沿问题，学者的研究往往对于随后的国家实践和国际规则制定产生了不可忽视的影响，学者的声音已经成为各国在网络空间国际法领域“软实力”的重要组成部分。对于中国来说，要想在网络空间国际规则制定中有所作为，也必须重视和发挥学者在网络空间国际法领域研究中的作用。本文首先从宏观层面对国内外有关网络空间国际法研究的学术史加以简要概括，之后分别梳理国外和国内有关网络空间国际法的现有研究，最后加以总结并提出对我国的启示。

一、国内外有关网络空间国际法研究的学术史梳理

网络空间现已成为陆地、海洋、空气空间、外层空间之后的人类生活“第五空间”，并对人类生活的方方面面产生了深刻的影响。迄今为止，关于网络空间秩序与规则的讨论和研究，大体经过了三个阶段。

（一）第一阶段（从互联网的发明到20世纪90年代中期）：网络空间国际法研究的“荒芜期”

这一时期，互联网主要是通过各种技术标准及行业准则进行“自我规制”和自发、自治发展，国家的作用相对次要，国家在网络空间的相互交往更是十分有限。由于国际法是“众多国家交互作用的产物”，[1]因此，从国际法角度对网络空间国际规则的探讨在这一阶段鲜有问津者。

（二）第二阶段（20世纪90年代后期到2010年）：网络空间国际法研究的“萌芽期”

随着网络用户群的急剧扩大和各种网络安全威胁的不断涌现，各国越来越多地通过制定各种国内立法和政策参与网络空间治理。正如国家的活动范围进入空气空间、外层空间等领域后，催生了空气空间法、外层空间法等国际法新分支一样，国家在网络空间的存在，也需要有相应的国际法规范来调整各国在

---

〔1〕 参见梁西主编、曾令良修订主编：《国际法》（第3版），武汉大学出版社2011年版，第5页。

网络空间的活动。因此,从 20 世纪 90 年代后期开始,学界(主要是西方学者)就开始对网络犯罪和“网络战”的国际法问题开展了颇具前瞻性的研究。特别是 2007 年爱沙尼亚受到大规模网络攻击后,学界对“网络战”和网络安全国际法问题的关注大为增加。以北大西洋公约组织(NATO)从 2009 年开始组织编写《网络战国际法塔林手册》(以下简称《塔林手册》)为主要标志,学界对“网络战”国际法问题的研究进一步走向深化。

(三)第三个阶段(2010 年至今):网络空间国际法研究的“快速成长期”

在 2010 年谷歌宣布退出中国、2013 年“棱镜门”、2014 年美国以从事“网络间谍”为由起诉五名中国军人和索尼影业遭黑客攻击等广受关注的事件的推动下,国际社会对网络空间国际法的重视不再限于“网络战”等少数领域,而开始全面升温。以下几个方面的发展对学界相关研究的勃兴产生了深远影响:第一,美国奥巴马政府出台的 2011 年《网络空间国际战略》较早提出了“网络空间法治”的概念,并强调国际法适用于网络空间,〔2〕中国政府也在多个重要国际场合中,大力倡导网络空间的国际法治;第二,联合国信息安全政府专家组(UNGGE)在 2013 年达成的一份共识性文件中,确认了国际法特别是《联合国宪章》适用于网络空间,〔3〕该专家组随后又在 2015 年通过的一份新的共识性文件中,对国际法在网络空间的适用作出了进一步的澄清,〔4〕受到了国际社会的重视和好评;第三,北大西洋公约组织牵头制定的《塔林手册》在 2013 年由英

〔2〕 See The White House, *International Strategy for Cyberspace: Prosperity, Security, and Openness in a Networked World*, May 2011, p. 9, http://www.whitehouse.gov/sites/default/files/rss_viewer/international_strategy_for_cyberspace.pdf, last visited in November 15, 2017.

〔3〕 See United Nations General Assembly, *Report of the Group of Governmental Experts on Developments in the Field of Information and Telecommunications in the Context of International Security* (24 *June* 2013), Sixty-eighth session, A/68/98, p. 8, http://www.un.org/en/ga/search/view_doc.asp? symbol = A/68/98, last visited in November 15, 2017.

〔4〕 See United Nations General Assembly, *Report of the Group of Governmental Experts on Developments in the Field of Information and Telecommunications in the Context of International Security* (22 *July* 2015), Seventieth session, A/70/174, http://www.un.org/en/ga/search/view_doc.asp? symbol = A/70/174, last visited in November 15, 2017.

国剑桥大学出版社出版,[5]其姊妹篇,致力于研究和平时期网络空间国际规则的《网络行动国际法塔林手册2.0版》(以下简称《塔林手册2.0版》)也于2017年出版。[6]

在此背景下,学界有关网络空间国际法的研究开始成为一个备受关注的热点领域,在这一阶段的研究中,网络空间"是否需要"国际规则的问题已经得到了回答、形成了共识,但对于"如何制定"国际规则的问题仍然分歧较大。具体而言,相关研究逐渐围绕以下关键问题"聚焦":第一,规则形式之争,即网络空间的国际规则,是应当首先立足于既有国际法规则(主要是习惯国际法)在网络空间的适用,还是应当强调为这一新的虚拟空间"量身定制"新的国际法规则(特别是达成新的国际条约)?第二,规则内容之争,即应当主要通过哪些领域、何种内容的国际规则来确立网络空间的国际秩序?第三,规则制定场所之争,即是西方国家力推的"多利益相关方"网络空间治理模式,还是其他国家主导的类似于联合国等政府间国际组织?第四,国家在网络空间治理中的地位和作用之争,包括如何界定网络空间的国家主权、如何平衡网络主权与网络空间人权保护的需要等。

基于上述梳理,可以综述如下:

第一,在20世纪90年代中后期至今的20年间,网络空间国际法逐步成为一个新的学术研究领域,其重要性和关注度不断上升。在前述三个阶段中,随着国际法在网络空间治理中的作用不断凸显,相关研究成果也经历了由无到有、由点到面、由浅到深、由冷门到热点的过程。

第二,与网络空间国际法相关的研究,呈现出较为明显的"西强东弱"格局。西方学者对于研究对象的选择、研究方法的确定、研究结论的引领都有着毋庸置疑的话语权和主导权,有关成果的数量和影响力都远远超过包括中国在内的非西方国家,后者在该领域的研究有着明显的滞后性和不平衡性。

---

[5] Michael Schmitt (ed.), *Tallinn Manual on the International Law Applicable to Cyber Warfare*, Cambridge University Press, 2013.

[6] Michael Schmitt (ed.), *Tallinn Manual* 2.0 *on the International Law Applicable to Cyber Operations* (*2nd edition*), Cambridge University Press, 2017. 该书中文版参见[美]迈克尔·斯密特总主编:《网络行动国际法塔林手册2.0版》,黄志雄等译,社会科学文献出版社2017年版。

第三,总体而言,学界关于网络空间国际法的研究和探讨还处于起步阶段,很多问题还有进一步拓展、深化的空间。特别值得注意的是,尽管中国已经成为网络空间国际规则博弈中的核心利益攸关方之一,但国内外有关中国参与网络空间国际规则制定的系统研究为数极少。

二、国内外有关网络空间国际法的学术观点梳理

网络空间是人类利用现代科学技术"缔造"的一个新的非物理空间,它既在物质基础(网络基础设施)、活动者(主要是网民)等方面与现实世界有着复杂的重合和互动关系,又具有开放性、虚拟性、全球互联互通等独特属性。正因如此,学界对于网络空间究竟应当适用何种国际规则、构建何种国际秩序往往见仁见智,各抒己见。下文将以主题为线索,以中国和西方的相关研究成果为两翼,对有关学术观点分别加以概括。

(一)关于网络空间国际法的一般性问题

网络空间国际法的一般性问题属于这一领域的基本理论问题,这直接关系到网络空间国际法在未来的发展方向,为此各国学者对此展开了热烈的讨论。

1. 国内学者

网络空间国际规则制定是国际法和国际关系中的一个新问题,它与国际法的渊源、效力以及网络空间法治化等基本理论问题密切相关。国内学者的研究成果中,对这些一般性问题已有所涉及。例如,郭玉军主编的《网络社会的国际法律问题研究》一书,在对网络社会中的诸多国际法律问题(如网络社会与国家主权、网络犯罪的国际法律控制与国际合作、网络社会与跨境资料转移中的资料隐私保护等)进行研究时,初步涉及了相关基本理论问题。[7]

在网络空间国际规则制定形式方面,黄志雄认为,现有国际法可在网络空间得以适用,但由于网络的特有属性,有必要进一步澄清有关规则的适用问题。此外,在网络空间治理的问题上,存在诸多国际规则模糊或空缺的情形,因此有必要制定新的国际法规则。值得一提的是,在网络空间国际规则博弈的过程中,日益呈现出阵营化(中西方两大阵营)、碎片化(网络空间治理平台多样化)

[7] 参见郭玉军主编:《网络社会的国际法律问题研究》,武汉大学出版社 2010 年版。

和趋同化(构建网络空间国际规则的需求)的趋势。[8]

在网络空间治理模式方面,学者们大多赞同中国主张的网络空间国际法治,并将中国的基本立场归纳如下:(1)法治是网络治理的基本方式;(2)强调以联合国为主、区域和双边场合为辅的网络规则制定平台;(3)倡导以《联合国宪章》确立的国家主权原则作为网络空间国际法治的基石;(4)既要重视现有国际法的适用,又要探讨新的规则;(5)平衡个人和国家在网络空间的权利和义务;(6)提出"和谐""共进"等理念和目标。并建议从开展网络外交、加强对网络空间法治争议问题的研究、发布网络空间战略、重视非国家行为体和软法的作用和依法治网五个方面来鼓励中国深入参与网络空间国际规则的制定。[9]

在网络空间国际规则如何构建方面,外交部条法司马新民副司长在2013年中美互联网论坛发表了《我们需要怎样的网络秩序》的演讲,他认为互联网是把"双刃剑",在塑造网络空间秩序的过程中需特别关注以下四个方面:(1)为确保网络安全,各国应开展双赢合作;(2)网络空间需要国际法治,该国际法治需遵守《联合国宪章》规定的一般国际法,如国家主权、不干涉内政、禁止使用武力等原则;(3)实现互联网自由和个人隐私的平衡,虽然互联网自由属于言论自由的一部分,应当得到保护,但其仍应受到国家安全、公共秩序、公共卫生和道德等一般原则的限制;(4)中国支持网络空间的共同治理,特别强调联合国等政府间国际组织应在网络空间国际规则制定中发挥主导作用。该文同时强调法治应成为互联网治理的基本方式,这可以通过以下三步实现:宣言、框架性公约和特定领域的条约;此外,网络空间法律制度的形成需实现三个融合:现有国际法和新的国际法、国际法和国内法以及战时法和和平法的融合。[10]

此外,一些学者与国外学者开展了有关网络空间国际法领域的合作研究,并已推出相关成果。黄志雄与英国埃克塞特大学法学院高级讲师、牛津大学法学博士 Kubo Macak 合作完成的论文 *Towards the International Rule of Law in*

---

[8] 参见黄志雄:《国际法在网络空间的适用:秩序构建中的规则博弈》,载《环球法律评论》2016 年第 3 期。

[9] 参见黄志雄:《网络空间国际法治:中国的立场、主张和政策》,载《云南民族大学学报》(哲学社会科学版)2015 年第 4 期。

[10] See Ma Xinmin, "What Kind of Internet Order Do We Need?", 14 *Chinese Journal of International Law* (2015), pp. 399 – 403.

Cyberspace: *Contrasting Chinese and Western Approaches* 一文,梳理了中国和主要西方国家对于网络空间国际法治的总体目标和若干问题领域存在的分歧和共识,并试图在此基础上澄清目前存在的一些片面认识,希望有助于更加准确地理解中国和西方国家对于网络空间国际法治的立场和关系演变。[11]

2. 国外学者

由于网络空间的新颖性,以及不同意识形态、价值观等方面的分歧,各国政府以及学界在网络空间国际规则的基本理论和实践问题(包括前述网络空间国际规则的形式、内容、制定场所等)上还存在较大分歧。近年来,西方学者对这些问题进行了较多探讨,尤其值得重视的是以下几本由多位作者合作完成的著述:*Peacetime Regime for State Activities in Cyberspace*: *International Law*, *International Relations and Diplomacy*[12], *Research Handbook on International Law and Cyberspace*[13], *International Cyber Norms*: *Legal*, *Policy & Industry Perspectives*[14]。另外,英国剑桥大学出版社在2017年2月出版的《塔林手册2.0版》也备受关注。

具体而言,关于网络空间国际规则的形式问题,美国等西方国家担心就网络空间国际规则制定新的国际条约不仅在执行和效力上会存在很大问题,还可能与其推动"互联网自由"的战略相悖,因而其积极推动现有国际法在网络空间的适用,大多数西方国际法学者也持相同主张。例如,Wolf Hemtschel von Heinegg 就认为:"我们日常生活中其他领域大量存在的条约同样适用于网络空间。"[15] 此

〔11〕 Zhixiong Huang Kubo Mačák, "Towards the International Rule of Law in Cyberspace: Contrasting Chinese and Western Approaches", 16 *Chinese Journal of International Law* (2017), pp. 271 – 310.

〔12〕 Katharina Ziolkowski (ed.), *Peacetime Regime for State Activities in Cyberspace*: *International Law*, International Relations and Diplomacy, CCDCOE, 2013.

〔13〕 Nicholas Tsagourias and Russell Buchan (eds.), *Research Handbook on International Law and Cyberspace*, Elgar, 2015.

〔14〕 Anna-Maria Osula and Henry Roigas (eds.), *International Cyber Norms*: *Legal*, *Policy & Industry Perspectives*, CCDCOE, 2016.

〔15〕 Wolf Hemtschel von Heinegg, *The Tallinn Manual and International Cyber Security Law*, in Yearbook of International Humanitarian Law, T. M. C. Asser Press, 2012, p. 9.

外,2013 年出版的《塔林手册》主张现有的诉诸武力权和战争法规则适用于网络空间。[16] 2017 年出版的《塔林手册 2.0 版》更是主张将现有的和平时期的国际法(如国际人权法、外交和领事法、海洋法、航空法、外层空间法和国际电信法等)适用于网络空间。[17]

但是,也有国外学者质疑现有国际法适用于网络空间的有效性,主张为网络空间制定新的规则。如 Stein Schjolberg 和 Solange Ghernaouti-Helie 认为:2001 年的《网络犯罪公约》仅涉及 20 世纪 90 年代的网络犯罪行为,存在严重的滞后性;此外,它还是一个区域性的公约,而不是被普遍接受的全球性公约,缔约国数量有限,因而有必要在联合国框架下制定一个网络犯罪和网络安全条约。[18] 美国天普大学 Duncan Hollis 教授认为:现有国际法向网络领域类推在逻辑上存在问题,如战争法在理论、准确性、有效性和完整性方面都存在缺陷,现有国际法的碎片化问题也将被带入网络领域。因此,当务之急不仅在于将现有国际法加以调整以适应网络,还在于全面掌握信息技术如何与法律制度、管理和法律产生关联。[19]

关于网络空间国际规则的内容问题,西方学者主要关注国际人权法、使用武力的国际法规则以及国家责任法在网络空间的适用。例如,在国际人权法方面,Antonio Segura-Serrano 认为:国际法能够解决各国在言论自由与禁止危害

---

〔16〕 例如,该手册第 13 条规定:达到物理攻击水平的网络行动的目标国可行使其固有的自卫权,无论该行动是在范围上还是在效果上构成武力攻击;第 14 条规定:一国基于自卫权而使用的武力,包括网络行动,必须是必要的和成比例的。See Michael N. Schmitt (ed.), *Tallinn Manual on the International Law Applicable to Cyber Warfare*, Cambridge University Press, 2013, pp. 54, 61.

〔17〕 例如,该手册第 35 条规定:在与网络有关的活动方面,个人享有同样的国际人权;第 40 条规定:接受国必须采取所有的适当措施来保护位于派遣国使馆和领馆内的网络基础设施。See Michael N. Schmitt (ed.), *Tallinn Manual* 2.0 *on the International Law Applicable to Cyber Operation*, Cambridge University Press, 2017, pp. 187, 217.

〔18〕 See Stein Schjolberg & Solange Ghernaouti-Helie, *A Global Treaty on Cybersecurity and Cybercrime*, Elgar Press, 2011.

〔19〕 See Duncan Hollis, *Re-Thinking the Boundaries of Law in Cyberspace: a Duty to hack?*, in Jens David Ohlin et. al. (eds.), Cyberwar: Law and Ethics for Virtual Conflicts, Oxford University Press, 2015, pp. 172 – 174.

性言论方面的法律冲突,且欧美的隐私盾协议可作为软法来保护数据隐私。[20] 但是,David P. Fidle 认为:多极化格局下,各国在网络和人权方面存在不同的利益诉求,各国在放宽网络准入的同时亦加强了对网络活动的审查和控制,此外"网络与人权"在规则制定和实践领域存在脱节的情形,这表明网络并没有使人权状况得到改善,人权依然没有摆脱政治的束缚。因此,在网络领域,人权面临的主要问题在于设法解决古老的政治问题,如主权复兴、人权与网络安全的关系问题和国际体系中权力和利益变化的不可预测性等。[21]

在网络攻击的国家责任法方面,大多数西方学者都不同程度地主张在网络攻击归因困难的情况下,放宽国际法上的归因标准,强化国家对从其领土内发起的网络攻击应承担的国家责任,即使攻击发起者是与国家无关的私人行为体。如 Tomas Bruner 认为:国家责任应适用水平模式,即国家负有如下义务——有义务通知受害国潜在的危险,有义务防止从其领土实施的不法活动,有义务确保领土内的安全和有义务不得承认不法行为的后果,有义务防止从其领土实施损害活动(harmful activities)。[22] Matthew J. Sklerov 认为:根据国际法,一国有权对构成战争行为而不仅仅是犯罪问题的网络攻击做出反应,且对于未能有效防止从其领土实施网络攻击行为的第三国,一国有权对第三国的电脑实施积极而不是消极的防御。[23] Scott Shackelford 认为:由于网络攻击归因在技术方面的困难,再加上国际法院对有效控制标准制定了很高但不合理的证

〔20〕 See Antonio Segura-Serrano, *Internet Regulation and the Role of International Law*, in Max-Planck Yearbook of United Nations Law, 2006, pp. 201 – 220.

〔21〕 See David P. Fidler, *Cyberspace and human rights*, in Nicholas Tsagourias & Russell Buchan (eds.), Research Handbook on International Law and Cyberspace, Edward Elgar Publishing Limited, pp. 94 – 117.

〔22〕 See Tomas Bruner, *States in Cyber-space: Perspectives of Responsibility Beyond Attribution*, pp. 7 – 11, http://ecpr.eu/Filestore/PaperProposal/f1874dac-6e16-4d9c-b936-723754fcc869.pdf, last visited on 15 November 2017.

〔23〕 Matthew J. Sklerov, *Solving the Dilemma of State Responses to Cyberattacks: A Justification for the Use of Active Defenses Against States Which Neglect Their Duty to Prevent*, 201 Military Law Review (2009), pp. 2 – 3.

明标准,因此主张适用全面控制标准。[24] 但是,Duncan Holis 对这些主张的合理性和有效性提出了质疑,他认为:由于网络的匿名性,不法行为者可以冒充他人或者掩盖证据,而且现有有关网络战争和网络犯罪方面的法律威慑力不足,因此主张国家对遭受严重网络攻击的受害者提供协助义务。[25]

(二)网络主权

网络主权在其诞生之初就饱受西方国家的争议,但 2013 年联合国信息安全政府专家组报告指出:“国家主权和源自主权的国际规范和原则适用于国家进行的通信技术活动,以及国家在其领土内对通信技术基础设施的管辖权。”[26] 这之后国内外学者主要围绕网络主权的内涵和外延等方面展开了博弈。

1. 国内学者

网络主权相关问题的实质,是如何看待主权国家在网络空间治理中的作用、权利和义务。随着中国政府在 2010 年“谷歌退出中国事件”后开始倡导“网络主权”的概念,国内学界对这一问题给予了大量关注。2015 年 12 月习近平主席在乌镇第二届世界互联网大会的演讲中强调“尊重网络主权”后,相关研究成果在数量上更是呈“井喷”之势。

由黄志雄主编的《网络主权论——法理、政策与实践》一书,是国内外学术界第一部关于网络主权问题的学术著作。该书由 12 位网络空间治理领域的知名专家合作完成,从法学、国际关系(国际政治)、公共政策等不同学科和视角,对网络主权所涉及的法理、政策及实践问题进行了较为深入的探讨,填补了国

[24] Scott Shackelford, State *Responsibility for Cyber Attacks: Competing Standards for a Growing Problem*, in Christian Czosseck & Korie Podins eds., Conference on Cyber Conflict Proceedings 2010, CCDCOE, 2010, p. 206.

[25] Duncan Holis, *An E-SOS for Cyberspace*, 52 Harvard International Law Journal (2011), pp. 374-432.

[26] United Nations General Assembly, *Report of the Group of Governmental Experts on Developments in the Field of Information and Telecommunications in the Context of International Security* (24 *June* 2013), Sixty-eighth session, A/68/98, p. 8, http://www. un. org/en/ga/search/view_doc. asp? symbol = A/68/98, last visited on 15 November 2017.

内外学界有关网络主权研究的若干空白。[27]

在网络主权的合理性方面,郇雷认为:“互联网技术迅猛发展,网络空间的跨国性与脆弱性并存,致使网络主权成为国家核心利益的重要组成部分;中国作为新兴网络大国率先提出并积极倡导网络主权理念,必将引领全球互联网治理体系进一步迈向公平合理。”[28]支振锋副研究员认为,网络主权是国际社会广泛而真实的实践,一些西方国家对网络主权的质疑完全是出于政治偏见。[29]

在网络主权的内涵方面,张新宝教授和许可博士认为:“网络空间主权应根据网络空间‘互联、互通、互动’的特质适时而变:在内部主权的层面上,建构基本立法权、简约行政权和类型化的司法管辖权;在外部主权的层面上,主张网络安全、平等参与、共同利用、善意合作的国际法新秩序。”[30]

在网络主权的行使方面,鲁传颖研究员根据网络实力的强弱将国家分为三类:网络发达国家、网络新兴国家和网络发展中国家,其中发达国家主张减少网络主权对网络权的限制,新兴国家主张在四种网络权(强制性、制度性、结构性和解释性网络权)[31]的基础上行使网络主权,而发展中国家的主权则备受侵蚀。[32]

---

〔27〕 参见黄志雄主编:《网络主权论——法理、政策与实践》,社会科学文献出版社2017年版。

〔28〕 郇雷:《旗帜鲜明倡导网络主权》,载《光明日报》2016年1月9日。

〔29〕 参见支振锋:《“网络主权”的国际背景与现实意义》,载《紫光阁》2016年第2期。

〔30〕 张新宝、许可:《网络空间主权的治理模式及其制度构建》,载《中国社会科学》2016年第8期。

〔31〕 强制性网络权和制度性网络权主要反映了国家行为体之间的网络权力关系。强制性网络权是建立在进攻和防御性网络能力之上的权力,通过网络对他国实施惩罚的权力。……制度性网络权是指通过控制网络空间当中某些正式的和非正式的机构对国际互联网进行管理的权力。……结构性网络权和解释性网络权与国家行为体与非国家行为体在网络中的权力形态有关。目前在国际上比较有影响力的“多利益攸关方”模式认为,网络空间既包括国家行为体,也包括公司、非政府组织、学术团体乃至个人用户,其对于网络空间的开放、繁荣、透明与国家同等重要,两者共同构成了网络空间的权力体系。……解释性网络权是国家的政治权力,包括对意识形态、政治事件的解释权力,这种权力在现实世界中由国家所垄断。鲁传颖:《主权概念的演进及其在网络时代面临的挑战》,载《国际关系研究》2014年第1期。

〔32〕 参见鲁传颖:《主权概念的演进及其在网络时代面临的挑战》,载《国际关系研究》2014年第1期。

此外,一些学者还对数据主权、信息主权等相关问题进行了探讨,如孙伟、朱启超认为:“数据主权可以概括为大数据、云计算背景下国家对本国的数据以及本国国民的跨境数据拥有所有权、控制权、管辖权和使用权。”〔33〕吴沈括认为,对本国数据的排他性最高控制权是现阶段数据主权与跨境数据规制的核心问题,其可通过追踪研究最新的全球规则、加强顶层设计和规范设计及平衡行业利益加以解决。〔34〕

2. 国外学者

在2010年后,随着国家主权适用于网络空间逐渐成为国际社会包括西方学者的共识,一些西方学者也开始专门就网络空间的国家主权及网络主权问题加以研究,但他们对于网络空间国家主权内涵、外延的理解仍与中国学者分歧较大。不过,西方主流学者对国家主权适用于网络空间的认可,可以成为东西方国家间求同存异的第一步。

《塔林手册2.0版》第一章以“主权”为标题,包含了5条相关规则,分别是:(1)一般原则——国家主权原则适用于网络空间;(2)对内主权——各国对位于其领土内的网络基础设施和网络活动享有主权权威,但受到其国际法律义务的限制;(3)对外主权——各国可在其国际关系中自由开展网络行动,但须受对其有约束力的相反的国际法规则的限制;(4)对主权的侵犯——各国不得开展侵犯另一国主权的网络行动;(5)主权豁免和不可侵犯性——一国对享有主权豁免的网络基础设施的任何干预都构成对主权的侵犯,而无论该网络基础设施的平台位于何处。〔35〕 尽管该手册对网络主权内涵的界定尚有值得商榷之处,但是由西方主导编写的这一手册对国家主权适用于网络空间的确认,无疑具有重要的积极意义。

Eric Jensen 对网络空间主权的内涵、外延的理解亦与中国学者分歧较大,其认为,就主权本身而言:一方面,国家有权根据自身的需求和资源来发展其网络能力;另一方面,国家不得干涉他国国内的网络决策,应当诚信谈判、遵守国际

---

〔33〕 孙伟、朱启超:《正确区分网络主权与数据主权》,载《中国社会科学报》2016年7月5日。

〔34〕 参见吴沈括:《数据跨境流动与数据主权研究》,载《新疆师范大学学报》(哲学社会科学版)2016年第5期。

〔35〕 Michael N. Schmitt, *Tallinn Manual* 2.0 *on the International Law Applicable to Cyber Operation*, Cambridge University Press, 2017, pp. 11 – 27.

义务、承认互联网上的人权、受到安理会决议的约束以及遵守人权义务。[36] 就主权的行使而言,在领土范围内,一国可对其陆地、内水、领海、群岛水域和领空内的网络基础设施行使网络主权,该权利不可扩展至专属经济区和大陆架。与此同时,一国有义务不得故意允许其境内或处于其排他性管辖的网络基础设施实施跨境损害。对于遭受损害的国家,该国有与其展开合作的义务。就人而言,各国有权对其国民行使管辖权,同时亦可通过采取主动的措施来阻止非国家行为者实施不法网络活动,如制定严格的刑法、实施强有力的调查、起诉攻击者、在调查和起诉阶段与遭受来自其境内网络攻击的受害国展开合作。[37]

受西方意识形态和价值观影响,西方国际法学者普遍强调"互联网自由"和"网络人权保护",对国家在网络空间的主导作用持怀疑甚至否定态度。具体而言,这些学者往往从国际人权法、国际贸易法等角度对中国等非西方国家通过较为严格的内容审查和信息过滤来管理互联网的措施加以批评,如 Christopher Stevenson 认为,针对中国等国采取的互联网内容审查措施,美国无法通过颁布国内法来解决这一问题,因此,与联合国及其他国家展开国际合作是实现表达自由的最佳途径。[38] Ronald J. Deibert 认为,研究表明世界各地对互联网内容控制的努力在规模、范围和复杂程度等方面都在提升。但各国为过滤内容而采用的手段无须承担任何责任,而有关措施的具体内容也缺乏透明度。这些不同观点的背后隐藏着更深层次的对互联网架构的地缘政治方面的竞争。[39]

(三)网络战

自 20 世纪 90 年代开始,西方学者就对网络战展开研究,特别是 2007 年爱

---

〔36〕 See Eric Jensen, Cyber Sovereignty: The Way Ahead, 50 *Texas International Law Journal* (2015), pp. 287 – 289.

〔37〕 See Eric Jensen, Cyber Sovereignty: The Way Ahead, 50 *Texas International Law Journal* (2015), pp. 296 – 302.

〔38〕 See Christopher Stevenson, Breaching the Great Firewall: China 's Internet Censorship and the Quest for Freedom of Expression in a Connected World, 30 *Boston College International & Comparative Law Review* (2007), pp. 531 – 558.

〔39〕 See Ronald J. Deibert, *The Geopolitics of Internet Control: Censorship, Sovereignty and Cyberspace*, in Andrew Chadwick & Philip N. Howard eds., The Routledge Handbook of Internet Politics, 2009, p. 334.

沙尼亚和 2008 年格鲁吉亚遭受网络攻击的事件，促使西方国家及其学者加快研究诉诸武力权（*jus ad bellum*）和战时法规（*jus in bello*）在网络空间的适用，这在某种程度上也推动了中国学者对网络战的研究。

1. 国内学者

与西方相比，国内学者关注“网络战”的国际规则问题较晚，相关成果大多发表于 2013 年《塔林手册》出版前后。这些成果主要是围绕武力法上的诉诸武力权和战时法规两大部分，在评析西方学者特别是《塔林手册》相关主张的基础上，就中国对“网络战”国际规则问题的对策进行了有益的探讨。

在评析《塔林手册》方面，陈颀认为，《塔林手册》名义上是对现行国际法在网络空间适用的解释，但实质上是在创设规则，具体表现在以下三个方面：适用后果标准来取代现有国际法标准、扩大解释自卫权和创制现有国际法之外的网络战争策略和封锁规则。因此，中国应当在国际层面严格限制自卫权行使的范围，在国内层面加强国内立法，以推动国际习惯法的形成。[40] 朱莉欣认为，《塔林手册》和其 2.0 版均立足于国家主权理论，其为美国发挥网络军事优势和法律优势提供了理论上的依据，因此，中国应当加快研究有利于中国的网络空间国际法理论。[41] 王孔祥认为，《塔林手册》作为首部分析网络战和网络攻击的著作，其最大的价值在于其内部对网络战的规则问题存在分歧，但其面临以下几个方面的问题：各国对《塔林手册》的立场、非北约国家的专家对《塔林手册》的接受程度以及《塔林手册》本身能得到多大程度的承认。[42]

在诉诸武力权方面，黄志雄认为，在国际实践中，对某一行为是否构成《联合国宪章》第 2.4 条所指的“使用武力”的判断，往往需要对该行为所涉手段、目的和后果等因素加以综合评估，无论是“目的论”“工具论”还是“规模和后果论”都只抓住一点而不及其余，因而难免得出偏颇的结论。此外，西方国家的学

〔40〕 参见陈颀：《网络安全、网络战争与国际法——从〈塔林手册〉切入》，载《政治与法律》2014 年第 7 期。

〔41〕 参见朱莉欣：《聚焦〈塔林手册〉透视网络战规则》，载《中国信息安全》2015 年第 10 期。

〔42〕 参见王孔祥：《评〈国际法适用于网络战的塔林手册〉》，载《现代国际关系》2015 年第 5 期。

者极力主张降低行使自卫权的门槛,这难免推动网络空间军事化和网络军备竞赛的加剧,不利于网络空间的安全。因此,中国应当坚决反对西方国家推动网络空间军事化、警惕西方国家将有关网络政策和学说包装成实在法,以及反对西方国家的"双重标准"。[43]

在战时规则方面,姜世波认为,网络攻击行为必须是由国家或其授权的人实施、以国家安全为目的且行为的后果达到传统武力攻击的程度,才可被视为引起了网络战争。但是,传统的战争法规则除了必要性原则可适用外,其他的诸如区分原则、比例原则和中立原则仅部分内容可适用于网络。因此,国际社会需要补充现有国际规则或重新制定一部新的关于网络攻击的国际条约。[44]

2. 国外学者

"网络战"堪称为西方关于网络空间国际规则制定方面关注最早、持续时间最长久、成果数量最丰硕的领域。近年来,国外仅专门探讨"网络战"相关问题的学术刊物就先后有多份问世,如创办于 2001 年的 Journal of Information Warfare[45]、创办于 2011 年的 The International Journal of Cyber Warfare and Terrorism[46] 和创办于 2012 年的 Journal of Law and Cyber Warfare[47] 等。在其他主流刊物单独或以专栏形式发表的相关论文更是为数众多。例如,Journal of Conflict & Security Law 在 2012 年第 2 期开设了"网络战与国际法"的专栏,以一整期的篇幅发表了 6 篇相关论文。

西方学者对"网络战"国际规则问题的关注,始于美国兰德公司在 1993 年的一份研究报告,该报告最早提出"网络战"概念并指出"网络战正在来临",其中"网络战"是指根据与信息有关的原则而正在实施或准备实施的军

---

〔43〕 参见黄志雄:《国际法视角下的"网络战"及中国的对策——以诉诸武力权为中心》,载《现代法学》2015 年第 5 期。

〔44〕 参见姜世波:《网络攻击与战争法的适用》,载《武大国际法评论》第 16 卷第 2 期。

〔45〕 http://www.jinfowar.com,last visited on 15 November 2017.

〔46〕 http://www.igi-global.com/journal/international-journal-cyber-warfare-terrorism/1167,last visited on 15 November 2017.

〔47〕 http://www.jlcw.org/,last visited on 15 November 2017.

事行动。[48] 多数西方学者主张将国际法上有关使用武力的现有规则延伸适用于"网络战",如 Reese Nguyen 认为:"当网络攻击意图对物理信息系统造成不可逆转的破坏或有形损失时,其可被认定为构成武力攻击。"[49]但在适用标准或门槛等具体问题上存在不同的观点,具体表现为三个理论:"目的论""工具论"和"规模和后果论"。[50]

"目的论"的代表人物是曾任美国海军陆战队法律顾问和乔治敦大学客座教授的 Walter Sharp。他认为:计算机网络攻击属于一种经济和政治胁迫手段,尽管这类胁迫传统上被认为不属于"使用武力",但从《联合国宪章》维护国际和平与安全的宗旨和第 2.4 条所保障的各国领土完整和政治独立目的来看,由于经济和政治胁迫也将威胁国际和平、损害一国的领土完整和政治独立,理应在该条的约束范围内,因而计算机网络攻击也应当受第 2.4 条约束。[51]

"工具论"的代表人物是英国威斯敏斯特大学高级讲师 Marco Roscini。他认为:"第 2.4 条意图规制的'军事力量'主要体现为特定武器(或者说工具)的使用,但随着科学技术的发展,该条所约束的已不仅仅限于枪、炮等传统动能武器,生化武器、核武器等非动能武器的使用早已被普遍承认为应受第 2.4 条规制;现在,使用木马病毒、蠕虫等'武器'进行的网络攻击如果产生了特定的有形或无形损害,同样可以构成第 2.4 条意义上所禁止的使用武力。"[52]与此同时,

---

[48] John Arquilla & David Ronfeldt, *Cyberwar is Coming*!, John Arquilla & David Ronfeldt, eds. In Athena's Camp: Preparing for Conflict in the Information Age, RAND Corporation, 1993, p. 30. https://www.rand.org/pubs/reprints/RP223.html, last visited on 15 November 2017.

[49] Reese Nguyen, Navigating Jus Ad Bellum in the Age of Cyber Warfare, 101 California Law Review (2013), p. 1129.

[50] 以下内容可参见黄志雄:《国际法视角下的"网络战"及中国的对策——以诉诸武力权为中心》,载《现代法学》2015 年第 5 期。

[51] W. Sharp, Cyberspace and the Use of Force, St. Antonio: Aegis Research Corporation, 1999, pp. 88 – 91.

[52] Marco Roscini, *World Wide Warfare -Jus ad Bellum and the Use of Cyber Force*, in Armin von Bogdandy & Rudiger Wolfrum eds. Max Planck Yearbook of United Nations Law, 2010, p. 107.

网络武力而非计算机网络开发可被视为《联合国宪章》第 2.4 条意义上的"使用武力",只有当对关键基础设施的大规模网络攻击造成与传统武器类似的重大有形损害或人员伤亡,受害国才有权援引《联合国宪章》第 51 条规定的自卫权。自卫权也可用于虽未达到武力攻击的程度但用于协助传统武器发动迫在眉睫的武力攻击的、且达到"卡罗琳案"的要求的网络攻击。[53]

"规模和后果论"的代表人物是美国海战学院和英国埃克塞特大学的 Michael Schmitt 教授。他认为,尽管第 2.4 条之主要目的在于约束一国对外使用传统军事力量(特别是枪、炮等动能武器)对他国加以胁迫,但在实践中,真正重要的不是使用何种手段而是产生的后果;如果网络攻击直接导致或可能导致与军事手段相当的人员、物体损伤,无疑应当构成"使用武力";即使没有产生有形的人员和物体损伤,受害国也可通过评估以下七项标准认定网络攻击是否构成"使用武力":(1)造成危害性后果的严重程度;(2)攻击后果产生的迅速程度;(3)攻击行为与后果之间的关联程度;(4)对他国领土的侵入程度;(5)攻击后果可以量化的程度;(6)攻击行为在国内法或国际法上被推定为合法的程度;(7)国家参与攻击的程度。[54]

值得注意的是,近年来,西方学者中也越来越多地出现了质疑和反对夸大"网络战"威胁的观点,以及对将有关使用武力的现有国际法规则扩大适用到"网络战"问题持谨慎态度的声音。例如,Mary O'Connell 教授指出:"网络战"是一场"错误的战争",它本质上是在主要西方国家网络安全政策日益军事化的背景下,一个被"发明"的问题。[55] Myriam Cavelty 认为:由于攻击者的性质、攻击的性质(nature of the attacked)和网络环境的性质,通过"军事范式"的反措施

〔53〕 Marco Roscini, *World Wide Warfare-Jus ad Bellum and the Use of Cyber Force*, in Armin von Bogdandy & Rudiger Wolfrum eds. Max Planck Yearbook of United Nations Law, 2010, p. 130.

〔54〕 Michael Schmitt, *Computer Network Attack and the Use of Force in International Law: Thoughts on a Normative Framework*, 37 Columbia Journal of Transnational Law (1998 - 1999), pp. 914 - 915. Michael Schmitt, *Cyber Operations and The Jus ad Bellum Revisited*, 56 Villanova Law Review (2011), pp. 573 - 575.

〔55〕 Mary O'Connell, *Cyber Security without Cyber War*, 17 Journal of Conflict & Security Law (2012), pp. 191 - 198.

很难在应对网络安全威胁中发挥重大的作用,再加上国家仅仅是网络空间的行动者之一,因此,网络安全依赖于国家和私人行为者的共同责任。政府应当只在必要时维持其对关键基础设施的保护,与此同时决定如何更好地鼓励市场力量去提高计算机网络的安全和恢复能力。[56]

(四)网络犯罪

网络犯罪几乎与网络战同时受到西方的关注,此外,自2001年欧洲委员会通过《网络犯罪公约》以来,国内外学者对网络犯罪的讨论大多都围绕这一公约展开。

1. 国内学者

2000年前后各国网络犯罪立法的明显增多和2001年《网络犯罪公约》的制定,引发了国内学者对网络犯罪的关注。不过,由于网络犯罪国际规则制定在过去十多年未能取得新的进展,从国际法角度对该问题的研究一直处于“不温不火”的状态,有关的国内成果屈指可数。

在2000年左右,国内学者多注重介绍分析国际上网络犯罪的最新发展,并就中国在国内层面如何借鉴或应对加以探讨。如周文认为,2001年《网络犯罪公约》在界定了网络犯罪、计算机数据等概念后,从实体法、程序法和国际合作三个方面规定了有关规则的具体内容,如在实体法方面,规定了非法访问、非法截获等罪行;在程序方面,创立了新的措施,如已存储计算机数据的快速保存等;在国际合作方面,规定了关于引渡的原则、有关侦查措施的多边协助等方面的内容,这为打击跨国网络犯罪提供了最低的区域性国际标准。[57]

随着近年来西方国家试图推动《网络犯罪公约》成为全球性公约,一些学者开始对中国应如何参与该领域国际规则的制定进行了探索。如于志刚认为:由于《网络犯罪公约》属于类罪条约、内容多为技术性犯罪且体现欧洲国家的利益和诉求,这不符合目前网络犯罪法典化、去技术化的趋势,也不利于发展中国家。因此,主张在坚持网络主权原则的基础上,在联合国框架下制定以实害联

---

[56] See Myriam Dunn Cavelty, *The Militarisation of Cyberspace: Why Less May Be Better*, in C. Czosseck. R. Ottis & K. Ziolkowski eds., 4th International Conference on Cyber Conflict Proceedings, 2012, p. 151.

[57] 参见周文:《欧洲委员会控制网络犯罪公约与国际刑法的新发展》,载《法学评论》2002年第3期。

系原则为基础的网络犯罪国际公约,并主张公约增加打击网络恐怖主义、网络极端主义和利用网络实施秩序性犯罪的行为等内容。[58] 胡健生和黄志雄认为,《网络犯罪公约》在一定程度上适应了互联网技术带来的挑战和网络犯罪突发性、即时性的特点,其部分否定双重犯罪原则的条款也在一定程度上克服了司法协助的障碍。但是,由于该公约为区域性公约,其内容上存在局限性,如偏重技术性犯罪,加入程序过于复杂,以及公约修订缺乏实质性进展。因此,应当在借鉴《网络犯罪公约》等现有的国际法机制的基础上,通过制定网络犯罪示范条款等方式,在联合国框架下制定一份涉及网络主权和网络反恐等内容的打击网络犯罪的国际公约。[59]

2. 国外学者

在西方国家,网络犯罪等网络安全问题早在 20 世纪 90 年代就开始被提出,但在国际法领域,学者仍多围绕《网络犯罪公约》展开讨论。

如 Mike Keyser 认为,《网络犯罪公约》是第一个试图统一各国法律制度和各国打击网络犯罪法规的国际立法,在对各条款进行逐条解释之后,归纳出四个反对该公约的主张,分别是:该公约(1)限制了网上的言论自由;(2)过分增强了警察和政府组织的调查权;(3)为执行法律,过多地要求公司和个人提供远超现有电信法规定内容的信息;(4)侵犯了公民自由权。[60] Jonathan Clough 认为,虽然《网路犯罪公约》在综合性、保护人权和代表性方面存在不足,但它为各国提供了应对网络犯罪的方法。鉴于目前各国围绕如何制定全球性的网络犯罪公约存在分歧,各国应将关注的焦点转向如何开展能力建设和有效的国际合作,以应对网络犯罪带来的全球性挑战。[61]

---

〔58〕 参见于志刚:《缔结和参加网络犯罪国际公约的中国立场》,载《政法论坛》2015 年第 5 期。

〔59〕 胡健生、黄志雄:《打击网络犯罪国际法机制的困境与前景——以欧洲委员会〈网络犯罪公约〉为视角》,载《国际法研究》2016 年第 6 期。

〔60〕 See Mike Keyser, *The Council of Europe Convention on Cybercrime*, 12 Journal of Transnational Law & Policy (2013), pp. 287 – 326.

〔61〕 See Jonathan Clough, *A World of Difference: The Budapest Convention on Cybercrime and the Challenges of Harmonization*, 40 Monash University of Law Review (2014), pp. 698 – 736.

值得一提的是,联合国毒品和犯罪问题办公室(UNODC)于2013年2月就网络犯罪问题发布了一个《网络犯罪综合研究草案》,该草案的结论如下:(1)国际标准的碎片化和国内网络犯罪法律的多样性,可能与存在很多不同主题和地域范围的文件有关;(2)在网络犯罪方面,依靠传统的、正式的国际合作手段不足以及时提供必需的、却容易丢失的电子证据;(3)在云计算和数据中心的时代,我们必须重新界定证据“位置”的重要性,包括在法律执行机构直接获取境外数据等议题上达成共识;(4)根据对现有的国内法律框架的分析,各国在核心的网络犯罪、调查权、电子证据的收集等方面存在严重差异;(5)发展中国家的法律执行机构、检察官和法官在调查和打击网络犯罪方面需要长期的、持续的和全面的技术支持与援助;(6)需从整体上来加强所有国家的网络犯罪预防意识,包括意识的提高、建立公私伙伴关系、从一个更宽广的网络安全角度实现网络犯罪战略的一体化。为此,草案主张从以下几个方面来加强打击网络犯罪:(1)就核心网络犯罪行为刑法化制定国际示范条款;(2)就电子证据的调查权制定国际示范条款;(3)就网络犯罪管辖权问题制定示范条款;(4)就电子证据的国际合作制定示范条款;(5)就与犯罪问题有关的电子证据制定多边国际合作文件;(6)就网络犯罪制定全面的多边文件;(7)加强国际、区域和国家间的伙伴关系,加强与私营部门和学术机构的合作。〔62〕

(五)网络间谍

虽然各国的国内法都对间谍行为加以规制,但从国际法的角度看,间谍一直处于某种“法外”的状况。近年来,美国出于维护自身利益的需要,提出区分对待据称中国等国在从事的“网络经济间谍”和“棱镜门”所曝光的政治、军事领域的“其他间谍行为”,这引发了国内外学者的争论。

1.国内学者

黄志雄认为,在国际法缺乏对间谍活动进行有效规制的情况下,TRIPs协定、WTO安全例外条款和《联合国宪章》有关禁止使用武力、自卫权和主权与领土完整原则的规定并不能为美国提出的“网络经济间谍”提供国际法上的依据;美国对“网络经济间谍”和“其他间谍行为”加以刻意区分的做法是“法律霸权

〔62〕 See United Nations Office on Drugs and Crime, *Comprehensive Study on Cybercrime (draft)*, 2013, https://www.unodc.org/documents/organized-crime/cybercrime/CYBERCRIME_STUDY_210213.pdf, last visited on 15 November 2017.

主义”的体现,损害了国际法的统一性和权威性,中国应当坚决抵制,并在必要时采取反制措施。[63]

2. 国外学者

尽管目前学术界大多认为国际法未对网络间谍加以明确规制,但 Russell Buchan 认为,国际法适用于网络间谍,因为网络间谍构成习惯国际法下的干涉,其违反了不干涉原则。不干涉原则不仅保护一国领土的完整,还保护一国政治的完整,该政治完整包括位于一国管辖范围内的实体和个人的互联网信息。因此,未经授权的访问和复制上述信息,侵犯了国家主权,违反了不干涉原则。[64]

(六)网络恐怖主义

自“9·11 事件”以来,各国有关恐怖主义的立法逐渐提上日程,如美国的《爱国者法案》。近年来,随着网络和通讯技术的发展,部分国家开始担忧恐怖分子通过网络实施恐怖主义活动,故而提倡制定网络空间恐怖主义国际规则,这引发了国内外学者对网络恐怖主义的讨论。

1. 国内学者

吴超认为,从国际层面来看,《关于国际恐怖主义的全面公约草案》(Draft Comprehensive Anti-Terrorism Convention)、联合国安理会、《日内瓦公约第一议定书》《塔林手册》和 UNGGE 报告对网络恐怖主义的规定或决议等,不能有效保护各国的关键基础设施。从国内层面来看,中国网络安全领域的法律规范较少涉及对关键基础设施的保护,因此提出以下三点建议:加强设施防御功能及恢复功能;建立信息共享机制;建立一个针对关键基础设施的全面保护的指导纲领。[65]

2. 国外学者

Ben Saul 和 Kathleen Heath 认为,强调制定专门的网络恐怖主义国际公约主要是基于以下几个方面的考虑:(1)在《关于国际恐怖主义的全面公约草案》

---

[63] 参见黄志雄:《论间谍活动的国际法规制——兼评 2014 年美国起诉中国军人事件》,载《当代法学》2015 年第 1 期。

[64] See Russell Buchan, *Cyber espionage and international law*, Nicholas Tsagourias & Russell Buchan eds. Edward Elgar Publishing Limited, pp. 168 – 189.

[65] 参见吴超:《网络恐怖主义及对关键基础设施的保护》,载《上海政法学院学报》2016 年第 4 期。

和网络犯罪国际公约没有得到批准的情况下,其能够为网络恐怖主义制定一个共同的标准;(2)部分国家认为网络恐怖主义的威胁是真实存在的,且有可能增强;(3)打击网络恐怖主义面临独特的技术困难,这一困难要求采取特殊的预防和抑制措施;(4)明确表示国际社会认为网络恐怖主义是不合法的;(5)促使各国国内法律体系的一致性,鼓励各国政府在明确网络恐怖主义犯罪的范围时从严处理。但上述考虑面临以下问题:(1)目前尚无报告称遭受网络恐怖主义攻击;(2)这些技术挑战是网络犯罪和网络恐怖主义所共有的,并不专属于网络恐怖主义;(3)国际社会尚未就将网络恐怖主义的威胁加以特别处理达成共识;(4)各国实践中应对网络恐怖主义的方法存在分歧,有些国家担心在网络恐怖主义领域展开合作会侵犯人权。因此,我们需要打击跨国网络恐怖主义,但进一步的国际措施取决于如何定义和采用何种措施处理这一问题,以及是否尊重了基本权利。[66]

除上述主题外,网络空间国际法还包括网络知识产权、数据跨境流动等主题,如在知识产权领域,Andreas Rahmatian 认为,网络空间无边界性与知识产权属地性的矛盾,可通过国际法中有关网络攻击和网络战的规则加以解决。[67] 但鉴于文章篇幅的限制,本文不再对其他主题展开叙述。

三、现有研究存在的主要问题及应对

综上所述,近年来网络空间国际法在国内外学术界日益受到重视。由于网络空间的跨国性、虚拟性、匿名性等特征,在这一快速发展的新空间,应当如何推动相关国际治理、加快国际规则制定?事实证明,对于这些新问题、新课题的探索,学者的研究有可能先于各国政府的实践,并对相应的国家政策制定和国际博弈产生了不可忽视的影响。前述西方学者有关"网络战"国际法问题的研

〔66〕 See Ben Saul & Kathleen Heath, *Cyber terrorism*, Nicholas Tsagourias & Russell Buchan eds. , Edward Elgar Publishing Limited, pp. 147 - 167.

〔67〕 See Andreas Rahmatian, *Cyberspace and intellectual property rights*, Nicholas Tsagourias & Russell Buchan eds. Edward Elgar Publishing Limited, pp. 72 - 93.

究,以及《塔林手册》1.0 版和 2.0 版的编写,就是一个突出的例子。[68] 因此,对于网络空间国际法领域学者研究的重要意义和作用,必须加以充分认识。

当然,也应当看到,网络空间国际法的国内外现有研究还存在不少薄弱甚至空白之处,以下几个方面的问题不可忽视。

首先,研究视角中"中国元素"的缺失亟须弥补。如前所述,尽管中国已经成为网络空间国际规则博弈中的核心利益攸关方,但国内外有关中国参与和影响网络空间国际法的系统研究为数极少,甚至在很大程度上仍处于空白状况。在该领域居于主导地位的西方学者,往往只是在探讨网络空间国际规则制定的某些问题时,旁及中国的相关政策、主张和影响;在具体观点上,往往出于意识形态、价值观方面的偏见,从国际法角度对中国互联网监管政策、中国的网络主权观加以质疑。

就中国学者的研究而言,尽管近年来学界已经在网络空间国际法的一些相关问题上开展了有益的探索,但现有研究很多属于对西方国家相关主张的跟踪研究和一般性评论。例如,在"网络战"国际规则等问题上跟踪研究西方学者的主张时,往往会简要提及中国的对策和建议,而少有立足于中国的现实处境和重大利益,从战略层面对中国参与网络空间国际规则制定应有的立场、主张和对策建议加以深入探讨的。对于西方国家和学者利用国际规则在网络空间治理相关问题上对中国的施压、指责,中国学者基于国际法法理和相关事实作出的回应也不多,能够使用英语这一通用语言在国际会议和重要期刊发出中国声音、提出中国主张的更少,这就加大了中国与西方国家在话语权上的不对等。

---

[68] 在第五届联合国信息安全政府专家组(届期为 2016 ~ 2017 年)关于国际法适用于网络空间问题的谈判中,主要西方国家试图在自卫权的行使、国际人道法的适用以及反措施的采取等问题上,主要按照《塔林手册》1.0 版和 2.0 版的有关内容来明确相关具体标准,这引发了各国之间的较大分歧,并最终导致本届专家组的谈判在 2017 年 6 月无果而终。See Michael Schmitt & Liis Vihul, *International Cyber Law Politicized: The UN GGE's Failure to Advance Cyber Norms*, https://www.justsecurity.org/42768/international-cyber-law-politicized-gges-failure-advance-cyber-norms/, last visited on 15 November 2017; Arun Mohan Sukumar, The UN GGE Failed. Is International Law in Cyberspace Doomed As Well?, https://lawfareblog.com/un-gge-failed-international-law-cyberspace-doomed-well, last visited on 15 November 2017.

同时,中国学者在有关网络空间国际法的研究中,对国家现行政策的简单解读、宣示偏多,有深度、能够自圆其说的法理分析较少,学界关于网络主权问题的研究就存在这一问题。

因此,在中国如何有效参与和影响网络空间国际法问题上,目前基本没有形成直接的、系统的、具有代表性的观点,导致相关研究中的“中国元素”和“中国视角”严重缺失。这一状况,远远不能适应中国作为新兴网络大国和网络空间核心利益攸关方的现实需要,也不利于各国共同致力于构建和平、和谐的网络空间国际秩序,因而亟须加以弥补。

其次,研究方法上“各自为政”的格局有待突破。网络空间国际法一方面涉及复杂的国际关系和多边外交因素,另一方面又落脚于国际法的制定和适用问题,具有较强的法律技术色彩。目前,无论是在中国还是西方学界,主要研究者都是来自国际法、国际关系学和外交学这三大领域,但就具体的研究成果而言,则往往拘泥于单一的研究视角和研究方法,跨学科、多视角的研究并不多见。究其原因,主要与具体研究者各自所在学科领域的局限性有关。近年来,在西方学界已经开展的某些大型合作研究中,开始出现了一些试图从多个学科领域审视网络空间国际法相关问题的研究成果。例如,北约卓越合作网络防御中心(CCDCOE)资深研究员 Katharina Ziolkowski 主编、20 余位作者在 2013 年合力推出的 *Peacetime Regime for State Activities in Cyberspace: International Law, International Relations and Diplomacy* 一书,就试图从国际法、国际关系和外交学等不同视角探讨和平时期的网络空间国际规则问题。但是,这样的研究成果即使在西方学界也是“非典型”和“非主流”的。同样由北约卓越合作网络防御中心发起、20 名不同国家专家历时三年在 2013 年合作完成的《塔林手册》,以及英国伯明翰大学教授 Nicholas Tsagourias 和 Russell Buchan 主编、2015 年出版的 *Research Handbook on International Law and Cyberspace*,都是从国际法角度研究网络空间国际规则的制定问题。

可以肯定的是,有关网络空间国际法的研究要在今后若干年中进一步走向深入、成熟,必然离不开多种研究方法和学科领域的融合、互补。

最后,研究内容和观点内容还有进一步探讨的空间。由于网络空间是一个新空间,学界关于网络空间国际法的现有研究还处于起步阶段,总体而言,相关成果还较为分散、零碎,缺乏系统性和全局性。出现这一状况的一个重要原因在于:在当前的网络空间国际规则博弈中,西方国家和学者往往利用其国际话语权,选择性地主导对其有利的研究议题,因而导致了西方议题和声音“一边倒”的状况,而没有出现多元声音、多元价值的百家争鸣。例如,在网络空间国际规则制定的形式问题上,西方国家和学界大多反对为网络空间制定新的国际条约,而主张将现有国际法“类推”适用于网络空间。但是,现有国际法适用于网络空间究竟存在哪些困难和不足?是否有可能和必要在网络空间“反恐”和打击网络犯罪等方面制定国际公约?这些问题,虽然个别西方学者在其研究中偶有涉及,但就西方主流的研究成果而言,相关研究仍处于缺失状况。又如,由于西方国家和媒体先入为主的偏见,网络主权问题的研究在西方有着高度的敏感性,倡导和支持国家主权适用于网络空间的声音少而又少。

对于中国而言,“网络强国”战略的实施必然要求我国加快成为网络空间国际法强国。只有进一步提高参与国际法规则制定的主动性和自觉性,加快提升我国在网络空间领域的国际话语权和规则制定权,努力建设网络空间国际法强国,才能为我国实施网络强国战略奠定坚实的基础。〔69〕 而网络空间国际法强国的建设,必然要求我国更加重视网络空间国际法领域的学术研究,有效解决现有研究力量较为分散、单薄、难以形成合力以及学者与政府部门的联系和协作较为有限、难以实现优势互补等问题,使学者的声音和智慧真正成为我国“软实力”和话语权的有机组成部分。为此,笔者认为可从以下几个方面加以改善:

(一)通过政府的支持、引领和学界自身的努力,大力加强研究队伍建设

首先,政府应当“释放信号”,表明国家政策制定中对于网络空间国际法领域有着重大需求,以此鼓励和吸引一批优秀国际法学者积极投身该领域研究;其次,通过举办“网络空间国际法学者和实务人员高端培训班”等方式加强“能力建设”,使学界能够准确把握网络空间国际法理论和实践中的重大前沿问题,并且结合我国的利益和基本主张开展有的放矢的研究;最后,加大“高端智库”建设力度,在网络空间国际法领域重点扶持两家到三家有较强实力的专业化智库,为我国的网络外交提供行之有效的智力支撑。

(二)加强政学结合,更好地发挥学者作用

首先,可以考虑通过由外交部或中央网信办牵头组织“网络事务专家咨询委员会”等形式,制度化、常态化地鼓励、吸收相关学者参与决策咨询和实际工作;其次,我国政府主管部门可以根据自身工作中面临的相关重要问题(如网络

---

〔69〕 参见黄志雄:《网络空间国际法强国论纲》,载《中国国际法年刊》(2016 年卷)。

主权、网络空间使用武力、国际人权法在网络空间的适用、《塔林手册》及其2.0版等），支持和引导学界定期开展"专题研讨"；最后，中国政府应当大力支持本国的智库和学者参与网络空间国际法领域的国际对话与交流，帮助他们更加清楚地了解国外有关网络问题的最新理论和实践，在必要时发出中国的声音，增强中国在国际网络事务中的影响力。

（三）未雨绸缪，加强人才培养和储备

在21世纪，国家间的竞争归根到底还是人才的竞争。因此，中国要想成为网络空间国际法强国，就必然需要网络空间国际法方面的人才。鉴于我国目前人才短缺的局面，中国政府可依托2012年启动的涉外卓越法律人才培养计划、2015年国务院学位委员会批准设立的"网络空间安全"一级学科以及国家建设高水平大学公派研究生项目等平台，加快培养一批通法律、擅外交、会外语、懂（网络）技术、能够代表中国参与相关国际规则制定的高端复合型人才。

总之，近年来国内外有关网络空间国际法的研究已经迈出可喜步伐，进入一个"快速成长期"。但是，现有研究存在的问题，特别是以中国为主要视角的深入研究相对匮乏，还不足以适应在网络空间国际秩序构建中发出中国声音、为网络空间人类命运共同体贡献中国智慧的现实需要。中国国际法学界在中国参与和影响网络空间国际法的研究中既大有可为，也责任重大，需要针对新的形势，进一步加强对于重大理论和现实问题的探索，为我国网络强国战略的推进、网络空间国际话语权和规则制定权的加强提供更大的智力支持。

"Soft Power" in the Game of Rules for Cyberspace
—Review of Research on International Law in Cyberspace at Home and Abroad in Recent Years

Huang Zhixiong

Abstract: Increasing attention has been paid by national governments and academia to international law in cyberspace in recent years, as international rules in cyber space will have profound influence on governance of cyberspace, allocation of internet resources and realization of national interest. So far the research on international law in cyberspace by academia at home and abroad has experienced three stages: barren period, germination period, and rapid growth period. Scholars have studied fundamental problems of international law in cyberspace, cyberspace sovereignty, cyber war, cybercrime, cyber espionage, cyber terrorism etc. Yet there are still some drawbacks in the research, such as lack of "Chinese element", singleness in research method, and deficiency in research content. The Chinese government should enhance the construction of research team and reservation and cultivation of talents, and give full play to the role of scholars by integrating governmental and scholarly recourses.

Key words: International Law in Cyberspace; Cyber Sovereignty; Cyber War; Cybercrime

(责任编辑:谭观福)

评　　论

我们需要的是有中国特色的社会主义经济法学

——读新出版的《经济法学》后的思考与感言

刘文华*

最近,有幸读到新出版的《经济法学》一书[1]。我主要看了总论部分前几章。读罢,深感编写组诸位经济法学界中生代经济法学人付出了辛勤劳动,完成了一项很难完成的任务,为经济法界提供了一本可读、可教、可研究、可思考的教材,也帮助教育部门解决了多年来困扰的民、商、经学科之争的难题。教材中多处涌现着编著者对经济法诸多问题力图创新的勇气,也有多处取得可共识的成果,但在有关中国经济法命运前途的若干重大问题上也留下了需要思辨、可供商榷的空间。谨冒昧提出一些问题,供参考。

一、中国经济法何因产生,何时产生

我们都需要也希望有一本有中国特色的社会主义经济法学。这样的一本书应该是中国的"经济法"。"经济法学"概念是舶来品,需要借鉴国外的经济法学知识,但借鉴应是"为我所用,以我为主",使"舶来品"中国化。若以此要求教材,却存在较大问题。

本书将经济法定性定位为"国家或政府干预社会经济之法(第55页)"。全书都是以"市场失灵、国家干预"为主旨立论的。对西方经济法来说,这个结论是成立的,但是对中国经济法来说,这一结论无论在理论上还是实践上都会碰

---

* 刘文华,中国人民大学法学院教授。

[1] 这里的《经济法学》教材是指马克思主义理论研究和建设工程重点教材中的《经济法学》,张守文主编,高等教育出版社2016年版。

到很大问题。首先,在中国经济法的产生和形成上就难以成立。

我最初讲经济法课,就把经济法分为两家:资本主义经济法(西方经济法)与社会主义经济法(东方经济法)。这样分主要不是从政治意义上说的,而是从社会、经济、文化等因素及历史发展过程的差异上来说的。两类经济法有同,因为经济法属社会法,其社会性远高于其政治性、阶级性。它们都是现代市场经济之法,都需要遵循市场经济规律,都需要国家(主要指政府,下同)介入经济生活,都需要两只手的协调结合。所以两类经济法互通,有共性,可以形成具有一般共性的经济法学。但是它们产生形成的社会、经济、政治、文化等基础要素不同,所以产生形成的过程不同,甚至相逆而行。资本主义经济法的出现,是由于资本主义经济高度自发发展,产生垄断和危机,市场不能自拔而失灵,国家不得不用直接体现国家意志的经济手段、行政手段和法律手段干预市场,资本主义经济法由此产生。社会主义经济法(以我国为代表)的产生是在经济体制改革时期,由于"计划经济"的束缚,商品经济不发达,国家干预无处不在,无时不有,企业缺乏活力,经济发展迟缓,所以进行经济体制改革。改革的中心是搞活企业,启动竞争机制,发展横向关系,减少国家干预,中国经济法由而产生。这一发端及过程与西方经济法形成时代的条件根本不同,用"市场失灵,国家干预"的公式解说中国经济法的产生是对不上号、说不通的。

编著者在"经济法的历史"一节,无论是"经济法的产生"一段还是"经济法的发展"一段,谈的都是西方经济法形成发展的历史。引证的马克思、列宁的著作不少,但都是论证西方经济法的产生的。中国经济法的产生、发展历史却略而不谈,或使用"社会主义国家"的简短语句一带而过,有关我国改革中的党和国家的经济政策方针、法律法规以及领导人那些"马列主义中国化"的精辟讲话却一句也没引证。这种结构性缺陷是一个很严重的问题。不是作者不知道中国经济体制改革和中国经济法的这段历史,而是这段历史与作者的"市场失灵、国家干预论"不仅对不上号,而且还会根本动摇本书的理论支柱。因为在这段历史时期商品经济正在发育,市场经济体制还未建立,何来"市场调节失灵"?国家干预是经济体制改革的主要目标。市场不发达,企业需放宽搞活,又怎么能有书中所说的那种调制企业的国家干预。

编写组的诸位虽年轻,但也不会对这段历史一无所知。二十世纪七八十年代之交,我国开始进行经济体制改革。为保证改革和开放政策的实施,为搞活企业,发展商品经济,我国颁布了许多经济法律法规,一部《中外合资经营企业法》,引导出一大批中外合资企业的诞生(不能只从传统民法思想看,它是国家意志对经济强力作用的表现,同时也突破了大陆法系“只有有社会关系才有法”的教条)。1979 年 7 月 13 日,国务院颁布了《关于扩大国营工业企业经营管理自主权的若干规定》《关于实行企业利润留成》《提高固定资产折旧率》《实行固定资产有偿使用制度》《实行流动资金全额借贷》五部经济法规以及 1980 年 10 月 17 日国务院颁布的《关于开展和保护社会主义竞争的暂行规定》,这些都应属经济法律法规。它们的颁布可以说预示着经济法的产生,但是它们都与市场失灵、国家干预毫不相干。1980 年 6 月由国家计委牵头起草《计划法》,从开始即明确其指导思想是要改革高度集权式的经济体制,同时也明确它就是经济法。《计划法》送审稿送上后,因体制尚未大改,无果而终,但其理论思想以及草案中的一些规范制度,对中国经济法理论的创建以及后续的法律法规都产生过深远的影响,可参见原《经济合同法》第 33 条,对负有合同违约的责任的上级领导机关、业务主管机关的问责制和《全民所有制工业企业转换经营机制条例》第 8 条,对原材料没有保证及产品没有销路的指令性计划,企业有权拒绝;计划法草案中对基层组织(指企业)明确地赋予其计划权利;对失职的上级机关及其负责人追究计划责任(经济责任)的条款占了“法律责任”一章中的一半以上,开辟了问责制的先河。1980 年由全国人大常委会领导组织“两法调查组”(《国营工厂法》《经济合同法》)进行重要省份的大调查、经济法界在南北两区域连续召开经济法研讨、经济法界大兴调查研究之风、司法部和教育部都分别组织编纂了经济法系列教材、各大专院校设立经济法专业及学位段……这些在书中都不见了。当然,历史资料可多可少,不必苛求,但必须看到从当时的文字资料、实践活动,都看不出与“市场失灵”有多少关联。当时的“国家干预”是改革目标,更多是在贬义上运用的,不会登堂入室,成为经济法学的主旨思想。

书中中国经济法学历史的缺失,不是一般的漏写和疏忽,而是一个应该严肃看待的问题:

第一,割断了中国经济法与经济体制改革紧密跟随、同步而行的历史联系。这样,一方面,在“教材”中看不到经济体制改革这一史无前例的伟大运动对我国法学的重大影响;另一方面,也使我们的经济法脱离了中心和方向。党的十八届三中全会公报指出,我们的主要任务是全面深化改革,而改革的重点仍是经济体制改革。只盯着市场失灵实行干预的经济法还有多大前途?

第二,书中的“经济法历史”部分,西方经济法历史占了绝大部分,外国味太浓。教学中无论授者和受者在总论中都找不到中国经济法的来龙去脉,而不记来路,就没有出路。中国经济法将去往何方?我们还能不能在法理上建立有中国特色的社会主义经济法学?

第三,中国经济法何时产生,书中没有明确说法,扑朔迷离,令人难以把握。从历史上看,有几个节点可供抉择:(1)20 世纪经济体制改革至 80 年代中期,这段时期不符合“教材”的主旨思路,经济法似乎还未产生。因为市场经济还未发育,甚至这个概念都不能提,哪来的市场失灵和国家对它的干预。(2)1986 年,《民法通则草案说明》(以下简称《草案说明》)勉强地承认了经济法的地位,开创了用“权力”解决学科分歧的先例,但给经济法的定位定性是扭曲的。只依照民法学者的主张,给了经济法一个调整不平等关系、实质上是“经济行政法”的地位,经济法界的“国家论”(其中最明确、集中的关键词是干预论)从此演绎和发展起来。此理论与“教材”的主旨思想一脉相承,但也未表明中国经济法就是产生于市场失灵、国家干预的结果。(3)1993 年,党的十三大提出建立社会主义市场经济体制,是否由此产生经济法从中难以得出。(4)2001 年最高权力机关确定经济法为七大法律部门之一,也未提及各部门法的产生问题。党和国家在改革各个时期的这些重大立法活动和改革措施,无论在文件上还是实践中都与市场失灵、国家干预无多少直接联系。市场经济发展过程中会产生众多不正当竞争和垄断问题,但在我国还未发生过西方那样整体上的市场失灵的危机问题,也从未采用整体性的国家干预措施。把市场上每日发生的违规问题、不当现象都说成“市场失灵”;把国家每日实施的治理措施都说成“国家干预”,是否过当和偏颇?“教材”中说从总体上看,经济法产生的重要前提是市场经济的充分发育,此语已说明只有市场经济充分发育才可能产生经济危机和市场失灵,才会形成一个国家干预经济法。我国现在是发展中国家,市场经济虽已得到较大发展,但还谈不到西方市场经济的那种充分发育,将来也不会发展成完全由市场主导的社会(“教材”第 49 页:“当代社会是一个市场主导的社会”)。我们也需要国家干预,但我们的经济法却不是由国家干预而产生,将来也不会有将市场主体置于被调控地位与政府总是处于对立状态的单纯的国家干预,更多的将是一种政府与市场主体“并存、共进、互动、双赢”的经济治理。

如果把市场充分发育说成是经济法产生的前提,那就会给中国经济法一个劲爆的结论:中国经济法还没有产生。有同志看教材后问我:“我国现在到底有没有经济法?”我竟无言以对!

但是事实上中国的经济法不但已产生、已存在,而且还在发展,尽管有些部门有些人不喜欢、不承认,但它在法律上以及社会经济中扎下了根,是不可逆转的历史和现实。如何解释和解决这种历史和现实与书中上述结论的矛盾,只能用实事求是的唯物论和辩证法去解决,只能以共性与个性的原理去解决。"两手论"是对经济法非常有用的一种理论,用"两手论"研究东西方经济法的产生既可以揭示它们的共性,也可以分析各自的个性,在现代市场经济中,两大类社会经济体中两只手出现的先后顺序不一样,而且相反。这正反映了两类社会的发展过程不同,经济需要不同,因而也反映了两类经济法不同的个性。但这种不同和区分不会妨碍经济法成为一门反映和解决现代经济社会矛盾的法律科学。因为从"两手论"中也可以看出经济法是两只手的产物,是在两只手博弈中产生和形成的。只有一只手不可能产生经济法。只有市场之手调节是传统的民法;只有国家之手调控是传统的行政法。经济法产生的条件是:第一,两只手出现有先后,但都必须同在并存;第二,有了两只手还不行,两只手不能只对立,必须协调结合,才能在法律领域内形成经济法。东西方经济法都是在这两个条件具备时才出现的。这就是两类经济法的共性,是它们能够形成一致的经济法科学的基础之一。

由此可以得出几个重要结论:

第一,经济法不但能够解决市场失灵,也能够解决政府(行政)失灵。因为经济法是两只手的法,可以以国家之手解决市场失灵的混乱和危机,也可用市场之手通过改革国家经济体制和治理方式,解放企业,发展商品经济。

第二,经济法不仅存在并适用于高度自发发育的资本主义国家,也存在和作用于由"计划经济"改革、发展商品经济的社会主义国家和所有发展中国家,也可作用于恢复市场经济的国家。日本经济法的历史,就是一个特例:"二战"后日本经济崩溃,日本政府运用以产业政策法为核心的一系列经济法律法规,恢复国民经济,他们当时的情况不存在市场失灵,而是市场衰败;他们采取的政策措施也不是什么干预,而是采用振兴、促进、助长等手段与企业合作。日本经济法在资本主义经济法中是最发达的,已深入经济法的本质核心,但它走的也不是市场失灵、国家干预的路子。这些实例都极大地扩展了经济法的能量价值和适用范围。

第三,西方经济法的主要观点是"市场失灵、国家干预论",以反垄断法为中心。这一理论对西方资本主义社会来说合乎历史发展,适应经济发展需要,但就经济法学的整体体系而言是不完整的,因为它只论证了国家之手对市场失灵的调整,而未论及市场之手对政府失灵的制约。中国经济法的出现,填补了这一空缺,开辟了市场之手也能解决政府失灵的另一面功能。东西方经济法如两个半球,合璧而成,使经济法成为一个普世适用、体系完整、功能全面的法律科学,使经济法理论更为深广丰富,实践更为大力有效。这是中国经济法对现代经济法的重要贡献。

第四,不能以西方经济法作为圭臬而否定中国经济法对经济法功能、价值的发展。不可以西方经济法的个性代表整个经济法的共性,更不可以西方经济法的个性代表中国经济法的个性。我们要创建的应是既有经济法的共性又有自己个性的中国社会主义经济法学。

书中也认可"两只手""两种失灵"。在一些具体制度论述中,也曾结合中国的实际,反映中国的特色内容。但在总论中有关经济法的宗旨、内容、体系等方面,凸显的却是一只手一个失灵(国家干预和市场失灵),这是西方经济法的模式,与中国经济法所处的社会经济国情及经济法产生、形成的历史不相符合。若如此,就难以创建有中国特色的社会主义经济法学。

二、在现代市场经济中,国家(政府)与企业(市场主体)该如何定性、定位?

国家与企业,政府与市场是当今社会存在的一个基本矛盾,它涉及国家的命运与前途。从历史上看,有关传统法律部门对这一矛盾的认识和解决途径有所不同,有的扬私抑公,有的扬公抑私。经济法承认两者有对立,甚至可能产生对抗,但从整体和发展过程看,两者应是"并存、共进、互动、双赢"的关系。经济法是社会责任本位法。它要求矛盾双方都要对社会负责;经济法是中道之法,它能够平衡协调双方的矛盾,促进社会稳定持续发展。这是经济法的无限生命力和强大的功能所在。

中国经济法初创时,与当时国家改革的进程一起发展,经济法界关注的是放宽搞活,解放企业,对政府则是改革治理方式和手段,减少干预。因此,在认识和解决上述矛盾中,并无多大明显分歧。民法界一些人几乎是在经济法产生的同时即抛出"经济行政法"(这是从苏联法学界也曾流传的经济行政法搬过来的),企图将新生的经济法引向他们所允许的轨道上,实际上是要将经济法扼杀在摇篮之中。1983年在沈阳召开的“中国经济法第一届理论工作会议”上，我曾为此大声疾呼，希望引起经济法界警惕，但未引起太多的重视与警觉。经济法界尚处于理论成长期，缺乏“免疫力”和抵抗机能。民法界抛出了几种有关经济法的理论，1986年《草案说明》又接着颁布，一下子形势陡转，经济法界也颜色大变。一些同志信奉了《草案说明》给经济法强行确定的调整不平等的纵向经济关系的结论（实际上，大家都知道这不过是民法界权威的主张）。从此，经济法界发生了两个变化，一个原本是与民法的调整对象之争，却从此转变为经济法内部之争。一位民法学者曾说，由于几位民法大师提出了几种有关经济法的理论，一下子使民、经之争变成了经济法内部之争，事实真被他言中。经济法界个别人竟竭力去挖掘早期鱼龙混杂时期的“大经济法”观点，鞭骨扬尸，不遗余力，以最早批“大经济法”自诩。另一个变化是各种过度强调国家，轻视企业的“国家论”兴起，一时间成了经济法的“主流”。1986年《草案说明》成了经济法历史的转折点，以后在20世纪90年代初期，一位原本是经济法学人企图以商法取代民法而抛出了商法，却未想到反被民法界所用，如获至宝，从此改称民商法，经济法又发生量的分化。一个异化，一个分化，中国经济法从此步入理论分歧、队伍分化、举步维艰的时期。

叙述这段历史是为了说明“国家论”的由来，它有多种说法：国家干预、国家调节、国家管理、国家协调。这些概念我们都常用，并无不妥。我甚至说过，没有现代国家，就没有现代市场经济，就没有现代经济法。我们是发展中国家，发展经济更离不开国家的引导和保护。问题在于用这些概念为经济法所下的定义中突出的是国家的绝对主体地位，却掩去了干预、调节、协调、管理等国家（政府）行为的相对方即企业市场主体的地位和关系。这些只能在定义之外去寻找。定义的表述有硬有软，但都是把企业视作被动的接受体，有的则更干脆地说是义务主体、被管理主体（本书称调控受体）。

书的主旨思想是“市场失灵，国家干预”，明确说：“经济法是一种国家或政府干预社会经济之法，”将以往的“国家干预论”予以继承并延伸发展，核心思想是“国家干预”。这一核心思想已左右着中国经济法的当前形势，也可能影响中国经济法的未来。因此有必要对“国家干预”进行探讨和商榷。

（一）从“干预”概念看“国家干预”

“干预”的汉语词义与“干涉”相通，其意为管别人家的事，将之提高到政治、法律层面看，其特征（含义）有三：（1）它是一种由外部力量作用于事物的。

自己对自身作用不可能说干涉;(2)干预的目标是已经发生、正在发生或即将发生的问题和危机。对不属问题危机的事物,用不着干预,对未来事项,也用不着干预(实际上也没有能力干预);(3)干预应是强力的、强制的。与对方协商协调,促进鼓励等正面的积极行为都不应称作干预。

考察现代社会,“国家干预”在资本主义国家和社会主义中国,其作用、功能、方式有很大不同。在自由资本主义时期,管理越少的政府是越好的政府,从根本上将国家排除在市场经济之外。到了垄断资本主义时期,为解决市场失灵危机,国家干预进入市场经济,但也是以解决市场失灵危机为主要任务的,一旦危机解除,国家又回到维护市场秩序的外在力量的常态地位。社会主义中国则不是这样,国家是以一种不可或缺的内在重要因素进入市场经济的。党的十八届三中全会公报及《中共中央关于全面深化改革若干问题的决定》(以下简称《决定》)明确提出:“科学的宏观调控,有效的政府治理,是发挥社会主义市场经济体制优势的内在要求。”即是内在要求,就不好说外部干预。不是管别人家的事,而是管自己的事,用“治理”一词更好。我们注意到书中在国家是内部力量还是外部力量上并未明确,而且也提到国家调控与市场调节相结合,书中有时也提市场调节与国家干预相结合。即如此,何必用只体现一种外部力量的“干预”一词。

(二)从政府的治理范围目标看“国家干预”

我国政府对经济社会的治理模式和方向是全面、系统、常态、持久的,并非只是克服所谓“市场失灵”的。实际地说,资本主义社会那种市场不能自救的“失灵”状态,我们改革已 30 多年也未发生,又何需将国家治理市场经济都归纳为“国家干预”。当然,我们的市场经济也时有违规、不正当竞争及垄断行为等消极问题发生,但这些算不上市场失灵而需要国家干预。我国主流方向是积极向前发展的。我们的两个百年梦目标,我们政府在国内和国际上不断展现的大目标,不断展开的大格局,指向未来的长远规划,这些都与“市场失灵”无直接关联。国家(政府)在这些方面的作为,也不能用“国家干预”来一言以蔽之。

将“国家干预”解释为有长远预测功能,是泛化这一概念,不符合“干预”本来的含义。

书中总论一方面彰显出国家强力的一面,另外又做了多方限制:在不存在市场失灵的场合,不应当有国家对经济的调制(第 72 页),国家干预应依存于、服务于市场调节(第 51 页)。这从另一方面又极大地限制了国家经济治理的范围，削弱了国家经济治理的能力。

（三）从政府治理经济的方式、手段看“国家干预”

国家介入经济生活的途径很多，方式多样，手段多种。这是现代市场经济的必然要求，尤其在我们这样具有全面系统治理经济职能的国家更是如此。有参与、干预、调控、管理、引领、促进、振兴、助长、鼓励、保护……并非只有“干预”一种。这些方法、手段与“干预”都是并列的，并非属概念与种概念的关系，不能将“干预”概念泛化，把上述众多的方法手段都包容在“干预”之中。这在逻辑上不通，在实践上有害。汉语词语丰富多彩，我们又何必照搬西方的语词，“一棵树上吊死人”！

资本主义国家缺乏经济治理的雄厚基础，缺乏统筹全局规划未来的治理能力，而且他们的政治主旨思想是尊奉私法自治，私权不可侵犯，市场自由化，所以他们没有意愿和能力去多方治理引领市场，只有在市场危及其政治统治时，才使出“国家干预”这种“杀手锏”的单一手段，所以资本主义经济法只是国家干预法。

在我国，如果把国家治理经济的方式、手段仅限于“国家干预”一种，也是对国家经济治理能力的限制和削弱。

本书把宏观调控、市场规制都视为“国家干预”，也是泛化概念的表现，尤其是将宏观调控等同于国家干预，更为不妥，宏观调控中包括了我们上述的许多方式、手段，它们与“国家干预”不同，不可包容。

《决定》要求在微观上应最大限度地减少干预，教材却大力地强调市场规制也有所不妥。

（四）从改革历史全过程看“国家干预”

我国从经济体制改革伊始，就一直以放宽搞活企业，克服减少国家干预作为体制改革的主要方向和内容。以最近的十八届三中全会公报和《决定》为例，明确提出要坚持社会主义市场经济体制改革方向，进一步解放思想和发展社会生产力，解放和增强社会活力，使市场在资源配置中起决定作用。微观上最大限度减少中央政府对微观事务的管理，市场机制能有效调节的经济活动，一律取消审批；宏观上健全以战略和规划为方向，以财政政策和货币政策为主要手段的调控体系，主要任务是保持经济竞争平衡，促进重大经济结构协调和生产力布局优化，减缓波动，防范风险，实现经济持续健康发展。弥补市场失灵，只是政府职责的一部分，不能把政府职责和作用以及宏观调控体系的主要任务简单地概括为防止市场失灵,实行国家干预。经济法的调整方向和功能作用,在总体上不能脱离党和国家的基本政策方针,不应脱离我国的经济法律法规。我们可以统计一下,在现行经济法律法规中有几处规定国家干预和市场失灵风险的(“价格法”的紧急干预是少见的一项规定)。

与国家干预相联思考的问题还表现在许多方面,都是不能划归“干预”麾下的。如企业市场主体地位,经济法的地位、功能、体系等,后文再有所涉及。

在深化体制改革中,核心问题是处理好政府和市场的关系。对此,《决定》有明确规定:“使市场在资源配置中起决定作用和更好发挥政府作用。”两方面孰重孰轻,不能简单地定位。其区别在于两者的地位、职能与任务不同。在现代经济社会中,两者都重要,都不可缺少,也不可在两者之间建立依存关系。市场在资源配置中起决定作用,主要在市场规则、市场价格、市场竞争方面实现效益最大化和效率最优化。更好地发挥政府作用,一方面主要应在全局、长远整体利益事业上发挥规划引领、战略决策作用,推动可持续发展,促进共同富裕。另一方面对当前经济事项,则要优化公共事业,保障公平竞争,维护市场秩序。这并不是一切都由市场决定的。

书中对政府、市场、市场主体的定性、定位的提法,与《决定》有偏离,在三者关系上存有悖论。本书始终强调政府的强力干预,“市场规制主体依法享有直接限制经营主体权利或者增加经营主体义务”(第 105 页),市场主体如此被国家干预,但对由市场主体构成的市场,却是“国家干预应依存于服务于市场调节”(第 5 页)而且“在任何经济领域都应当优先发挥市场机制的调节作用”。(第 72 页)这种“完全市场决定论”有违中央《决定》精神。第一,社会的各项事业、产业不能都完全市场化,《决定》指出的“关系国家安全和生态安全,涉及全国重大生产力布局、战略性资源开发和重大公共利益项目等”是否也都优先发挥市场机制的调节作用?第二,国家宏观调控和市场规制应遵循客观规律,但市场调节并不等同客观规律。市场调节的机制作用有正有负,政府的经济治理能完全听命于它为它服务吗?书中所说的“国家干预”不正是要解决市场调节盲目作用所引发的“市场失灵”吗?第三,政府的经济治理是现代社会的一大发展。不能把国家经济治理的自觉性,湮没在市场调节的自发性中,从而失掉应有的主体性和主动功能。把政府与市场的关系简单解释为依存服从关系,是西方经济学的老观点。

三、我们要建立的应是什么样的经济法和经济法学?

(一)"瘦身法"解脱不了困局

我国自引进"经济法"以来,也引进了与经济法关联的这场世界性和世纪性的争论。当时主要是经济法与民法争论,行政法并未介入,商法还未出世,也未参与。民、经之争主要是围绕调整对象争论经济法能否成为一个独立部门。两位年轻的民法学者抛出了由苏联舶来的"经济行政法",企图以此将经济法引领到他们所允许的轨道上去,以此保护民法的传统领地。民法界的这一主张在1986年春,通过"准司法文件"——《草案说明》得到了确认。《草案说明》将经济法与行政法连在一起,调整不平等关系。《草案说明》企图以此解决旷日持久的民、经之争,顺便也把行政法拉进来帮助解决。但是学术之争是不能靠权力解决的。在世界范围内已争一个世纪的学术之争如何能这样简单干脆地解决。我当时对《草案说明》展开多次批评,认为这种解决方案不但不能解决,反而会引起持续的更深层的争论。但是我提出的警告并未引起更多人的重视,相反,经济法界相当一部分人转向,把《草案说明》认为是立法机关的意志,应当服从。曾有人就说,《草案说明》已明确横向关系归民法调整,经济法就不要再说了。这是一种不问实情而盲从的"唯上"毛病(以"四不唯"精神反对的唯古、唯外、唯书、唯上的一种)。谁都明白《草案说明》不过是民法界的几位大师和年轻精英起草的,传达的是他们的意志和主张。已经通过的现行法律、法规都可评论,一个法律文件的《草案说明》,为什么不许深究。《草案说明》并未能解决民、经之争,只不过用这面大旗将经济法引向"经济行政法"之路。20世纪90年代商法的加入,更给经济法带来乱局。其实怨不得别人,是我们自乱阵脚,甚至有些同志是心甘情愿地这样走下去,而且愈陷愈深,渐行渐远,令人感到沮丧和悲哀!

看得出来,"教材"编写组的诸位同仁也是力图解决这一影响我国法律体系和法律科学的争论的。用的方法不是冲破大陆法系的调整理论,走新路,求发展,而是自我谦挹的"瘦身法"。前几年就有学者提出经济法应谦抑,书中确实贯彻了这一思路,经济法大为瘦身,量体裁衣,变成了裁体量衣,结构体系很简明,可以概括为一、二、三,即一种关系(调制关系)、两类制度(宏观调控与市场规制)三个法规,即每类制度都基本上是三个法律法规。这是"书"的主干,其他市场规制列了两章九项,但非主项,附论而已。列入"计划"一章,说明编写组敢于固本创新,抵制自由派思想,但如列入"宏观调控篇"之首,则更好。编写组欲以此体系为经济法"减肥瘦身",平息争论,但恐难实现目的。目前,此体系用大陆法系观点看仍存在若干争议空间,如宏观微观之争,有些法律并不清晰可分;《消费者权益保护法》及后两章所列的几个法律,其部门归属仍有争执。但是,大量综合性法律法规本是经济法的广阔天地,却未提及。

不过问题还不是出在体系结构,而是在用大陆法系的传统规则和方法去解决部门争议,仍在调整对象上做文章。20世纪80年代经济法学人在调整对象上与民法界展开的波涛汹涌的争论(但不像一些人描绘的刀光剑影,它还是同志式的争论),是为了给经济法争得一席独立地位。但是,从开始我就感到这是在按照大陆法系的指挥棒跳舞,传统压力太大,经济法举步维艰,前途堪忧。我甚至感到这是一口陷阱,因此在基本上说明经济法的调整范围后,就不再更多地在调整对象上做文章。经济法教材中各种调整对象的罗列,我也不太赞成。经济法是一个不同于传统法律部门的新型法种,按照大陆法系的调整理论和规则,它在短期内不可能取得稳固位置。中国经济法一路走来磕磕碰碰,时不时地受到攻讦、奚落,有人总想把经济法打入另册在调整对象上再退让也没有用!

出路仍在,我认为我们应当恢复20世纪80年代就已取得的共识,即在公法与私法之间开辟第三法域——社会法,在具体制度上则以"公私结合,以公为主"的理论思想去确立,深入认识经济法的性质、地位和功能。经济法主要是告诉一个国家、政府如何管理好、经营好这个社会,其主要特性是社会性、综合性、系统性。一大批具有这些特性的法律法规都可列入以经济法为首的社会法系列中。如产业政策法、计划法(规划法)、基本建设法(固定资产投资法)、经济合同法、农业法、交通运输法、建筑业法、电力法、区域经济法等,它们都具有上述特征,难以归入传统法律部门,但都可纳入经济法调整和研究的范围。经济法天地广阔大有可为,用不着"减肥瘦身"。不去量体裁衣,而是裁体量衣,自身便会受到永久性伤害。

(二)企业的权利主体资格在经济法中消失或弱化

企业(代表市场主体,下同)的权利主体资格失落是民法学者所倡导的"经济行政法"的主要观点,他们认为在经济管理法律关系中,国家机关是权利主体,经济组织是义务主体。《草案说明》又以法律文件确定经济法调整不平等的纵向经济关系。这样的关系中主体双方当然是权利、义务主体分立的。相隔十多年后,一位经济法学人在他所编的《经济法基础理论》一书中,也重复了这一观点："在经济法律关系中国家机关是权利主体，企业是基本义务主体（后改为'基本被管理主体'）。"我不知道作者与多年前民法学者所提出的同样观点是所见略同还是"搬家照抄"。我认为这种观点是在异化经济法，一直予以批判。

从"经济法主体"的两章中可以看出作者的提法与上述观点有所区别，也谈到一些"调控受体"的权利。但从总论的倾向性看，企业的权利主体资格还是被大大弱化和简化，书中提出的调控主体、调控受体概念，在法学理论中还属首次。它们与经济法学中的主体概念有无重合和关联，还不太清楚。经济法主体主要包括两类：一类是从事宏观调控行为和市场规制行为的机构，即宏观调控机构和市场规制机构；另一类是接受调控和规制的主体，主要是各类市场主体（第82页），但在以后的论述中，谈的都是调控主体（宏观调控机构与市场规制机构）的权利和权力，不再涉及调控受体的权利。在后面的经济法主体的差异性、经济法主体行为中讲的也都是调控主体对调控受体的权利：消费者权利和企业经营权也略讲了几点。全书在国家与企业的关系上，中心观念是"国家干预"而且也明确调制关系的不平等性（第50页）。所以从总体上看，其仍是把企业看作一个被动的、被调制的"受体"，是一个"基本义务主体"。

企业是社会基本生产力，解放生产力主要是解放企业。企业是社会存在和发展的基础和动力。经济法作为调整经济关系的主要法律，不能没有企业。2000年在重庆召开的经济法理论研讨会上的闭幕词中，我曾说过经济法存在分歧，但有主要共识，我说了五点：独立部门、社会本位、宏观调控、市场规制、企业基础。我说第五点会有人不同意，但它是经济法的社会经济基础，经济法不能没有企业。简单地把国家（政府）归行政法，企业归为民法，这是过时的大陆法系的"二分法"。本书也认可国家调控与市场调节相结合，其实质应是国家与企业相协调。为什么在两者间居中平衡协调的经济法就只认准国家一头而抛却企业？如果我们的政府机器只是像旧式婆婆，整天在找茬、干预企业，挑企业的负面行为，这样的干预式政府，与"服务型政府"如何相容；这样不引领帮助企业的政府，企业能欢迎吗？如果企业在经济法律关系中只能享受诉权、请求权等程序权利，实体权利却要到民商法律关系中去享受，企业要你经济法有何用？

"不平等关系"一直是经济法的一个魔障，理论上有分歧，不好解决。对它在经济法理论的地位和性质应分几点认识：（1）经济法调整范围中确有传统意义的不平等关系。如经济管理关系中的领导、管理、监督关系，但它们并不都是身份不平等关系，也不都是行政隶属关系。经济管理关系是代表大的物质利益实体的国家与代表局部个人企业等小的物质利益实体之间管理关系,相对方不是上一方主体的内部机构和人员。经济管理关系与不平等关系不能画等号。(2)按管理两重性理论说,许多生产过程、经济运作过程的管理,都是生产力的客观要求,此类关系并不具有不平等的社会属性。(3)经济法并不都调整不平等的纵向经济关系。一切与国家战略部署直接有关的区域性、全局性的横向协作关系,如区域经济关系,民法也不能调整或不能单独调整。

(三)在三个法律部门的关系中模糊了经济法的地位

本书在民商法、行政法与经济法三者的区别与联系上着了不少笔墨,第四章著述经济法的宗旨和原则,对三者的区别又作了不少正面的论述。但许多论述前后矛盾,难以把握。有些结论性的断语,令人不解。如"经济法的调整应服从于民商法的调整"(第 51 页),此语即很费解。指出"在社会发展过程中,随着人们差别的不断扩大,作为民商法基础的自由、平等几乎化为乌有""由于民商法本质上是一种竞争机制,优胜劣汰最终会导致人们之间不自由""正是由于民商法存在的基础不现实、天然地具备,民商法本身又会破坏自身的基础,因而必须依靠经济法""民商法的调整要以经济法的调整为条件"(以上均见第 51 页)这些理论很正确,即如此,为什么又说"经济法的调整要服务于民商法的调整"?

此语根源于"国家干预应依存于、服务于市场调节,这就决定了根源于市场调节的民商法和根源于国家干预的经济法的应有关系"(第 51 页)。前面我说过,把国家经济治理的范围和能力局限于市场失灵和国家干预是错误的。国家不能只充当市场经济的保安队和灭火队。它有着更宏大的治理目标、更广阔的治理范围、更强大多样的治理手段。我们搞市场经济,是因为人类历史发展证明了只有市场经济才能最大限度地调动社会个体的积极性和创造性,才能通过个体利益的提高促进整体利益的增长,最终实现共同富裕的目的。经济法不厌私、不恐私,倡导"公私结合,以公为主",道理即在于此,我们发展市场经济是要利用市场经济,达到走向发达社会主义社会的目的。我们绝不喊市场经济万岁。重视市场经济,但不膜拜市场经济。十八届三中全会决定"使市场在资源配置中起决定作用",但并不是在一切方面都起决定作用,"更好发挥政府作用"也不是要政府只盯着干预"市场失灵"。

与上述相连,经济法也不能因为政府干预依存服务于市场失灵,而使自己也只能服务于民商法的调整。民商法与经济法的调整目标不同,范围有别,手段不一,它们之间不应是依存、服务的关系,如经济法的社会责任为本位,要求各类经济法主体不能损害社会利益,都要对社会尽责。民商法现在也讲社会责任,但它只要求不损害社会利益的不作为,并不要求都必须对社会尽责的积极作为。又如,经济法的产业政策的任务是保障、引领全局的长远的战略目标和计划部署,这不属于市场调节范围,也是民商法无法调整的。这些都说明经济法的调整不能对民法简单地服务和服从。“竞争政策要优先于产业政策(第73页)”以及“反垄断法被奉为市场经济的基本法”“经济宪法”等观点更多是反映西方经济法的特点,而非我国经济法现阶段的要求。近期的央企合并即是实例,我们现阶段仍处于发展阶段,规模经济仍是我们的主要目标和任务。

第65页说“经济法在市场经济中对于民商法行政法的补缺填空作用”以及以前有人提出“二次调整说”,都有一定道理,但经济法的价值、功能绝非是只给民商法、行政法拾遗补缺,当捡漏的小伙计。

“教材”在对经济法与行政法的区别关系上,也存在可商榷的问题。区别未从本质上说清楚,关系上的论述则接近于“经济行政法”。“经济法与政府干预紧密相连,与行政权力密切相关,而政府干预、行政权力是行政法规则的核心,这就决定了经济法与行政法必然存在千丝万缕的联系(第55页)”。此段表述说明了国家干预和行政权力密不可分。两者都是行政法规则的核心,也就是说国家干预是行政法规则。我担心这种认识已不再是区别经济法与行政法,而是有混同行政法与经济行政法之虞,且再次削弱经济法的独立地位。国家干预也不都是用行政手段,干预者虽都是国家机构,但在经济管理关系中,它们实质上是社会整体利益的代表。它们与相对方的市场主体之间不是隶属型的管理关系。行政管理关系和经济管理关系的一方都是行政机关,确实难分。“经济行政法”思想始终延续不衰,其主要原因即在于此。但两种关系中的同一行政机关又必须以两种身份分开,否则经济法永无宁日。

四、“法律调整方法和法律规则在本质上都是否定性的”吗?

此语出自第96页,“法律的调整方法从本质上说不可能详尽地规定人们能做什么,而只能规定人们不能做什么,也就是说,法律的调整方法乃至法律规则在本质上是否定性的。所以,所有正义行为规则都是否定性的……市场规范行为也应是,甚至更应是否定性的”。作者在此段论述中的哲学思维逻辑恐难为一般读者所理解。学过法理学的人都知道法律规范的分类中有告诉人们可以做什么,有权做什么(权利规范),这是法理学的ABC。宪法规定的公民的基本权利,法律法规规定的职权、企业经营权、消费者权等都是否定性的?法律调整方法也不都是否定性的,经济法律法规中的引导性规范,鼓励和奖励性规范都是引领人们向法治的正确道路上走的。上述断言将会动摇传统法理学的基础。法律的功能不只是打官司,更不只是给调制机构"整人"的。法律的教育引导的正面肯定功能是现代法治更重要的功能。

做此断然结论和"国家干预"思想直接相连,通俗地说"干预"就是找出别人毛病而予以干涉,干预才是否定性的行为。

作者在谈经济法与行政法的关系时,引用了外国几位法学家的论点。如行政法的要害不是实体法,而是程序法。行政法定义的第一含义就是它是关于控制政府权力的法。作者又进一步发挥"行政法的宗旨不是行政管理而是管理行政(第52页)"西方法学家基于私权和公权的对立,以及公权总是强势的,由此提出行政法的"限权说",认为行政法是限权法、控权法,是程序法而非实体法。这种观点是罔顾行政法和行政机关的实际而妄下的一种过时"理论"。行政法是有约束行政权力的内容和功能,但是行政法不只是限权法、控权法,也是确权法、行权法。有哪国的行权机关制定出台的法规就只是限制控制自己的行为?也就是说不去管社会而只是管自己的?

作者的论断与后面的论述也有矛盾,作者谈经济法与行政权力密切相关,而政府干预、行政权力是行政法规制的核心。这些不可能都是程序法,也不可能都是否定性的规范,既然行政法是只管行政自身,那么与之密切相关的国家干预又怎么是去管别人呢?

经济法基本理论博大精深,需要经济法界继续努力,艰苦探索,在这一过程中有争鸣是好事。可创建既有世界经济法共性,又有中国特色的社会主义经济法学之路还很长,不要奢望靠一家之言能统一经济法理论。我认为中国经济法理论研究的大方向应是上遵天规,下接地气,中求人和。

上述意见是我的学习心得,我真诚地希望,我们共同努力,创建一部有中国特色的社会主义经济法学。

(责任编辑:李　帅)

无须一再重复发明车轮:比较法作为发展的途径*

[瑞士]托马斯·卡德纳·格拉齐亚诺**

哈佛法学院、中国人民大学法学院、悉尼大学法学院和日内瓦大学法学院共同设立了四个学院间的强化合作关系(GHRS),旨在为涉及国际范畴利益的当代法律问题提供一个比较、交换思想的平台。该论文以笔者在2017年GHRS会议上所作的关于“法律和发展”的公开演讲为基础。该会议于2017年7月16日至18日在哈佛法学院举行。[1]

一、概　　要

当法律被用于促进社会和经济发展时,比较的方法起到了关键的作用。比较法开启了获取丰富国外研究、理解的途径,并且帮助我们避免一再重复发明车轮。

---

* “一再重复发明车轮”喻指花费精力去发明已经由他人创造发明出的物品(如车轮),而不去借鉴、比较学习这些成果,此处作者希望强调比较法研究对于一国法律发展的重要性——译者著。本文译者:赵刘颖,胡思岑,周媛,王范园,李璇,沈逸,赵越(七位译者均为日内瓦大学2016级国际法与欧盟法硕士,同为中国人民大学—日内瓦大学合办“中欧欧洲法”项目第二届成员)。

** [瑞士]托马斯·卡德纳·格拉齐亚诺(Thomas Kadner Graziano),日内瓦大学法学教授、跨国法项目主任。

〔1〕 此前四院曾在2013年于日内瓦召开关于《全球背景下的物权法》的会议,在2014年于北京召开关于《企业治理和企业社会责任》的会议,在2015年于悉尼召开关于《争端解决的新动向》的会议。下次会议将在2018年于日内瓦召开,会议主题关于《机器人和法律》。

这篇文章追求的目标有三个:首先,强调比较法对于法律发展的作用(第一部分和第二部分);其次,思考应该纳入比较法分析的对象(第三部分);最后,为教授和学习比较法介绍一个多边的及超国家的方法,该方法从任何单边国家法律制度分离出,并且让学生能够将比较法作为一个法律发展的工具(第四部分和第五部分)。以下提到的比较方法是用来打开国外研究的渠道,帮助我们避免一再重复发明车轮,也便于法学家和律师在推进法律发展时作出经过充分学习、考虑的决定。

二、介绍:作为发展工具的比较法

美国法律系统被广泛地认为是一个联邦系统,其中许多部门法和它们的发展〔2〕由各州的法律而不是联邦法律管辖。当学习法律时,美国的学生通常会获得一些并非来自他们大学所在州、也非来自他们日后从事法律实践工作之地的法律材料。相反,呈现在他们面前的是与来源州无关的材料、方法和解决方案,这些内容为所研究的问题提供了一个有趣、具有启发性并可能有说服力的方法。课堂中展示的解决方案可能(也或许并不)与大学所在州法律实际采用的解决方案一致。它可能代表了美国大部分州所适用的法律;同样,它也可能代表了一个少数的解决方法。〔3〕 重要的其实是它的说服力。

当处理一个国内法问题的时候,美国联邦内部其他州的法律会被认真地纳入考虑——在法律实务之中也是如此,就像在课堂上一样——但这并不是作为约束性的规则,而是作为有说服力的权威。因此,跨越州边界的信息和研究交流永远存在。比较共同体之下不同州的法律可以教会学生在法律说理中发展批判和分析的能力,并为他们提供发展法律的方法。因而当涉及学习和发展国内法时,比较方法在美国使用得十分广泛。学生从他们学习的第一天开始就受益于此方法,也因此有能力在相当多元化的法律环境中从事工作。

---

〔2〕 发展被理解为是"一个某人或某物成长或改变,并且变得更加高级的过程"。参见剑桥辞典网站:http://dictionary. cambridge. org/。该定义同样可以适用于自然、人类、国家和管理社会生活的规则,即法律。

〔3〕 See Melvin Eisenberg, *Why is American Contract Law so Uniform? —National Law in the United States*, in: Hans-Leo Weyers (ed.), Europäisches Vertragsrecht, Baden-Baden: Nomos, 1997, pp. 23 – 43.

当谈论到跨越国际边界而非州际边界时,Roscoe Pound,哈佛大学法学院著名教授和前院长,在20世纪上半叶写道,比较法是一门面向那些渴求塑造自己思想的立法者、学者和老师们的学科,但"它在法律初等学位的普通学科中没有立足之地,学科设置已经太拥挤了"。同样,他也不认为"该科目在研究生学科中有立足之地"。[4] 一位德国的学者曾在近期写道,"该科目中,教学模式和课堂内容的不确定性所占据的主导地位是其他科目不曾有的"。[5] 一位巴黎的同事谈到,对于学生而言,使用比较方法论通常不能很明显地获得可量化的结果,或是对他们将来的职业生涯提供帮助。[6]

然而,关于将法律作为发展的工具,有人认为,我们只能充满敬意地反对这些关于大学教育中比较方法所起作用的言论。首先,当立法者在发展法律时,如果比较法被不约而同地看作不可或缺的工具,那么为立法者工作的律师就需要为他们的工作做好准备,法学院的职责之一就是培训律师。其次,这也是更加广泛和重要的,如同在美国的国内层面一样,比较法律恰恰在国际层面为学生、未来律师和法官提供了同样的好处。当涉及发展法律时,比较法方法的优势在于:

——打开了认知理解的财富大门,使得我们能够从国外的研究中获益;

——当遇到某一法律问题时,帮助揭示和诠释可获得解决方法的多样性;

——帮助我们分析一个特定的解决方案是否会引发有害的,甚至灾难性的结果,抑或是与之相反,该解决方案在实际应用中被证明是充分及有效的;

---

[4] Roscoe Pound, *The place of comparative law in the American law school curriculum*, 8 Tul. L. Rev. 161 – 170 (1933 – 1934), at 162, and "I should feel that comparative law is for the research workers; for the relatively few who are specially and immediately engaged in advancing knowledge" at 168. 自 Roscoe Pound 的此篇文章被发表,世界各地法学院的科目变得甚至更加繁多,并且近些年关于过分繁多的学科设置再次被经常提及。

[5] Karl H. Neumayer: "An den deutschen Universitäten wird kein Lehrgebiet durch eine so große Divergenz in den Methoden des Unterrichts und der Auswahl des Vortragsstoffes verunsichert wie die Rechtsvergleichung", Rechtsvergleichung als Unterrichtsfach an deutschen Universitäten, in: Festschrift für Konrad Zweigert zum siebzigsten Geburtstag, Tübingen 1981, pp. 501 ff., at 507. (德语原文)

[6] Antoine Bullier, Le droit comparé dans l'enseignement -Le droit comparé est-il un passe-temps inutile?, *RDIC* 2008, 163 at 164.

——当现有解决方法不再令人满意时,帮助鼓励国内法的发展;

——帮助我们面对新的问题,或当现有问题还未被解决时,引入新的机制、途径或救济手段。

总而言之,比较方法在法律发展中是一个主要的工具。[7] 这可能对于正处在基础重建过程中的法律体系尤其正确,比如中国。[8] 然而,它对于那些已经较完善的法律系统也不失为一个重要的机制,比如诸多欧洲国家、北美国家和澳大利亚。

三、摘自判例法的示例

来自世界各地法院判例法的一些案例可以用作例证,这些例子讨论了合同法、侵权法和物权法的核心问题:

1. 根据法国民法典合同法中最著名的条款之一,“合法达成的契约,在缔结契约的当事人之间有相当于法律的效力”[9]。在有些案件中,某个特殊的情势会在合同达成以后发生变动,而这项变动不可能被当事人在订立合同之初预见到或考虑到,因而许多国家都允许在此情形下受到了严重损害的一方请求变更或者终止合同。自 1804 年法国民法典生效以来,法国最高法院拒绝适用“情势变更原则”(“change of circumstances”或称为“clausula rebus sic stantibus”或“hardship”),其担心法官的自由裁量权会减损法律确定性和合同稳定性,这一原则可能会导致当事人恶意地以此为由拒绝履行合同义务,很多英美法国家也表达了类似的担忧。[10]

2016 年,法国立法者对法国民法典进行了有史以来最大规模的改革,并最

---

[7] 关于法院可以从比较方法中获得的好处,参见 Thomas Kadner Graziano, *Is it legitimate and beneficial for judges to compare*? In: Duncan Fairgrieve/Mads Andenas (eds.), Courts and Comparative Law, Oxford: Oxford University Press, 2015, pp. 25 – 53 at 40 – 51。

[8] 中国民法典项目将于 2020 年完成。

[9] 法国民法典第 1103 条(2016 年版),旧版第 1134 条,“Les contrats légalement formés tiennent lieu de loi à ceux qui les ont faits”。

[10] 关于英国法的“(合同)受阻理论”及其限制,参见例子,如 JOSEPH CHITTY/HUGH BEALE (eds.), Discharge by Frustration in Chitty on Contracts: General Principles, London: Sweet & Maxwell, 2015, Chapter 23。

终引进了“情势变更”条款，这次改革从其他国家已完成的工作中汲取了精华。外国的研究明确表明，如果在合同成立后发生了意外情况的变化，且该变化对于当事人来说是不可预见和无法纳入考量的，法院在此情况下可审慎地使用修改或终止合同的权利，这并不会因此减损法律确定性和合同稳定性，〔11〕相反，这还使得被情势变化严重影响的当事人一方免于面对履约困难。

2. 在直接受害人死亡或者严重伤残的情况下，其他与死者或伤者有亲密关系的间接受害人可能因为其死亡或者严重伤残而遭受精神冲击或创伤后产生应激障碍，而美国法院要求间接受害人必须当时也处于危险区域，或者至少位于事故地点附近，或者在事故发生后立即赶往现场，唯有如此，其才可以主张损害赔偿。〔12〕 这种附加要求是为了防止责任范围过于开放。对比之下，在欧洲大陆法国家，间接受害者的范围被严格定义，这些人可以因为创伤后应激障碍受到赔

---

〔11〕 有关情势变更条款可以在以下法律文件中找到，例如，德国民法典（BGB），§ 313；荷兰民法典（Burgerlijk Wetboek），§ 6:258；希腊民法典（Αστικός Κώδικας），Art. 388；塞尔维亚合同及侵权责任法（Zakon o obligacionim odnosima），Art. 133；在其他国家例如瑞士，这一原则已被法院所认可，参见瑞士联邦最高法院（Tribunal fédéral suisse）判例，如 04. 05. 1922，ATF 48 Ⅱ 242；再如，国际统一私法协会国际商事合同通则 Arts. 6. 2. 1 – 6. 2. 3；欧洲合同法原则 Art. 6:111；欧盟民法典草案 Art. Ⅲ – 1:110. 例如，国际统一私法协会国际商事合同通则第 6. 2. 2 条（艰难情形的定义）规定，“There is hardship where the occurrence of events fundamentally alters the equilibrium of the contract either because the cost of a party's performance has increased or because the value of the performance a party receives has diminished, and (a) the events occur or become known to the disadvantaged party after the conclusion of the contract; (b) the events could not reasonably have been taken into account by the disadvantaged party at the time of the conclusion of the contract; (c) the events are beyond the control of the disadvantaged party; and (d) the risk of the events was not assumed by the disadvantaged party”。

〔12〕 英格兰和威尔士法律规定请参见：House of Lords, *McLoughlin* v. *O'Brian*, 06. 05. 1982, [1982] UKHL 3, [1982] 2 All ER 298, [1983] 1 AC 410; House of Lords, *Alcock* v. *Chief Constable of South Yorkshire Police*, 28. 11. 1991, [1991] UKHL 5, [1991] 4 All ER 907, [1992] 1 AC 310; 美国法请参见：Supreme Court of California, *Dillon* v. *Legg*, 21. 06. 1968, 441 P. 2nd 912; Supreme Court of Florida, *Champion* v. *Gray*, 07. 03. 1985, 478 So. 2nd 17; Restatement of the Law-Torts (Third): Liability for Physical and Emotional Harm, 2013, § 48。

偿,不需要满足空间和时间的临近性甚至处于危险区的附加要求。[13] 然而,在欧洲大陆,灾难性后果并没有接踵而至,责任的安全阀也仍然紧闭。在精神冲击的赔偿方面,进行比较法分析也有利于改善间接受害人的处境。

3. 如果直接受害人在一场事故中失去了生命,很多欧洲国家民法典都限制了间接受害人的范围,在此范围内的间接受害人可以就因挚爱之人死亡所遭受的纯粹精神损害要求赔偿。[14] 事实上,越来越多的国家在直接受害人并未死亡,而是受到了严重和持续伤害的情况下也允许此类赔偿请求。[15] 奥地利和其他欧洲国家的法院,近期都直接通过判例法,引入失去挚爱之人的损害赔偿,这一举动是因受到了外国法律条款、法院判决和法律学说的启发。[16]

普通法国家(特别是英国和美国)的法庭,都因为担心诉讼泛滥,拒绝丧亲损害赔偿。[17] 此类损害赔偿多通过法规进行特别规定。[18] 传统上,德国法院

---

〔13〕 法国最高法院(*Court of Cassation*), Court of Cassation;德国联邦最高法院(*Bundesgerichtshof*), 11. 05. 1971, BGHZ 56, 163;瑞士联邦最高法院(*Tribunal fédéral/Bundesgericht*), 11. 03. 1986 (*G. c. Confédération Suisse*), ATF 112 Ⅱ 118;奥地利最高法院(*Oberster Gerichtshof*), 16. 06. 1994, 2Ob45/93, ZVR 1995/46。

〔14〕《瑞士债权法》Art. 47;《芬兰侵权责任法》第 5 章, § 4a;《挪威损害赔偿法》Act, § 3 – 5;《波兰民法典》Art. 446 § 4;《立陶宛民法典》Arts. 6. 284;《罗马尼亚民法典》Art. 1391(2);《希腊民法典》Art. 932;《葡萄牙民法典》Art. 496(2);《日本民法典》Art. 711;更多注释参见后文脚注。

〔15〕《捷克民法典》(*Obèanskýzákoník*), § 2959;《爱沙尼亚债权法》, § 134;《塞尔维亚合同法与侵权法》, Art. 201(1), 201(3);《斯洛文尼亚债权法》, Art. 180(1), 180(2);更多注释参见后文脚注。

〔16〕 奥地利最高法院(*Oberster Gerichtshof*), 16. 05. 2001, JBl. 2001, 660;借鉴了法国最高法院(*Cour de cassation*)的判例, 22. 10. 1946, D. 1947, 59;瑞士联邦最高法院(*Bundesgericht/Tribunal fédéral*), 22. 04. 1986, (*C. X. c. V.*), BGE 112 Ⅱ 220;同样参见立陶宛最高法院, 18. 04. 2005, nutartis c. b. L. Z., M. Z., V. Z., G. Z. v. VšÁ Marijampolës ligoninë, No. 3K – 7 – 255/2005。

〔17〕 英国高等法院,王座法庭, *Baker* v. *Bolton*, [1808] EWHC KB J92, (1808) 1 Camp 493; 170 ER 1033;参见例如: Simon Deakin/Angus Johnston/Basil Markesinis, *Markesinis and Deakin's Tort Law*, 7th ed., Oxford: Clarendon Press, 2013, pp. 851 – 852。

〔18〕 参见《英国死亡事故法》(1976), Sect. 1A(2);《爱尔兰民事责任法》(1961), Sect. 48(1);《佛罗里达州非正常死亡法》, Sect. 768. 21。

也拒绝此类损害赔偿请求。[19]

2015年2月，德国航空公司 Germanwings 的大型短程喷气客机坠毁于法国的阿尔卑斯山。因一位飞行员利用该架飞机自杀，机上的160人也全部丧生。事故之后，人们（再一次）开始讨论是否应该在德国法中引入丧亲损害赔偿，赋予死者亲属在痛失挚爱之人后请求精神损害赔偿的权利。其他灾难发生后，人们也进行过类似讨论，例如，在一个名为 Love-Parade 的公共节日中，不充分的安保措施导致许多人（基本均为年轻人）失去了他们的生命或遭受严重伤残。

在绝大多数的欧洲大陆法国家，对于诉讼泛滥的担心并未成为现实，并且引入直接受害者死亡或重伤情形下间接受害者的精神损害赔偿也并没有造成责任险保险费的明显提高，更不用说其他的有害或灾难性后果。

2017年5月，迫于来自德国民众的长期压力，德国议会最终决定将丧亲损害赔偿引入德国法，并在此过程中吸收了来自其他国家的经验。如果没有比较法研究和该研究所揭示的发现，这一法律改变将不会发生。比较法研究也可以显著增强间接受害者在其他法律体系中的权利，尤其是在英美法系国家。

4. 第四个例子来自澳大利亚新的判例法。一个六岁的女孩被送进了医院。出于疏忽，医生延误了对她的必要检查。于是女孩在检查完毕后被发现，其大脑遭受了严重的永久性损伤。不过，女孩的父母代表她，却未能证明在没有医生疏忽的条件下，该损伤被避免的可能性要大于其发生的可能性。因此女孩的父母无法证明医生的过错与女孩遭受的损伤之间存在因果联系，而这种联系是该国法律传统上所要求证明的。但该案中医生的过错无论如何都导致女孩丧失了免遭损伤的机会。

在诉讼中，澳大利亚高等法院为了寻求灵感，邀请原告的律师们提交了不同国家的解决方法，尤其是美国、英国和欧洲大陆国家的解决方法。在某些国家，假如医生有重大过失，类似的情况是通过将举证责任倒置来解决的。在其他国家，根据“机会丧失”理论，可以将损害进行重新定义，从而解决该问题。而

---

〔19〕 关于法官在适用和解释国内法的时候使用比较方法是否合法（并有利）的问题，参见 Thomas Kadner Graziano, in: Fairgrieve/Andenas (eds.), *Comparative Law Before the Courts* (Fn. 6), p. 25 ff.。

在另一些国家,运用的是替代性因果关系的相关规则。[20] 经过仔细分析国外判例,高等法院最终拒绝了在澳大利亚适用上述任一种学说。[21]

在这个案子中,比较法分析并没有给澳大利亚的法律带来任何发展。然而,当法院驳回该女孩的诉求时,是在完全知晓可用解决方案的情况下作出判决的。因此,比较法将知识推向了更高的水平,提高了判决的质量。[22]

5. 在所有权方面,所有的国家都制定了有关动产所有权转让的规定,以及当动产出让人不是其所有人时关于善意取得的规定。接下来的问题便是谁应当来证明善意。根据英国判例,在"Feuer Leather Corp. v. Frank Johnston 案"中,"主张善意之人需承担举证责任"。[23] 该案法官 Neil 在他的判决中称:"如此的规则(在他)看来是符合逻辑的。"

然而,证明一个人的善意并不是简单的任务。因此大部分大陆法系国家在善意取得案件中都推定善意的存在。[24] 假如"Feuer Leather 案"中的法院能在判案时与某一个大陆法国家的规定作比较,它可能会意识到让动产受让人承担证明善意的责任是远不合逻辑的。

6. 最后一个例子则是关于迄今为止所发生的最为重要的损害赔偿请求:一个国家违反国际法侵犯了另一个国家,并造成了大规模的损害。在国际部队介入后占领者才被迫撤离了被侵略国。战争一结束,被侵略国及其邻国便要求占领国赔偿其战争期间所遭受的损害。这一案件所涉及的是伊拉克对科威特的入侵,以及随后 1990 年至 1991 年发生的海湾战争。该案件被提交至联合国安

---

〔20〕 更多注释参见 Thomas Kadner Graziano, *Loss of a Chance in European Private Law-"All or nothing" or partial liability in cases of uncertain causation*, European Review of Private Law (ERPL) 2008, 1009 - 1042。

〔21〕 澳大利亚高级法院, *Tabet* v. *Gett*, 21.04.2010, [2010] H. C. A. 12。

〔22〕 关于法院通过比较来实现此目的更多例子,参见 Kadner Graziano, in: Fairgrieve/Andenas (eds.), *Comparative Law Before the Courts* (Fn. 6), pp. 25 at 45 f。

〔23〕 英国高等法院,皇座法庭, *Feuer Leather Corporation* v. *Frank Johnston & Sons Ltd.*, [1981] Com. L. R. 251。

〔24〕 参见《法国民法典》(*Code civil*), Art. 2274;《德国民法典》(*BGB*), § 932 (1);《瑞士民法典》(*Zivilgesetzbuch*), Art. 3;《意大利民法典》(*Codice civile*), Art. 1147;《波兰民法典》(*Kodeks cywilny*), Art. 169。

理会处理。1991 年,联合国安理会在联合国欧洲总部日内瓦设立了一个下属部门——联合国赔偿委员会。[25] 依据针对此赔偿程序所设立的规则,占领国应赔偿邻国和其国民,尤其是涉及健康损害的事项。然而,该规则并没有在细节上明确邻国在哪些条件下可以就其国民所遭受的远距离伤害和损失主张赔偿(如涉及创伤后应激障碍 PTSD 的有关损失)。

为解决这一问题,从超国家角度进行多边比较是有必要的。比较的目的是检索出在世界上不同的侵权法体系中,是否存在有关远距离损害赔偿的共同法律原则。这样的共同法律原则,作为灵感之源,可以指导联合国赔偿委员会进行赔偿认定。

有关比较方法对法律发展产生影响的例子是丰富的。这些例子表明了世界上没有一个国家、一个法律制度、一个社会如此发达,以至于不需要向外借鉴任何经验。实际上,取决于所提出的具体法律问题,世界上任何一个国家都是正在发展中的国家。嗤之以鼻是万不可取的,因为在改善一国法律方面,做一个发展中的国家毫无疑问比做一个不发展的国家更为可取。

让我们来设想一下,假如明天哈佛大学医学院或者麻省理工研发出了抗阿兹海默症的药物。难道中国人、澳大利人或欧洲人会仅因为这个药物不是在本国发明的,就对这个药物的存在视而不见或者拒绝购买它吗?难道我们宁愿维持本国现状、继续本国的研究,直到我们在(某个可能遥远的)未来做出一个相似的发明?难道我们真的想等到自己重新发明出类似的药物、"车轮"或者说对一个法律问题的合适解决方案?Tom Bingham 曾经十分恰当地指出:"若(在法律领域)实践者和学者被迫忽视其他某地产生的发展,或者至少认为这些发展没有实际结果,这会是十分奇怪的。这样的一种方式只会让我们的法律枯竭,而不是让它变得充实。"[26]

---

[25] 更多信息参见联合国赔偿委员会官网:www. uncc. ch。

[26] Thomas Bingham, former judge of the House of Lords, *Widening Horizons-The influence of comparative law and international law on domestic law*, Cambridge: CUP, 2010, p. 6.

四、比较法研究的对象

如果说比较法研究是法律发展以及灵感来源的主要工具,那么确定纳入比较法研究范围的对象则构成下一步的挑战。[27] 将比较法研究的对象局限于我们称之为传统法系的主要代表国家——就欧洲的角度而言即包括英美法、法国法和德国法——是难以证明其合理性的。欧洲内部乃至欧洲以外的众多国家近期都在进行法典现代化编纂工作,有的甚至颁布了全新的法典。而这些立法改革往往都根植于重要的比较法研究成果,这些成果中包含的条款与传统法系主要代表所包含的条款相比或更为精妙,[28] 法官所造之法也同样如此。近期,众多的法典编纂活动都纳入了新的、通常而言更温和的解决方案,并且首次以白纸黑字的形式对某些争议问题加以规定。

举合同法上一例:没有任何传统法典针对相互冲突的格式条款和条件这一问题作明确的规定。相反,荷兰民法典、波兰民法典、爱沙尼亚民事责任法、立陶宛民法典和新的罗马尼亚民法典的英文译版[29] 中都针对该问题作出了规定。这些各自极不相同的规定引发了我们进行比较法研究的兴趣,[30] 而这些国家的

---

〔27〕 语言障碍可能是首要限制因素。然而,有些比较法文献建议将研究范围限于其所掌握的语言写作的法律材料,而排除其他外语写作的法律材料,这种主张应该是没有问题的。

〔28〕 仅举几个例子:1992 年的《荷兰民法典》(*Burgerlijk Wetboek*)或者最近法典化的三个波罗的海国家,参见 Reiner Schulze/Fryderyk Zoll (eds.), *The Law of Obligations in Europe-A New Wave of Codifications*, München: Sellier, 2013。同样参见 1994 年《魁北克民法典》,深受国际统一私法协会国际商事合同通则影响的 1999 年中国《合同法》,2007 年的中国《物权法》和 2009 年的中国《侵权责任法》。

〔29〕 外国法的获取和语言问题,参见下书中就这些问题进行研究的作者:Fairgrieve/Andenas (eds.), *Comparative Law Before the Courts* (Fn. 6), pp. 25 at 31 f。

〔30〕 参见《荷兰民法典》(*Burgerlijk Wetboek*) Art. 6:225 (3);《爱沙尼亚债权法》(*Võlaõigusseadus*) § 40 (1);最新的、深受国际统一私法协会国际商事合同通则 Art. 2.1.22 影响的《立陶宛民法典》(*Civilinis kodeksas*) Art. 6.179;《波兰民法典》(*Kodeks cywilny*) § 385;《罗马尼亚民法典》(*Noul Cod Civil*) Art. 1202。

判例法也同样在众多不同方面进行了探索。

将比较法研究对象限制在传统法系的主要代表国家之内则导致对上述立法进展的忽视。笔者在欧洲、中国、美国和南非教授比较合同法和比较侵权责任法课程时,以及在与当地学生们的交流中发现,最终让学生们投票选择自己所青睐的问题解决方案时,被青睐的法律规定往往来源于那些近期进行了法律现代化的国家。如今,若将比较法研究范围限于传统法系的三四个国家的法律,那么对争议问题的研究能否真正得出令人感兴趣或令人信服的结果则只能全凭运气。[31] 所以,我们或许应极大地扩大比较法研究的对象,将比较法研究的对象从传统的两三个国家的法律扩大到多个国家的法律,这有助于我们从当今已经存在的法律多样性中受益以及获得结论。[32]

进行比较法的研究过程中,当研究进行到某一阶段,我们经常发现相同的解决方案开始反复出现,不再有新的解决方案被发现,这是很正常的。在这一阶段增加研究对象已经无益,再深入研究也不太可能取得更为丰富的成果。

五、如何教授比较法?——一个提议[33]

如果比较法对于法律的发展而言是一个无法估量的灵感来源,并且进行多国法比较在今天成为必要,那么应当如何教会作为未来的律师、法官和立法者的学生们去使用比较法这一方法呢?

进行比较法研究需要同时具备研究多国法律的能力,包括提取有效的信息、处理文本材料、进行研究分析的能力。正如 Denis Tallon 所说,“抽象地去传

---

〔31〕 确实,欧洲合同法原则和欧盟民法典草案通常没有沿用旧法系分类下的主要代表国家法律中已有的传统的解决方法,而是受一些更小的法律体系的启发,选择了有细微差别的解决办法。

〔32〕 在欧洲比较法教学中,有些大学会倾向于重点关注欧盟民法典草案(一个比较法的产物),将其与该大学所在国家的国内法进行比较。这同样是双边比较。这并不是一个训练学生应对如今多边多样性的智力挑战的有效方法。

〔33〕 关于下面部分,参见 Thomas Kadner Graziano,“A Multilateral and Case Oriented Approach to the Teaching and Studying of Comparative Law-a proposal”, *European Review of Private Law* (*ERPL*) ,2015, pp. 927 – 944。

授一种方法是困难的”,我们无法通过纯粹的理论研究途径掌握这一方法。[34]相反,我们只能通过“边动手边学习”的方式,即学生们通过积极参与对实践案例的比较研究,最终习得比较法研究的能力。

参考笔者个人在众多欧盟国家、美国、中国和南非的大学进行比较法教学的经验,接下来笔者将通过合同法和侵权责任法方面的例子来阐释如何进行多国乃至超国家层次的比较法教学。笔者在日内瓦编写并使用的教学材料[35]并不偏好某一国家的法律,因此在任何国家及司法体系皆可使用。

在每次课堂及练习中,与美国大学进行的本国法教学一样,将从案例中提炼出来的涉及热点争议的具体案情作为学生学习比较法研究的出发点。

比较合同法教学的第一个案例案情参考了瑞士联邦最高法院的一个判例[36]:商店的橱窗中陈设着最新款的电脑,并且标价非常诱人,一个顾客走进该商店表示要买下这款电脑。另一个顾客则是通过促销传单(或者通过网络)看到了该型号的电脑以及包括其价格在内的所有相关信息之后,联系了销售人员并表示他希望购买该款电脑。但是销售人员已不愿意再以所宣传的价格销售这款电脑。在以上的两种情形中,合同是否已经订立?[37]

在侵权责任法教学中,我们的第一个案例的灵感来源就是“Spartan Steel v.

---

[34] *Quel droit comparé pour le XXIème siècle?*, Uniform Law Review/Revue de Droit Uniforme 1998,703.

[35] Thomas Kadner Graziano, *Comparative Contract Law-Cases, Materials and Exercises*, Basingstoke and New York: Palgrave Macmillan, 2009; 同前, *Comparative Tort Law -Cases, Materials and Exercises*, Abingdon, Oxon and New York: Routledge (forthcoming)。

[36] 该瑞士案例可参见 Bundesgericht (Federal Supreme Court of Justice) 20. 02. 1979 (Nussberger c. K.) BGE 105 Ⅱ 23 (在靠近商铺的橱窗中展出一枚昂贵的戒指)。

[37] 其他练习涉及如下问题:合同是否成立,仅仅合同当事人的意思表示能否修改合同,或者合同成立是否有其他条件(如“约因”或者“对价”);是否有维持要约有效的义务,或者要约是否可随意撤销;在“格式之争”情况下通用条款及条件是否有效,如果有效哪一个有效;合同当事人是否可以要求合同的特征性履行,条件是什么,或者相反,合同违约是否只能要求损害赔偿;在交付货物不符合要求的情况下,要求赔偿的权利是否以卖方有过错为条件;在情势变更情况下是否有修改合同的权利或者可能性;以及动产善意取得的条件,参见上文脚注 32。

Martin Contractors"这一英国案例[38]:一家建筑公司在一家生产不锈钢的工厂旁边的道路上进行施工。这家建筑公司不小心损坏了钢铁厂的供电电缆,电缆归第三方所有。结果14小时的停电影响到了工厂24小时的运行。因此,这家钢铁厂起诉了建筑公司,诉求如下:(1)对在停电期间保存在熔炉中的已融化的原料进行赔偿;(2)假设该熔炉正常运转并恰当地完成融化过程,对该工厂在停电时间段内本可以获得的利益进行损害补偿;(3)对因工厂停工造成的未来利益的损害进行补偿。[39]

在本案中,不同国家的法律对于这些问题的处理手段各不相同。

第一步应为指引学生寻找与案例相关的规定及解决方案,这些规定和解决方案被应用于许多国内以及国际法律体系和示范法中,并且根据不同渊源来解决案例中的问题。在每个案例的教学材料中,学生应当可以从范围较广的判例中归纳出关于现行法律状况的信息,任何相关的统一性法律法规,以及非国家(或示范法)规则,比如国际私法统一协会制定的《国际商事合同通则》《欧洲侵权责任法通则》《共同参照框架草案》《美国法律重述》。教学材料可以包括法律规定以及案例摘要,甚至是能够让学生对于不同法律体系中问题解决有更佳认识的学者文章摘要。通过学习研究不同的法律条款和案例,学生们可以从所在的法律制度中跳脱出来,从而获得一种"超国家"的法律视角。

练习的第二步则是对这些解决方法进行分类整理,通过最主要的几种不同路径进行归类,并按此进行体系化整理。通过这个步骤,原本较为复杂的十几种不同国家的解决方案就被分类、精简为三四种迥然相异的解决路径。然后学生们就可以找到这些方案中共性的解决原则。当解决方法有差异的时候,学生

---

[38] 该案请参见 *Spartan Steel &Alloys Ltd* v. *Martin &Co.* (*Contractors*) *Ltd.* ,Court of Appeal (Civil Division),22. 06. 1972, [1973] 1 Q. B. 27。

[39] 其他练习包括如下问题:过错责任和所要求的注意义务(尤其适用于未成年人责任案例);例如,以运动事故来阐明证明存在过错的挑战(及可替代性制度);严格责任;交通事故责任;因果关系不明及致使机会丧失情况下的责任;间接受害者所遭受的损失(例如,亲人遭受损失或严重人身伤害后产生的创伤后精神紧张性精神障碍和损害);第三人责任,尤其是父母对子女造成的损害承担责任;纯粹经济损失责任,尤其是在出具错误建议情况下;隐私保护及侵权法的目的;环境破坏;最后一点同样重要,比较侵权诉讼的突出特点,参见脚注36中即将出版的书。

们可以找出各个方法的优缺点,并且最终提出他们认为最为合适的解决方法。

在日内瓦,本课堂教学的课程资料中包括了民事法规中的法条摘要、法庭判决、不同国家的学术论文,还有示范法的规则介绍。不同问题可能涉及的国家有英格兰及威尔士、美国、法国、意大利、德国、瑞士、中国、加拿大魁北克省、比利时、荷兰、北欧国家、奥地利、西班牙、希腊、波兰、俄罗斯、澳大利亚等。

在解决这些案例时,学生可以了解到不同国家如何处理这些问题,比如说法国最高法院、比利时最高法院、瑞士联邦法院、德国联邦高等法院、英国上诉法庭、英国议会的上议院(最高法院),以及美国或者是中国的法院判决等。

当学生们着手处理案例中涉及的情况时,他们被引导去鉴别、应用并比较不同法律制度针对某一特定法律问题所提供的解决方法。学生们也可以分析并比较这些法律制度中不同的规则和原则,以及不同解决方案所依据的不同原理(微观比较)。在每讲解完三个案例的时候,我可能会同时进行基本法律文化的讲解,学生们可从中获取不同法律文化的背景信息。这能够帮助他们掌握所提供的阅读材料,了解他们所处理的法律法规、判例差异背后的原理(微观比较)。在这些偏向于理论的部分,学生们可以从他们积极分析案例情景和外国法律的经验中获益良多。[40]

六、所提议的比较教学方法之优点

笔者所提议的这种教授、研究和学习比较法的方法有如下长处:

——学生通过“边动手边学习”的方法进行比较学习,可以锻炼自己主动运用比较方法论解决问题的能力;

——通过运用不同法律来解决案例情景中的问题,学生可以学习如何从他们土生土长的法律环境中超脱出来,运用批判视角,“远观”本国法律解决方案;

——他们可以逐渐克服阅读国外文献和此前未深入研究过甚至是完全陌生的国外文献和材料的“不适”心理;

——学生们会意识到本国提供的解决某一法律问题的方法并不是唯一合

〔40〕 在日内瓦用于教授此方法的案例书(同前注 36),原版中提供了普通法系法律相关资料。来自其他国家的材料都附有翻译。为了更好地掌握和理解不同法律体系的特殊性,鼓励学生尽可能阅读原始语言版本的材料。

理的，而只是解决这一特定法律问题的数个方案中的一个。例如，在比较合同法中，在英国、美国或德国学习的学生们可以了解到，与他们所在国家实行的法律截然相反的是，通过店面甚至广告展示出的商品都可能被认为是有效的要约，并且他们还可以了解到支撑这一观点的一些强有力的论据。[41] 在法国、比利时或普通法系国家学习的学生们也了解到，合同成立不一定需要“约因”或者“对价”的存在，取而代之的是一些其他针对性的法律设置，而这些取代的制度也完全可以达到尊重合同双方意愿、最大限度地实现法律稳定性的目的。另外，在德国、希腊和南非这些国家学习的学生们还可以了解到，涉及动产所有权转移时，深深根植于这些国家法律之中的“抽象原则”从比较视角来看则是一个例外性的存在。再者，在比利时、瑞士以及德国学习的学生理解到，与比利时、瑞士和德国的法律规定不同的是，在法国、英国、美国和中国，销售者对于出售的商品要承担严格责任，并且这一法律设计也有充足的合理性。

——学生们能够就此熟悉不同的法律制度下不同风格的法律推理，这让他们能更好地与来自其他法律背景的同伴们，在国际化的背景下，针对法律争议点进行讨论与交流。实际上，这种我所推荐的方法能激发学生的思考；

——在本门比较方法课程的最后，学生们应当可以获得同时处理许多国家法律的能力，并且可以寻找和发现关于某一争议问题的多种可能的解决方案，或者找到这些不同解决方案的共同原则；

——在案例学习中，通过讨论各种解决方案的优缺点，学生们可以认知国外提出的解决方案，因此如果遇到需要解决某一特定法律问题的情况，他们就可以在几乎所有可供选择的方案中做出经充分考虑后的选择；

——这种我所推荐的方法重视比较研究在实践中的长处，这种方法的运用着实可以产生迅速且可见的有效结果；

——最后但同样重要的是，通过掌握这种多边的、超国家的比较研究方法，学生在未来的多边法律体系世界执业时，及在与拥有截然不同法律思维的人打交道时，将极大地受益。

---

〔41〕 参见上文第四部分以及前注 37。

七、结　论

国际比较和诸如美国法学院实践的州际比较给法律发展带来了相似的益处。有些国家已经统一了本国的私法,如大部分欧洲国家和中国,因而其比较的益处只能源自跨国的比较。

自20世纪上半叶Roscoe Pound对比较法课程教学作出批判性的陈述后,时代已经变迁。毫无疑问,跨国情景已前所未有地频繁出现,我们可以从跨国比较中学到的东西也是前所未有的多。如今的学生是流动性最强的,也是最为国际化的。不言而喻,对于他们之中的很多人,大量的益处源自与外国同伴的经验和思想交流,所以,比较技能的重要性也是前所未有的。[42] 比较法避免了一而再、再而三地发明车轮,因此节省了资源。假如,比较法方法被用于发展、改善或适用国内法及国际法的目的,这些资源就会从重复发明车轮转移到对“另一国家中存在的某法律规定及相关结果是否能够回应现实需求和环境”的仔细研究中。

(责任编辑:安恒捷)

〔42〕 如果法学院的大纲太满了,可以放弃一些细节,并将重点放在比较方法技能上。

《人大法律评论》稿约

《人大法律评论》是在中国人民大学法学院支持下，由法学院学生自主创办、独立编辑并公开出版发行的学术出版物，现为CSSCI(中文社会科学引文索引)来源集刊。

《人大法律评论》初创于2000年，至2017年10月已出版24辑，现包含“专题研讨”“论文”“评论”等栏目。

欢迎海内外专家学者、优秀学子惠赐稿件，来稿原则上在1万字以上，并只接收电子邮箱投稿。来稿请以“作者姓名+文章标题”为邮件名称。收稿邮箱：ruclawrev@gmail.com。

来稿请附中英文标题和摘要(300字之内)、关键词(5个以内)及作者个人简介(包括姓名、单位、职务或职称、地址、联系电话、电子邮箱)。关于引证规范，请具体参见尾页所附之引证体例。

《人大法律评论》实行匿名三审制，编辑部收到稿件起3个月内向作者通报审录结果，每稿必复。

《人大法律评论》崇尚学术自由，严守学术规范。一旦发现作者一稿多发、抄袭或者存在其他严重学术不端行为的，编委会将向其所在单位、主管机关、学术团体及新闻媒体通报情况，并保留追究其法律责任的权利。

为扩大《人大法律评论》及作者知识信息交流渠道，除非作者在来稿时声明保留，否则视为同意《人大法律评论》拥有以非专有方式向第三人授予已刊作品电子出版权、信息网络传播权和数字化汇编、复制权，以及向《中国社会科学文摘》、《高等学校文科学术文摘》和中国人民大学书报复印资料等文摘类刊物推荐转载已刊作品的权利。

《人大法律评论》编委会

《人大法律评论》注释体例

一、文中注释一律采用脚注,全文连续编号。

二、非直接引用原文的,注释前加“参见”;引用非原始资料时,请注明“转引自”。

三、引用同一文献的,如果两个注释并非相邻,分别列出完整的文献信息;如果两个注释相邻,则采用“同上书,第×页”。

四、注释及参考文献范例

(一)著作、教材类:

[1]《马克思恩格斯选集》(第4卷),人民出版社1972年版,第24页。

[2]龚祥瑞:《比较宪法与行政法》,法律出版社1985年版,第255页。

[3]佟柔主编:《中国民法》,法律出版社1990年版,第67~75页。

(二)论文类:

[1]苏永钦:《私法自治中的国家强制》,载《中外法学》2001年第1期。

[2]王利明:《隐私权的新发展》,载《人大法律评论》2009年第1辑。

(三)文集类:

龚祥瑞:《比较宪法学的研究方法》,载《比较宪法研究论文集》(第1集),南京大学出版社1993年版,第55页。

(四)译作类:

[古希腊]亚里士多德:《政治学》,吴寿彭译,商务印书馆1983年版,第54页。

(五)报纸:

张志铭:《现代化与中国律师制度的发展》,载《光明日报》2003年9月23日,第B2版。

(六)古籍类:

(清)沈家本:《沈寄簃先生遗书》甲编,第43卷。

（七）辞书类：

《新英汉法律词典》，法律出版社 1998 年版，第 24 页。

（八）网络资料类：

郑成思：《"入世"、知识产权保护与民商法的现代化》，载中国法学会网站：http://www.iolaw.org.cn/show News.asp? id = 243，最后访问日期：2009 年 6 月 19 日。

（九）英文类：

[1] L. Fuller, *The Morality of Law*, Robert Gilpin, revised edition, New Haven: Yale University Press, 1969, p. 143.

[2] Joseph Raz, "Legal Principles and The limits of Law", 81 *Yale Law Journal* (1972), p. 839.

[3] H. L. A. Hart, *Jhering's Heaven of Concepts and Modern Analytical Jurisprudence*, in Eaasys in Jurisprudence and philosophy, London: Oxofrd University Press, 1983, pp. 269 – 270.

（十）英文以外的外文文种：依照该文种注释习惯。

图书在版编目(CIP)数据

人大法律评论. 2017 年卷. 第 3 辑 : 总第 25 辑 / 《人大法律评论》编辑委员会组编. -- 北京 : 法律出版社, 2018

ISBN 978 - 7 - 5197 - 2496 - 2

Ⅰ. ①人… Ⅱ. ①人… Ⅲ. ①法律 - 文集 Ⅳ. ①D9 - 53

中国版本图书馆 CIP 数据核字(2018)第 164034 号

人大法律评论(2017 年卷第 3 辑 总第 25 辑) RENDA FALÜ PINGLUN (2017 NIAN JUAN DI-3 JI ZONG DI-25 JI)	《人大法律评论》编辑委员会组编	责任编辑 黄琳佳 装帧设计 李 瞻

出版 法律出版社
总发行 中国法律图书有限公司
经销 新华书店
印刷 北京虎彩文化传播有限公司
责任校对 王晓萍
责任印制 陶 松

编辑统筹 学术·对外出版分社
开本 720 毫米×960 毫米 1/16
印张 19.5
字数 312 千
版本 2018 年 8 月第 1 版
印次 2018 年 8 月第 1 次印刷

法律出版社/北京市丰台区莲花池西里 7 号(100073)
网址/www.lawpress.com.cn
投稿邮箱/info@lawpress.com.cn
举报维权邮箱/jbwq@lawpress.com.cn
销售热线/010 - 63939792
咨询电话/010 - 63939796

中国法律图书有限公司/北京市丰台区莲花池西里 7 号(100073)
全国各地中法图分、子公司销售电话:
统一销售客服/400 - 660 - 6393
第一法律书店/010 - 63939781/9782
西安分公司/029 - 85330678
重庆分公司/023 - 67453036
上海分公司/021 - 62071639/1636
深圳分公司/0755 - 83072995

书号:ISBN 978 - 7 - 5197 - 2496 - 2
定价:75.00 元
(如有缺页或倒装,中国法律图书有限公司负责退换)